어원으로 익히는

프랑스어 VOCA

이욱재 지음

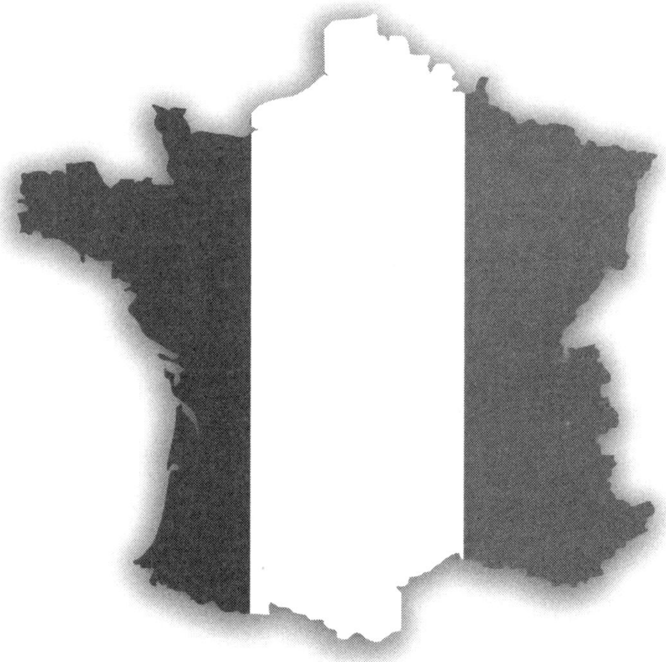

어문학사

| 머 리 말 |

하나의 언어를 공부하는데 있어서, 풍부한 어휘력은 아무리 강조해도 지나치지 않는다. 프랑스의 한 어학연수원에서 불어선생님이 "pur(순수한)"의 동의어가 뭐냐고 물어보셨다. 한참 생각해도 떠오르지 않았다. 유럽에서 온 같은 반 학생들이 대수롭지 않다는 듯 "cent pour cent(100%)"이라고 대답했다. 그 순간 나는 전율했다. 나는 머리로 아무리 생각해도 떠오르지 않았는데, 그들은 순간적으로 입 밖으로 내뱉을 수 있는 그들의 열려진 두뇌구조가 부럽기도 했다.

이 사건은 나에게 큰 충격을 주었고, 한국인도 다양한 표현들을 구사할 수 있기를 바라는 마음에서 "어원을 중심으로 하는 어휘 확장"을 위한 책을 쓰기로 결심했다. 그러나 영어는 이러한 관련서적들이 많지만, 프랑스어는 참고할 만한 서적이 없었다. 완전히 처음부터 쓰기로 마음먹고는 원칙을 먼저 정했다. 어휘를 확장하는 것이 목표인 만큼, 경제적인 것이 중요했다. 투자하는 시간에 비해, 암기하는 어휘 숫자가 많아야 되고, 더 나아가 한 번 익힌 어휘가 오래 기억되어야 하는데, 그것이 바로 어근을 통한 학습법이다. 불어에서는 약 300개 이상의 어근이 주로 사용되지만, 중요한 것은 100여개쯤 된다. 특히 그리이스어에서 온 어근은 "의학"등의 전문용어가 많아서 실용성이 부족하다고 판단하였다.

불어에서 가장 많이 쓰이는 중요어근을 중심으로 표제어를 제시하는 것이었다. 그 표제어에서 어떻게 그러한 의미가 생겼는지 어원분석을 하고, 약간의 우리말 설명도 필요했다. 가장 신경을 많이 써야 하는 부분은 "동의어" 분야인데, 언어에서 완벽한 동의어는 존재하지 않는다. 그래서 "관련어"라는 개념을 생각하게 되었다. 어원에 따른 어휘에서 부족한 것을 풍부한 관련어를 통해 보충하게 하는 것이다.

그 다음으로 신경을 많이 써야 하는 것이 바로 예문이었다. 영어관련 어휘책에는 어휘 하나에 예문이 1개 혹은 2개뿐이다. 이것이 불만이다. 하나의 어휘에 다양한 뜻이 있을 텐데, 예문 한 개만 보인다면 이상할 것 같았다. 적어도 그 뜻이 가지고 있는 다양한 뜻 각각에 해당하는 예문을 보여주는 것이 중요하다는 생각이 들었다. 그것도 프랑스 대 문호들의 명문장들을 발췌해서 보여 주고자 하는 욕심이 생긴 것이었다.

욕심이 과한 것 같았다. 오랜 시간을 이 원고에 매달렸다. 때려 치고 싶었다. 진도가 나가질 않았다. 하다가 말다가 하기를 어언 10년의 세월이 흘러 작금에 와서야 약간의 정리가 되었다. 너무나 조잡한 것 같기도 하여 부끄러운 마음이 든다. 그런 마음 한 켠에 그래도 이 책을 통해 새로운 세계를 열어나갈 미래의 역군들을 생각하며 부족하지만 용기를 가지고 세상에 내놓는다. 앞으로 제 2, 제 3의 더 훌륭한 책들이 출간되기를 기대하며, 이 책으로 공부하는 모든 이들에게 큰 발전이 있기를 기원한다.

이 욱 재

| 본 교재의 특징과 학습방법 |

1. 어원을 통한 학습법의 장점

어떤 언어든지 어휘력을 향상시키는 것은 쉬운 일이 아니다. 그것도 짧은 시간에 많은 양의 어휘를 외워야 한다면 더욱 어렵다. 외운 단어가 막상 적용할 때에 생각나지 않는다면 낭패가 아닐 수 없다. 이런 어려움들을 상당부분 해결 할 수 있는 방법이 어원을 통한 학습법이다. 어근은 단어의 중심사상을 가지고 있다. 중심사상에 의미의 변화를 주는 것이 접두사이다. 접미사는 명사, 형용사, 부사, 동사 등의 품사를 만드는데 쓰인다. 어원 학습법의 장점이 많지만, 그 중에서도 가장 큰 장점은 경제적으로 어휘를 익힐 수 있다는 것이다. 중심사상이 되는 어근을 익히고, 자주 나오는 접두사의 의미만 익힌다면, 그 어근이 활용된 가족단어를 통째로 쉽게 익힐 수 있다는 것이다. 또 그렇게 익힌 단어는 쉽게 잊혀지지 않고 오래 기억 속에 남는다는 것이다. 그 이유는 수학 공식 처럼 어원의 의미를 적용시켜나가면 재미가 있기 때문이고, 어원적인 의미를 알고 어휘를 익히니까 그 단어가 원래 가지고 있는 속성을 이해할 수 있으며, 더 명확하게 의미를 이해할 수 있다. 또한 어원의 의미를 적용시키는 훈련을 하다보면, 연상작용이 일어나서 어휘들이 꼬리에 꼬리를 물고 기억되기 때문이다. 잘 모르는 단어도 어느정도 그 의미를 유추할 수 있고, 문맥 속에서 만난다면 훨씬 더 명확하게 유추하게 되는 것도 바로 이런 작용들 때문이다.

2. 어원의 선정

불어에서 주로 사용되는 어원은 라틴어에서 온 것과 그리이스어에서 온 것이 많은데, 그리이스어에서 온 것은 의학, 학문 등의 전문용어에 주로 많이 사용되고 있어서, 어휘확장의 측면에서는 그리 경제적이지 못하다고 판단된다. 라틴어에서 온 어근 중에 약 300여개가 주로 쓰이는데, 그 중에서 중요어근 약 100여개를 선정하였고, 또 그 중에서 불어 어휘에 막강한 영향력을 행사하는 중요어근 34개를 선정하여 깊이 있게 분석 정리하였다. 나머지 70여개의 보충어근은 접두사와 어근의 결합관계를 보이면서 어휘를 정리하였다. 34개의 어근은 너무나 중요하여 영어에서도 많이 사용되어지는 어근이므로 쉬운 어휘들이 많다. 쉬운 어휘에서 시작하는 것이 어휘확장의 지름길이다. 이것만 잘 정리해도 금방 어휘력이 향상될 것이다.

3. 영어보다도 더 쉬운 어휘확장

영어의 embrace(포옹하다)를 예를 들어보자. embrace 는 [em(=in)+brace(=arm)]으로 분석된다. 〈팔 안으로하다〉에서 〈포옹하다〉의 뜻이 나왔음을 알 수 있다. 그러나, 여기서 brace와 arm의 관계를 연결시키는 것이 쉽지 않다. 영어의 embrace에 해당하는 단어가 불어에서는 embrasser에 해당한다. 겉보기에도 영어단어와 모양이 비슷하다. 어원을 분석해 보면, [em(=dans)+bras+er(s.v)] 이렇게 되는데, 어근으로 쓰이고 있는 bras는 불어에서 실제로 〈팔〉이라는 의미로 사용되고 있다. 익히기가 훨씬 더 쉽다.

4. 명확한 어원 분석

어떻게 해서 그 단어가 그런 의미를 가지게 되었는지를 쉽게 유추할 수 있도록, 접두사, 어근, 접미사를 분석하여 해설하였기 때문에, 어원에 대한 지식이 많지 않아도 이해하기 쉽게 정리하였다. 어원분석을 통해 어휘에 대한 이해가 되면 흥미가 생겨 암기도 더 잘된다.

transporter produire	[trans(=au travers)+porter] ⇒ 가로질러 나르다 [pro(=en avant)+duire] ⇒ 앞으로 이끌어내다 ⇒ 생산하다

쉽고 많이 쓰는 어휘일수록 시대의 변화에 따라 다양한 의미를 가지게 되어, 다양한 문장 상황속에서 다양한 의미를 가지고 사용된다. 그래서 현대적인 의미로 명확하게 연결되지 않는 어휘들도 있지만, 그 뉘앙스 정도만 느낄 수 있어도 충분하다.

5. 접두사와 접미사의 유용성

어휘의 중심사상은 어근이 가지고 있지만, 그 의미에 변화를 주는 것은 접두사이다. 같은 접두사들이 다른 어근에도 동일한 작용을 하므로 그 효용성이 대단히 크다.
in-, im- 이 접두사는 얼마나 많은 〈반의어〉를 만드는지!
re- 는 〈반복〉의 의미를, en-, em- 은 〈안으로〉를 나타내어, 많은 파생어를 만든다.
접미사 또한 품사를 결정하는 요소로서, 다른 어근에 붙어서 동일한 역할을 하므로 많은 파생어들의 습득에 큰 도움이 된다.
이렇게 접두사와 접미사를 익히고 나서, 본격적으로 어근중심으로 학습해 나가면, 어근에 다양하게 붙어다니는 접두사와 접미사들을 쉽게 익힐 수 있으며, 의미 유추하는데도 큰 도움이 된다.

6. 중요어근이 적용된 기본어휘의 중요성

embrasser의 예에서 보았듯이, 많은 어근들이 불어에서 그대로 통용되고 있기 때문에, 그 어근이 무엇을 뜻하는지 별도로 외우지 않아도 된다. 알고 있는 기본어휘를 통해서도 어느정도 유추할 수 있기 때문이다. 중요어근이 적용된 어휘를 집중 공략하는 것이 쉽게 어휘를 확장할 수 있는 방법이다. 또한 그 쉬운 단어들이 문장 곳곳에서 사용되고 있으므로 경제적이기도 하다. 평생에 한 두 번 만날까말까 하는 단어를 외우느라 스트레스 받으며 시간을 낭비할 필요가 없다. 기본어휘가 중요한 것은 널리 보편적으로 많이 사용되어지기 때문이다. 이런 어휘들을 집중적으로 공부하는 것이 훨씬 효과적이다.

7. 동의어, 반의어 활용

이 책에 사용된 〈동의어〉라는 말은 〈같은 의미〉라기 보다는 〈관련어〉라고 하는 것이 좋을 것이다. 하나의 어휘가 하나의 의미만을 가지는 것이 아니다. 다양한 의미를 가진다면 그 각각에 대한 동의어를 보이는 것이 중요하고, 각각의 의미가 적용된 예문을 다양하게 보여주는 것이 어휘학습에는 매우 유익하다. 어휘는 아는데 문장에서 어떻게 쓰이는지 모른다면, 문장에서 활용할 줄 모른다면, 이것은 반쪽짜리 지식밖에 되지 않는다. 반드시 문장 속에서 쓰임새를 확인하자. 이 책에 나오는 동의어와 반의어를 읽어보는 것만으로도 사고의 영역이 확장될 것이다. 보는 시각에 따라서 굉장히 다양한 동의어와 반의어를 연결시킬 수 있으며, 표현력을 확대시킬 수 있다.

| 차　례 |

Ⅰ. 불어의 유래와 어원학

1. 불어의 형성

2. 불어의 변화

3. 새로운 어휘의 형성
   1) 접두사와의 결합
   2) 접미사와의 결합
   3) 접두사, 접미사와의 결합
   4) 다른 어휘와의 결합 - 복합어

4. 어 원 학 (étymologie)
   1) 정의
   2) 고대의 어원학
   3) 현대의 어원학
   4) 라틴어의 차용
   5) 라틴어의 음운규칙

1. 불어의 형성

불어는 고대 라틴어에서 유래되었다. 라틴어는 로마의 시민들이 사용했던 언어이다. 고대 로마인들이 전 이탈리아와, 더 나아가 지중해 인근의 여러 나라들도 정복했다. 그 당시 현재의 프랑스인의 선조인 골(Gaule)족도 정복했다. 로마가 BC 763년에 세워져서 AD 476에 멸망되기까지 13세기에 걸쳐 강력하고도 거대한 영향력을 끼쳤다.

골족은 그들의 언어인 골어(갈리아어)가 있었지만 골족을 점령한 로마군인들과 장사하러 온 로마상인들에 의해 라틴어를 받아들이게 되었다. 이 라틴어가 입에서 입으로 전달되어지면서 변형되었고, 수백 년이 흐르면서 오늘날의 불어로 되었다.

2. 불어의 변화

신본주의시대였던 중세 암흑시대가 쇠퇴해지고 있을 때, 사람중심의 인본주의(휴머니즘)시대가 열리면서 인간의 생활이 바뀌게 되었다. 16세기의 소위 "르네상스(Renaissance)"라 불리는 문예부흥의 시대가 열리면서, 특히, 과학, 기술, 의학 분야에서 많은 발전이 있었다. 학자들에 의해 많은 발명과 발견들이 이루어졌으며, 이러한 발명과 발견에 따른 이론, 법칙, 개념 등을 설명해 줄 새로운 어휘의 필요성을 느꼈다. 그래서 학자들과 작가들은 자연스럽게 라틴어에서 그들이 필요로 하는 어휘를 차용하게 되었다. 라틴어에서 어미를 변형시킴으로써 불어적인 어조가 되도록 고쳐 사용했다.

또한 그리스어에서도 차용했는데, 그리스인들은 이미 BC 500년경에 지중해 동쪽과 서쪽에 광대한 영토를 형성했을 뿐만 아니라 많은 위대한 학자와 작가들을 배출시킨 위대한 문화를 가지고 있었다. 그래서 기술과 학문에 관한 어휘들은 대부분 그리이스어에서 차용했다.
그 이후로 문화가 계속 교류되면서, 영어, 이탈리아어, 독일어, 스페인어, 러시아어, 아랍어 등의 여러 언어문화권에서도 새로운 어휘가 유입되었다.
이렇게 차용된 어휘들은 시대가 변하면서 본래 가지고 있던 의미가 달라지는 경우도 있고, 더 이상 사용되지 않고 사라져버린 어휘도 있으며, 반대로 새로 생기기도 한다. 오늘날 영어가 전 세계의 공용어가 되다시피 하고 있기 때문에, 영어에서 계속적으로 차용이 이루어지고 있다.

3. 새로운 어휘의 형성

1) 접두사와의 결합

⟨monogame (단혼의), polygame (중혼의)⟩ 이 두 단어에는 "game"라는 말이 ⟨monogame, polygame⟩라는 어휘를 만드는데 사용되고 있다.

이러한 "game"를 "어근"이라고 한다.

"mono-, poly-"를 어근 "game" 앞에 위치하기 때문에 "접두사"라고 하고, 이렇게 접두사를 붙여서 만들어진 새로운 형태의 어휘를 "파생어"라고 한다.

mono(접두사) + game(어근) ⇒ monogame(파생어)

poly(접두사) + game(어근) ⇒ polygame(파생어)

2) 접미사와의 결합

⟨passage (통과), passager (승객)⟩ 이 두 단어에는 "pass"라는 말이 ⟨passage, passager⟩라는 어휘를 만드는데 사용되고 있다.

이러한 "pass"를 위와 마찬가지로 "어근"이라고 한다.

"-age, -er"를 어근 "pass" 뒤에 위치하기 때문에 "접미사"라고 하고, 이렇게 접미사를 붙여서 만들어진 새로운 형태의 어휘를 "파생어"라고 한다.

pass(어근) + age(접미사) ⇒ passage(파생어)

pass(어근) + er(접미사) ⇒ passager(파생어)

3) 접두사, 접미사와의 결합

⟨immoral (부도덕한), moralité (도덕성), immoralité (부도덕)⟩

위 3 단어에는 moral(도덕적인)이라는 어간이 들어있다.

"immoral"에는 부정의 접두사 "im-"이 어간 앞에 붙어있고,

"moralité"에는 명사를 만드는 접미사 "-ité"가 어간 뒤에 있으며,

"immoralité"에는 접두사 "im-"와 접미사 "-ité"가 동시에 어간의 앞뒤에 덧붙여져서 새로운 파생어가 만들어졌다.

im(접두사) + moral(어간) ⇒ immoral(파생어)

moral(어간) + ité(접미사) ⇒ moralité(파생어)

im(접두사) + moral(어간) + ité(접미사) ⇒ immoralité(파생어)

4) 다른 어휘와의 결합 – 복합어

서로 다른 두 개 이상의 어휘가 합쳐져서 새로운 파생어를 만들 수 있다.

▶ 명사 + 명사 : bateau-mouche (유람선), chou-fleur (양배추), timbre-poste (우표)

▶ 형용사 +명사 : grand-mère (할머니), grand-messe (대미사), bonhomme (호인)

▶ 동사 +명사 : porte-monnaie (지갑), faire-part (통지서), garde-magasin (창고지기)

▶ 전치사 +명사 : avant-garde (전위), après-midi (오후), hors-d'oeuvre (전채요리)

▶ 명사 +전치사 +명사 : arc-en-ciel (무지개), sac à main (핸드백)

4. 어 원 학 (étymologie)

1) 정의

어원학이란 어원 자체 혹은 그 어원에서 파생어로 발전되어가는 계기적인 변천과정을 연구하는 분야이다.

2) 고대의 어원학

고대 희랍에서 단어란 그것이 지칭하는 사물에 일치한다는 생각을 갖고 있었고, 그래서 그 단어의 진정한 성격을 드러내주는 진정한 의미를 연구하기 시작했는데 이것이 어원학의 시초이다. 즉, 어떤 단어의 진정한 의미를 드러내기 위해 그 단어의 형태와 비슷한 단어나 비슷한 음절을 대응시켜 이해하려고 했다.

예를 들면, Platon은 Dionysos =〉 didoùs tòn oînon(=celui qui donne le vin)로 해석하여 이 신의 진정한 성격을 나타내고자 했다. 이러한 고대인의 생각이 현대의 일부학자들에게도 계승되어있다. 사학자, 고고학자, 인류학자, 심리학자, 신학자, 철학자등 그들이 말하는 어원학이란 언어의 해석에 의해 사물의 성격을 연구하는 것이다.

3) 현대의 어원학

① 통시(通時)언어학의 어원학

현재 사용 중인 단어 형태를 파생시킨 어원을 과거로 까지 거슬러 올라가서 그 변천과정을 설명해 주는 연구 분야이며, 프랑스어는 대개 라틴어까지 올라가야 한다.

예를들어, agir〈agere, actif〈actus(agere의 과거분사)로 변화되면서 겪은 음성변화, 음운변화를 설명하는 것이다.

② 파생법적 어원학

단어형성에 있어서 상호관계를 고찰하여 다루는 분야이다. 즉 어원적인 형태나 기존의 형태, 그리고 여기에서 유래된 형태적, 의미적 파생어간의 관계를 취급한다.

a. 순수어원학 : 언어형태의 기원과 어원학의 보편적인 규칙을 확립한다.

b. 역사어원학 : 언어학적인 고찰을 통해 당시의 제도, 기술, 사회상 등의 역사적 현실을 연구한다.

c. 민중어원 : 화자의 언어행위(발화)에 있어서, 어원적인 유사성이 전혀 없는 두 형태를 의식적이든 무의식적이든 서로 접근시키는 현상이며, 일종의 개인적인 오류도 여기에 포함될 수 있다.

jours ouvrables =〉 jours où l'on travaille (어원적인 의미)

=〉 jours où les magasins sont ouverts (오늘날의 뜻)

Trocadéro =〉 Trois-cadéro (개인적인 오류)

4) 라틴어의 차용

하나의 어원에 있어서 두 세 개의 어근이 쓰인다. 동사의 경우에는 다 그러하다. 왜냐하면 동사의 현재형 어간 뿐만 아니라 과거분사형에서도 차용되었기 때문이다.
그러나 이 책에서는 구분하지 않고 동일한 의미를 가지는 것으로 표시하였다.

라틴어 동사	현재형 어간	(단어예)	과거분사형 어간	(단어예)
AG	agere	(réagir)	actus	(réaction)
CAP	capere	(capable)	captus	(captiver)
DIC	dicare	(indication)	dictus	(prédiction)
MITT	mittere	(admettre)	missus	(admission)
PEL	pellere	(rappeler)	pulsus	(expulsion)
PON	ponere	(disponible)	positus	(disposition)
STRU	struere	(construire)	structus	(construction)
VERT	vertere	(invertir)	versus	(inversion)

5) 라틴어의 음운규칙

불어에 라틴어가 차용이 될 때 라틴어의 음운규칙도 그대로 적용되고 있으므로 대단히 중요하다.

① 자음동화 규칙

어근에 접두어가 붙을 때 일어나는 현상으로 접두어의 마지막 자음이 어근의 첫자음과 동화되어 같아지는 경우가 있고, 그 대표음으로 되는 경우등이 있다.
ad 가 ac, af, ag, al, an, ap, ar, as, at 등으로 변화되는 것은 그 대표적인 예이다.

② 모음약화 규칙(어중약화형)

자음동화 규칙과는 반대로 접두어와 연결되어 복합어를 형성할 때, 어근의 일부모음이 단어 중간에 위치하게 되어 약화된다.
아래의 a, b항의 경우에 철자 a, e 가 약화되는 것은 단모음일 때 일어나는데, 현재 이것을 구별할 방법은 없다. 다만 많은 어휘를 접하면서 이러한 어근을 좀 더 쉽게 이해할 수 있었으면 한다.

a. a ⇒ i : 한 개의 자음 앞에서
a ⇒ e : 두 개의 자음 앞에서
예) facere, factus 〉 faire ⇒ pro-fit, per-fectionner

b. e ⇒ i : 두 개의 자음 앞에서
예) tenere 〉 tenir =〉 con-tinuité

c. au ⇒ u
예) claudere ⇒ con-cluire

II. 접두사와 접미사의 의미

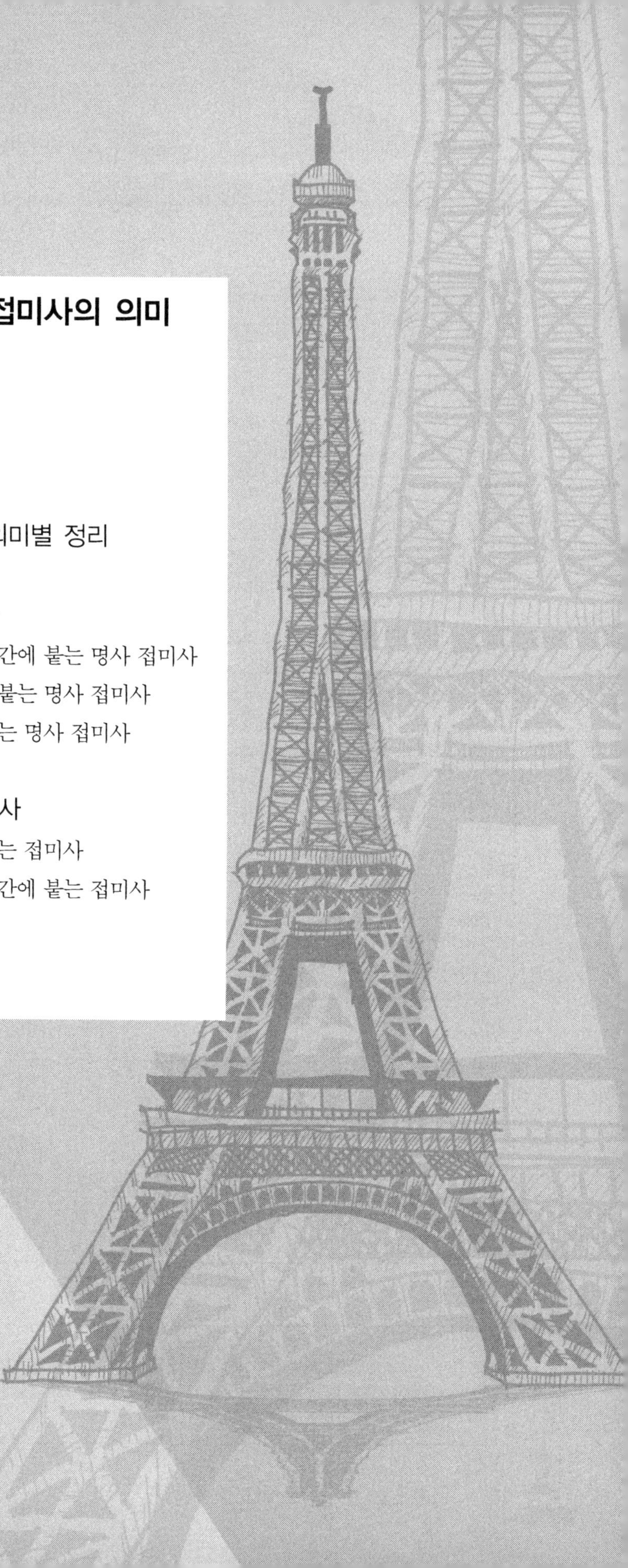

1. 접두사의 의미

접 두 사	어 원	의 미	단 어 예
a- ab- abs-	ab, abs (lat)	먼, 멀리 (loin de)	aversion 혐오 abjurer 개종하다 s'abstenir 삼가다
a- ad-	ad (latin)	향하여 (à, vers)	apaiser 마음을 가라앉히다 adjoindre 합치다
a- an- ana-	a, an (gr)	결핍, 부정 뒤로, 반대로	apesanteur 무중력 anormal 비정상적인 analphabète 문맹(의) anarchie 무정부, 무질서
ambi-, amphi-	ambo (lat) amphi (gr)	양쪽, 주위 (autour)	ambidextre 양손잡이(의) amphithéâtre 계단강의실
anté- anti-	ante, anti (lat)	앞 (avant)	antécédent 앞서는 antichambre 부속실 anticiper 앞당기다
anté- anti-	anti (gr)	반대, 저항 (contre)	antidote 해독제 antibiotique 항생물질
apo-	apo (gr)	멀리 떨어짐 (éloignement)	apocalypse 묵시록 apostagie 배교, 변절
arch- archi-	archi (gr)	지배, 최고위, 옛날	archevêque 대주교 archicomble 초만원의 archéologie 고고학 archives 고문서
bi- bis-	bis (lat)	두 번, 2 (deux fois)	bicyclette 자전거 biscuit 두 번 구운 빵
cata-	cata (gr)	반대, 아래	catastrophe 대재앙 catacombe 지하 묘지
circon-	circum (lat)	주위에 (autour)	circonstance 상황 circonscription 구역
co- col- com- con- cor-	cum (lat)	함께, 서로 (avec)	coalition 동맹, 연합 collaborateur 협력자 communion 공동체 compagnie 동행, 회사 concordance 일치, 화합 concours 경쟁, 경쟁시험 correspondance 일치, 통신
contra-	contra (lat)	대립, 반대 (contre)	contradiction 모순, 반론 contraste 대조, 대비
dé- dés- dis-	dis (lat)	분리, 부정, 아래	décharger 짐을 내리다 désarmer 무장해제하다 désordre 무질서 disparaître 사라지다

접두사	어원	의미	단어 예
di(a)-	dia (gr)	분리, 관통 (à travers)	diagonale 대각선 diamètre 지름, 직경 diaphragme 횡경막
dys-	dus (gr)	곤란, 부족 (의학용어)	dysgénésie 불임 dyspepsie 소화불량
ec- é- ef- ex-	ec (gr) ex (lat)	분리, 추출, 상실 밖으로, 강조 (hors de)	ecclésial 교회의 écoeurement 구역질 effacer 지우다 expatrié 망명자
en- em- in- im-	in (lat)	안에 (à l'intérieur) 상태 (동사 접두사)	embrasser 포옹, 키스하다 enterrer 매장하다 importer 수입하다 injection 주입, 주사
en- em-	inde (lat)	멀리, 분리 (loin de) (운동동사와 결합)	enlever 제거하다 s'enfuir 달아나다 emmener 데리고 가다 emporter 가지고 가다
entr(e)- inter-	inter (lat)	사이, 안, 상호 (entre, réciproque)	entremêler 혼합하다 entracte 막간 intervention 갑섭, 개입
extra-	extra (lat)	밖으로 (hors de) 최고로 (extrêmement)	extra-légal 불법의 extraordinaire 비범한
hémi- semi-	hêmi (gr) semi (lat)	절반, 1/2 (moitié, demi)	hémicycle 반원 hémisphère 반구 semi-fluide 반유동성의 semi-nomade 반유목민의
hyper-	hyper (gr)	과도, 초과	hypernerveux 신경과민의 hypertension 고혈압
hypo-	hypo (gr)	하위, 감소, 부족	hypotension 저혈압 hypothermie 저체온증
in- im- il- ir-	in (lat)	부정, 제거, 박탈	immortel 불사의 indépendance 독립 instabilité 불안정 illégitime 불법의 irrationnel 불합리한
infra-	infra (lat)	하위 (au-dessous)	infrastructure 기초공사 infrarouge 적외선
intra- intro-	intra (lat) intro (lat)	안에, 안쪽에 (au-dedans)	intramusculaire 근육내의 introduction 안내, 도입
juxta-	juxta (lat)	가까이, 곁에 (auprès de)	juxtaposition 병렬 juxtaposer 나란히 놓다

접 두 사	어 원	의 미	단 어 예
mal- mau- mé- més-	male (lat) minus (lat)	부정, 나쁜, 악	malchance 불행, 불운 malentendu 오해 maudit 고약한 méfiance 불신 méconnaître 무시하다 mésestimer 과소평가하다
méta-	meta (gr)	변화, 연속	métamorphose 변신 métaphysique 형이상학
mi-	medius (lat)	중앙 (milieu)	minuit 자정 mi-temps 하프타임, 반일
non-	non (lat)	부정	non-sens 비상식 non-violence 비폭력
outre- ultra-	ultra (lat)	초과, 초월 (au-delà de)	outre-tombe 사후에 ultra-sonique 초음파의
par- per-	per (lat)	통과 (à travers) 완성 (achèvement)	parcourir 돌아다니다 parfait 완전한 perfection 완벽 persistance 완강 imperméable 비옷
para-	para (gr)	보호, 반대 (contre) 옆에 (voisin de)	parapluie 우산 parachute 낙하산 paradoxe 역설 paragraphe 단락 paraphrase 부연, 주해 parallèle 평행선
péri-	peri (gr)	주변, 둘레 (autour de)	périphérique 외곽순환도로 périphrase 완곡어법
post-	post (lat)	후(後) (après)	postérité 후손, 자손 post-scriptum 추신
pré-	prae (lat)	앞 (avant, devant)	précéder 앞서가다 préjugé 편견 prévoir 예측하다
pro- pour-	pro (lat)	앞으로 (en avant) 지지하는 (partisan)	progrès 진보, 발달 pourparlers 협상, 홍정
r- ra- re-, ré- res	re (lat)	반복, 후퇴, 강조 (de nouveau)	renvoi 해고, 퇴학 raccrocher 다시 걸다 redoubler 배가하다 réaction 반작용 ressentiment 원한
rétro-	retro (lat)	후퇴 (en arrière)	rétrograde 역행의 rétroviseur 백미러

접두사	어원	의미	단어 예
sou- sous- sub-	sub (lat)	아래, 하위, 열등한 (sous)	soumettre 복종시키다 soussigné 아래에 서명한 sous-marin 잠수함 subdivision 재분할 subalterne 하급의
super- supra- sur-	super (lat)	초월, 월등, 과잉 (au-dessus, en excès)	superlatif 최상급 suprarationnel 이성을 초월한 surnaturel 초자연적인 surpasser 능가하다 surpeuplé 인구과잉의
sus-	sursum (lat)	더 높이 (plus haut)	suspendu 매어달린 sustentation 부력, 양력
syl- sym- syn-	syn (gr)	함께, 동시에 (avec, ensemble)	syllabe 음절 symétrie 조화, 대칭 sympathie 호감, 호의 synonyme 동의어 synthèse 종합, 통합
tra- trans- tré- tres-	trans (lat)	초월 (au-delà de) 통과 (au travers) 강조 (vivement)	tradition 전통 trajet 여정, 여행 traverser 가로지르다 transférer 옮기다 transition 옮겨가기, 과도기 transpercer 관통하다 trépaner 구멍을 뚫다 tressauter 펄쩍 뛰다
tri- tris-	tri (lat)	3 (trois)	tricolore 3색의 tridimensionnel 3차원의 trimestre 3개월 (학기) trinité 3위일체 trisannuel 3년생의
uni-	unus (lat)	1 (un)	uniforme 유니폼 unité 통일성, 일치
vi- vice-	vice (lat)	부(副), 차(次) (à la place de)	vicomte 자작 vicaire 보좌신부 vice-consulat 부영사관 vice-gérant 부지배인 vice-ministre 차관

2. 주요 접두사 의미별 정리

분 류	접 두 사	의 미	단 어 예
앞	anté- anti-	앞 (avant)	antécédent 앞서는 anticiper 앞당기다
	pré-	앞 (avant, devant)	précéder 앞서가다
	pro-	앞으로 (en avant)	progrès 진보, 발달
뒤	post-	후(後) (après)	postérité 후손, 자손
	r- ra- re-, ré- res	반복, 후퇴, 강조 (de nouveau)	réduire 할인하다, 줄이다 reculer 후퇴하다 retraite 후퇴, 퇴직 revers 뒷면, 후면, 역전
	rétro-	후퇴 (en arrière)	rétrograde 역행의
위	extra-	최고로 (extrêmement)	extraordinaire 비범한
	hyper-	과도, 초과	hypermarché 하이퍼마켓
	outre- ultra-	초과, 초월 (au-delà de)	outre-tombe 사후에 ultra-sonique 초음파의
초월	super- supra- sur-	초월, 월등, 과잉 (au-dessus, en excès)	superlatif 최상급 suprarationnel 이성을 초월한 surpeuplé 인구과잉의
	sus-	더 높이 (plus haut)	suspendu 매어달린
아래	cata-	반대, 아래	catacombe 지하 묘지
	dé- dés- dis-	분리, 부정, 아래	dépendre ..에 달려있다 dépendance 의존, 인과관계
	infra-	하위 (au-dessous)	infrastructure 기초공사
	sou- sous- sub-	아래, 하위, 열등한 (sous)	soumettre 복종시키다 soussigné 아래에 서명한 subdivision 재분할
	vi- vice-	부(副), 차(次) (à la place de)	vicaire 보좌신부 vice-gérant 부지배인 vice-ministre 차관
	di(a)-	분리, 관통 (à travers)	diagonale 대각선 diamètre 지름, 직경
안	en- em- in- im-	안에 (à l'intérieur) 상태 (동사 접두사)	embrasser 포옹, 키스하다 enterrer 매장하다 importer 수입하다 injection 주입, 주사
사이	entr(e)- inter-	사이, 안, 상호 (entre, réciproque)	entracte 막간 intervention 갑섭, 개입
관통	intra- intro-	안에, 안쪽에 (au-dedans)	introduction 안내, 도입
	par- per-	통과 (à travers) 완성 (achèvement)	parcourir 돌아다니다 imperméable 비옷

분 류	접 두 사	의 미	단 어 예
밖	ec- é- ex-	분리, 추출, 상실 밖으로, 강조 (hors de)	écoeurement 구역질 expatrié 망명자
	extra-	밖으로 (hors de) 최고로 (extrêmement)	extra-légal 불법의
가까이 부근	ambi-, amphi-	양쪽, 주위 (autour)	amphithéâtre 계단강의실
	circon-	주위에 (autour)	circonstance 상황
	juxta-	가까이, 곁에 (auprès de)	juxtaposition 병렬
	péri-	주변, 둘레 (autour de)	périphérique 외곽순환도로
멀리	a- ab-	먼, 멀리 (loin de)	aversion 혐오 abjurer 개종하다
	apo-	멀리 떨어짐	apocalypse 묵시록
	en- em-	멀리, 분리 (loin de) (운동동사와 결합)	s'enfuir 달아나다 emmener 데리고 가다
	télé-	먼, 멀리 (loin de)	télécommande 리모콘
부정 반대	a- an(a)-	결핍, 부정 뒤로, 반대로	anormal 비정상적인 analphabète 문맹(의)
	anté- anti-	반대, 저항 (contre)	antidote 해독제 antibiotique 항생물질
	contra-	대립, 반대 (contre)	contradiction 모순, 반론
	dé- dés- dis-	분리, 부정, 아래	désarmer 무장해제하다 désordre 무질서 disparaître 사라지다
	in- im- il- ir-	부정, 제거, 박탈	indépendance 독립 immortel 불사의 illégitime 불법의 irrationnel 불합리한
	mal- mau- mé(s)-	부정, 나쁜, 악	malentendu 오해 maudit 고약한 méfiance 불신
	non-	부정	non-violence 비폭력
	para-	반대, 보호	parapluie 우산 parasol 양산 parachute 낙하산
분리 이탈	dé- dis-	분리, 부정, 아래	décharger 짐을 내리다
	é- ex-	분리, 추출, 상실 밖으로, 강조 (hors de)	écoeurement 구역질
	en- em-	멀리, 분리 (loin de) (운동동사와 결합)	enlever 제거하다
	sé-	분리	séduire 유혹하다

분 류	접 두 사	의 미	단 어 예
결합	co- col- com- con- cor-	함께, 서로 (avec)	coalition 동맹, 연합 collaborateur 협력자 communion 공동체 compagnie 동행, 회사 concordance 일치, 화합
	pour-	지지하는 (partisan)	pourparlers 협상, 흥정
	syl- sym- syn-	함께, 동시에 (avec, ensemble)	sympathie 호감, 호의 synthèse 종합, 통합
강조	dé-	강조	démontrer 증명하다 délivrer 해방하다
	ec- é- ef- ex-	분리, 추출, 상실 밖으로, 강조 (hors de)	effacer 지우다
	par- per-	완성 (achèvement)	parfait 완전한 perfection 완벽
	r- ra- re-, ré- res	반복 (de nouveau), 후퇴, 강조(complètement)	répartir 분배하다 répulsion 혐오
수개념	hémi- semi-	절반, 1/2 (moitié, demi)	hémisphère 반구 semi-fluide 반유동성의 semi-voyelle 반모음
	uni-	1 (un)	unir 결합하다 unanimité 만장일치 uniforme 유니폼
	bi-	2 (deux)	bicyclette 자전거 biennale 비엔날레
	tri- tris-	3 (trois)	triangle 삼각형 tricolore 3색의 trinité 3위일체
	mon(o)-	하나, 홀로	monarque 전제군주 monologue 독백
	multi-	다수, 다중	multiplier 증가시키다 multitude 다수
	poly-	다수	polygame 일부다처의 polygone 다각형

2. 명사형 접미사

a) 동사의 어간에 붙는 명사 접미사

접 미 사	의 미	동 사	단 어 예
-ement -issement	행위, 결과	grouper 모으다 enseigner 가르치다 ralentir 늦추다	groupement 집결, 집단 enseignement 교육 ralentissement 감속
-age -issage	행위, 결과	atterrir 상륙, 착륙하다 chauffer 덥히다 porter 들다, 나르다	atterrissage 상륙, 착륙 chauffage 난방 portage 휴대, 운반
-tion -ation -ition	행위, 결과	attribuer 부여하다 constater 확인하다 finir 끝내다	attribution 부여, 배당 constatation 확인 finition 끝, 결말
-aison	행위, 결과	pendre 매달려 있다 livrer 인도, 배달하다 comparer 비교하다	pendaison 매달기 livraison 인도, 배달 comparaison 비교, 비유
-ure -ature	행위, 결과	blesser 상처를 입히다 lire 읽다 fermer 닫다	blessure 상처, 부상 lecture fermeture 닫기, 폐쇄
-ade	행위	se baigner 목욕하다 glisser 미끄러지다 promener 산책시키다	baignade 목욕하기 glissade 미끄러짐 promenade 산책
-erie	행위, 결과	se fâcher 화내다 se moquer de 놀리다 tracasser 괴롭히다	fâcherie 반목, 불만 moquerie 우롱, 놀림 tracasserie 귀찮게 하기, 험담
-is	행위, 결과	hacher 썰다, 다지다 semer 씨를 뿌리다 vernir 윤이 나게 하다	hachis 다진 고기 semis 파종, 씨뿌리기 vernis 윤기, 니스
-ance	행위, 결과	allier 결합시키다 confier 의뢰하다 espérer 기대하다	alliance 동맹, 연합 confiance 신뢰, 확신 espérance 희망
-ée	행위	monter 오르다 peser 무게를 달다 traverser 건너다	montée 오르기, 오름 pesée 무게를 달기, 계량 traversée 건너기, 횡단
-son	행위, 결과	garnir 장식하다 pendre 매달려 있다 trahir 배반하다	garnison 장식하기 pendaison 매달기 trahison 배반

접 미 사	의 미	동 사	단 어 예
-at	결과	contracter 계약하다 mander 명하다 résulter 기인하다	contrat 계약, 계약서 mandat 위임, 위탁, 영장 résultat 결과, 성적
-eur (m) -eresse (f)	행위자	chasser 사냥하다 pécher 죄를 짓다	chasseur, chasseresse 사냥꾼 pécheur, pécheresse 죄인
-eur (m) -euse (f)	행위자 도구, 기계	balayer 청소하다 vendre 판매하다 réfrigérer 냉각하다	balayeur, balayeuse 청소부 vendeur, vendeuse 판매원 réfrigérateur 냉장고
-ateur (m) -atrice (f)	행위자 도구, 기계	accuser 고소하다 cultiver 경작하다 ventiler 환기하다	accusateur, accusatrice 고소인 cultivateur 경작인, 경운기 ventilateur 배기통, 송풍기
-ier (m) -ière (f)	행위자 도구, 기계	cuisiner 요리하다 lever 들다	cuisinier, cuisinière 요리사 cuisinière 가스레인지 levier 지렛대
-oir (m) -oire (f)	도구 행위의 장소	moucher 코를 풀다 fumer 담배피우다 mirer 비춰보다 se baigner 목욕하다 trotter 쏘다니다	mouchoir 손수건 fumoir 흡연실 miroir 거울 baignoire 욕조 trottoir 인도, 보도
-ail (m) -aille (f)	도구 행위, 결과	éventer 부채질하다 épouvanter 놀라게하다 tenir 잡다 retrouver 재회하다 semer 파종하다	éventail 부채 épouvantail 허수아비 tenaille 집게, 못뽑이 retrouvaille 재회 semailles 파종, 뿌린 씨
-et (m) -ette (f)	축소	jouer 놀다 clocheter 울려퍼지다	jouet 장난감 cloche 종, clochette 방울

b) 형용사에 붙는 명사 접미사

접 미 사	의 미	형 용 사	단 어 예
-té -eté -ité	성질	beau 아름다운 propre 깨끗한 solide 견고한	beauté 아름다움 propreté 청결 solidité 견고
-ie	성질, 학문	fou, fol 미친 modeste 겸손한 chimique 화학의	folie 광기, 정신착란 modestie 겸손, 검소 chimie 화학
-eur	성질	doux, douce 부드러운 haut 높은 lent 느린	douceur 부드러움, 단맛 hauteur 높이 lenteur 느림, 지체
-ise	성질	bête 어리석은 franc, franche 솔직한 vantard 허풍을 떠는	bêtise 우둔, 어리석음 franchise 솔직성 vantardise 허풍, 자만
-esse	성질	gentil 상냥한 jeune 젊은 poli 예의바른 sage 영리한, 얌전한	gentillesse 상냥함 jeunesse 젊음 politesse 예의, 예절 sagesse 총명, 얌전함
-ude -itude	성질	certain 확실한 habituel 습관적인 plein 가득 찬 solide 외로운	certitude 확실함 habitude 습관 plénitude 충분, 풍부 solitude 고독, 외로움
-isme	학파, 주의	chrétien 기독교의 commun 공동의 réel 현실의 social 사회적인	christianisme 기독교 communisme 공산주의 réalisme 현실주의 socialisme 사회주의
-iste	지지자	commun 공동의 fatal 운명의, 숙명의 réel 현실의 social 사회적인	communiste 공산주의자 fataliste 숙명론자 réaliste 현실주의자 socialiste 사회주의자
-ance -ence	행위, 결과	différent 다른 innocent 결백한 vaillant 용감한	différence 차이, 다름 innocence 결백, 무죄 vaillance 용기, 굳셈
-âtre	경멸, 유사	beau, belle 아름다운 gris 회색의 rouge 빨간색의	bellâtre 겉멋부리는 grisâtre 회색을 띤 rougeâtre 불그스름한

c) 명사에 붙는 명사 접미사

접 미 사	의 미	명 사	단 어 예
-ier (m) -ière (f)	직업 그릇 나무	douane 세관 café 커피 marron 밤	douanier 세관원 cafetière 커피포트 marronier 밤나무
-er (m) -ère (f)	직업	boulange 빵 굽기 teinture 물감, 염색 ménage 가정, 가사	boulanger 빵장수 teinturier 세탁업자 ménagère 주부
-ien (m) -ienne (f)	전문가 소속	mécanique 기계장치 pharmacie 약국 collège 중학교	mécanicien 기사, 정비사 pharmacien 약사 collégien 중학생
-aire	직업	stage 연수, 수습 fonction 직업, 공직 propriété 소유	stagiaire 수습사원 fonctionnaire 공무원 propriétaire 소유자, 집주인
-eron	직업	bûche 장작 forge 대장간 vigne 포도나무	bûcheron 나무꾼 forgeron 대장장이 vigneron 포도재배자
-eur (m) -euse (f)	행위자 도구 기계	ambassade 대사관 empire 제국 moisson 수확	ambassadeur 대사 empereur 황제 moissoneur 수확기
-age	집단 상태	feuille 나뭇잎 branche 가지 esclave 노예	feuillage 나뭇잎 전체 branchage 가지 전체 esclavage 예속, 속박
-ain (m) -aine (f)	집단 소속	vingt 20 république 공화국 Amérique 아메리카	vintaine 약 20 républicain 공화주의자 Américain 아메리카 사람
-ée	집단 내용물 기간	chambre 침실 bouche 입 matin 아침	chambrée 내무반, 동거인 bouchée 한 입의 양 matinée 오전 중
-ie	집단 장소 학문	tyran 전제군주 maire 시장 astronome 천문학자	tyrannie 전제군주정치, 폭정 mairie 시청 astronimie 천문학
-erie	집단 장소 결과	argent 은 boulanger 빵장수 âne 바보	argenterie 은그릇, 은제품 boulangerie 빵가게 ânerie 바보 같은 짓

접 미 사	의 미	명 사	단 어 예
-isme	학파, 주의	fauve 맹수, 야수 progrès 진보	fauvisme 야수파 progressisme 진보주의
-iste	직업, 지지자	impression 인상 progrès 진보	impressionniste 인상파 화가 progressiste 진보주의자
-at -iat	직책 기능 상태	consul 영사 notaire 공증인 docteur 박사	consulat 영사의 직, 영사관 notariat 공증인의 직무 doctorat 박사학위
-ise	직책, 기능 상태	prêtre 사제, 신부 maître 교사	prêtrise 성직, 사제직 maîtrise 석사학위
-ail (m) -aille (f)	경멸 집단 도구	fer 철 valet 사환, 시종 évent 바람 쐬기	ferraille 고철 valetaille 하인들 éventail 부채
-ard	경멸	vieux 노인 frousse 겁 politique 정치가	vieillard 노인, 늙은이 froussard 겁쟁이 politicard 정치꾼
-et (m) -ette (f)	축소	table 탁자 coffre 상자 livre 책	tablette 선반 coffret 보석함 livret 책자, 수첩
-elle	축소	poutre 들보 tour 탑	poutrelle 작은 들보 tourelle 작은 탑, 망루
-ot (m) -otte (f)	지소사 속어	île 섬 cage 새장, 우리 coco 꼬꼬, 닭	îlot 작은 섬 cageot 작은 새장 cocotte 꼬꼬, 암탉

3. 형용사형 접미사

a) 명사에 붙는 접미사

접 미 사	의 미	명 사	단 어 예
-(i)en (m) -(i)enne (f)	출신 신봉자 관계	le Canada 캐나다 la Corée 한국 Paris 파리 Lamartine 라마르틴 Christ 그리스도	canadien 캐나다의 coréen 한국의 parisien 파리의 lamartien 라마르틴풍의 chrétien 기독교의
-ais (m) -aise (f)	출신	la Frace 프랑스 le Japon 일본 Marseille 마르세이유	français 프랑스의 japonais 일본의 marseillais 마르세이유의
-ois (m) -oise (f)	출신	la Chine 중국 Québec 퀘벡	chinois 중국의 québécois 퀘벡의
-ain (m) -aine (f)	출신 성질	l'Afrique 아프리카 monde 세계, 세속 république 공화국	africain 아프리카의 mondain 세속적인 républicain 공화국의
-ique -(a)ïque	속성 관계	magie 마법, 마술 économie 경제 Hébreu 히브리 사람	magique 마법의, 마술의 économique 경제적인 hébraïque 히브리의
-al (m) -ale (f)	관계	nation 국가 centre 중앙 famille 가족	national 국가의 central 중앙의 familial 가족적인
-el (m) -elle (f)	속성 유발	nature 자연 mort 죽음 univers 우주, 세계	naturel 자연스러운 mortel 죽어야 할 universel 국제적인
-able -ible	성질	confort 안락 misère 비참, 빈곤 paix 평화	confortable 안락한 misérable 비참한, 가난한 paisible 평화스러운
-if (m) -ive (f)	성질	sport 운동 combat 전투 défense 방어	sportif 운동의 combatif 호전적인 défensif 방어의
-aire	성질	aliment 음식 salut 인사, 구원 volonté 의지	alimentaire 음식의 salutaire 유익한, 이로운 volontaire 자발적인
-eux (m) -euse (f)	성질	amour 사랑 courage 용기 mystère 신비 tumulte 소란, 혼란	amoureux 사랑하는 courageux 용감한 mystérieux 신비로운 tumultueux 소란스러운

b) 동사의 어간에 붙는 접미사

접 미 사	의 미	동 사	단 어 예
-ant (m) -ante (f)	성질	dormir 잠자다 piquer 찌르다 provoquer 도전하다 sourire 미소 짓다	dormant 잔잔한 piquant 매운, 자극적인 provocant 도전적인 souriant 미소 짓는
-able	속성	admirer 감탄하다 préférer 더 좋아하다 répondre 책임지다	admirable 감탄할 préférable 더 좋은 responsible 책임이 있는
-ible	속성	nuire 해치다 corriger 정정하다	nuisible 해로운 corrigible 정정할 수 있는
-eur (m) -eresse (f)	행위자	enchanter 매혹하다 pécher 죄를 짓다	enchanteur 매혹적인 pécheur 죄의, 죄인의
-eur (m) -euse (f)	성질, 기계	mentir 거짓말하다 vendre 팔다	menteur 거짓말쟁이의 vendeur 팔 뜻이 있는
-eux (m) -euse (f)	성질	douter 의심하다 ennuyer 지루하게 하다 respecter 존경하다	douteux 의심스러운 ennuyeux 지루한 respectueux 공손한
-if (m) -ive (f)	성질	exploser 폭발하다 progresser 진보하다	explosif 폭발하는 progressif 진보적인
-ard (m) -arde (f)	경멸	vieillir 나이 먹다 se vanter 자랑하다	vieillard 노인, 늙은이 vantard 허풍을 떠는

4. 동사형 접미사

접 미 사	의 미	동 사	단 어 예
-er	사역	clou 못 ennui 지루함 rappel 회상 gris 얼큰한	clouer 못 박아 고정시키다 ennuyer 지루하게 하다 rappeler 생각나게 하다 griser 취하게 하다
-ifier	사역	fort 강한 simple 단순한, 간단한 solide 고체의	fortifier 강하게 하다 simplifier 간단하게 하다 solidifier 고체화시키다
-iser	사역	moderne 현대의 organe 기관 caractère 성격	moderniser 현대화하다 organiser 조직하다 caractériser 특징짓다
-ir	상태	rouge 빨간색의 faible 약한 gros 굵은	rougir 빨갛게 물들다 faiblir 약해지다 grossir 굵어지다

Ⅲ. 중요어근

1 AG, AGO, ACT, IG, IT
2 BENE, BIEN, BON
3 CAP, CAPT, CIP, CEV
4 CAPIT
5 CAUSE, CUS
6 CLAM
7 CEDE, CESS
8 CRED, CREDIT, CROI(Y)
9 CREA, CREAT
10 CLO, CLU, CLUS
11 DIRE, DIC, DICT
12 DUC, DUCT, DUIRE
13 FAC, FACT
14 FIC, FECT
15 FEDER, FID, FI
16 FER, FR, LAT
17 FIN
18 FLECT, FLEX
19 FLU, FLUC, FLUX
20 GEN, GENE, GENI
21 GRAD, GRED, GRESS
22 HOM, HUMAN, HUM
23 JUG, JUDI, JUDIC
24 JUST, JUR
25 METT, MISS
26 MOUV, MOT, MOB
27 NONC
28 PORT
29 POS, PON
30 STA, SIST, ST(I), STITU
31 STR(U), STRUCT
32 TEN, TENT, TIN, TIEN
33 TIR, TRAT, TRACT
34 VEN, VENT

CLÉ NO 1 AG, AGO, ACT, IG, IT

agir(행동하다), agiter(흔들다), aller(가다) 의 뜻

AG, ACT는 라틴어 agere, actus(p.p.)에서, AGO는 그리스어 agein에서 유래. IG, IT는 접두사로 인한 모음 약화형이다.

agir

[‹agere] ⇒ 행동하다
동 행동하다, 처신하다, 작용하다
s'agir de : 관계되다, 문제되다, 중요하다

동 faire (행하다), se comporter (처신하다), se produire (생기다)
influer (작용하다), opérer (작용하다), exercer (시행하다)

반 penser (생각하다), discourir (장광설을 늘어놓다)

예문

C'est la foi qui donne à l'homme l'élan qu'il faut pour agir. 〈Martin du Gard〉
(바로 신앙이 행동하기 위해 필요한 정열을 인간에게 준다.)
Est-ce ainsi que vous en agissez avec moi? (당신은 나에게 이렇게 대하십니까?)
Sa volonté n'avait pas cessé d'agir sur son destin. 〈Martin du Gard〉
(그의 의지는 끊임없이 그의 운명에 작용했었다.)
Trouver une bonne formule ne suffit pas, il s'agit de n'en plus sortir. 〈Gide〉
(하나의 훌륭한 격언을 발견하는 것으로는 충분하지 않다.
중요한 것은 거기서 벗어나지 않는 것이다.)
Il s'agit que vous le trouviez, et rapidement! (그것을 찾아야 한다, 그것도 빨리!)

action

[act(=agir)+ion(=s.n.)] ⇒ 행동함
명 행위, 활동, 영향, 소송, 줄거리, 주식

동 acte (행동), fait (행동), activité (행동), opération (작용, 활동), conduite (행동, 행위)
comportement (행동, 행위), influence (영향), intervention (중재, 개입), effet (효과)
demande (청구), poursuite (기소), recours (청원, 상소), intrigue (줄거리)
part (지분), valeur (유가증권), obligation (채권)

예문

Les actions les plus décisives de notre vie sont le plus souvent des actions inconsidérées. 〈Gide〉
(우리 인생의 가장 결정적인 행위들은 대개 무분별한 행동들이다.)
Le mur s'est détérioré sous l'action de l'humidité, du gel.
(벽은 습기와 결빙의 영향으로 파손되었다.)
La spéculation est un luxe, tandis que l'action est une nécessité. 〈Bergson〉
(사색은 사치인 반면 실천은 필요다.)
intenter une action en dommages-intérêts (손해배상청구 소송을 제기하다)

acte

[<act(=agir)] ⇒ 행동
명 행위, 동작, 증서, 막

동 action (행위), geste (몸짓), certificat (증명서), document (증거자료), titre (증서)
contrat (계약서), convention (협정), testament (유언장)

> ☺ action ⇒ 인간의 의지력이나 자연의 힘에 의한 작용, 습관적 행동
> homme d'action (행동가), action du soleil (태양의 작용)
> acte ⇒ action 의 결과로서의 행위, 예외적 행동
> acte de grandeur (위대한 행위), acte d'hostilité (적대행위)

예문

> J'appelle acte un mouvement volontaire, précédé par une intention, poursuivant un but. 〈J. Laurent〉
> (나는 의도가 앞서고, 목적을 추구하는 자발적인 동작을 행위라고 부른다.)
> Vous êtes responsible de vos actes. (당신은 당신 행동에 대해서 책임이 있다.)
> Le directeur doit faire acte d'autorité. (감독은 권위를 보여야 한다.)
> acte de vente (매도증서), pièce en trois actes (3막극)

actif

[act(=agir)+if(s.a.)] ⇒ 움직이는
형 활동하는, 부지런한, 적극적인, 능동의, 즉효의 명 자산

동 agissant (활동적인, 효력있는), efficace (효과적인), énergique (원기있는)
travailleur (근면한), vif (활발한), dynamique (역동적인), entreprenant (과감한)
avoir (재산), bien (재산), fortune (재산), créance (채권), patrimoine (세습재산)
titre (증권), valeur (유가증권)

반 inactif (활발치 않은), passif (수동의), paresseux (게으른), immobile (움직이지 않는)

예문

> Il était intelligent et actif, il comprenait vite, exécutait bien. 〈J. Verne〉
> (그는 명철하고 부지런했다. 그는 신속히 이해하고 훌륭히 실행하곤 했다.)
> C'est un homme actif que rien ne fatigue. (그는 지칠 줄 모르는 활동적인 사람이다.)
> Ce médicament est actif. (이 약은 효과가 있다.)
> Avoir une politique active en Asie. (아시아에서 적극적인 정책을 쓰다.)
> La police a mis l'attentat à l'actif d'un groupe extrémiste.
> (경찰은 테러를 과격파의 소행으로 보았다. à l'actif de : ...의 소행으로)

activité

[ag(=agir)+if(s.a.)+ité(s.n)] ⇒ 움직임
명 활동, 활기, 일, 작용, 현직

동 dynamisme (활력), énergie (기력), vitalité (생기)
vivacité (활발), occupation (일, 활동)

반 in activité (불활동), inertie (무기력), paresse (안일), non-activité (휴직)

예문

Mettre de l'activité dans l'affaire (일에 활기를 불어넣다)
Les enfants en bonne santé sont plein d'activité.
(건강한 아이들은 아주 활발하다.)
Cet homme a des activités diverses.
(이 사람은 다방면으로 활약하고 있다.)
Le médecin lui a conseillé de changer ses activités.
(의사는 그가 하는 일을 바꾸도록 권했다.)
Le passage de l'activité à la retraite est le temps critique de l'employé. 〈Balzac〉 (현역에서 퇴역으로의 이행은 종업원의 위기의 시기이다.)

acteur

[act(=agir)+eur(s.n)] ⇒ 활동하는 사람
명 배우, 당사자

동 artiste (배우), comédien (희극배우), tragédien (비극배우), interprète (연기자, 통역자) cabot (엉터리 배우), histrion (서투른 배우, 사기꾼), vedette (스타), star (스타) étoile (스타), doublure (스턴트맨, 대역), figurant (단역, 댄서), utilté (단역, 조역) protagoniste (중심인물), auteur (장본인)

반 pectateur (관객)

예문

Les acteurs sont épuiseé de la fatigue de ces répétitions multipliées. 〈Diderot〉
(배우들은 중첩된 연습 때문에 피로로 녹초가 되었다.)
Qui est l'actrice principale du film?
(그 영화의 주연 여배우는 누구냐?)
Principal acteur (주동자)

actuel

[act(=agir)+uel(s.a.)] ⇒ 행하는 ⇒ 현재의, 실제의
형 현행의, 현재의, 실제의, 시사적인

동 présent (현재의), contemporain (동시대의), moderne (현대의), effectif (실제의)

반 ancien (옛날의), potentiel (잠재적인), virtuel (잠재적인)

예문

cette aperception actuelle, et non seulement virtuelle 〈Bergson〉
(실제적일 뿐만 아니라 잠재적인 지각능력)
Les vieillards critiquent souvent les modes actuelles.
(노인들은 오늘날의 유행을 탓하기가 일쑤다.)
Ce livre traite de problèmes actuels.
(이 책은 시사성 있는 문제들을 다루고 있다.)
À l'heure actuelle, beaucoup de jeunes travaillent pendant les vacances.
(요즘은 많은 젊은이들이 방학 동안에 일한다.)
Question actuelle (현대적 관심사인 문제)
Contantinople, l'actuelle Istanbul
(콘스탄티노플, 즉 현재의 이스탄불)

actualité

[act(=agir)+uel(s.a.)+ité(s.n] ⇒ 행하여지고 있는 것 ⇒ 현실
명 현실, 실제, 시사, 뉴스

반 passé (과거)

예문

Problème d'actualité (시사적 문제)
Actualités télévisées (텔레비전 뉴스)
S'intéresser à l'actualité politique (정치 뉴스에 관심을 가지다)
Ces histoires ne sont plus d'actualité. (그 이야기는 이제 더 이상 시사성이 없다.)
Un journaliste doit suivre l'actualité. (신문기자는 시사문제를 지켜보아야 한다.)
Les actualités passent, en général, avant le grand film.
(시사 뉴스는 보통 본영화에 앞서 상영된다.)

agile

[ag(=agir)+ile(s.a.)] ⇒ 잘 움직이는
형 민첩한, 날렵한, 머리가 잘 도는

동 leste (재빠른), souple (날쌘), alerte (기민한), rapide (빠른)
prompt (재빠른), vif (머리가 예민한), expéditif (기민한)
actif (활발한), diligent (민활한), brusque (별안간의)

반 gauche (서툰), lent (느린), lourd (우둔한), pesant (둔한)
inerte (움직이지 않는), paresseux (게으른)

예문

La bohémienne dansait agile, légère. 〈Hugo〉
(그 집시여자는 민첩하고 사뿐하게 춤을 추고 있었다.)
Cet enfant est agile comme un singe. (이 아이는 원숭이처럼 대단히 날렵하다.)

agilité

[ag(=agir)+ilité(s.n)] ⇒ 잘 움직이는 성질
명 기민, 민첩

동 aisance (자유로움, 편함), légèreté (경쾌함), rapidité (신속)
souplesse (유연성, 경쾌함), vivacité (민첩, 발랄)

반 gaucherie (서툼), lenteur (완만), lourdeur (우둔)

예문

Ils se haissaient le long des murs avec une agilité et une malice toutes simiesques.
(그들은 아주 원숭이 같이 기민하고 약삭빠르게 벽을 따라 기어오르고 있었다.)
La logique a assoupli les esprits ; elle leur a donné une agilité qu'ils n'avaient pas. 〈Maurois〉
(논리는 정신들을 유순하게 했다. 하지만 논리는 정신들이 예전에 가지지 못했던 민첩성을 제공해 주었다.)
Au coup d'oeil d'emsemble, on ne voyait que la force et l'agilité. 〈Aragon〉
(전반적인 관찰로 보건대, 힘과 민첩함만 보였다.)

agiter

[〈agitare] ⇒ 흔들다
동 흔들다, 동요시키다, 토론하다

동 secouer (흔들다), brandir (휘두르다), remuer (움직이다), balloter (동요시키다)
remuer (감동시키다), émouvoir (감동시키다), exciter (흥분시키다)
inquiéter (걱정시키다, 동요시키다), tourmenter (괴롭히다, 뒤흔들다)
toucher (감동을 주다), discuter (토론하다), traiter (논하다, 취급하다)

반 calmer (진정시키다), adoucir (누그러 뜨리다), apaiser (가라 앉히다)

예문
Il agitait ses feuilles pour en faire sécher l'encre. 〈Camus〉
(그는 잉크를 말리기 위해 자기 원고를 흔들고 있었다.)
Elle agite le bras comme si elle voulait nous appeler.
(그녀는 마치 우리를 부르기라도 하려는 듯이 팔을 흔든다.)
Tous ces discours finissaient par agiter profondément les ouvriers.
(그 모든 담화들은 마침내 근로자들을 심각하게 동요시키고 말았다.)
Il est agité par une violente colère.
(그는 격렬한 노여움으로 흥분되어 있다.)
La mer commence à s'agiter. (바다의 파도가 일기 시작한다.)
Pourquoi s'agite-t-il encore?
(왜 그는 아직도 흥분하고 있는가?)

agitation

[agiter+ation(s.n)] ⇒ 흔들림
명 흔들림, 동요, 흥분, 선동

동 trouble (혼란, 동요), turbulence (소란), tumulte (법석), fièvre (열광, 흥분)
animation (번창, 흥분), grouillement (우글거림, 붐빔), nervosité (신경과민)
efferverscence (격앙, 흥분), fermentation (동요), grogne (불평, 불만)
mouvement (움직임, 동요), émotion (감동, 흥분), excitation (흥분, 선동)
bouleversement (혼란, 격동), encouragement (부추김), remous (동요, 소란)
soulèvement (반란, 폭동), bruit (소동, 소란), cahot (차의 요동), chaos (혼돈)

반 calme (고요), paix (평화), repos (휴식)

예문
A mes jours d'agitation succédaient des jours de torpeur. 〈A. France〉
(나의 흥분의 나날들에 뒤이어 허탈한 나날들이 이어지고 있었다.)
L'agitation du malade ne se calme pas.
(그 병자의 흥분이 가라앉지 않고 있다.)
Il est étourdi par l'agitation de cette foule.
(그는 이 군중들의 소란스런 움직임에 정신을 못 차린다.)
L'agitation sociale se développe.
(사회적 혼란이 커져간다.)

agitateur

[agiter+ateur(=s.v.)] ⇒ 동요시키는 사람
명 선동자

동 factieux (반역자), meneur (주모자), trublion (선동꾼)

예문

Tchen le reconnut au moment où il sautait en selle : Ha, l'un des principaux agitateurs. 〈Malraux〉
(Tchen은 그가 말안장에 올라타고 있을 때 그를 알아보았다. Ha였는데, 그는 주요 주모자들 중의 한 명이었다.)

agent

[ag(=agir)+ent(s.n.)] ⇒ 행하는 자 ⇒ 대신 행동하는 사람
명 경관, 대리인, 요인, 중심인물, 동작주

동 émissaire (밀사), intendant (관리인), représentant (대표자), commis (사무원)
employé (사무원), facteur (우편배달부), courtier (중개인), gérant (지배인)
mandataire (수임자), flic (경관), cogne (경관), poulet (경관), inspecteur (형사)
détective (탐정), espion (비밀요원, 간첩), barbouze (비밀경찰), municipal (파리 경찰)
facteur (대리인, 요인), cause (원인, 이유), principe (근원, 요인)

예문

Ils aperçurent aussi des agents, le revolver au poing, tapis dans les portes des immeubles. 〈Camus〉
(그들은 손에 총을 쥐고 건물들의 문안에서 웅크리고 있는 경찰들을 또한 발견했다.)
Les agents règlent la circulation. (경찰들은 교통정리를 한다.)
Un agent de liaison (연락원)
Un agent de l'ennemi (적의 첩자)
Un agent secret (비밀 첩보원, 간첩)
Des agents économiques (경제적인 요인들)

agence

[ag(=agir)+ence(s.n)] ⇒ 대신 행하여 주는 곳
명 대리점, 지점

동 bureau (사무실), succursale (지점)

예문

agence immobilière (부동산 소개소)
agence de voyage (여행사)
agence de publicité (광고대행업소)
agence de presse (신문사)
Le but de l'Agence n'est pas de multiplier les commissions, c'est de mériter la confiance de la clientèle. 〈Romains〉
(대리점의 목표는 수수료를 증가시키는 것이 아니라, 고객의 신뢰를 받는 것이다.)

réagir

[ré(=derrière)+agir] ⇒ 되받아 작용하다
동 반응을 일으키다, 저항하다, 반항하다, 반향을 일으키다

동 résister (저항하다), lutter (반항하다), se répercuter (반향하다)
réfléchir (반사하다, 반향하다), refléter (반사하다, 반영하다)

예문

Quand il a su la nouvelle, il a réagi violemment.
(그는 소식을 알게 되자 몹시 흥분했다.)
La mode agit sur les hommes et les hommes réagissent sur la mode.
(유행이 사람에게 영향을 미치고 반대로 사람은 유행에 영향을 미친다.)
Les sentiments manifestés par un auditoire réagissent sur l'orateur.
(청중이 나타내는 감정은 연설하는 사람에게 영향을 미친다.)
Il n'a pas réagi à ma lettre. (그는 내 편지에 반응을 보이지 않았다.)
L'organisme réagit contre la maladie. (유기체는 병에 저항한다.)
La population a réagi contre le projet de construction d'une centrale nucléaire. (주민들은 핵발전소 건설계획에 항거했다.)

réaction

[ré(=derrière)+act(=agir)+ion(s.n.)] ⇒ 되받아 작용함
명 반응, 반동, 반발, 반사

동 réacteur (제트엔진), catalyseur (촉매), réflexe (반사, 반사작용), stimulus (자극)

예문

L'aile de l'oiseau n'a besoin que de la réaction de l'air pour soulever le corps. 〈Buffon〉
(새의 날개는 몸을 들어올리기 위한 공기의 반작용만을 필요로 한다.)
L'excès de malheur provoquait des réactions inattendues. 〈Sartre〉
(과도한 불행은 예기치 않은 반발을 불러일으키곤 하였다.)
Il manque de patience, ses réactions sont souvent violentes.
(그는 참을성이 없어 반응이 과격할 때가 많다.)

transaction

[trans(강조)+act(=agir)+tion(s.n)] ⇒ 끝까지 추진함 ⇒ 타협, 거래
명 타협, 화해, 거래

동 composition (타협, 화해), concordat (강제화의), accord (화해)
compromis (타협, 중재), accomodement (화해, 조정), échange (교역)
commerce (거래, 무역), trafic (무역, 암거래), marché (거래)
moyen terme (절충안, 타협점), contrat (계약)

예문

Ils ont terminé leur procès par une transaction.
(그들은 소송을 취하하고 화해로써 해결을 보았다.)
La plus mauvaise transaction est meilleure que le meilleur procès. 〈Balzac〉
(가장 나쁜 타협일지라도 가장 좋은 송사보다 낫다.)

antagoniste

[ant(=contre)+ago(=agiter)+ist(s.n.)] ⇒ 반대로 선동하는 사람
형 적대하는, 반대의 　명 반대자

동 antagonique (적대적인), opposé (정반대의), rival (대항하는)
adversaire (반대자), concurrent (대항자), rival (경쟁자)

반 ami (친구), allié (벗)

예문

deux propositions antagonistes
(서로 반대되는 두 제안)
Cette femme est un dangereux antagoniste.
(그 여자는 위험한 적이다.)
Sur le ring, les antagonistes paraissent épuisés.
(링 위의 상대자들은 몹시 피곤해 보인다.)

pédagogue

[péd(=enfant)+ago(=agiter)+gue(s.n.)] ⇒ 아이를 인도하는 사람
명 교육자, 교사

동 maître (스승), précepteur (개인교수), éducateur (교육자)

반 disciple (제자), élève (학생), écolier (아동)

예문

Quel est ou quel devrait être, en effet, l'objet propre de l'éducation?
Si nous le demandons aux plus écoutés de nos pédagogues, ce serait, disent-ils, de former des hommes, et je le veux bien ; mais en le disant ils n'oublient qu'un point : c'est qu'il y a beaucoup de sortes d'hommes.
〈Bruntière〉
(사실, 교육의 본래의 목적은 무엇이며, 무엇이어야 하는가? 만약 우리가 우리와 같은 교육자 중에서 가장 주목받는 교육자들에게 이 질문을 한다면, 그들은 사람들을 육성하는 것일 거라고 말한다. 나도 이 말에 동의는 하지만, 그들은 그렇게 말하면서 단 하나의 요점을 망각하고 있다. 그것은 많은 종류의 사람들이 있다는 것이다.)

pédagogie

[péd(=enfant)+ago(=agiter)+gie(=science)] ⇒ 아이를 인도하는 학문
명 교육학, 교수법

동 psychopédagogie (교육심리학), didactique (교수법)

예문

La pédagogie moderne utilise les données de la psychologie et de la physiologie enfantines.
(현대 교육학은 아동 심리학과 아동 생리학의 자료들을 사용한다.)
Ce professeur a beaucoup de pédagogie.
(그 교수는 교수법이 풍부하다.)

pédagogique

[péd(=enfant)+ago(=agiter)+gique(s.a)] ⇒ 아이를 인도하는
형 교육학의, 교육적인

동 éducatif (교육적인), instructif (교육적인, 유익한)

예문

La formation pédagogique des futurs professeurs.
(미래 교수들의 교육학 단체)
Cet exercice est bien peu pédagogique ; il ne fait pas réfléchir les enfants.
(이 문제는 그다지 교육적이지 못하다. 이것은 아이들을 생각하게 하지 못한다.)

démagogue

[dém(=peuple)+ago(=agiter)+gue(s.n.)] ⇒ 민중을 선동하는 사람
명 선동정치가

동 agitateur (선동자), trublion (선동꾼)

예문

La démagogue est le pire ennemi de la démocratie.
(선동정치가는 민주주의의 가장 나쁜 적이다.)
Ne vous laissez pas prendre par les belles paroles des démagogues.
(선동정치가들의 미사여구에 속지마세요.)

exiger

[ex(=dehors)+ig(=agir)+er(=s.v.)] ⇒ 바깥으로 밀어붙이다
동 요구하다, 필요로 하다

동 réclamer (요구하다, 주장하다), requérir (요구하다, 주장하다)
revendiquer (요구하다, 주장하다), commander (명령하다, 요구하다)
ordonner (명령하다, 요구하다), nécessiter (필요로 하다)
demander (필요로 하다), appeler (촉구하다), imposer (부과하다, 강요하다)

반 donner (주다), offrir (주다, 제공하다), dispenser (면제하다), exempter (면제하다)

예문

Celui qui exige beaucoup de lui-même se sent naturellement porté à beaucoup exiger d´autrui.
(자기 자신에 대해 많이 요구하는 사람은 당연히 타인에 대해서도 많이 요구하는 경향이 있다.)
Tout examen exige un sand-froid qu´on n´a jamais en voyant ce qu´on aime.
〈Rousseau〉 (오로지 시험이란 사랑하는 사람을 만날 때에는 전혀 가지고 있지 못하는 냉정을 필요로 한다.)
La discipline exige que le subordonné respecte le chef; elle exige aussi que le chef soit digne d´être respecté. 〈Maurois〉
(그 규율은 부하가 수장을 존경할 것을 요구하며, 반대로 수장은 존경받기에 합당할 것을 또한 요구한다.)
Le maître exige le silence dans la classe pendant la leçon.
(선생님은 수업시간 중에는 교실에서 조용히 할 것을 요구한다.)

exigeant

[ex(=dehors)+ig(=agir)+ant(=s.a)] ⇒ 바깥으로 밀어붙이는
형 많은 것을 요구하는, 많은 것을 필요로 하는

동 difficile (까다로운), pointillieux (까다로운), délicat (민감한)
intraitable (다루기 어려운), sévère (심각한)

반 accommodant (다루기 쉬운), arrangeant (협조적인), traitable (다루기 쉬운)
facile (쉬운), coulant (너그러운), maniable (다루기 쉬운)

예문

Quelle femme exigeante, elle n'est jamais contente!
(참 욕심도 많은 여자군, 전혀 만족하지를 않아.)
un christianisme exigeant, également éloigné du libertinage moderne et de l'obscurantisme des siècles passés ⟨Camus⟩
(현대의 자유사상뿐만 아니라 지난 세기의 몽매주의와는 거리가 먼 계율이 엄격한 기독교)
Ce professeur est très exigeant. (이 선생은 매우 까다롭다.)

exigence

[ex(=dehors)+ig(=agir)+ence(s.n.)] ⇒ 바깥으로 밀어붙임
명 요구, 욕구, 까다로움, 제약

동 besoin (필요, 요구), nécessité (필요), demande (요구), revendication (요구)
prétention (요구, 주장), appétit (욕구), désir (욕망), contrainte (구속, 강제), loi (법)
discipline (규율), impératif (명령), ordre (명령), obligation (의무), règle (규칙)

예문

Si tu te laisses faire, ses exigences ne connaîtrons bientôt plus de bornes.
(만약 네가 그대로 내버려둔다면, 그의 요구는 곧 이제 더 이상 한계를 모르게 될 것이다.)
Comme les exigences de l'homme croissent avec ses satisfactions, il tourne les trois quarts de son effort vers l'acquisition du bien-être. ⟨Taine⟩
(인간의 욕구는 자신의 만족과 함께 증대되기 때문에, 인간은 안락의 획득에 자기 노력의 3분의 1을 기울인다.)
La nouvelle est bien près de former un genre depuis qu'elle doit se limiter aux exigences de la revue ou du journal. ⟨Gide⟩ (뉴스가 잡지나 신문의 제약에 한정되어야 하는 동안 뉴스는 이제 곧 한 장르를 형성하려한다.)
Tes exigences sont exagérées. (너의 요구는 지나치다.)

ambigu

[ambi(=deux)+ig(=agir)] ⇒ 양쪽으로 갈팡질팡하는
형 모호한, 불확실한, 두 가지로 해석이 되는

동 incertain (불확실한), obscur (불확실한), ambivalent (양면성을 지닌)
amphibologique (두 가지로 해석이 되는), équivoque (애매한)

반 clair (명확한), précis (명확한), univoque (항상 같은 뜻을 지닌)

예문

Dire que l'existence est ambiguë, c'est poser que le sens n'en est jamais fixé.
(존재가 모호하다고 말하는 것은 그 의미가 전혀 확립되어 있지 않다고 주장하는 것이다.)
Il m'a répondu en termes ambigus. (그는 내게 애매한 말투로 대답했다.)
Elle s'est contentée d'une réponse ambiguë. (그녀는 애매한 답변으로 만족했다.)

ambiguïté

[ambi(=deux)+ig(=agir)+ité(s.n)] ⇒ 양쪽으로 갈팡질팡함
명 모호함, 애매함

동 obscurité (불확실), incertitude (애매모호)

반 clarté (명백), précision (명확성), exactitude (정확), rigueur (엄밀성)
sûreté (확실성), justesse (올바름), austérité (엄격)

예문

La phrase ≪Pierre juge l'enfant coupable≫ a une ambiguïté puisqu'elle signifie soit ≪Pierre juge l'enfant qui est coupable≫, soit ≪Pierre juge que l'enfant est coupable≫.
(Pierre juge l'enfant coupable 라는 문장은 애매하다. 왜냐하면 Pierre juge l'enfant qui est coupable 라는 뜻이거나, Pierre juge que l'enfant est coupable 라는 뜻이기 때문이다.)
Parlez sans ambiguïté !
(명확하게 말하시오.)

ambition

[ambi(=autour)+it(=aller)+ion(s.n.)] ⇒ 이리저리 걸어 다님
명 야망, 갈망, 대망

동 prétention (주장, 야망, 우쭐함), visée (표적, 목표), but (목표), désir (욕망)

☺ 로마제국당시 흰 가운을 걸친 입후보자들이 자신의 유능함을 알리기 위해 야심을 품고 거리를 이리저리 돌아다닌 것에서 유래한 말이다.

예문

Les hommes commencent par l'amour, finissent par l'ambition. 〈La Bruyère〉
(남자들은 사랑으로 시작해서 야망으로 끝난다.)
Toute mon ambition est maintenant de fuir les embêtements. 〈Flaubert〉
(요즘 나의 모든 갈망은 그 골칫거리들을 벗어나는 것이다.)
Il a l'ambition de devenir ingénieur.
(그는 기사가 되겠다는 야심을 품고 있다.)

ambitieux

[ambi(=autour)+it(=aller)+ieux(s.a.)] ⇒ 이리저리 걸어 다니는
형 야심이 있는, 야심적인, 대망을 품은　명 야심가

동 présomptueux (잘난체 하는), prétentieux (거드럼 피우는), vaniteux (으쓱대는)
orgueilleux (거만한), arriviste (출세 제일주의자), carriériste (야심가)

반 humble (겸손한), modeste (검소한), simple (수수한)

예문

être ambitieux = avoir les dents longues (욕심이 많다, 야심이 많다)
Il semblait à la fois plus sûr de plaire et moins ambitieux d'y réussir. 〈Gide〉
(그는 환심을 사는데는 더 확실하고 동시에 성공하는데는 덜 야심적인 것 같았다.)
Il a des projets ambitieux.
(그는 야심적인 계획들을 가지고 있다.)

naviguer

[nav(<navir 선박)+ig(=agir)+uer(s.v)] ⇒ 배를 움직이다
동 배를 조종하다, 항해하다, 항해를 많이 하다

동 voquer (항해하다), bourlinguer (여러 곳을 돌아다니다)

예문
Ils naviguaient sur le bord du fleuve dégagés des remous. 〈Giono〉
(그들은 소용돌이에서 빠져나와 강 가장자리로 항해하고 있었다.)
Ceux-ci n'avaient jamais navigué plus loin que le bout du canton. 〈Fournier〉
(이 사람들은 그 구역의 끝 지점 보다 더 멀리 돌아다녀 본 적이 없었다.)
Le pilote naviguait à 5000 mètres d'altitude en direction d'Amsterdam.
(조종사는 고도 5000미터로 암스테르담을 향해 비행하고 있었다.)

navigation

[nav(<navir 선박)+ig(=agir)+ation(s.n)] ⇒ 배를 조종함
명 항해, 항공, 항해술

동 manoeuvre (조종), pilotage (조종술), transport (수송, 수송선)

예문
Ils avaient l'air de touristes et sportifs attendant de s'embarquer pour une navigation de plaisance. 〈Merle〉
(그들은 유람 항해를 위해 승선을 기다리는 여행자와 운동선수 같았다.)
Compagnie de navigation (선박회사)

prodiguer

[prod(=excès)+ig(<ag=agir)+er(s.v.)] ⇒ 과도하게 움직이다
동 낭비하다, 아낌없이 주다

동 gaspiller (낭비하다), gâcher (헛되이 보내다), dépenser (소비하다), dilapider (탕진하다)

économiser (저축하다), ménager (절약하다), épargner (아끼다), mettre de côté (저축하다)

예문
Prodiguer son argent, ses biens. (자신의 돈, 재산을 낭비하다.)
En dépit de la sollicitude, de l'affection que les deux femmes n'arrêtaient pas de lui prodiguer. 〈Céline〉
(그 두 여자가 항상 그에게 아낌없이 주었던 정성과 애정에도 불구하고)
Mon père m'a prodigué ses recommandations.
(아버지는 내게 주의를 많이 주셨다.)

prodigalité

[prod(=excès)+ig(<ag=agir)+alité(s.n.)] ⇒ 과도하게 움직이는 성질
명 낭비성, 낭비, 과잉, 풍부

동 exagération (과다), excès (과도, 과잉), outrance (과도), profusion (풍부, 과잉) abondance (풍부), fréquence (빈번), surabondance (과잉), fertilité (비옥, 풍부) richesse (부)

반 rareté (적음, 드묾), manque (부족), pénurie (결핍, 부족)

예문

> Par sa prodigalité, il a dilapidé la plus grande partie de sa fortune.
> (그의 낭비성 때문에 자기 재산의 상당 부분을 탕진했다.)
> Tous ses proches ont largement profité de ses prodigalités.
> (그의 모든 측근들은 대개 그의 낭비를 이용했다.)
> La prodigalité des ornements nuit à l'effet. 〈Balzac〉(장식의 과잉은 효과를 해친다.)

prodigue

[prod(=excès)+ig(〈ag=agir)] ⇒ 과도하게 움직이는
형 낭비하는, 아끼지 않는

동 dépensier (낭비벽이 있는), généreux (후한, 관대한)

반 avare (인색한), économe (검소한, 절약하는)

예문

> On est presque naturellement prodigue des richesse qu'on n'a pas soi-même amassées. 〈Jouhandeau〉(사람은 직접 모으지 않은 부에 대해서는 거의 당연스레 낭비한다.)
> Il est prodigue de son temps. (그는 시간을 아낄 줄 모른다.)
> Le retour de l'enfant prodigue. (탕자의 귀환)

prodigieux

[prod(=excès)+ig(〈ag=agir)+ieux(s.a)] ⇒ 과도하게 움직일 정도의
형 놀라울 만한, 굉장한, 비범한

동 merveilleux (굉장한), fantastique (환상적인, 어마어마한), inouï (굉장한), fou (엄청난) colossal (대단히 큰), étonnant (놀라운), important (중요한), considérable (막대한) formidable (기가 막힌), incroyable (믿을 수 없는), extraordinaire (굉장한)

반 insignifiant (대수롭지 않은), négligeable (가치 없는)

예문

> Elle le maintenait collé contre elle avec une force prodigieuse. 〈Merle〉
> (그녀는 놀라운 힘으로 자기 곁에 그를 밀착시켜 꼭 붙들고 있었다.)
> Il me regarde avec une prodigieuse intensité. 〈Sartre〉
> (그는 굉장히 날카로운 눈빛으로 나를 바라보고 있다.)
> Il a une mémoire prodigieuse. (그는 놀라운 기억력을 가지고 있다.)

prodige

[prod(=excès)+ig(〈ag=agir)] ⇒ 과도하게 움직임
명 경이, 기적, 비범한 사람

동 miracle (기적), tour de force (힘든 일)

예문

> Ces trente mille ans étaient remplis d'autant de prodiges que la chronologie égyptienne. 〈Voltaire〉(그 3천 년간은 이집트의 연표만큼이나 많은 경이로운 것들로 가득 차 있었다.)
> L'achèvement de ce travail en si peu de temps est un vrai prodige.
> (그토록 짧은 시간 만에 그 일을 완수 하는 것은 정말 어려운 일이다.)
> Son fils est un vrai petit prodige. (그의 아들은 그야말로 신동이다.)
> Cela tient du prodige. (그것은 기적에 가깝다.)

CLÉ NO 2 BENE, BIEN, BON

bien (좋게), bon (훌륭한)의 뜻

라틴어 bene, bon 에서 유래, 반대 어근은 male

béneficier

[béné+ficier(〈facere=faire)] ⇒ 잘 되게 하다
동 ..의 이득을 보다, 혜택을 입다, ..에 도움이 되다

동 jouir (이용하다), profiter (이용하다, ..에게 덕이 되다)

반 pâtir (손해를 입다), souffrir (손해를 겪다)

예문

bénéficier de circonstances atténuantes (정상참작을 받다)
Il bénéficie de l´indulgence du jury. (그는 심판관의 관대한 혜택을 입고 있다.)
Il bénéficie d´un salaire confortable. (그는 넉넉한 봉급을 받고 있다.)
La croissance économique n´a pas bénéficié aux classes moyennes.
(경제성장이 중산층에게는 도움이 되지 못했다.)
Il n´a pas su bénéficier de ce qu´on l´a aidé.
(남이 자기를 도와주었지만 그는 그것을 선용할 줄 몰랐다.)
Je n´ai pas bénéficié de ces informations. (나는 그 정보를 제공받지 못했다.)
Les mesures prises par le gouvernement n´ont pas bénéficié aux syndicats.
(정부에 의해 취해진 조치는 노동조합에 유리하지 않았다.)

bénéfice

[〈bénéficier] ⇒ 좋게 만들어 줌
명 이익, 이득, 여분, 특권, 은혜

동 boni (잉여금, 이익), excédent (흑자, 초과액), gain (이득), profit (이익, 이득)
rapport (수입, 이익), revenu (소득, 수입), superbénéfice (잉여이윤, 과다이윤)
bénef (이익, 수입), avantage (장점, 특혜), privilège (특권), droit (권리), favaur (배려)

반 désavantage (불리, 단점), déficit (부족, 적자), dommage (손실, 손해)
inconvénient (지장, 단점), préjudice (침해, 손해), perte (손실, 적자)

예문

Avec le bénéfice de six mois de travail sur sa machine, Morel put acheter
une seconde presse. 〈Vailland〉
(자기의 기계로 일한 6개월간의 이익으로, Morel은 두 번째 압착기를 살 수 있었다.)
Si vous faite la fière, vous perdez le bénéfice de votre petite combinaison.
〈Sartre〉 (당신이 거만 떨면, 당신의 그 사소한 계책의 은전마저 잃게 됩니다.)
être intéressé aux bénéfices (이익분배를 받을 권리가 있다.)
faire [réaliser] de beaux bénéfices (큰 이윤을 올리다.)
bénéfice de doute (증거 불충분에 의한 특전 - 피고의 권리)
bénéfice de nature (자연의 혜택) / sous bénéfice de (..의 조건부로)
au bénéfice de = au profit de (..을 위하여, ..의 은혜로)

bénéficiaire

[béné+fice(facere=faire)+aire(s.a)] ⇒ 잘 되게 하는
형 이익의, 이로운 명 수익자

동 bénéfique (이로운), salutaire (이로운, 유용한), utile (유용한), avantageux (유리한) profitable (유리한, 유익한), fructueux (유리한), lucratif (벌이가 되는)

반 déficitaire (적자의), dommageable (손해를 입히는)

예문

L'opération financière, une fois réalisée, s'est révélée bénéficiaire.
(한번 실현된 재정상의 활동은 유익했다.)
Il a été le principal bénéficiaire du testamant.
(그는 유언의 주요 수익자가 되었다.)

bénédiction

[béné+dict(=dire)+ion(s.n)] ⇒ 좋게 말을 함
명 축복, 가호, 은혜, 축복기도

동 grâce (은혜), faveur (호의), bonheur (행운), chance (행운), approbation (칭찬) voeu (기원), reconnaissance (감사), gratitude (사의), remerciement (감사, 감사의 말)

반 malédiction (저주), exécration (증오, 혐오)

예문

Elle avait accueilli mon retour imprévu comme une bénédiction du ciel. 〈Loti〉
(그녀는 신의 은총처럼 예기치 않은 나의 귀환을 맞아들였다.)
Elle recueille les bénédictions du pauvre. 〈Genlis〉
(그녀는 가난한 사람들로부터 감사의 말을 기억에 새긴다.)
donner sa bénédiction à qn
(해고하다, ..에게 감사의 뜻을 표하다)
implorer les bénédictions du Ciel (신의 가호를 기원하다)
mériter les bénédictions d'un peuple (국민의 신망을 받을 만하다)

bénévole

[béné+vole(〈volo=vouloir)] ⇒ 잘 되기를 원하는
형 관대한, 무보수의

동 bienveillant (인자한), bénin (관대한), boniface (자비로운)
indulgent (관대한, 너그러운), volontaire (자발적인)
désintéressé (사리사욕이 없는), gracieux (무보수의), gratuit (무료의)

반 onéreux (비용이 드는), coûteux (비싼), payé (유급의), rétribué (보수 받는)

예문

la femme la plus bénévole du monde et la plus accommodante. 〈Caillois〉
(세상에서 가장 관대하고 가장 양순한 여자)
collaboration bénébole (무상협력)
une infirmière bénébole (무보수로 일하는 간호사)

bénin

[béné+in(〈ignus=vouloir)] ⇒ 잘 되기를 원하는

형 관대한, 너그러운, 자애로운, 온화한, 부드러운, 가벼운

동 indulgent (관대한, 너그러운), doux (온화한), inoffensif (해가 없는)
bonasse (사람좋은), léger (가벼운)

반 cruel (잔인한), méchant (고약한), malin (영악한), dangéreux (위험한)
sérieux (심각한), grave (심각한)

예문

Il est trop mou et trop bénin de caractère. 〈Ste-Beuve〉
(그는 성격이 너무 무르고 너무 순해 빠졌다.)
Il faut dire qu'elle ne lui avait pas seulement accordé de lui baiser la bouche, ce qui n'est pourtant qu'un amusement bénin. 〈France〉
(그녀는 그가 자기 입에 키스하는 것만 허락하지 않았었지만, 그러한 일은 단지 대단찮은 소일거리에 불과할 뿐이라고 말해야겠지.)

bénir

[béné+ir(〈dicare=dire)] ⇒ 잘 되도록 말하다

동 축복하다, 찬양하다, 진심으로 기뻐하다, 감사하다

동 glorifier (찬양하다), remercier (감사하다), se féliciter de (기뻐하다)

반 maudire (저주하다, 증오하다), haïr (증오하다)

예문

Le prêtre bénissait l'assemblée. (사제는 회중을 축복했다.)
Je bénis le ciel pour votre guérison. (당신의 쾌유를 위하여 신의 은총이 있기를.)
Je bénis le ciel que tu aies pensé à cela. (네가 그런 생각을 했다니 정말 기쁘구나.)
Je bénis les dieux d'avoir échappé à cet accident.
(그 사고를 면한 것을 신께 감사한다.)
Il bénit notre arrivée, qui lui permit de congédier un visiteur importun.
(그는 우리의 방문을 진심으로 기뻐하고 있다. 그가 성가신 방문객을 내보내도록 해 주기 때문이다.)

bien-être

[bien+être] ⇒ 편히 있다

동 안락, 행복, 복지

동 aisance (편함, 안락), quiétude (평안), plaisir (기쁨, 쾌락)
euphorie (행복감, 도취), jouissance (향락, 쾌락), confort (안락)

반 malaise (불편), gêne (거북), ennui (권태), incommodité (불편), souffrance (고통)

예문

Il a durement travaillé pour obtenir le bien-être dont il jouit.
(그는 지금 누리고 있는 안락을 얻기 위하여 열심히 일했다.)
Elle savoure en l'écoutant une sensation délicieuse de bien-être, de sécurité. 〈Sarraute〉
(그의 말을 들으며 그녀는 행복과 신뢰라는 달콤한 감동을 맛보고 있다.)

bien-faire

[bien+faire] ⇒ 좋은 일을 하다
명 선행

동 bienfaisance (선행), acte de bonté (선행)
bonne action (선행), bonne conduite (선행)

반 malfaisance (악행), méfait (나쁜 짓, 범죄), forfait (큰 죄)
crime (범죄), mal (악, 나쁜 짓), mauvaise action (악행)

예문 Le bien-faire vaut mieux que le bien-dire. (선행은 훌륭한 말솜씨보다 낫다.)

bienfaisance

[bien+faisance(〈faire)] ⇒ 좋은 일을 함
명 친절, 선행, 자비, 자선

동 bonté (친절), charité (자선)

반 malfaisance (악행), mal (나쁜 짓)

예문 Rose jouait pour une fête de bienfaisance. 〈Aragon〉
(로즈는 자선 축하연을 위하여 공연하고 있었다.)

bienfaisant

[bien+faisant(〈faire)] ⇒ 좋은 일을 하는
형 친절한, 자비로운, 유익한, 이로운, 효험있는

동 salutaire (효험있는), bénéfique (이로운), bon (친절한), charitable (자비한)

반 malfaisant (악의있는)

예문 Le climat de la montagne lui sera bienfaisant. (산악 기후가 그에게 이로울 것이다.)
Après ces journées de chaleur, cette pluie est bienfaisante.
(뜨거운 낮 시간 후에 내리는 이 비는 유익하다.)

bienfait

[bien+fait(〈faire)] ⇒ 좋은 일을 함
명 혜택, 은혜, 선행, 친절, 호의

동 avantage (고마움), faveur (호의), générosité (관대, 호의), service (봉사)

반 méfait (피해, 비행), injure (욕, 모욕), offense (모욕, 무례)

예문

> Les ancêtres du notable ont comblé la ville de bienfaits. 〈Jouhandeau〉
> (유력가의 선조들은 그 도시 사람들에게 은혜를 한껏 베풀었다.)
> J'ai été mal récompensé de mes bienfaits.(나는 내 선행에 대하여 보상을 잘 받지 못했다.)
> Je suis reconnaissant de ses bienfaits. (나는 그의 호의에 대해서 감사한다.)
> La disparition des épidémies est un des bienfaits de la médecine moderne.
> (전염병의 소멸은 현대의학의 혜택 중의 하나이다.)

bienséance

[bien+séance(〈seoir=convenir)] ⇒ 대단히 적절한 행동
명 예의범절, 예절, 품위, 관례, 단정함

동 convenance (예절), étiquette (예법), usage (예의), décence (예절바름)
savoir-vivre (예절), honnêteté (정직, 예절), pudeur (수줍음, 정숙함)

반 inconvenance (무례), indécence (추잡함)

예문

> Voilà ce que je ne pourrais faire sans manquer aux règles de la distinction et de la bienséance. 〈Duhamel〉
> (바로 그것이 품위와 예절의 규칙을 지켜서는 내가 할 수 없을 일이었다.)
> Il a oublié toute bienséance et n'a cessé de la regarder pendant toute la soirée.
> (그는 완전히 품위를 잊어버렸다. 그리고 전 무도회 동안 줄곧 그녀를 쳐다보았다.)

bienséant

[bien+séant(〈seoir=convenir)] ⇒ 대단히 적절하게 행동하는
형 예의바른, 격에 맞는, 어울리는

동 convenable (어울리는), correct (예절바른), poli (공손한)

반 inconvenant (버릇없는, 부적당한), malséant (어울리지 않는)
indécent (추잡한, 버릇없는), impudique (외설스런)

예문

> Il n'est pas bienséant d'interrompre ainsi celui qui parle.
> (말하고 있는 사람을 이렇게 중단시키는 것은 적합하지 않다.)

bienveillance

[bien+veillance(=vouloir)] ⇒ 잘 되기를 바람
명 친절, 호의, 온정

동 bonté (친절), indulgence (관대), faveur (호의), mansuétude (관용)
complaisance (배려, 호의), compréhension (이해심, 관대)

반 méchanceté (악의), hostilité (적의), antipathie (반감)

예문

> Jadis, dès que son avidité commençait à s'assouvir, il regardait les êtres avec bienveillance. 〈Malraux〉 (옛날에 그는 자기 탐욕이 만족해지기 시작한 후에야 호의를 가지고 사람들을 바라보곤 했다.)

bienveillant

[bien+veillant(=vouloir)] ⇒ 잘 되기를 바라는
형 친절한, 관대한

동 favorable (호의적인), cordial (다정한), débonnaire (양순한, 관대한)
aimable (친절한), obligeant (친절한)

반 malveillant (악의에 찬), dur (냉혹한), désobligeant (불친절한), méchant (고약한)

예문

> Il accueille toujours les visiteurs avec un sourire bienveillant.
> (그는 항상 친절한 미소로 방문객들을 맞이한다.)
> Un courant passe d'eux à lui, il sent sur lui leurs regards bienveillants.
> 〈Sarraute〉 (어떤 흐름이 그들에게서 그 사람에게로 옮아가고 있다. 그는 그 사람에 대한 그들의 관대한 시선을 느끼고 있다.)

bienvenue

[bien+venue(〈venir)] ⇒ 때맞추어 옴
명 환영

동 bon accueil (환영), accueil cordial (환대), hospitalité (환대)

반 accueil froid (냉대), accueil glacial (냉대)

예문

> Au moment où vous mettez le pied dans notre pays, je vous souhaite la bienvenue.
> (여러분이 우리 고장에 발을 들여놓음에 있어서 여러분을 환영하는 바입니다.)
> Pour ma bienvenue, il avait préparé une petite réception.
> (나를 환영하기 위해서 그는 조촐한 연회를 마련했었다.)
> Soyez le bienvenu [la bienvenue].
> (환영합니다. 어서 오십시오.)

bonheur

[bon+heur(〈agurium=chance)] ⇒ 좋은 행운
명 행복, 행운

동 chance (행운), veine (혈관, 요행), félicité (큰 행복), béatitude (천복)
extase (황홀, 법열), agrément (흥미, 쾌락), avantage (행복, 이점), plaisir (만족, 쾌락)

반 malheur (불행), malchance (불운)

예문

Le secret du bonheur n'est pas dans la possession, mais dans le don. 〈Gide〉
(행복의 비밀은 소유에 있지 않고 주는 데에 있다.)
Les assistants se disposent au petit bonheur dans les salons. 〈Duhamel 〉
(방관자들은 살롱에서 되는 대로 하려고 한다.)
Je vous souhaite beaucoup de bonheur.
(부디 행복하시기를 빕니다.)
Marcel a trouvé son bonheur dans une vie tranquille en province.
(마르셀은 시골의 조용한 생활 속에서 행복을 찾았다.)
Nous avons eu le bonheur de trouver le soleil dès notre arrivée à Pusan.
(우리는 부산에 도착하자마자 햇빛을 볼 수 있는 행운을 가졌다.)
Par bonheur, on est arrivé avant la nuit.
(재수 좋게도 우리는 어두워지기 전에 도착했다.)
Il choisit toujours le chiffre treize, il croit que ça lui porte bonheur.
(그는 늘 13이라는 숫자를 고르는데 그것이 행운을 가져다 준다고 믿고 있다.)

bonté

[bon+té(s.n)] ⇒ 선함
명 친절, 호의, 정당

동 bienveillance (친절), générosité (아량) magnanimité (관대함, 아량)
gentillesse (친절), obligeance (친절, 호의), amabilité (친절, 애교), affabilité (상냥함)

반 malveillance (악의), désobligeance (불친절), grossièreté (무례함)
brusquerie (퉁명스러움), rudesse (거침)

예문

La vraie bonté présuppose la faculté d'imaginer les souffrances d'autrui
comme les siennes. 〈Gide〉
(진정한 호의는 타인의 고통을 자신의 것처럼 생각하는 능력을 미리 필요로 한다.)
Il m'a traité avec bonté.
(그는 나를 친절하게 대해 주었다.)
Auriez-vous la bonté de m'aider?
(저를 좀 도와 주시겠습니까?)
Ayez la bonté de me porter ce paquet.
(이 짐을 들어주시면 고맙겠습니다.)

CLÉ NO 3 CAP, CAPT, CIP, CEV, CEPT

recevoir(받다), prendre(취하다), saisir(잡다)의 뜻

라틴어 capere, captus 에서 유래,
CIP, CEPT, CEV는 접두사로 인한 모음의 어중약화형이다.
동사원형은 CEVOIR 형태를 취하고, 명사형은 CEPTion 이다.
또한, la tête(머리)를 의미하는 captut와는 구별해야 한다.

captiver

[capt+iver] ⇒ 잡을 수 있는 성질이 있다.
동 매혹하다, 사로잡다, 포로로 하다

동 conquérir (마음을 끌다), charmer (매료하다), enchanter (매혹하다), gagner (휘어잡다)
ensorceler (호리다, 매혹하다), fasciner (매혹하다), passionner (열광시키다)
séduire (유혹하다, 매혹하다), enchaîner (사슬로 묶다, 억압하다)

반 libérer (해방하다), ennuyer (지루하게 하다)

예문

Il fut bientôt si captivé qu'il ne pouvait se passer d'elle une minute. 〈Maupass.〉
(그는 금방 너무나 마음이 사로잡혀 그녀가 없이는 일분도 지낼 수 없었다.)
Le conférencier a captivé son auditoire. (그 연사는 청중의 마음을 사로잡았다.)
Ce spectacle m'a particulièrement captivé. (그 광경이 특히 나를 매혹시켰다.)
Pierre est captivé par son livre. (피에르는 그의 책에 열중해 있다.)
Il se captive pour le feuilleton de la télévision.(그는 텔레비전 연속물을 열심히 시청한다.)

capture

[capt+ure(s.n)] ⇒ 사로잡음
명 나포, 포획, 체포, 잡힌 사람

동 prise (포획, 탈취), saisie (압류, 나포), arrestation (체포, 구류)
butin (전리품), prise (노획물), trophée (전리품)

예문

la capture d'un navire (선박의 나포)
capture d'un criminel (죄인의 체포)

captif

[capt+if(s.a)] ⇒ 사로잡는
형 포로가 된, 갇힌, 사로잡힌 명 포로

동 asservi (예속된), attaché (매인, 묶인), esclave (노예, 노예의, 구속된)
prisonnier (죄수), captivité (갇힘, 속박)

반 libre (자유로운)

예문

Animaux captifs du jardin zoologique (동물원에 갇힌 동물들)
Il est captif de ses passions (그는 자기의 정념에 사로잡혀 있다.)

capable

[cap+able(=puissant)] ⇒ 잡을 수 있는 ⇒ 감당할 수 있는
형 능력 있는, 가능한, 적합한, 솜씨 좋은, 유능한, ..일지도 모르는
capable de : 재능 있는

동 apte à (알맞은), habile à (재주 있는), propre à (적합한), susceptible de (가능한)
adroit (능란한), compétent (유능한), doué (재능이 있는), expert (숙련된)
fort (뛰어난), habile (숙달된), qualifié (자격이 있는)

반 incapable (무능한), inapte (부적당한), incompétent (능력 없는)

예문

Il est capable de comprendre cette explication.
(그는 이 설명을 이해할 능력이 있다.)
Il est bien capable d'avoir oublié le rendez-vous.
(그는 약속을 잊었을지도 모른다.)
Cette question est difficile ; quant à moi, je ne suis pas capable de
vous répondre. (이 질문은 어려워서, 나로서는 당신에게 대답할 수 없습니다.)
Certains chiens sont capables de sauver des gens en péril.
(어떤 개들은 위험에 처한 사람들을 구할 수 있다.)
Il est capable de tout.
(그는 무슨 짓이라도 할 수 있는 위인이다. - 나쁜 짓도 서슴지 않는다는 뜻도 포함)

☺ capable 와 susceptible 은 동의어이지만 뉘앙스가 다르다.	
capable : 능동적, 항시적 의미	susceptible : 수동적, 수시적 의미
Elle est seule capable de faire ce travail. (그녀만이 이 일을 할 수 있다. - 능동적) Il est capable d'enseigner le chinois. (그는 중국어를 가르칠 수 있다. - 항시적)	immeuble susceptible de réparation (수리되는 것이 가능한 건물 - 수동적) Il est susceptible d'enseigner le chinois. (그는 기회가 주어지면 중국어를 가르칠 수 있다. - 수시적)

capacité

[capac(<capax=saisir)+ité(s,n)] ⇒ 잡고 있음
명 능력, 역량, 용량

동 compétence (능력, 권한), faculté (능력), mérite (재능, 장점), talent (재능, 재주)
valeur (능력, 가치), aptitude (재능, 소질), force (능력, 역량), pouvoir (힘, 역량)
potentiel (잠재력, 가능성), puissance (힘, 권력), contenance (용량, 면적)
mesure (측정, 치수), quantité (분량, 다량), volume (체적, 용량), tonnage (적재량)

예문

On lui a confié une tâche au-dessus de ses capacités.
(그는 자기 능력을 넘어서는 임무를 위임받았다.)
Je doute de la capacité de ce mécanicien. (나는 이 기사의 능력을 의심한다.)
On lui a confié une tâche au-dessus de ses capacités.
(사람들은 그의 능력을 넘어서는 일을 그에게 맡겼다.)
La capacité de cette bouteille est de 1 litre. (이 병의 용량은 1 리터이다.)
Capacité d'un véhicule (차의 적재량)

accepter

[ac(〈ad=à)+cepter] ⇒ 내 것으로 취하는 방향으로 하다
동 받아들이다, 승인하다, 감수하다

동 agréer (수락하다), assumer (수용하다), consentir (동의하다, 승인하다)
autoriser (허가하다), permettre (허락하다), adhérer (동의하다)
se résigner à (감수하다), souffrir (참다, 견디다), subir (견디다)
supporter (참다, 버티다), endurer (참고 견디다)

반 décliner (사양하다, 거부하다), récuser (거부하다), refuser (거절하다)
rejeter (거절하다), repousser (거부하다, 물리치다)

예문

Ils insistèrent vivement pour me faire accepter leur offre. 〈Lamartine〉
(그들은 내가 그들의 제의를 받아들이도록 하기 위해 몹시 고집을 부렸다.)
Il accepte son sort avec résignation.
(그는 체념 속에서 자신의 운명을 감수한다.)
Vous êtes libre d'accepter ou de refuser.
(수락하거나 거부하는 것은 당신 자유입니다.)
Il apportait ses nippes à racommoder et elle acceptait cette besogne.
〈Flaubert〉 (그는 꿰매야 할 허름한 옷들을 가져왔으며, 그녀는 그 일을 맡곤 했다.)
Je n'accepte pas qu'on me parle sue ce ton.
(사람들이 나에게 그런 말투로 나에게 말하는 것을 나는 참지 못한다.)
Il accepte d'aller au bord de la mer pour les grandes vacances.
(그는 여름 방학 때 바닷가에 가는데 동의한다.)
Avez-vous ou non le droit d'accepter qu'un homme tel que M. Puy-Baraud vous sacrifie les fruits de son apostolat?
(당신은 뿌이 바로씨와 같은 분이 당신을 위하여 자신이 사도로서 이룬 성과를
희생하는 것을 그대로 내버려 둘 권리가 있습니까 아니면 없습니까?)

acceptation

[ac(〈ad=à)+cept+ation(s.n)] ⇒ 내 것으로 취하는 방향으로 하는 행위
명 승낙, 승인, 수령

동 accord (동의, 승인), consentement (승인)

반 refus (거절), protestation (항의, 이의)

예문

La guerre, ce n'est pas l'acceptation du risque, c'est l'acceptation pure
et simple de la mort. 〈St-Exupéry〉
(전쟁, 그것은 위험에 대한 승인이 아니라 죽음에 대한 순수하고도 단순한 승인이다.)
Je me réjoui de votre acceptation.
(나는 당신이 승낙해 주셔서 기쁩니다.)

exception

[ex(=hors)+cept+ion(s.n)] ⇒ 밖에 따로 잡아놓음
명 예외, 이례적인 것

동 dérogation (예외, 위반), restriction (예외, 조건, 제한), anomalie (비정상, 이례), particularité (특수성), singularité (독특성)

예문

Il a fait une exception pour nous. (그는 우리를 예외로 취급했다.)
Ce qu'on appelle actuellement exception est simplement un phénomène dont une ou plusieurs conditions sont inconnues. 〈Cl. Bernard〉
(현재 우리가 이례적인 일이라고 부르는 것은 단적으로 말해 하나 혹은 다수의 조건들이 알려지지 않은 현상인 것이다.)
Toute la famille était là, à l'exception de Pierre, qui était malade.
(병이 난 피에르를 제외하고는 온 가족이 그 자리에 와있었다.)
À quelques exceptions près, les gens sont très aimables avec les touristes.
(몇몇 예외를 제외한다면, 사람들은 관광객들에게 매우 친절하다.)
Tous les élèves, sans exception, ont été punis
(모든 학생들이 예외 없이 벌을 받았다.)

excepté

[ex(=hors)+cept+é(p.p)] ⇒ 밖에 따로 잡아놓은
형 제외된 전 제외하고는

동 hormis (제외하고), hors (이외에), sauf (제외하고), à part (별도로) sinon (그렇지 않으면, 제외하고는), à l'exclusion de (..을 제외하고)

반 compris (포함된), y compris (포함해서)

예문

Il y a tout dans ce jeune homme, disaient les vieux officiers goguenards, excepté de la jeunesse. 〈Stendhal〉
(그 젊은이 속에는 젊음 이외에는 다 있지, 라고 야유하는 노장교들이 말하곤 했다.)
Toute la famille était là, excepté Pierre, qui était malade.
(병이 난 피에르를 제외하고는 온 가족이 왔었다.)
Nous avons eu beau temps, excepté qu'il a un peu plu vers midi. 〈Brunot〉
(정오경에 비가 약간 내린 것만 제외하면 오늘은 날씨가 좋았다.)
Ces deux paquets sont semblables, excepté que celui-ci est plus lourd que l'autre.
(이 상자들은 한 쪽이 다른 한 쪽보다 무겁다는 것을 제외하고는 똑같다.)

intercepter

[inter+cepter] ⇒ 사이에서 내 것으로 취하다
동 가로채다, 도중에서 잡다, 가로막다

동 s'emparer (빼앗다, 낚아채다), capter (가로채다), cacher (감추다, 가리다), éclipser (감추다), boucher (막다, 가로막다)

예문

Comme cette lettre ne venait pas, j'ai soupçonné mes parents de l'avoir interceptée. 〈Romains〉
(그 편지가 오지 않고 있었기 때문에 나는 부모님이 그 편지를 가로챘다고 의심했다.)
Une grossière croisée semblait plutôt destinée à intercepter qu'à laisser passer la lumière. 〈Balzac〉
(거친 십자 유리창은 빛을 통과시키기 보다는 오히려 가리기 위해 마련된 것 같았다.)

interception

[inter+cept+ion(s.n)] ⇒ 사이에서 내 것으로 취함
명 차단, 중단, 도청, 가로채기

동 interruption (차단, 중단), barrage (막기, 장벽), écoute clandestine (도청)

예문

interception des rayons solaires par le brouillard (안개에 의한 햇빛의 차단)
interception d'un message (통신의 도청)

susceptible

[sus(〈sub=sous)+cept(=prendre)+ible(s.a)] ⇒ 내 능력 아래로 취할 수 있는
형 할 수 있는, 가능한, 허용하는, 예민한, 민감한, 격하기 쉬운

동 sensible (민감한), chatouilleux (예민한, 화를 잘 내는), ombrageux (과민한)
capable (할 수 있는), apte (타고난 재간이 있는)

예문

Cet élève est susceptible de faire encore des progrès.
(이 학생은 아직도 향상할 가능성이 있다.)
Il n'y a point d'âme si vile et de coeur si barbare qui ne soit susceptible de quelque sorte d'attachement. 〈Rousseau〉
(어떠한 종류의 애정을 받을 수 없는 비열하고 무정한 사람은 전혀 없다.)
Ce texte est susceptible de plusieurs interprétations.
(이 글은 여러 가지 뜻으로 해석될 수 있다.)
Cet élève est susceptible de faire encore des progrès.
(이 학생은 아직도 더 발전할 여지가 있다.)

susceptibilité

[sus+cept+ibilté(s.n)] ⇒ 내 능력 아래로 취할 수 있음
명 민감성, 감수성, 격하기 쉬운 성질

동 prédisposition (체질, 경향), réceptivité (감수성, 감염성)

예문

C'est la vielle notion de "terrain" génétique qui définit une susceptibilité à une maladie. 〈La Recherche, 1985〉
(그것은 병에 대한 감염성을 정의하는 유전적 "소지[素地]"라는 낡은 개념이다.)
Veillez à ménager les susceptibilités.
(기분을 상하지 않게 신경을 쓰세요.)

concevoir

[con(=tout à fait)+cevoir(=prendre)] ⇒ 완전히 내 것으로 취하다
동 마음에 품다, 이해하다, 생각하다, 임신하다

동 comprendre (이해하다), envisager (예상하다), prévoir (예견하다)
se représenter (마음속에 그리다), supposer (상상하다, 생각하다)
former (형성하다), imaginer (고안하다), inventer (생각해 내다)

예문

On ne pouvait pas concevoir qu'il manquerait de parole.
(사람들은 그가 말을 못하리라는 것을 생각할 수 없었다.)
Il a conçu beaucoup d'amitié pour vous.
(그는 당신에게 많은 애정을 품고 있었다.)
En pensant à son voisin, il concevait tantôt de la jalousie, tantôt du dépit.
(그는 자기 이웃을 생각하면서 때로는 질투를, 또 때로는 원한을 품기도 했다.)
Je conçois qu'il n'ait pas été satisfait de votre conduite.
(나는 그가 당신의 행동에 대해 만족하지 않은 것이 당연하다고 생각한다.)
Tu conçois bien que je ne me laisserai pas faire.
(너는 내가 남이 하라는 대로 하지 않으리라는 것을 잘 알고 있잖아.)
On concevrait mal qu'il ne réponde pas à l'invitation.
(그가 초대에 응하지 않는 것을 이해하기 어려워 할 것이다.)
On conçoit comment l'architecture du Parthénon a des proportions si heureuses.
(파르테논의 건축양식이 어떻게 그렇게 조화가 잘 되어 있는지를 우리는 이해한다.)

☺ concevoir que 이하에 사용되는 어법
1. que 이하가 단정적 어조 및 현실적 사실을 표현하면 직설법을 쓴다.
Je conçois que vous êtes fatigué. (당신이 피곤하다는 것을 알겠다.)
2. que 이하가 화자의 주관적 판단이나 상상을 나타내면 접속법을 쓴다.
Je conçois que vous soyez fatigué. (당신이 피곤할 것이라고 생각한다.)
3. 주절이 부정, 의문이면 의혹의 뉘앙스가 들어가므로 접속법을 쓴다.
Concevez-vous qu'il soit fatigué? (그가 피곤하다고 생각하세요?)

conception

[con+cept+ion] ⇒ 완전히 내 것으로 취하는 것
명 개념, 견해, 이해, 임신

동 opinion (견해, 생각), idée (생각), vue (견해), avis (생각), jugement (의견)
entendement (이해력, 양식), intellection (지적 작용), abstraction (추상적 개념)
généralisation (개괄), représentation (표현), fécondation (수태, 수정)
génération (생식), procréation (생식, 출산)

예문

se faire une conception originale d'une chose (어떤 일에 대해 독창적 생각을 품다)
Nous n'avons pas la même conception de la liberté.
(우리는 자유에 대하여 똑같은 개념을 갖고 있지 않다.)
éviter la conception (피임하다)
troisième mois de la conception (임신 3개월)

percevoir

[per(=à travers)+cevoir(〈cipere=saisir)] ⇒ 감각을 통하여 포착하다
㊍ 식별하다, 느끼다, 인지하다, 받다, 징수하다

동 apercevoir (알아차리다), discerner (식별하다), distinguer (구별하다)
saisir (파악하다), sentir (느끼다), éprouver (느끼다), entendre (들리다)
encaisser (수령하다), empocher (받다, 주머니에 넣다)

반 payer (지불하다), verser (불입하다)

예문

L'oreille humaine ne perçoit pas les ultra-sons.
(인간의 귀는 초음파를 듣지 못한다.)
L'oeil humain, à cette vitesse, ne perçoit pas qu'une roue tourne.
(사람의 눈은 이만한 속도에서 바퀴가 도는 것을 인지하지 못한다.)
Je n'ai pas perçu avoir le moindre malaise.
(나는 조금도 거북하다는 것을 느끼지 못했다.)
Quant au casuel épiscopal, l'évêque le percevait sur les riches. 〈Hugo〉
(주교의 임시수입으로 말하자면 그 주교는 부자들에 근거해서 받고 있었다.)
Vous pouvez percevoir une indemnité de charges de famille.
(당신은 가족수당을 받을 수 있습니다.)

perception

[per(=à travers)+cept(=saisir)+ion(s.n)] ⇒ 감각을 통하여 포착함
명 지각, 이해, 징수, 세금, 세무서

동 idée (생각, 견해, 관념), sens (분별력), sensation (감각, 인상), impression (인상)
intelligence (지성, 이해), recouvrement (징수), collecte (모금), levée (징수)
rentrée (회수, 징수), recette (수입, 수납), impôt (세금)

예문

Nos sensations sont purement passives, au lieu que toutes nos perceptions ou idées naissent d'un principe actif qui juge. 〈Rousseau〉 (우리의 감각은 전적으로 수동적인 반면 우리의 모든 지각 혹은 생각들은 판단을 내리는 능동적인 원칙에서 부터 생긴다.)
La vacance probable d'une des vingt-quatre perceptions de Paris cause une émeute d'ambitions à la Chambre des députés! 〈Balzac〉 (빠리의 24개의 세무직 중의 한 자리의 있을 법한 공석은 하원에서 야망의 소요의 원인이 되고 있다.)
Il est allé payer ses impôts à la perception. (그는 세무서에 세금을 내러 갔다.)

apercevoir

[apercevoir [a(〈ad=proche)+per(=à travers)+cevoir]
⇒ 가까이서 감각을 통하여 포착하다
동 보다, 발견하다, 얼핏 보다, 우연히 만나다, 알아차리다, 느끼다
s'apercevoir de : 깨닫다, 눈에 띄다

동 voir (보다), découvrir (발견하다), remarquer (알아보다, 알아차리다)

entrevoir (얼핏 보다), rencontrer par hasard (우연히 만나다)
tomber sur (발견하다, 마주치다), saisir (느끼다), constater (실감하다)

예문

On apercevait au loin l'incendie. (멀리 불난 것이 보였다.)
Je n'ai fait que l'apercevoir. (나는 그를 얼핏 보았을 뿐이다.)
Elle s'est aperçue de son erreur. (그녀는 자신의 잘못을 깨달았다.)
Ce n'est même qu'un peu plus tard que je me suis aperçu qu'elle était bien jolie.
(나는 단지 바로 얼마 후에야 그녀가 정말로 예쁘다는 사실을 알아차렸다.)

anticiper

[anti(=avant)+ciper] ⇒ 앞서 나가서 취하다
동 미리 맛보다, 앞당기다

동 devancer (선행하다, 선수를 치다), escompter (예측하여 기대하다), prévoir (예견하다)

반 différer (연기하다, 다르다), reporter (연기하다), ajourner (연기하다)
remettre (미루다), retarder (늦추다), revenir sur (재검토하다)

예문

Je me retiens d'anticiper sur le récit que j'écrirai plus tard. 〈Mauriac〉
(나는 나중에 내가 쓸 이야기를 미리 말하는 것을 참고 있다.)
Il anticipe sur l'avenir. (그는 미래의 일을 예견하고 행동한다.)
anticiper un payement de huit jours (지불을 일주일 앞당기다.)
anticiper sur ses revenus (수입을 예상하여 미리 쓰다.)

participer

[part+ciper] ⇒ 당파에서 어떤 몫을 취하다
동 참가하다, 한몫끼다, 협력하다, 성질을 띠고 있다

동 prendre part à (참가하다), s'associer (자리잡다), se joindre (가담하다)
adhérer à (가입하다), se mêler (가담하다, 합세하다), assister (참석하다)
coopérer (협력하다), collaborer (협력하다, 참여하다), être de (소속되다)
partager (함께하다, 공유하다), contribuer (기여하다, 공헌하다)
figurer (모습을 보이다, 나타나다)

예문

Il n'a guère participé à la conversation.
(그는 회화에 거의 끼어든 일이 없다.)
Je participe à votre chagrin.
(나는 당신과 슬픔을 같이 나눕니다.)
Le metteur en scène, les acteurs et les techniciens participent tous à la création du film.
(연출가, 배우들 그리고 기술자들이 모두 영화제작에 협력한다.)
Le drame, en littérature, participe à la fois de la tragédie et de la comédie.
(문학에서 드라마[낭만주의 희곡]는 비극과 희극의 성질을 동시에 띠고 있다.)

principal

[prin(〈primus=premier)+cip+al(s.a)] ⇒ 우선적으로 취해야 할
[형] 주된, 주요한 [명] 중요한 점, 주요인물

[동] capital (주요한), essentiel (중요한), fondamental (기본적인), majeur (주요한)
primordial (기본적인, 가장 중요한), décisif (결정적인), dominant (주된)
grand (중요한), premier (으뜸가는, 중요한, 근본의), indispensable (불가결한)
capital (중요한 것, 핵심), essentiel (본질적인 것, 요점)

[반] accessoire (부차적인, 부차적인 것), secondaire (이차적인)
insignifiant (중요하지 않은, 평범한)

[예문]
Elle a eu le rôle principal dans ce film comique.
(그녀는 그 희극 영화에서 주역을 맡았다.)
les principales puissances du monde (세계의 주요 열강)
Le principal est fait! Passons aux détails, maintenant.
(주요한 문제는 끝났다! 이제 세부 문제로 들어가자.)
Le principal, c'est qu'il fasse son boulot. (중요한 것은 그는 자기 일을 한다는 것이다.)
Le principal, c'est d'agir vite. (중요한 것은 조속히 행동하는 것이다.)
On a arrêté des conspirateurs, mais le principal a échappé.
(음모자들이 체포되었는데 주모자는 도망쳤다.)

principe

[prin(〈primus=premier)+cip] ⇒ 우선적으로 취해야 할 것
[명] 원리, 원칙, 원동력, 근원, 요소

[동] agent (요인, 동인), fondement (근거, 원리), origine (기원, 근원)
source (원인, 근원, 원천), loi (법), norme (기준, 규범)
précepte (교훈, 계율), morale (도덕)

[반] conséquence (결과, 결론), fin (끝), exception (예외)

[예문]
Il faut commencer par la recherche de ces premières causes, c'est-à-dire des principes.
〈Descarte〉 (이러한 첫 번째 원인 즉 근원의 탐구부터 시작해야 한다.)
Le fruit, dès ses premiers jours, porte en lui le principe de sa pourriture.
〈Renan〉 (과일은 처음부터 자기 속에 부패의 요인을 가지고 있다.)
Selon les principes de la raison, la conduite des hommes est tout à fait déraisonnable.
〈Pascal〉 (이성의 규칙에 따른다면, 인간의 행위는 전적으로 비이성적이다.)
M. Dupont ne boit pas d'alcool, c'est contraire à ses principes.
(뒤퐁씨는 술을 마시지 않는다. 그것은 그의 원칙에 어긋나기 때문이다.)
Elle a pour principe de ne jamais faire de dettes.
(그녀는 빚을 지지 않는 것을 원칙으로 삼고 있다.)
Je viendrai en principe, mais ne m'attends pas au-delà de six heures.
(원칙적으로 나는 올 작정이다. 그러나 6시가 넘으면 나를 기다리지 마라.)

précepte

[pré(=avant)+cept] ⇒ 무엇보다 먼저 마음속에 간직해야 할 것
명 교훈, 계율, 계명

동 leçon (교훈, 계율), maxime (격언, 준칙), prescription (규칙, 명령)
principe (원칙), commandement (계율, 계명)

예문

Il y a des moralistes dont la tâche est de rappeler certains préceptes imprescriptibles de la morale. 〈Siegfried〉
(도덕가들이 있는데 그들의 일은 도덕의 몇몇 절대적인 계율들을 상기시키는 것이다.)
C'est un précepte capital de l'Évangile.
(이것이 복음서의 중요한 교훈이다.)

décevoir

[dé+cevoir(〈cipere)] ⇒ 취하지 못하게 하다
동 실망시키다, 저버리다, 속이다

동 abuser (남용하다, 속이다), attraper (속이다, 실망시키다), duper (속이다)
leurrer (속이다), désappointer (실망시키다), tromper (속이다, 저버리다)
frustrer (횡령하다, 실망시키다), trahir (배반하다, 기대에 어긋나게 하다)

반 contenter (만족시키다), enchanter (무척 기쁘게 하다)
satisfaire (만족시키다), répondre à l'attente (기대에 부응하다)

예문

Les objets ne déçoivent pas; ils donnent toujours exactement le plaisir que l'on attend d'eux. 〈Maurois〉
(물건들은 실망시키지 않는다. 그것들은 사람들이 그것들에 대해 기대하는 즐거움을 언제나 정확히 제공해 주기 때문이다.)
Cela me déçoit de devoir boire du champagne tiède.
(미지근한 샴페인을 마시게 되어 실망스럽습니다.)
Cette invention déçoit à tout point de vue.
(이 발명은 어느 모로 보나 기대에 어긋난다.)
Jean m'a déçu, quand il n'a pas tenu sa promesse.
(쟝은 약속을 안 지켜서 나를 실망시켰다.)
Vous ne venez pas? On va être déçu.
(안 오실 건가요? 모두들 실망하겠군요.)

récépissé

[re(강조)+cépissé(〈cipere)] ⇒ 받은 것으로 인정함
명 영수증, 인수증

동 reçu (영수증), accusé (영수증, 수령통지), facture (송장, 계산서)
addition (계산서), note (계산서)

예문

garder le récépissé d'un colis qu'on a expédié
(발송한 소하물의 인수증을 보관하다.)
récépissé de dépôt (보관증)

recevoir

[re(강조)+cevoir(⟨cipere)] ⇒ 받다
명 받다, 당하다, 맞아들이다, 받아들이다, 인정하다

동 encaisser (수령하다, 받다), percevoir (받다, 징수하다), toucher (받다, 수령하다)
obtenir (획득하다), introduire (들어오게 하다, 안내하다), accueillir (맞아들이다)
traiter (대우하다, 취급하다), admettre (인정하다), reconnaître (승인하다, 식별하다)

반 donner (주다), offrir (주다, 제공하다), remettre (건네주다)
distribuer (나누어주다), allouer (지급하다)

예문

L'aumône avilit celui qui la reçoit et celui qui la fait. ⟨France⟩
(적선이란 그것을 받는 사람과 그것을 하는 사람의 품격을 떨어뜨린다.)
L'affaire dont nous nous sommes entretenus recevra une heureuse solution.
⟨Maupassant⟩ (우리가 서로 이야기 나눈 그 사건은 좋은 해결을 보게 될 것이다.)
Cette nouvelle a été bien reçu dans le public.
(그 소식은 민중들에게 큰 환영을 받았다.)
Il a reçu une blessure au cours de la guerre.
(그는 전쟁 중에 부상당했다.)
Elle a été reçue au baccalauréat avec la mention bien.
(그녀는 평점 우수로 대학입학 자격시험에 합격했다.)
Il a bien franchi la barre, mais il s'est mal reçu et il s'est cassé la jambe.
(그는 막대를 잘 뛰어넘었으나 착지가 좋지 않아 다리가 부러졌다.)

réception

[re(강조)+cept+ion(s.n)] ⇒ 받아들임
명 수령, 수납, 받아들이기, 리셉션, 접대

동 admission (허용), recette (수령), accueil (접대)
soirée (야회, 야간공연), fête (축연, 향연, 축제), gala (리셉션, 특별공연)

예문

Les cellules nerveuses de l'oreille interne constituent l'appareil de reception.
⟨Pizon⟩ (내이의 신경세포들은 수신기의 구성요소가 된다.)
À la réception des marchandises, vérifiez s'il ne manque rien.
(상품을 받으시면 빠진 것이 없는지 확인하세요.)
Pour sa réception du mardi, Paulette se bornait à commander des tartelettes.
(뽈레뜨는 화요일의 리셉션을 위해 조그만 파이를 주문하는 것으로 만족하고 있었다.)

récipient

[ré(강조)+cip(=recevoir)+ient(s.n)] ⇒ (기체나 액체 등을) 받는 그릇
명 그릇, 용기

동 ustensile (도구, 기구, 집기), vase (단지, 그릇, 용기)

예문

contenance d'un récipient (용기의 용량)

recette

[re(강조)+cette(<cept=reçu)] ⇒ 받은 것
명 수입, 수령, 수납, 요리법, 조제법, 수단, 방법

동 rentrée (회수, 영수, 징수), crédit (대변, 신용), bénéfice (이익)
recouvrement (회수, 징수), perception (징수), encaissement (수령, 영수)
moyen (방법), procédé (방법, 기법), secret (비결)

반 dépense (지출), débours (지출)

예문

Mes recettes sont toujours inférieures à mes dépenses.
(내 수입은 항상 지출보다 낮다.)
Quelle est la recette de ce plat?
(이 요리를 만드는 법이 어떻게 됩니까?)
Ils avaient des goûts communs et des métiers différents : c'est la recette même de l'amitié. 〈Maurois〉
(그들은 공통의 취미와 다른 직업을 가지고 있었다. 그것이 바로 우정의 비결이다.)

réciproque

[ré(강조)+cip(=recevoir)+roque(s.a)] ⇒ 서로 받는 ⇒ 서로 나누어 가지는 ⇒ 서로의
형 상호의, 상호적인, 상반의, 역의 명 같은 짓, 같은 태도, 역

동 mutuel (상호의), partagé (공유된), symétrique (좌우대칭의)
bilatéral (쌍방의, 양면적인), synallagmatique (쌍무적인)
inverse (반대의, 전도된, 반대, 역)

예문

relations réciproques (상호관계)
se faire des concessions réciproques (서로 양보하다)
Les fonctions y = x 2 et y = x sont réciproques dans le domaine où x est positif.
(함수 y = x 2 와 y = x 는 x 가 양의 영역에서는 역이다.)
Il a confiance en elle, mais la réciproque n'est pas vraie.
(그는 그녀를 믿는다. 그러나 그 역은 참이 아니다. 즉, 그녀는 그를 믿지 않는다.)

municipale

[muni(=droit civil)+cip+al(s.a)] ⇒ 시민의 의무를 갖는 ⇒ 도시의 ⇒ 서로 나누어 가지는 ⇒ 서로의
형 도시의, 시의 명 파리 경찰대원

동 urbain (도시의)

반 rural (시골의 농촌의)

예문

Le conseil municipal s'est réuni. (시의회가 열렸다.)
Bibliothèque municipal (시립 도서관)

occuper

[oc(<ob=강조)+cup(<capere=saisir)+er(s.v)] ⇒ 꽉 잡다
동 점유하다, 점령하다, 종사시키다
s'occuper à : 종사하다, 시간을 보내다
s'occuper de : 관심을 갖다, 관리하다, 담당하다, 보살피다

동 prendre (취하다), habiter (거주하다), squatter (무단 입주하다)
employer (사용하다, 종사하다), s'attacher (집착하다, 전념하다)
s'appliquer (골몰하다, 애쓰다), s'atteler à (전념하다, 애쓰다)
s'employer à (전념하다), travailler à (애쓰다), se mêler de (참견하다)
se charger de (떠맡다), traiter (취급하다), entourer (보살피다), soigner (보살피다)

예문

Une grande table occupe le centre de la pièce.
(큰 탁자가 그 방의 중앙을 차지하고 있다.)
Les Allemands ont occupé la France pendant la Seconde Guerre Mondiale.
(독일인들은 2차 대전 중에 프랑스를 점령했었다.)
Quand il pleut, c'est difficile d'occuper les enfants.
(비가 오는 날이면 아이들을 놀게 해주는 것이 어렵다.)
Il occupe tout son temps à jouer aux échecs.
(그는 장기를 두면서 그의 모든 시간을 보낸다.)
Mon oncle est occupé à tailler les rosiers dans mon jardin.
(아저씨는 우리 정원에서 장미나무의 전지를 하느라 바쁘다.)
Tout le soir, il s'occupe à l'embellissement de sa maison.
(온 종일 그는 자기 집을 단장하는 것으로 소일한다.)
Je m'occuperai de vous trouver un emploi.
(당신의 일자리를 찾는 것은 제가 맡아서 해 드리겠습니다.)
Peut-tu t'occuper du téléphone et de la porte pendant mon absence?
(너 나 없는 동안에 전화 좀 받고 집을 지켜 주겠니?)
Ne vous occupez pas de ce qui ne vous regarde pas.
(당신과 관계없는 것은 상관하지 마세요.)

occupé

[oc(<ob=강조)+cup(<capere=saisir)+er(s.v)] ⇒ 꽉 잡힌
형 일에 매인, 바쁜, 점령된, 사용 중인

동 pressé (바쁜), pris (바쁜), urgent (긴급한)

반 inoccupé (일이 없는), désoeuvré (일이 없는, 한가한), inactif (비활동적인)
libre (자유로운), vide (비어있는, 한가한)

예문

Il est occupé à la rédaction de ses mémoires. (그는 논문을 작성하느라고 바쁘다.)
J'ai l'esprit occupé par des projets de vacances.
(나는 방학 계획을 세우는데 정신이 팔려 있다.)
Elle est sans cesse occupée de Pierre. (그녀는 항상 피에르의 생각을 하고 있다.)
J'ai voulu téléohoner, mais la ligne était occupée.
(전화를 걸려고 했는데 통화중이었다.)

occupation

[oc(<ob=강조)+cup(<capere=saisir)+er(s.v)] ⇒ 꽉 잡음
명 일, 직업, 점령, 거주

동 affaire (일), besogne (할 일, 임무), ouvrage (일, 작업), envahissement (침범, 침입)
invasion (침략, 침입), conquête (정복, 획득), domination (지배, 통치)
assujettissement (예속, 제압), irruption (침입, 난입, 범람)

반 inaction (무위, 한산), oisiveté (무위, 한가), évacuation (철수, 퇴거)
abandon (유기, 포기, 양도)

예문

> Ma principale occupation, en ce moment, c'est de chercher du travail.
> (나는 요즘 주된 일은 직업을 찾는 것이다.)
> Il est sans occupation.
> (그는 직업이 없다.)
> L'occupation d'un appartement. (아파트의 입주, 거주)
> L'occupation d'un pays par l'ennemi. (적군에 의한 한 나라의 점령)
> grève avec occupation des locaux (농성파업)

CLÉ NO 4 CAPIT

tête, chef (우두머리, 지도자)의 뜻

라틴어 caput, capit 에서 유래
cfef, chev의 변화형이 있다.

capital

[capit+al(s.a)] ⇒ 머리(생명)에 관계되는
형 주요한, 중대한, 첫째의, 사형의
명 중요한 것, 핵심, 자본, 원금, 자산

동 essentiel (중요한), fondamental (기본적인), majeur (주요한), dominant (주된)
primordial (기본적인, 가장 중요한), décisif (결정적인), indispensable (불가결한)
grand (중요한), premier (으뜸가는, 중요한, 근본의), suprême (최고의, 최상의)
principal (중요한, 중요한 것, 핵심), essentiel (본질적인 것, 요점), argent (재산)
fonds (자금, 자본, 원금), spéculation (투기, 금융의 융통), valeur (주식, 자산, 재산)
fortune (재산, 자산), numéraire (통화), , patrimoine (세습재산), épargne (저축, 절약)

반 accessoire (부차적인, 부차적인 것), secondaire (이차적인)
insignifiant (중요하지 않은, 평범한)

예문

Il est capital que le secret soit parfaitement gardé.
(비밀이 완전히 지켜진다는 것이 중요하다.)
Le capital est de se bien porter. (중요한 것은 건강하게 지내는 것이다.)
Celles qui pratiquent l'art de ne céder que la bague au doigt poursuivront cette exploitation avisée de leur capital. 〈F. Giroud〉
(단지 한직만을 팔아넘기는 재간을 발휘하는 여자들은 자기 재산의 신중한 활용을 계속해 나갈 것이다.)
peine capitale (사형), exécution capitale (사형 집행)

capitale

[〈capital] ⇒ 머리에 해당되는 도시
명 수도, 중심지, 대문자

동 métropole (수도, 주요도시), majuscule (대문자)

예문

Paris est la capitale de la France.
(파리는 프랑스의 수도이다.)
Genève était la capitale du protestantisme.
(주네브는 신교의 중심지였다.)
Ecrivez votre nom en capitales.
(당신의 이름을 대문자로 쓰시오.)

capitaliser

[capit+al+(s.a)+iser(s.v)] ⇒ 자본이 되도록 하다
동 자본화하다, 현가 계상하다, 축적하다, 저축하다

동 accumuler (축적하다), épargner (아껴쓰다, 저축하다)
amasser (저축하다), économiser (저축하다), thésauriser (축재하다)

반 gaspiller (낭비하다), dépenser (지출하다)

예문
capitaliser des intérêts (이자를 원금으로 환원하다)
capitaliser une rente (연금을 자본 가치로 산출하다)
capitaliser une richesse (부를 축적하다)
Il ne dépense pas tous ses revenus, il ne cesse de capitaliser.
(그는 자기 수입을 다 쓰지는 않는다. 끊임없이 저축한다.)

capitaliste

[capit+al+(s.a)+iste(s.n)] ⇒ 자본을 가지고 있는 사람
명 자본가, 부자 형 자본가의, 자본주의의

반 prolétaire (무산자), communiste (공산주의자)

예문
un gros capitaliste (큰 부자)
économie capitaliste (자본주의 경제)
Conserver ce qu´on possède et s´approprier à l´occasion ce que possède le voisin! C´est toute la politique capitaliste. 〈Martin du Gard〉
(자기가 소유하고 있는 것을 보관하고 필요하다면 이웃이 소유하고 있는 것을 가로채는 것, 그것은 완전히 자본가의 정략이다.)

capitalisme

[capit+al(s.a)+isme(s.n)] ⇒ 자본을 본위로 삼는 주의
명 자본주의, 자본가, 자본주의 국가

동 libéralisme (자유주의), propiété (사유지), mercantilisme (중상주의)

반 communisme (공산주의), socialisme (사회주의), étatisme (국가관리)

예문
Le capitalisme d´État est l´appropriation par l´État des moyens de production.
(국가 자본주의란 국가가 생산수단을 점유하는 것이다.)

capitulation

[capit+ulation(s.n)] ⇒ 약정조항을 인정함
명 항복, 항복 조약, 타협

동 reddition (항복), abdication (양위, 포기), renoncement (포기, 단념), traité (조약)
convention (협약, 협정), accord (승인, 협정, 협약), pacte (협정, 조약)

반 résistance (저항), intransigeance (비타협성), obstination (고집)
entêtement (고집), ténacité (완고), refus (거부)

예문

> signer une capitulation (항복 조약에 서명하다)
> capitulation de conscience (양심을 굽힘)

capituler

[capit+ul(지소사)+er(s.v)] ⇒ 작은 머리 ⇒ 협정 맺다 ⇒ 약정조항을 인정하다
동 단념하다, 항복하다

동 se rendre (항복하다), déposer les armes (무기를 버리다)
rendre les armes (항복하다), céder (양도하다), abandonner (그만두다)
renoncer à (포기하다, 단념하다)

반 résister (저항하다), tenir (장악하다)

예문

> L'Allemagne a dû capituler sans condition.
> (독일은 무조건으로 항복하지 않을 수 없었다.)
> capituler avec sa conscience (자기 양심을 굽히다)
> Je rêvais du pouvoir absolu, celui qui fait mettre genoux à terre, qui force l'adversaire à capituler. 〈Camus〉
> (나는 땅바닥에 무릎을 꿇게하고 상대방을 항복하게 하는 절대권력을 꿈꾸곤 했다.)
> Jean a capitulé devant la difficulté. (장은 난관에 굴복하고 말았다.)

capitaine

[capit+aine(s.n)] ⇒ 군대에서 우두머리 되는 사람
명 대장, 육군대위, 중대장, 지휘관, 우두머리, 장수, 주장

동 capiston (중대장-은어), commandant (지휘관)

예문

> Quelques hardis capitaines d'industrie avaient profité de la conjoncture économique pour faire des fortunes colossales.
> (몇몇 대담한 기업 우두머리들은 경제정세를 이용해서 막대한 재산을 만들곤 했었다.)
> Alexandre et César ont été de grands capitaines.
> (알렉산더와 시저는 위대한 장수였다.)
> Le capitaine du bateau a donné l'ordre de lever l'ancre.
> (선장이 닻을 올리라는 명령을 내렸다.)
> Il est le capitaine de cette équipe de football.
> (그는 이 축구팀의 주장이다.)

décapitation

[dé(=de 분리, 이탈)+capit+ation(s.n)] ⇒ 머리를 분리시킴
명 참수

동 décollation (참수, 단두)

예문

> Etre condamné à la décapitation (참수형에 처해지다)

décapiter

[dé(=de)+capit+er(s.v)] ⇒ 머리를 분리시키다
동 참수형에 처하다, 목을 자르다, 꼭대기를 자르다, 괴멸시키다

동 décoller (목을 자르다), guillotiner (단두형에 처하다), écimer (상순을 자르다)
découronner (윗가지를 자르다, 박탈하다), étêter (꼭대기를 자르다), abattre (쓰러뜨리다)

예문

Nous lui mettrions le cou sur un rail, de manière à ce que le premier train le décapitât. 〈Zola〉
(제일 처음 달려오는 기차가 그의 목을 자르도록 하기 위해 우리는 그의 목을 기차 레일 위에 놓고 있었다.)
Louis XVI a été décapité.
(루이 16세는 참수 당했다.)
La tempête a décapité plusieurs arbres.
(폭풍우 때문에 여러 그루의 나무 꼭대기가 부러졌다.)

récapituler

[ré+capit+ul(지소사)+er(s.v)] ⇒ 주요 부분(요점)을 되풀이 하다
동 요약하다, 재검토하다

동 résumer (요약하다), reprendre (다시 하다)

예문

Il a récapitulé les principaux points de son discours.
(그는 자기 연설의 요점을 요약했다.)
Il a récapitulé les événements d'une année
(그는 한 해의 사건들을 요약 정리했다)
Il s'était mis à récapituler sa journée. 〈Romains〉
(그는 자기 일과를 재검토하기 시작했었다.)

récapitulation

[ré+capit+ulation(s.n)] ⇒ 주요 부분(요점)을 되풀이 함
명 요점 설명, 약술

동 sommaire (개요), abrégé (요약, 개략), résumé (요약)

예문

Elle fit une courte récapitulation de sa vie entière. 〈Rousseau〉
(그녀는 자기 인생을 짧게 요약했다.)

achever

[a(〈ad=à)+chev(〈capit)+er(s.v)] ⇒ 우두머리 위치까지 도달하다
동 끝마치다, 완성하다, 완전히 파멸시키다, 완전히 이성 잃게 하다

동 terminer (끝내다), finir (끝내다), conclure (종결짓다)
anéantir (죽이다, 어리둥절하게 하다)

반 commencer (시작하다), épargner (목숨을 살려주다, 용서하다)

예문

> Ils ont achevé l'opération à temps. (그들은 수술을 제때에 완료했다.)
> J'ai achevé de ranger mes papiers. (나는 서류정리를 끝냈다.)
> Ses réprimandes achevèrent d'indisposer contre lui ses élèves. 〈Gide〉
> (그의 질책은 그에 대하여 학생들의 악감정을 사는 결과가 되었다.)
> Et cet interrogatoire l'a achevé, il ne put se contenir davantage. 〈Daudet〉
> (게다가 그 신문이 그의 이성을 완전히 잃게 했다. 그는 더 이상 자제할 수 없었다.)
> Ainsi s'achèvent nos émissions de la soirée.
> (이것으로 오늘 저녁 방송을 마칩니다.)
> L'opération s'est achevée à la satisfaction de tous.
> (수술은 모든 사람에게 만족스럽게 끝났다.)

achèvement

[a(〈ad=à)+chev(〈capit)+ment(s.n)] ⇒ 우두머리 위치까지 도달함
명 완성, 완료, 완벽, 준공

동 accomplissement (완수, 완성, 성취), fin (끝, 완료), perfection (완벽)
exécution (완성, 제작, 실행)

반 commencement (처음, 시작), ébauche (시초, 초안), préparation (준비)

예문

> La station sera fermée jusqu'à l'achèvement des travaux.
> (그 역은 공사의 준공 때까지 봉쇄될 것이다.)
> L'oeuvre racinienne atteint dans《Phèdre》son achèvement. 〈Mauriac〉
> (라신의 작품은《Phèdre》에서 그의 완벽에 도달하고 있다.)
> L'achèvement de mon travail est proche. (나의 일은 머지않아 끝난다.)

chef

[〈caput(=tête)] ⇒ 머리되는 사람
명 우두머리, 지도자

동 animateur (사회자), commandant (지휘관), conducteur (안내자, 지도자)
directeur (감독관, 지도자), dirigeant (관리자, 지도자), entraîneur (코치)
fondateur (창립자, 발기인), maître (지배자, 교사), meneur (지도자)
patron (사장, 우두머리), responsable (책임자), P.D.G. (대표이사)
monarque (군주), président (대통령), roi (왕), empereur (황제)
prince (왕자, 우두머리), officier (장교), général (장군)

반 inférieur (하급자), subalterne (하급 직원, 부하), subordonné (부하), second (제2인자)

예문

> La discipline exige que le subordonné respecte le chef. 〈Maurois〉
> (규율이란 부하가 우두머리를 공경할 것을 요구하는 것이다.)
> En l'absence du père, la mère est le chef de famille.
> (아버지가 없을 때에는 어머니가 가장이 된다.)
> Vous êtes le responsable au premier chef. (무엇보다도 먼저 당신에게 책임이 있다.)
> Ils ont décidé de leur propre chef d'y renoncer.
> (그들은 독자적으로 그것을 포기하기로 결정했다.)

chef-d'oeuvre

[chef+oeuvre] ⇒ 작품의 우두머리
명 걸작

동 perfection (완벽), prodige (경이, 기적)

반 ébauche (초안, 조잡한 작품), navet (실패작, 졸작)

예문

> L'homme est le chef-d'oeuvre de la nature.
> (인간의 자연이 만들어낸 걸작이다.)
> Ce tableau est un chef-d'oeuvre.
> (이 그림은 걸작이다.)
> Cette négociation est un chef-d'oeuvre d'habileté.
> (그 협상은 극히 교묘하게 이루어졌다.)

chef-lieu

[chef+lieu] ⇒ 우두머리 장소
명 도청 소재지, 중심지

동 préfecture (도청, 도청 소재지, 도지사, 경찰국)

예문

> Londre, métropole du luxe, est le chef-lieu de la misère.
> (화려함의 도시 런던은 또한 비참의 도시이기도 하다.)

CLÉ NO 5 CAUSE, CUS

cause (원인), raison (이유), procès (소송)의 뜻

라틴어 causa 에서 유래
CUS는 CAUSE의 어중약화형이다.
어간 -au-가 접두어로 인하여 -u-로 변하는 라틴어 음운규칙이다.

causer

[cause+er(s.v)] ⇒ 원인이 되다
동 야기하다, ..의 원인이 되다

동 amener (초래하다), apporter (일으키다), attirer (야기시키다), entraîner (초래하다) motiver (동기를 부여하다), occasionner (야기하다), procurer (일으키다) produire (초래하다), provoquer (유발하다), susciter (야기하다)

반 procéder de (..에서 나오다, 발생하다), venir de (..에서 기인하다)

예문

causer du scandale (스캔들을 일으키다)
C'est lui qui a causé l'accident. (사고를 야기한 것은 바로 그 사람이다.)
La musique me cause de grandes joies. (음악은 내게 커다란 기쁨을 가져다준다.)
L'inondation a causé d'importants dégâts. (홍수로 큰 피해가 났다.)
Cet enfant cause beaucoup de peine à ses parents. (이 아이는 부모에게 많은 걱정을 끼친다.)

☺ causer 가 〈이야기하다, 잡담하다, 말하다〉 의 뜻도 있다.
이것은 라틴어 causari 에서 온 것으로, 원래 〈소송을 제기하다〉 라는 뜻에서 의미가 확장된 것이다. 명사 cause 에 〈소송〉 의 의미가 있는 것은 당연하다.
Tu causes, tu causes, c'est tout ce que tu sais faire. 〈Queneau〉
(너는 계속 지껄이기만 하는구나, 하긴 네가 할 줄 아는 건 그게 다니까.)
un petit café où ils se réunissaient pour causer politique 〈Flaubert〉
(그들이 정치를 논하기 위해 모이곤 하던 한 작은 카페)

causal

[cause+al(s.a)] ⇒ 원인의
형 원인의, 인과관계를 나타내는, 원인을 나타내는

예문

Entre ces deux faits, le lien causal apparaît nettement.
(이 두 사실 사이에 인과관계가 뚜렷이 나타난다.)
L'idée d'un "noeud causal" entre Bolchevisme ou communisme d'une part et national-socialisme ou fascisme d'autre part est en soi tout à fait banale.
〈Ernst Nolte〉 (한편으로는 과격주의 혹은 공산주의와 다른 한편으로는 국가사회주의 혹은 독재적 전체주의 사이의 원인이 되는 핵심에 대한 생각은 본래 대단히 진부한 것입니다.)
conjonction causale (원인 접속사)
proposition causale (원인절)

cause

[⟨cause] ⇒ 원인
명 원인, 근거, 대의명분, 목적, 소송

원인, 이유에 대한 뉘앙스	
일반적 개념	cause, pourquoi (결과를 만드는 원인)
구체적 원인	raison (설명되는 구체적 원인 : 이유) sujet (감정, 행동의 구체적 자료인 원인 : 이유) occasion (뜻하지 않았던 기회 : 계기) prétexte (거짓 이유 : 핑계) facteur (총괄적인 관점에서 본 변수 : 요인)
원인의 출발점	origine (새로운 사실의 출현, 형성의 원인 : 기원) principe (자연의 현상에 관계하는 원리 : 근원) fondement (정당하고 깊이가 있는 이유 : 근거)
행위 유발의 원인	motif (행동, 행위의 원인 : 동기) motivation (행위 결정의 심리적 원인 : 동기부여) mobile (충동적 행위의 원인 : 동기) moteur (행위의 최초 유발요소 : 원동력)

동 but (목표, 목적), objet (목적, 대상), fin (목적), intention (의도, 목적)
procès (소송), procédure (소송절차), poursuite (소추, 기소), instance (소송)
plainte (불평, 제소, 고소), affaire (소송사건)

반 conséquence (결과), effet (결과, 효과), résultat (결과), produit (소산)

예문

Si les effets matériels de quelques actions sont pareils à diverses époques, les causes qui les ont produites sont différentes. ⟨Chateaubriand⟩ (만약 몇몇 행위들의 구체적인 결과가 여러 시대에서 동일하다면, 그 행위를 만들어낸 원인들이 다른 것이다.)
Le travail est la cause de sa réussite. (공부가 그의 성공의 원인이다.)
Sa joie soudaine avait pour cause une bonne nouvelle qu'il venait d'apprendre.
(그의 갑작스런 기쁨은 막 알게 된 희소식에 기인한 것이었다.)
L'obligation sans cause ne peut avoir aucun effet.
(목적 없는 의무는 어떠한 효력도 가질 수 없다.)
confier une cause à un avocat (소송을 변호사에게 의뢰하다)
Il a perdu sa cause. (그는 소송에서 졌다.)
Ce syndicat défend la cause des ouvriers.
(이 노동조합은 노동자들의 입장을 옹호한다.)
Il a consacré sa vie à la cause de la paix. (그는 평화를 위해서 일생을 바쳤다.)
Je suis arrivé en retard à cause de la pluie. (나는 비 때문에 늦게 도착했다.)
De gros intérêts sont en cause dans cette affaire.
(이 사건에는 큰 이해관계가 걸려있다.)
Il a demandé un congé pour cause de maladie.
(그는 병 때문에 휴가를 신청했다.)

causalité

[cause+alité(s.n)] ⇒ 원인이 되는 성질
명 인과관계, 인과성, 원인성

예문

loi de causalité (인과율)
Un rapport de causalité fait donc intervenir des liens logiques de cause et de conséquence. (그래서 인과관계는 원인과 결과의 관련성들이 작용하게 한다.)

accuser

[ac(〈ad=à)+cus(〈cause)+er(s.v)] ⇒ 소송을 향하여 가다
동 비난하다, 고발하다, 나무라다, 알리다, 표시하다, 부각시키다

동 dénigrer (중상하다), calomnier (비방하다), diffamer (중상하다), décrier (헐뜯다) attaquer (고발하다, 공격하다), charger (고발하다, 책임을 지우다) dénoncer (고발하다, 알리다), incriminer (비난하다), blâmer (나무라다, 비난하다) reprocher (꾸짖다), poursuivre (기소하다), désapprouver (비난하다, 반대하다) inculper (어떤 혐의로 고발하다), imputer à (전가하다), signaler (통고하다) confesser (고백하다), accentuer (강조하다), souligner (강조하다) indiquer (나타내다), marquer (나타내다), montrer (보여주다), révéler (드러내다) dessiner (윤곽을 드러내다), dénoter (표시하다)

예문

Il est accusé d'avoir renversé actuellement un piéton. (그는 행인을 과실로 치었다고 고발되었다.)
Les habitants accusaient le vent de transporter les germes d'infection. 〈Camus〉 (주민들은 전염 바이러스를 옮기는 것이 바람이라고 전가시키고 있었다.)
Je vous ferai ici un petit conte pour bien accuser la pensée que je vous propose. 〈Valéry〉 (내가 당신에게 제안하는 생각을 잘 드러내기 위해 이 시점에서 짧은 이야기 하나 하겠습니다.)
Sa façon de marcher accuse son âge. (그의 걷는 모양이 그의 나이를 말해준다.)
Qui s'excuse s'accuse. (변명하는 것은 자기의 죄를 인정하는 셈이 된다.)
Son mauvais caractère s'accuse avec l'âge.(그의 못된 성격은 나이 들수록 더 드러난다.)
Il s'accuse de ses péchés. (그는 자신의 죄를 뉘우친다.)

accusation

[ac(〈ad=à)+cus+ation(s.n)] ⇒ 소송을 향하여 하는 행동
명 고발, 비난

동 dénigrement (비난), calomnie (비방, 중상), diffamation (중상) imputation (전가, 비난), médisance (비방, 중상), plainte (제소, 고소, 불평) poursuite (기소)

예문

On souffre davantage des accusations justifiées que de celles qu'on ne méritait point. 〈Gide〉
(사람이 조금도 받을 가치가 없는 비난으로 보다는 당연한 비난으로 고통을 받는다.)
Cette accusation de paresse est injuste.
(이 게으르다는 비난은 부당하다.)
Le procureur a renoncé à l'accusation.
(검사는 고소를 포기했다.)
acte d'accusation (고발장)

accusateur

[ac(〈ad=à)+cus+ateur(s.n)] ⇒ 소송을 향하여 가는
형 고소하는, 비난하는　명 고발인, 비난자

동 dénonciateur (고발인, 고발하는), délateur (밀고자, 밀고하는)
calomniateur (중상하는, 중상하는 사람)

예문

Elle ne me fit point précisément des reproches ; mais son silence était accusateur. 〈Gide〉
(그녀는 나를 별로 나무라지 않았다. 그러나 그녀의 침묵 자체가 비난하고 있었다.)

excuser

[ex(=dehors)+cus+er(s.v)] ⇒ 원인을 바깥으로 돌리다
동 변명하다, 용서하다, 면제하다

동 défendre (변호하다, 변명하다), blanchir (누명을 벗게 하다), disculper (무죄를 증명하다)
absoudre (용서하다, 죄를 사하다), décharger (죄를 경감하다), pardonner (용서하다)
exempter (면제하다, 면하다), dispenser (면하다), épargner (면제하다)
faire grâce de (..을 면제해 주다)

예문

Ne croyez pas que je cherche un détour pour excuser ou pour pailler ma faute ; je m'avoue coupable. 〈Laclos〉
(내가 내 잘못을 덮거나 변명하기 위해 어떤 책략을 찾고 있다고 생각하지 마십시오. 나는 죄인임을 시인합니다.)
C'est assez parler pour ma justification à l'amie à laquelle je m'adresse ; son indulgence m'excusera. 〈Renan〉
(내가 말을 하고 있는 여자 친구에게 나의 정당성을 이야기하는 것은 그만하면 충분하다. 그녀의 너그러움이 나를 용서할 것이다.)
Veuillez m'excuser pour n'avoir pas répondu immédiatement à votre lettre.
(당신의 편지에 즉각 답장을 못한 것을 용서해 주시기 바랍니다.)
Il m'a invité à dîner ; je l'ai prié de m'en excuser.
(그는 나를 저녁식사에 초대했지만 거기에서 나를 면해 줄 것을 그에게 요청했다.)

excuse

[ex(=dehors)+cus] ⇒ 원인을 바깥으로 돌림
명 변명, 사과, 용서

동 défense (변명, 변호), justification (변명, 변호), prétexte (핑계, 구실), motif (이유) explication (해명), raison (해명, 구실), pardon (용서), regret (후회, 유감)

예문

L'état de souffrance où je suis continuellement est ma seule excuse.
〈Ste-Beuve〉 (내가 줄곧 처해 있는 괴로운 상태가 나의 유일한 변명입니다.)
Les excuses rappellent la faute plus certainement qu'elles ne l'atténuent.
〈Louÿs〉 (사과의 말은 그것이 잘못을 경감하는 것 보다 더 확실하게 잘못을 회상시킨다.)
Il m'a fait des excuses.
(그는 내게 변명을 했다, 용서를 청했다.)
Tu n'as pas d'excuse à donner.
(너는 변명의 여지가 없다.)
C'est une faute sans excuse.
(그것은 변명의 여지가 없는 잘못이다.)
Il a une bonne excuse pour ne pas assister à cette réunion.
(그는 그 모임에 참석하지 않을 좋은 구실을 가지고 있다.)

CLÉ NO 6

CLAM

déclarer (선언하다), crier (외치다)의 뜻

라틴어 clamare 에서 유래

acclamer

[ac(⟨ad=à)+clam+er(s.v)] ⇒ 사람을 향하여 소리를 지르다
동 갈채를 보내다

동 applaudir (박수갈채하다), ovationner (열렬하게 환호하다)

반 conspuer (야유하다, 모욕하다), huer (소리질러 야유하다), siffler (휘파람을 불어 야유하다)

> ☺ acclamer : 많은 사람이 환호하면서 사람을 맞이하다.
> applaudir : 한 사람 또는 여러 사람이 극장이나 집회에서 박수를 보내다.

예문

> Ils se sont fait acclamer en jetant l'anathème sur les gouvernements.
> ⟨Martin du Gard⟩ (그들은 정부를 맹렬히 비난함으로써 갈채를 받았다.)
> La foule acclame le vainqueur à son entrée sur la piste du vélodrome.
> (군중은 승리자가 자전거 경기장의 트랙으로 들어서자 갈채를 보냈다.)
> La presse entière a acclamé les nouvelles mesures fiscales.
> (전 언론은 새로운 재정조치에 갈채를 보냈다.)
> Il a été acclamé à la fin de son discours. (그는 강연이 끝나자 박수갈채를 받았다.)

acclamation

[ac(⟨ad=à)+clam+ation(s.n)] ⇒ 사람을 향하여 소리를 지름
명 갈채, 환호

동 applaudissement (박수갈채, 환호), bravos (브라보), hourra (함성, 환호)
ovation (열렬한 환영, 갈채), vivat (만세, 환호)

반 huée (야유하는 소리), sifflet (야유, 비난), tollé (비난의 소리), moquerie (우롱)
raillerie (야유), plaisanterie (희롱), persiflage (우롱), ironie (빈정거림)

예문

> La salle tremblait encore d'acclamations. ⟨Hugo⟩ (장내는 또 다시 환호로 진동하고 있었다.)
> Ce projet a été adopté par acclamation. (그 계획은 박수갈채로 가결되었다.)
> Les spectateurs poussent des acclamations de joie.(관객들은 기쁨의 환호성을 지른다.)

déclamer

[dé(강조)+clam+er(s.v)] ⇒ 큰 소리를 지르다
동 낭독하다, 과장하여 말하다, 탄핵하다

동 réciter (낭송하다, 암송하다), invectiver contre (욕설을 퍼붓다, 비난하다)
injurier (욕지거리하다), vitupérer contre (비난하다), blâmer (비난하다, 견책하다)

reprocher (비난하다, 나무라다), critiquer (비난, 비판하다)
condamner (비난, 규탄하다, 유죄를 선고하다)

예문

Souvent elle le priait de lui dire des vers ; Léon les déclamait d'une voix traînante. 〈Flaubert〉 (자주 그녀는 자기에게 시를 낭독해 줄 것을 그에게 간청하곤 하였다. 그러면 레옹은 단조로운 목소리로 시들을 낭독하곤 하였다.)
Tandis que vous déclamez contre la fortune et ma négligence. 〈Rousseau〉
(당신이 재산과 나의 무지를 탄핵하는 한)
Ils s'étaient mis à déclamer follement contre les libéraux.
(그들은 미친 듯이 자유주의자들을 비난하기 시작했었다.)

déclamation

[dé+clam+ation(s.n)] ⇒ 큰 소리를 지름
명 낭독, 낭독법, 수사적 허식

동 éloquence (웅변, 능변), emphase (과장된 말투, 허풍)
grandiloquence (호언장담, 말의 과장), enflure (과장)

예문

La déclamation exige d'articuler parfaitement, de prononcer clairement et de dire juste. 〈Jouvet〉 (낭독이란 음절별로 아주 명확히 발음하고 분명하게 발음하며 정확하게 말하는 것을 필요로 한다.)
Je ne parle pas de Lamartine dont la redondante déclamation est ennuyeuse.
〈L. Daudet〉 (장황한 수사적 허식이 지겨운 라마르뜬느에 대해선 언급하지 않겠다.)

s'exclamer

[ex(=dehors)+clam+er(s.v)] ⇒ 바깥으로 소리를 지르다
동 외치다, 부르짖다

동 s'écrier (외치다), se récrier (탄성을 지르다, 외치다)

예문

Le fait de marmotter et de s'exclamer dans sa solitude est une des petites disgrâces de la vieillesse. 〈Green〉
(고독할 때에 중얼거리며 외치는 현상은 노인들의 사소한 불행들 중의 하나이다.)
Tout le monde s'est exclamé sur la nouvelle mode. (모두가 새 유행에 대하여 탄성을 발했다.)

exclamation

[ex(=dehors)+clam+ation(s.n)]
명 절규, 감탄

동 interjection (감탄사)

예문

Parfois la parole, se produisant comme conséquence immédiate, a l'insignifiance et la valeur d'un réflexe, comme on le voit par l'exclamation, l'interjection, le juron, le cri de guerre. 〈Valéry〉 (종종 직접적인 결과로써 만들어지는 말은 무의미하며 반사작용의 효과를 가진다. 그렇기 때문에 그 반사작용을 외침, 감탄사, 욕설, 함성으로 여긴다.)
Elle a poussé une exclamation de joie. (그녀는 기쁨의 탄성을 질렀다.)

proclamer

[pro(=avant)+clam+er(s.v)] ⇒ 앞을 향해 소리를 지르다
동 선언하다, 공포하다

동 affirmer (단언하다, 주장하다), publier (공포하다), déclarer (선언하다)
claironner (퍼뜨리다), clamer (외치다, 주장하다), crier (외치다)

반 celer (은폐하다), taire (말 안하다)

예문

Le décret de l'Assemblée, inprimé et affiché, sera, de plus, à tous les carrefours, proclamé à son de trompe. 〈Michelet〉 (인쇄되고 게시되어진 의회의 법령은 게다가 모든 사거리에 떠들썩하게 공포되어질 것이다.)
Le peuple français proclame à nouveau que tout être humain sans distinction de race, de religion ni de croyance possède des droits inaliénables et sacrés.
(모든 사람은 인종, 종교, 신앙의 구별이 없이, 양도할 수 없는 신성한 권리를 갖는다는 것을 프랑스 국민은 다시금 선포한다.)
L'accusé a proclamé hautement son innocence.
(그 피고는 자신의 무죄를 높이 주장했다.)
Le christianisme proclame les hommes frères et égaux devant Dieu.
(기독교는 사람들이 신 앞에서 형제이며 평등하다고 주장한다.)
M. Smith se proclame en mesure de faire face ≪indéfiniment≫ à la montée du nationalisme noir.
(스미스씨는 흑인 민족주의의 상승에 〈무한정으로〉 대항할 힘이 있다고 스스로 주장한다.)

proclamation

[pro(=avant)+clam+ation(s.n)] ⇒ 앞을 향해 소리를 지름
명 선언, 포고, 공표

동 déclaration (선언), manifeste (선언, 성명), communiqué (공식성명)
appel (호소), avis (견해, 통지)

예문

La proclamation de la république eut lieu pour la première fois en France en 1793.
(공화제의 선언은 1793년 프랑스에서 제일 먼저 일어났다.)

réclame

[ré(강조)+clame] ⇒ 소리 지름
명 선전, 광고

동 publicité (광고), annonce (광고, 통지), affiches (포스터), prospectus (전단)

예문

C'est la réclame qui est à la base de la célébrité de cet écrivain. 〈Larbaud〉
(그 광고는 그 작가의 명성의 근본을 이루고 있다.)
Vous m'avez fait une belle réclame.
(당신은 내게 멋진 자기선전을 하셨습니다.)
Mettre un produit en réclame. (어떤 제품을 할인 판매하다.)

réclamer

[ré(강조)+clam+er(s.v)] ⇒ 소리 지르다 ⇒ 주장하다
동 요구하다, ..을 필요로 하다, 주장하다, 항의하다

동 demander (요구하다), solliciter (간청하다), exiger (요구하다, 필요로 하다)
nécessiter (필요로 하다), revendiquer (요구하다, 주장하다), prescrire (명령하다)
appeler (부르다, 청하다), commander (주문하다, 명령하다), protester (항의하다)
récriminer (비판하다)

예문

Un petit enfant pleure et réclame sa mère.
(한 어린아이가 울며 자기 어머니를 찾고 있다.)
Une foule de fleurs délicates commençaient de réclamer des soins. 〈Duhamel〉
(수많은 우아한 꽃들이 손질을 필요로 하기 시작했다.)
Conduire réclame de la part du conducteur beaucoup d'attention.
(운전하는 것은 운전사측으로서는 많은 주의를 필요로 한다.)
Je ne me laisserais pas faire, je réclamerais ma place au soleil. 〈Sartre〉
(나는 가만히 당하고 있진 않겠다. 양지 바른 곳에 내 자리를 요구하겠다.)
Les juges ont réclamé pour l'accusé la détention à perpétuité.
(판사들은 그 피고에게 무기징역을 부과할 것을 요구했다.)
L'équipe de football a réclamé contre la décision de l'arbitre.
(그 축구팀은 심판의 결정에 항의했다.)
Les marchandises étant endommagées, j'ai réclamé auprès du fournisseur.
(상품이 훼손되었으므로 나는 출입상인에게 항의했다.)

réclamation

[ré+clam+ation(s.n)] ⇒ 소리 지름 ⇒ 주장함
명 청구, 요구, 항의

동 demande (요구), doléances (불평, 하소연), plainte (불평, 원망), pétition (청원, 탄원)
requête (청원, 요청), revendication (요구, 주장), protestation (항의, 이의)
récrimination (항의, 비난), reproche (비난)

예문

Elle commençait de recevoir de la modiste et de la couturière des réclamations pressantes. 〈France〉
(그녀는 여성복 제조인과 재단사로부터 집요한 항의를 받기 시작했다.)
Je viens faire une réclamation : le meuble que vous m'avez livré était tout abîmé.
(항의할 일이 있어서 왔소. 당신이 배달해 준 가구가 완전히 망가졌단 말이오.)
Ce projet de loi excita beaucoup de réclamations.
(이 법안은 많은 이의를 불러 일으켰다.)
On n'a pas tenu compte de mes réclamations.
(내 요구는 받아들여지지 않았다.)
réclamation en dommages-intérêts (손해배상의 청구)

CLÉ NO 7

CEDE, CESS

aller (가다), céder (양보하다)의 뜻

라틴어 cedere, cessus 에서 유래 CESS는 cès로, 혹은 ces의 축약형인 cê로 나타나기도 한다.

céder

[<cedere]
동 양도하다, 양보하다, 팔다, 굴복하다

동 abandonner (넘겨주다), concéder (양도하다), donner (넘겨주다), livrer (넘겨주다)
passer (건네주다), transmettre (위임하다), se dessaisir de (포기하다)
transférer (양도하다), vendre (팔다), acquiescer à (동의하다), consentir à (동의하다)
déférer à (복종하다), obéir à (복종하다), se résigner à (인종하다)
se soumettre à (복종하다), se conformer à (따르다), écouter (받아들이다)
faiblir (약해지다), succomber à (굴복하다), capituler (항복하다), plier (복종하다)
fléchir (굽히다, 굴복하다), mollir (약해지다, 기가 죽다), reculer (물러서다)
se rendre (항복하다), renoncer (포기하다), lâcher pied (도망치다)

반 conserver (간직하다), garder (간수하다), résister (저항하다), s'entêter (고집부리다)
s'obstiner (고집부리다), s'opposer (대항하다), repousser (물리치다), se tenir (붙잡다)

예문
Le cinéma cède la place à la télévision. (영화관은 텔레비전에 자리를 내주고 있다.)
Après les élections, le parti en place a dû céder le pouvoir à l'opposition.
(선거가 끝나자 여당은 반대당에 정권을 넘겨주어야 했다.)
Va demander à la voisine si elle pourrait me céder une demi-douzaine d'oeufs.
(이웃 아주머니가 내게 계란 반 다스를 팔 수 있는지 가서 여쭈어 보아라.)
Il a fini par céder aux prières de ses enfants et les a emmenés au cinéma.
(그는 마침내 아이들의 간청에 못 이겨 그들을 영화관에 데려갔다.)
Les branches cédaient sous le poids de la neige. (나뭇가지가 눈의 무게로 휘었다.)
Les antagonismes politiques cèdent le pas à la circulation pacifique des capitaux.
(정치적인 적대관계도 자금의 평화적인 유통보다 한 단계 미치지 못한다.)
Il cède complètement à sa passion d'amour. (그는 완전히 사랑의 정열에 빠져있다.)

cession

[cess+ion(s.n)] ⇒ 양보함
명 양도, 양도증

동 transmission (양도), transfert (양도, 명의변경), transport (양도)
vente (판매), donation (증여, 기증)

반 achat (구입, 구매), acquisition (취득, 구입)

예문

> La cession d´un appartement est faite par un acte passé devant notaire.
> (아파트의 양도는 공증인 앞에서 체결된 증서로 이루어졌다.)

cesser

[〈cedere] ⇒ (느리게) 가다 ⇒ 끝나다
동 끝나다, 멎다, 그만두다, 멈추다

동 stopper (정지시키다, 멈추다), s´arrêter (멈추다), finir (끝나다), s´interrompre (중단하다)
s´apaiser (진정되다), se calmer (진정되다), céder (사라지다), disparaître (사라지다)
tomber (떨어지다), s´enfuir (사라지다), s´évanouir (사라져 버리다), mourir (사라지다)
s´abstenir (그만두다), abandonner (손떼다), renoncer à (포기하다)
arrêter (중단시키다), interrompre (중단시키다), suspendre (중단시키다)

반 continuer (계속하다), durer (지속되다), reprendre (다시 시작하다)
persister (지속하다), poursuivre (계속해 나가다), prolonger (연장하다)

예문

> Le moteur ne cesse (pas) de tourner pendant le contrôle.
> (엔진은 점검하는 동안 계속해서 돌고 있다.)
> Toutes les fois que j´ai céssé d´aimer une femme, je le lui ai dit. 〈Musset〉
> (내가 한 여자 사랑하기를 그만둘 때마다, 그 사실을 그에게 이야기했다.)
> L´influence anesthésiante de l´habitude ayant cessé, je me mettais à penser, à sentir. 〈Proust〉 (습관적인 마취의 영향력이 사라진 후, 나는 생각하고 느끼기 시작했다.)
> Nous pouvons sortir, car la pluie a cessé. (우리는 외출할 수 있다, 비가 그쳤으니까.)

cesse

[〈cedere]
명 중단, 휴지

동 sans cesse = sans arrêt (줄곧), toujours (항상), tout le temps (늘)
continuellement (계속적으로), constamment (부단히), en permanence (언제나)

예문

> Il n´aura pas de cesse qu´il n´ait obtenu ce qu´il veut.
> (그는 자기가 원하는 것을 얻을 때까지는 그만두지 않는다, 직성이 풀리지 않는다.)
> Après avoir souffert, il faut souffrir encore ; il faut aimer sans cesse, après avoir aimé. 〈Musset〉
> (고통을 당한 후엔 또 고통을 당해야 한다. 반면 사랑을 한 후엔 끊임없이 사랑해야 한다.)

incessant

[in(=non)+cess+ant(s.a)] ⇒ 끊임없는
형 끊임없는, 부단한, 계속적인

동 continuel (끊임없는), continu (계속적인), constant (부단한), durable (오래가는, 항구적인)
perpétuel (항구적인), permanent (영속적인), ininterrompu (끊임없는), assidu (꾸준한)

반 discontinu (불연속의), interrompu (중단된), intermittent (간헐적인) périodique (주기적인), momentané (일시적인), coupé (중단된), rare (드문)

예문

> Au prix d'incessants efforts nous avons réussi à nous tirer d'affaire.
> (우리는 부단한 애를 써서 곤경에서 빠져나오는데 성공했다.)
> Je suis dérangé par des coups de téléphone incessants.
> (나는 끊임없이 걸려오는 전화소리 때문에 성가시다.)

accéder

[ac(<ad=à, près)+céder] ⇒ ..로 가다, 가까이 가다
동 도달하다, 오르다, 동의하다(~à)

동 parvenir (..에 이르다), atteindre (도달하다), arriver (다다르다), accepter (받아들이다) consentir (동의하다), acquiescer (동의하다), souscrire à (동의하다)

예문

> Par ce petit chemin, on accède directement à la ferme.
> (이 작은 길로 가면 바로 농장에 도달한다.)
> On accède à la mer par un petit chemin privé.
> (조그마한 개인 도로를 통하여 바다에 도달한다.)
> Il aurait facilement accédé à la présidence.
> (그는 대통령의 자리에도 쉽게 오를 수 있었을 것이다.)
> Après de nombreuses démarches, l'inspecteur a accédé à ma demande de mutation.
> (복잡한 절차를 거친 후에, 장학관은 나의 전근을 허락해 주었다.)
> Il est trop bon et accède à tous tes désirs.
> (그는 너무 마음씨가 착해서 너의 모든 요구를 들어준다.)

accession

[ac(<ad=à)+cess+ion(s.n)] ⇒ 가까이 감
명 도달, 접근, 취임, 획득, 가입, 가맹 [~à]

동 avènement (즉위), arrivée (도착, 도달)

예문

> L'accession au trône de Louis XV se fit à un moment où les difficultés financières s'accumulaient. (루이 15세의 즉위는 재정적인 곤란인 쌓였을 때 이루어졌다.)
> L'accession à de hautes fonctions. (고위직 취임)
> L'accession à l'indépendance des pays africains. (아프리카 제국의 독립 획득)
> L'accession de l'Italie au pacte atlantique. (이태리의 북대서양조약 가입)

antécédent

[anté(=avant)+cede+ent(s.a)] ⇒ 앞에 가는
형 앞서는 명 전례, 경력, 선행사

동 antérieur (앞서는, 먼저의), précédent (앞선, 선례), implication (관련, 연루)

반 postérieur (후의, 뒷날의)

예문

Question sociale? Certe. Mais la question morales est antécédente. 〈Gide〉
(사회적인 문제라고? 물론이지. 그러나 도덕적인 문제가 먼저다.)
On avait pris des renseignements : ses antécédents étaient excellents.
(신원조회를 해 보았었다. 그랬더니, 그의 경력은 훌륭했다.)
Il a invoqué un antécédent pour justifier sa conduite.
(자신의 행동을 정당화하기 위해 전례를 원용했다.)

concéder

[con(=à fond 강조)+céder] ⇒ 철저하게 양보하다
동 양보하다, 허용하다, 인정하다

동 donner (넘겨주다), céder (굴복하다, 양보하다), octroyer (수여하다), accepter (수용하다)
accorder (인정하다, 동의하다), admettre (허용하다), permettre (허가하다)
allouer (인정하다), avouer (시인하다), convenir (인정하다), reconnaître (인정하다)
faire marche arrière (후퇴하다), lâcher du lest (큰 희생을 치르다)
mettre de l'eau dans son vin (흥분을 누그러뜨리다, 요구사항을 줄이다)

반 contester (인정하지 않다), refuser (거절하다), rejeter (거부하다)
repousser (거부하다), récuser (거부하다)

예문

Le propriétaire lui a concédé i'exploitation de ce terrain.
(주인은 그 땅의 개발을 그에게 허가해 주었다.)
Je vous accorde volontiers qu'il adore la paix, si vous me concédez qu'il a toujours envié de faire la guerre pour l'obtenir. 〈Maupassant〉
(만약 그가 평화를 쟁취하기 위해 전쟁하기를 항상 원했다는 것을 당신이 나에게 인정한다면 나도 기꺼이 그가 평화를 열망한다고 당신에게 인정하겠소.)
Ils m'ont concédé de construire sur ce terrain.
(그들은 내가 이 대지 위에 건축하는 것을 허가해 주었다.)

concession

[con(=à fond 강조)+cess+ion(s.n)] ⇒ 철저하게 양보함
명 양도, 양보, 허가, 인가, 권리

동 admission (허가, 허용, 승인), permission (허가, 용인), autorisation (허락)
accord (동의, 승인), cession (양도), don (증여, 기증), octroi (부여)
abandon (포기), désistement (취하, 철회), renoncement (포기, 단념)
compromis (타협, 화해), transaction (타협, 화해, 거래)

반 contestation (이의,논쟁), dispute (논쟁), refus (거절), rejet (거부)

예문

J'ai travaillé pendant quinze ans pour pouvoir acheter cette concession. 〈Duras〉
(나는 5년 동안 일했다. 그래서 그 영업권을 살 수 있었다.)
L'Église et l'État doivent se faire des concessions réciproques. 〈France〉
(교황청과 국가는 서로에게 상호 양보를 해야 한다.)
La bonne entente est faite de concessions réciproques.
(화합은 상호간의 양보로 이루어진다.)

excéder

[ex(=hors)+céder] ⇒ 바깥으로 가다 ⇒ 넘다
동 넘다, 초과하다, 넘어서다, 몹시 귀찮게 굴다, 기진맥진하게 하다

동 dépasser (넘어서다, 능가하다), surpasser (능가하다), outrepasser (범위를 벗어나다)
l'emporter sur (우세하다), épuiser (녹초가 되게 하다), exténuer (기진맥진하게 하다)
harasser (기진맥진하게 하다), exaspérer (성가시게 굴다), importuner (귀찮게 굴다)
irriter (성가시게 하다), agacer (성가시게 굴다), ennuyer (귀찮게 하다)
énerver (신경질 나게 하다)

반 ragaillardir (원기를 되찾게 하다), réconforter (기운을 회복시키다)
reposer (피로를 풀다), ravir (황홀하게 하다), réjouir (즐겁게 하다)

예문

Les divers frais d'installation excéderaient nos revenus de cette année. 〈Gide〉
(각종 설치비용이 우리의 금년 수입을 초과할지도 모른다.)
L'eau excède le niveau habituel. (물이 평상 수위를 넘고 있다.)
Le bruit m'excède. (소음이 나를 몹시 귀찮게 한다.)
Jean est excédé par ses reproches. (장은 그의 비난을 듣고 화가 나 있다.)
Ceux-là, tout les ennuie, tout les excède, tout les assomme ; ils sont rassasiés, blasés, usés. 〈Gautier〉 (그 사람들, 만사가 그들을 진력나게 하고, 기진맥진하게 하고, 성가시게 한다. 그래서 그들은 싫증났고, 물렸고, 지쳤다.)

excès

[ex(=hors)+cés] ⇒ 바깥으로 감 ⇒ 넘어 섬
명 과잉, 여분, 초과, 지나침, 무절제, 폭력행위

동 excédent (초과), reste (나머지), surplus (여분, 과잉), surabondance (과잉)
disproportion (불균형), pléthore (과잉, 과다), profusion (풍부, 다량, 과잉)
énormité (거대함, 엄청남), exagération (과장, 과도), outrance (극도, 극단)
abus (남용), licence (방종), intempérence (과도, 무절제), débauche (방탕, 과도)
cruauté (잔인, 잔혹), débordement (범람, 방탕, 감정폭발)
dérèglement (난잡, 방탕), exaction (권력의 남용)

반 défaut (부족, 결핍), déficit (부족, 결손), insuffisance (불충분)
manque (부족), modération (절제)

예문

C'est cet excès de générosité qui empêchait Thérèse de comprendre la valeur de ce qu'on lui donnait. 〈Giono〉 (그러한 관용의 과도함 때문에 떼레즈가 사람들이 자기에게 주는 것에 대한 가치를 이해하지 못하곤 하였다.)
L'excès de travail est nuisible à la santé. (지나친 노동은 건강에 해롭다.)
Il a eu une amende pour excès de vitesse. (그는 과속으로 벌금을 물었다.)
Il a fait un excès à midi. (그는 점심 때 과식했다.)
La principale mission de l'Église est de protéger la famille, la société, elle réprouve tous les excès. 〈Bernanos〉 (교황청의 중요 임무는 가정과 사회를 수호하는 것이다. 그래서 교황청은 모든 폭력행위를 배척한다.)

intercéder

[inter+céder] ⇒ 가운데로 가다
동 중재하다, 개입하다, 화해시키다

동 intervenir (중재하다), arbitrer (심판, 재정하다), offrir sa médiation (중재하다) s'entremettre (중개, 중재하다), plaider (변호하다), défendre (변호하다) parler pour (변호하다)

예문

J'ai intercédé en vain pour le défendre.
(나는 그 사람을 변호하기 위하여 중재했으나 허사였다.)
On expie pour les autres, on intercède pour le monde auprès de Dieu. 〈Rolland〉
(사람은 다른 사람들을 위해 벌을 받고, 신에 대하여 세상을 위하여 화해시킨다.)

intercession

[inter+cess+ion(s,n)] ⇒ 가운데로 감
명 중재, 조정, 간섭

동 entremise (중개, 중재, 조정, 알선), intervention (간섭, 개입, 중재) arbitrage (중재, 조정), médiation (중재, 조정)

예문

La conversion foudroyante du jeune Ratisbonne fut due à l'intercession du comte. 〈Mauriac〉 (젊은 라티스본의 전격적인 전향은 그 백작의 중재에 기인하였다.)

précéder

[pré(=avant)+céder] ⇒ 앞서 가다
동 앞장서다, 선행하다, 능가하다

동 devancer (앞서다, 이기다), dépasser (능가하다), l'emporter sur (우세하다)

반 suivre (뒤따르다), poursuivre (뒤쫓다, 따라다니다)

예문

Mon chien me précédait, le nez à terre, et lançait de temps en temps un aboiement plaintif. 〈Pagnol〉 (내 개는 땅바닥에 코를 쳐박고는 나를 앞장서 갔으며, 가끔 애처로운 울부짖음을 내지르곤 했다.)
Les actualités précèdent généralement le film.
(시사 뉴스가 일반적으로 본 영화에 앞서 상영된다.)
La pensée précède l'action, comme l'éclair, le tonnerre. 〈Heine〉
(생각은 천둥, 번개처럼 동작보다 선행한다.)
Il me précède en age et en mérite. (그는 나이나 재능에 있어 나를 능가한다.)

précédent

[pré+céde+ent(s,n)] ⇒ 앞서 가 있는
명 전례, 선례 형 앞선, 먼저의, 지난

동 d'avant (앞의), antérieur (앞서는), antécédent (앞서는, 전례)

반 dernier (지난), passé (지나간, 과거), suivant (뒤따르는) postérieur (후의, 뒷날의), subséquent (다음의, 그 후의)

예문

Si vous laissez vos enfants jouer dans la cour de l'immeuble, cela créera un précédent, et tous les locataires réclameront le droit d'en faire autant.
(만약, 당신이 당신 아이들을 건물 마당 안에서 놀도록 내버려 둔다면, 그것은 나쁜 선례가 될 것이며 모든 세입자들이 그와 똑같이 할 권리를 요구하게 될 것입니다.)
Il n'y a jamais eu de précédent. (그런 예는 일찍이 없었다.)
Cette catastrophe est sans précédent. (이 재난은 전대미문의 것이다.)
J'avais déjà montré l'insuffisance de cette théorie dans un article précédent.
(나는 이미 지난 기사에서 그 이론의 불충분을 지적했었다.)
Jean est né en 1996, et Pierre, l'année précédente, en 1995.
(쟝은 1996년에 태어났고, 피에르는 그 전해인 1995년에 태어났다.)

procéder

[pro(=en avant)+céder] ⇒ 앞으로 가다 ⇒ 처리하다
동 행하다, 행동하다, 착수하다, 처리하다, ..에서 나오다

동 exécuter (실행하다), effectuer (실행하다), faire (행하다), agir (행동하다)
découler de (유래하다), résulter de (기인하다), provenir de (유래하다)
dériver de (유래하다), émaner de (유래하다), venir de (기인하다)

예문

Comment pensez-vous que nous devrions procéder pour mener une enquête?
(당신은 한 조사를 진행하기 위해 우리가 어떻게 행동해야 할 것이라고 생각합니까?)
Je procède à une inspection minutieuse de l'ensemble des sous-sols.
(나는 지하실 전체에 대한 면밀한 검사에 착수한다.)
Les passions qui procèdent du cerveau survivront toujours aux passions émanées du coeur. 〈Balzac〉 (두뇌에서 나오는 정열은 마음에서 나오는 정열보다 항상 오래 살아남는다.)
La philosophie de Marx procède de celle de Hegel et des socialistes utopiques français.
(마르크스의 철학은 헤겔 철학과 프랑스의 공상적 사회주의자들의 철학에서 나온 것이다.)
Il faut procéder au nettoyage de la maison. (집안의 청소를 해야 한다.)

procédé

[pro(=en avant)+céder]
명 태도, 방법, 기법, 조치

동 comportement (행동, 태도), attitude (태도), conduite (품행, 행동)
agissements (활동, 암약), méthode (방법), moyen (방법)
technique (기술, 기법), système (방법, 체계), artifice (기술, 기교)

예문

Il court des bruits désobligeants sur les procédés en usage dans les usines de cette firme. 〈Duhamel〉 (그 회사의 공장에서 현재 사용 중인 기법들에 대한 불쾌한 소문들이 퍼지고 있다.)
Pour démontrer le moteur, il y a plusieurs procèdés.
(이 모터를 분해하는 데는 몇 가지 방식이 있다.)
Il a eu de bon procédés avec son frère. (그는 자기 동생에게 잘 대해 주었다.)
Il entre toujours sans frapper : je n'aime pas ce procédé.
(그는 항상 노크 없이 들어오는데, 나는 그런 태도를 싫어한다.)
Je lui dis qu'il me rappelait à la vie par son procédé généreux. 〈Lesage〉
(그가 자신의 관대한 태도로 인하여 나를 소생시켰다고 나는 그에게 말해 주었다.)

procession

[pro+cess+ion(s,n)] ⇒ 앞으로 감
명 행진, 행렬, 열

동 cortège (행렬), file (열), queue (줄)

예문

Des processions composées de tous nos infirmes passent en chantant sous les arbres, avec le Saint-Sacrement, la croix et la bannière. 〈Chateaubriand〉
(모든 우리의 불구자들로 구성된 행렬이 성체, 십자가와 깃발을 가지고서 나무들 아래로 노래를 부르며 지나가고 있다.)
La procession est allée de l'église au cimetière.
(행렬이 교회에서부터 묘지로 움직여 갔다.)

procès

[pro+cès] ⇒ 앞으로 감 ⇒ 진행
명 소송, 진행, 발달, 과정

동 cause (소송), affaire (소송사건), instance (소송), procédure (소송절차)
poursuite (소추, 기소), plainte (불평, 제소, 고소), conflit (투쟁, 쟁의)
contestation (이의, 분쟁), différend (분쟁, 의견 차이), marche (진행, 경과)
développement (발달, 진전), processus (과정, 발전), prolongement (연장, 신장)

예문

Ce procès traînait dans les délais, dans le lacis inextricable de la procédure. 〈Balzac〉
(그 소송은 기한 내에서, 그리고 소송절차의 빠져나올 수 없는 그물에서 질질 끌고 있었다.)
L'orateur a fait le procès de la politique gouvernementale.
(그 대변인은 정부의 정책을 신랄하게 비난했다.)
On l'a renvoyé sans autre forme de procès. (그는 정식 절차도 밟지 않고 해고당했다.)

procédure

[pro+cede+ure(s,n)]
명 소송절차, 절차

동 action (소송), instance (소송), procès (소송), poursuite (소추, 기소)
instruction (예심), tribunal (재판소)

예문

La procédure est la procédure. Saint Pierre, rageur, dut suspendre l'exécution de sa sentence. 〈Aymé〉
(소송절차는 소송절차다. 화가 난 쌩 삐에르는 자기 판결의 집행을 유예해야 했다.)

processus

[pro+cess] ⇒ 앞으로 감 ⇒ 진행
명 과정, 발전, 진화

동 marche (진행, 경과), progrès (발전, 진보), évolution (발전, 진화, 변화)
développement (발달, 진전), procédure (절차)

예문

Il ne va pas hurler longtemps. Je connais le processus. Il va se fatiguer. 〈Ionesco〉
(그가 오래 울부짖지 않을 것이다. 나는 과정을 알고 있다. 그는 곧 피로해질 것이다.)
Il a entamé la procédure de divorce. (그는 이혼 절차를 밟기 시작했다.)

recéder

[re(=de nouveau)+céder] ⇒ 다시 양도하다
동 다시 양도하다, 다시 팔다, 다시 굽히다, 지다

동 rétrocéder (다시 돌려주다, 다시 팔다), revendre (다시 팔다)

예문

Je lui ai recédé la maison qu'il m'avait vendue.
(그가 나에게 팔았던 집을 나는 그에게 다시 양도했다.)
Il recède à cette tentation à chaque coup. (그는 매번 그 유혹에 빠진다.)
Je recède à ce besoin à presque chaque coup. 〈Gide〉
(나는 거의 매번 그 욕망에 다시 지고 만다.)

récession

[ré(=derrière)+cess+ion(s.n)] ⇒ 뒤로 가는 것
명 후퇴, 쇠퇴, 불황

동 recul (후퇴), fuite (도주, 회피), ralentissement (감퇴, 부진)
crise (위기), dépression (하락, 불황)

반 avance (전진), progrès (발전), expansion (확장, 신장)

예문

La récession n'est pa la crise, mais elle est quelquefois le début d'une crise.
(쇠퇴가 위기는 아니지만 때때로 어떤 위기의 시초가 된다.)

succéder

[suc(〈sub=sous)+céder] ⇒ 아래에서 가다 ⇒ 뒤를 잇다
동 계승하다, 상속하다, 뒤이어 일어나다, 뒤이어 오다, 어떤 결과가 일어나다

동 hériter (상속받다), suivre (다음에 오다, 뒤를 잇다)
remplacer (계승하다, 대체하다), alterner (교대하다, 번갈아 뒤를 잇다)

반 accompagner (동행하다), coexister (공존하다), devancer (선행하다)

예문

La nuit succède au jour. (낮이 가고 밤이 온다.)
Il a succédé à son père à la direction de l'entreprise.
(그는 자기 아버지의 뒤를 계승하여 회사의 사장자리에 올랐다.)
Le général avait suggéré à Léon Blum de lui succéder s'il était amené à se retirer. 〈Malraux〉 (장군은 자기가 물러나게 되면 자기 뒤를 계승하도록 레옹 블램을 권하곤 했었다.)
Aux bravades succéda l'inquiétude, puis le découragement. 〈Mérimée〉
(허세 뒤에 불안이 뒤 따랐고, 그 후에는 실망이 뒤 따랐다.)
Le quartier n'avait gardé que les noms des hôtels qui se succédaient côte à côte. 〈Triolet〉
(그 동네는 나란히 연이어지고 있었던 호텔 이름들만을 간수하고 있었다.)

succession

[suc(<sub=sous)+cess+ion(s.n)] ⇒ 아래에서 감 ⇒ 뒤를 이음
명 상속, 유산, 계속, 연속, 계승

동 héritage (상속, 유산), legs (유산), testament (유언, 유작), suite (연속)
série (일련, 연속), enchaînement (연결, 일련), file (연속), ordre (순서, 일련)
alternance (교대, 교체), alternative (교대, 교체), cascade (폭포, 연속)
courant (흐름), fil (연결, 맥락)

반 coexistence (공존), simultanéité (동시성), coïncidence (일치, 동시)
synchronisme (동시성, 일치)

예문

Depuis ce jour malheureux, je n'ai eu qu'une succession d'ennuis.
(그 불행한 날 이후로 나는 계속 난처한 일만 당했다.)
On avait venvu l'hôtel du parc Monceau pour payer les frais de succession. 〈Aragon〉
(상속비용을 지불하기 위하여 몽쏘공원의 호텔을 팔았었다.)
La vie est une succession de biens et de maux.
(인생은 행과 불행의 연속이다.)

succès

[suc+cès] ⇒ 아래에서 올라감
명 성공, 성과, 인기, 성공한 작품

동 réussite (성공), issue (결과, 성과), honheur (행운, 성공), victoire (승리)
triomphe (승리, 대성공), prospérité (성공, 행운, 번영), exploit (위업, 쾌거)
performance (성과, 성공), vogue (인기, 유행)

반 échec (실패), insuccès (실패), déconfiture (실패, 참패, 파산)
fiasco (대실패), four (실패, 실패작), revers (뒷면, 역경, 실패)

예문

J'ai essayé de lui parler, mais sans succès.
(나는 그 사람과 이야기하려고 애썼지만 성공하지 못했다.)
Avec les nippes de la tante sur le dos, tu vas te tailler un de ces succès!
〈Adamov〉 (네가 등에 그 바보의 허름한 옷을 걸치면 대단한 인기를 끌겠는걸!)
Le succès est la loi ; et quand le succès dure, il n'y a qu'à s'incliner. 〈Rolland〉
(성공이 법이다. 그러므로 성공이 지속되는 동안은 굴복하기만 하면 된다.)
Jeanne a eu beaucoup de succès avec son nouveau chapeau.
(잔은 새 모자로 큰 인기를 끌었다.)

décéder

[dé(=en bas)+céder] ⇒ 땅 아래로 가다 ⇒ 죽다
동 죽다, 사망하다, 서거하다(행정상의 용어)

동 mourir (죽다), périr (죽다), crever (죽다, 죽이다), trépasser (죽다, 운명하다)

반 naître (탄생하다), vivre (살다), revivre (소생하다)

예문

> S'il vient à décéder, sa veuve touchera la moitié de sa retraite.
> (그가 어쩌다가 사망한다면, 그의 미망인은 그의 퇴직금의 절반을 받을 것이다.)
> Il est décédé à l'hôpital. (그는 병원에서 죽었다.)

prédécesseur

[pré(=avant)+dé(=loin)+cess+eur(s.n)] ⇒ 앞에 멀리 간 사람
명 선임자, 선배, 조상

동 devancier (선구자, 선임자, 선조), ancêtre (조상), précurseur (선구자)

반 successeur (후임자, 후배)

예문

> Le successeur de Constans avait abandonné Mayrena avec la même sérénité que son prédécesseur l'avait envoyé. 〈Malraux〉 (꽁스땅의 후임자는 자기 선임자가 자기를 파견했던 것과 같은 침착함으로 메르나를 버렸었다.)
> Il tire avantage non seulement de sa propre expérience, mais encore de celle de ses prédécesseurs. 〈Pascal〉
> (그는 자기 자신의 경험뿐만 아니라 자기 조상들의 경험을 유리하게 이용한다.)

ancêtre

[an(=anté)+cêtre(=céder)] ⇒ 먼저 간 사람
명 선조, 조상, 늙은이

동 vieillard (늙은이), aïeul (조부, 조상), aïeux (조상), précurseur (선구자), prédécesseur (선임자, 조상), devancier (선구자, 선임자, 선조), ascendants (조상, 선조)

반 descendant (후예, 자손)

예문

> Nos deux familles sont apparentées : nous avons un ancêtre commun.
> (우리 두 집안은 친척관계에 있다. 우리는 공통의 조상을 가지고 있기 때문이다.)
> Il considère Lautréamont comme un ancêtre du surréalisme.
> (그는 로트레아몽을 초현실주의의 한 시조로 여긴다.)
> Les fusées et les satellites d'aujourd'hui seront les ancêtres de vaisseaux qui entraîneront les hommes dans l'espace.
> (오늘날의 로켓과 인공위성들은 인간을 우주로 데리고 갈 우주선의 선조가 될 것이다.)

abcès

[ab(〈ad=à)+cès] ⇒ 앞으로 튀어나와 있는 것
명 종기, 농양

예문

> J'ai eu un abcès dans la bouche. 〈Ionesco〉
> (나는 입에 종기가 났다.)
> Il faut crever l'abcès.
> (불화의 원인을 제거해야 한다.)

CLÉ NO 8

CRED, CREDIT, CROI(Y)

croire (믿다)의 뜻

라틴어 credere, creditus 에서 유래

crédit

[〈credere]

명 신용, 신뢰, 신임, 영향력, 신망, 은행, 신용판매, 대출, 자금, 대변

동 créance (신용, 신임), confiance (신뢰), foi (믿음, 신용, 신뢰), autorité (권위, 위력) ascendant (영향력, 지배력), influence (영향력), importance (중요성, 권위, 힘) pouvoir (힘, 권력, 영향력, 세력), empire (지배력, 영향력), force (능력, 세력, 영향력) faveur (인기, 평판), prêt (대여, 대부), avance (가불, 선불금), banque (은행) intérêt (투자금), accréditif (신용장), titre (증서, 증권), valeur (유가증권) effet (유가증권), billet (수표, 어음, 증권), warrant (창고증권)

반 discrédit (신용의 상실), défiance (의혹, 불신), méfiance (의혹, 불신) emprunt (부채, 차용, 채권), débit (차변), doit (차변, 부채)

예문

Le romancier, d'ordinaire, ne fait point assez crédit à l'imagination du lecteur. 〈Gide〉 (보통, 소설가는 독자의 상상력을 그렇게 신뢰하지 않는다.)
Il a un grand crédit auprès du directeur. (그는 원장의 신망이 두텁다.)
Si vous n'avez pas la somme sur vous, nous pouvons vous faire crédit.
(당신 수중에 그 금액이 없다면 우리는 당신에게 외상판매 할 수 있습니다.)
Faute de crédits suffisants, les travaux ont été arrêtés.
(충분한 자금이 없어서 그 공사는 중단되었다.)

crédule

[créd+ule(s.a)] ⇒ 믿는

형 잘 믿는, 잘 속는

동 candide (순진한), confiant (잘 믿는), franc (솔직한), naïf (순수한), simple (단순한)

반 incrédule (쉽게 믿지 않는), défiant (의심을 품는), soupçonneux (의심하는) méfiant (경계하는), sceptique (믿지 않는), sournois (교활한), dissimulé (엉큼한)

예문

C'est d'ailleurs le propre de l'amour de nous rendre à la fois plus défiants et plus crédules. 〈Proust〉 (게다가 그것은 우리를 더 경계하게 하고 동시에 더 잘 믿게 만드는 사랑의 속성이다.)
Il est trop crédule. (그는 너무 순진하다.)

credo

[⟨credere] ⇒ 믿음 ⇒ 신조
명 신조, 소신, 사도신경

동 foi (믿음, 신앙, 신념), principe (원칙, 주의), règle (규칙)
devise (신조, 좌우명), le symbole des apôtres (사도신경)

예문

> Il y a des sujets tabous, il y a des credos communs. ⟨Sarraute⟩
> (금기의 주제들도 있는 반면 보편적인 신조들도 있다.)

croire

[⟨credere]
동 믿다, 생각하다, 신뢰하다, 존재를 믿다

동 convaincre (설득하다, 확인시키다), persuader (믿게 하다, 설득하다)
prouver (증명하다), considérer (여기다), trouver (간주하다), estimer (생각하다)
se figurer (생각하다), s'imaginer (생각하다), juger (여기다), penser (생각하다)
présumer (생각하다, 추정하다), supposer (추측하다)

반 douter (의심하다), contester (반박하다), démentir (부인하다)
discuter (문제로 삼다), nier (부정하다), protester (반대하다)

예문

> Ce que la bouche s'accoutume à dire, le coeur s'accoutume à le croire. ⟨Beaudelaire⟩
> (입은 말하는것에 익숙해진다는 것, 마음은 그렇다고 믿는 것에 익숙해진다.)
> Si vous m'en croyez, vous ne lui prêterez pas cet argent.
> (만약 당신이 내 말을 믿으신다면, 그에게 그 돈을 빌려주지 마세요.)
> Nous croyons être acteurs, nous ne sommes jamais que spectateurs. ⟨Maurois⟩
> (우리들은 배우라고 생각하지만 결국 우리는 관객일 뿐이다.)
> La culture positive de Vincent le retenait de croire au surnaturel. ⟨Gide⟩
> (벵쌍의 경험에 바탕을 둔 소양 때문에 초자연적 존재를 믿지 못하고 있었다.)
> Je ne pouvais pas en croire mes yeux [mes oreilles].
> (나는 하도 놀라워서 내 눈을 [내 귀를] 믿을 수가 없었다.)
> Il n'était pas l'homme heureux qu'elle croyait (qu'il était).
> (그녀가 믿고 있듯이 그는 행복한 사람이 아니었다.)
> Je te croyais rentré à la maison. (나는 네가 집으로 돌아간 줄 알았다.)
> Dans ce petit restaurant, on se serait cru à Paris.
> (그 작은 식당에 있으면 마치 파리에 있는 것 같은 기분이었다.)

croyable

[croy(⟨croire)+able(s.a)] ⇒ 믿을 수 있는
형 믿을만한, 그럴듯한

동 crédible (믿을 수 있는), imaginable (상상할 수 있는)
pensable (생각할 수 있는), possible (생각할 수 있는, 있을 수 있는)

반 impensable (생각할 수 없는), incroyable (믿어지지 않는)
inimaginable (상상할 수 없는), invraisemblable (사실 같지 않은)

예문

Son histoire est à peine croyable. (그의 이야기는 믿기 어렵다.)
Il n'eût pas été difficile de trouver cent autres histoires plus croyables.
〈Sartre〉 (보다 그럴듯한 다른 수많은 이야기를 찾아낸다는 것은 어렵지 않았을 것이다.)

croyance

[croy(〈croire)+ance(s.n)] ⇒ 믿을 수 있음
명 믿음, 신앙, 신조, 신념, 신용, 신뢰

동 certitude (확신), confiance (신뢰), conviction (신념), foi (믿음, 신앙, 신념)
créance (신용, 신임), crédit (신용, 신뢰, 신임), confession (교파, 신앙)
dogme (교리, 신조), superstition (맹목적 신앙, 맹목적인 집착)

반 doute (의심), défiance (의혹, 불신), scepticisme (회의주의, 불신, 의심)
méfiance (불신, 경계심), incroyance (무신앙), agnosticisme (불가지론)

예문

La croyance au progrès continuel de l'humanité. (인류의 지속적인 진보에 대한 믿음)
Cet homme politique a renié ses anciennes croyances.
(그 정치인은 자신의 옛 신조를 포기했다.)
Respecter les croyances des autres. (타인의 신앙을 존중하다.)

incroyable

[in(=non)+croyable] ⇒ 믿을 수 없는
형 믿어지지 않는, 놀라운, 대단한, 터무니없는, 괴상한

동 étonnant (놀랄 만한, 훌륭한), effarant (어처구니없는), étrange (이상한)
fabuleux (터무니없는, 엄청난), fort (도가 지나친, 믿기 힘든), prodigieux (굉장한)
renversant (대경실색케 하는), stupéfiant (대경실색케 하는), surprenant (놀라운)
impensable (생각할 수 없는), inconcevable (생각할 수 없는), inimaginable (상상할 수 없는)
invraisemblable (사실 같지 않은), excessif (과도한, 대단한), exorbitant (지나친, 엄청난)
bizarre (이상한), extraordinaire (이상한, 비범한), inouï (놀라운, 터무니없는)
fantastique (믿을 수 없을 정도의, 터무니없는), extravagant (엉뚱한, 터무니없는)

반 croyable (믿을만한, 그럴듯한), crédible (믿을 수 있는), imaginable (상상할 수 있는)
pensable (생각할 수 있는), possible (생각할 수 있는, 있을 수 있는)

예문

Incroyable, mais vrai : une magnifique prime est offerte à tout acheteur.
(믿어지지 않지만 사실이야. 기막힌 경품을 모든 구매자에게 제공되었어.)
Il m'a raconté une histoire incroyable. (그는 내게 믿을 수 없는 이야기를 했다.)
Il a fait des progrès incroyables. (그는 놀라운 진보를 했다.)
Il a surmonté d'incroyables difficultés. (그는 엄청난 난관을 극복했다.)
C'est un type incroyable. (그는 어처구니없는 녀석이다.)

incrédule

[in(=non)+crédule] ⇒ 믿지 못하는
형 의심 많은, 믿지 않는

동 incroyant (신앙이 없는), irréligieux (신앙 없는), athée (무신론의)
sceptique (믿지 않는), mécréant (신앙이 없는)

반 crédule (잘 믿는, 잘 속는), croyant (믿고 있는), naïf (순진한, 고지식한)

예문
Il a secoué la tête d'un air incrédule (그는 의심쩍은 듯이 고개를 갸우뚱했다.)
Ses affirmations me laissent incrédule. (그의 확언이 내게는 미심쩍은 것이 있다.)

incrédulité

[in(=non)+crédule+ité(s.n)] ⇒ 믿지 못함
명 의심많음, 불신, 무신앙

동 incroyance (무신앙), irréligion (무종교), athéisme (무신론), doute (의심)
défiance (의혹, 불신), scepticisme (불신, 의심), méfiance (불신, 경계심)

반 crédulité (경신, 고지식함), croyance (믿음, 신앙), naïveté (순진, 고지식함), foi (믿음)

예문
Quelle autre preuve faut-il pour venir à bout de votre incrédulité?
(당신의 불신을 끝장내기 위해 어떤 다른 증거가 필요합니까?)

accréditer

[ac(〈ad=à)+créditer] ⇒ 누구에게 신용을 주다
동 믿게 하다, 신용하게하다, 퍼뜨리다, 인정하다

동 propager (퍼뜨리다, 보급시키다), répandre (널리 퍼뜨리다)
courir (유포되다), autoriser (허가하다, 권한을 주다)

예문
Les journalistes arrivent à accréditer n'importe quelle nouvelle.
(신문이란 무슨 뉴스이든지 믿게 한다.)
Les journaux ont accrédité cette nouvelle auprès de l'opinion publique.
(신문들이 그 소식을 세상에 널리 알렸다.)
La France a accrédité M. Dupont auprès du gouvernement italien.
(프랑스는 뒤뽕씨를 이태리 정부의 신임장을 제정케 했다.)
Si on laisse courir des mensonges sans les démentir, ils risquent de s'accréditer. 〈Gracq〉
(거짓말을 반박하지 않고 퍼지도록 내버려 둔다면, 유포될 위험이 있다.)

discréditer

[dis(=pas)+créditer] ⇒ 신용을 주지 못하다
동 신용을 떨어뜨리다

동 déconsidérer (신용을 떨어뜨리다), décrier (헐뜯다), dénigrer (중상하다)
calomnier (비방하다), déprécier (헐뜯다, 가치를 하락시키다)
couler (실추시키다), griller (폭로하다)

반 accréditer (믿게 하다, 신용하게하다), vanter (칭찬하다, 찬양하다)

예문

Je crois que celui qui parle présentement dans ce sens perd sa voix ; qui pis est : il la discrédite. 〈Gide〉 (지금 그런 방향으로 이야기하는 사람은 자기 표를 잃는다고 생각한다. 설상가상으로 그런 사람은 표의 가치를 떨어뜨린다는 것이다.)
Cette malhonnêteté l'a complètement discrédité aux yeux de son entourage.
(그런 부정직성 때문에 그는 주변 사람들의 눈에 신용을 완전히 떨어뜨렸다.)

discret

[dis(=non)+cret] ⇒ 신용하지 못하는 ⇒ 조심하는
형 신중한, 사려 깊은, 비밀을 지키는, 은밀한, 눈에 띄지 않는, 소박한

동 circonspect (신중한), prudent (신중한), poli (공손한), réservé (신중한)
retenu (신중한), délicat (세심한), décent (예의 바른)
modéré (절제 있는, 비싸지 않은), sobre (절제하는, 검소한, 삼가는)

반 indélicat (무례한), indiscret (조심성 없는, 입이 가벼운), criard (떠들썩한)
voyant (눈에 띄는)

예문

C'est une personne discrète : elle ne se mêlera pas de vos affaires et ne vous posera guère de questions. (그녀는 사려 깊은 사람입니다. 당신 일에 참견하지 않을 것이며 당신에게 거의 질문을 하지 않을 것입니다.)
L'homme dont on cite les amours n'est jamais un homme bien discret. 〈Maupassant〉
(사랑하는 사람들의 이름을 대는 그 사람은 정말로 비밀을 지키는 사람은 결코 아니다.)
Elle lui a donné des encouragements discrets et dignes d'une jeune fille de bonne famille. 〈Pagnol〉 (그녀는 그에게 눈에는 띄지 않지만 훌륭한 가문 출신 소녀다운 위엄있는 격려를 해 주었다.)
Marie porte une robe discrète. (마리는 수수한 옷을 입는다.)

discrétion

[dis(=non)+crét+ion(s.n)] ⇒ 신용하지 못함 ⇒ 조심함
명 조심성, 삼가함, 신중, 검소함, 비밀 엄수

동 silence (침묵), prudence (신중), décence (예절 바름), délicatesse (세심함)
retenue (신중함), réserve (사양, 겸손한 태도), sobriété (절제, 검소)

반 impudence (파렴치, 철면피), sans-gêne (버릇 없음), indélicatesse (무례)
indiscrétion (경솔, 무례, 경솔한 언행)

예문

Il a trop de discrétion pour vous rendre visite sans prévenir.
(그는 너무나 조심성이 많아서 미리 알리지 않고서는 당신을 방문하지 않는다.)
Il me faut une impénétrable discrétion et un silence absolu. 〈Maupassant〉
(나에게는 남이 헤아릴 수 없는 비밀 엄수와 절대 침묵이 필요하다.)
Il s'est écarté avec discrétion pour les laisser s'entretenir plus librement.
(그들이 더 자유스럽게 이야기를 나눌 수 있도록 그는 조용히 자리를 비켜 주었다.)
Je vous demande à ce sujet une grande discrétion.
(나는 이 문제에 대해 비밀을 꼭 지켜 주실 것을 당부합니다.)

CLÉ NO 9 CREA, CREAT

créer (창조하다)의 뜻

라틴어 creare, creatus(p.p) 에서 유래

créer

[<creare] ⇒ 창조하다
동 창조하다, 창작하다, 고안하다, 설립하다, 만들어내다, 야기시키다

동 inventer (발명하다), composer (창작하다), concevoir (생각해 내다), imaginer (고안하다)
élaborer (만들어 내다, 완성하다), fonder (설립하다), produire (제조하다, 초래하다)
établir (수립하다), constituer (설립하다, 구성하다), instituer (설립하다, 제정하다)
organiser (조직하다, 계획하다), monter (만들어내다, 계획하다), causer (원인이 되다)
provoquer (유발하다), engendrer (발생시키다), occasionner (초래하다)
susciter (야기하다), entraîner (초래하다)

반 détruire (파괴하다), abolir (파괴하다), abroger (폐지하다)
anéantir (없애다), annihiler (없애다)

예문
Au commencement Dieu créa le ciel et la terre. (태초에 하나님이 천지를 창조하셨다.)
Il a créé un nouveau modèle de robe. (그는 새로운 모델의 드레스를 만들었다.)
On ne triomphe du temps qu'en créant des choses immortelles. 〈Chateaubriand〉
(인간은 불멸의 것들을 창조함으로써만 시간을 극복한다.)
On a créé cette pièce dans un théâtre de Paris. (이 희곡은 파리의 한 극장에서 초연되었다.)
Elle se tourmenta davantage des dangers que pouvait lui créer l'attitude du peintre. 〈Maupassant〉 (그녀는 그 화가의 태도가 그녀에게 야기시킬 수 있었던 위험들로 고심했다.)
La construction de cette usine crée des difficultés à la population.
(이 공장의 건립은 주민에게 어려운 문제를 일으키고 있다.)

création

[créat+ion(s.n)]
명 창조, 만물, 우주, 창작, 발명, 창립, 설립

동 invention (발명), conception (착상, 구상), élaboration (생성, 만듦)
fondation (설립, 창립), formation (형성, 구성, 생성), monde (세계)
nature (자연), univers (우주), oeuvre (저서, 작품), ouvrage (작품, 저서)

반 déstruction (파괴), néant (무, 소멸), abolition (폐지), anéantissement (폐지)
copie (사본, 복제), imitation (모조, 위조), contrefaçon (위조)

예문

> D´ailleur, la création de Dieu est un monceau d´innombrables injustices. 〈Montherlant〉 (게다가 신의 창조는 산더미 같이 무수한 부당한 행위들이다.)
> L´homme apparaît sur la terre comme le chef-d´oeuvre de la création.
> (인간은 만물의 걸작으로 지구상에 모습을 드러낸다.)
> Ce palais est une des plus belles créations de cet architecte.
> (이 궁전은 그 건축가의 가장 아름다운 창작물[작품] 중의 하나이다.)
> Ils font partie de l´entreprise depuis sa création.
> (그들은 설립 당시부터 그 기업에 참여하고 있다.)

créateur

[créat+eur(s.n)] ⇒ 만들어 내는 사람
형 창조의 명 창조자, 창작자

동 créatif (창조하는, 창조적인), inventif (발명의 재주가 있는), Dieu (신, 유일신) démiurge (조물주, 조화의 신), auteur (창조자, 작자), fondateur (창립자), père (창시자) inventeur (발명자, 창조자), pionnier (개척자, 선구자), promoteur (발기인, 주창자) novateur (개혁자), architecte (건축가), bâtisseur (건축가), constructeur (건설자) couturier (재단사), styliste (새 모드의 창안자), producteur (생산자)

반 destructeur (파괴자), démolisseur (파괴자), dévastateur (유린자, 약탈자) destructif (파괴적인), ravageur (파괴하는, 가해자), subversif (파괴하는)

예문

> Ta mémoire et tes sens ne seront que la nourriture de ton impulsion créatrice. 〈Rimbaud〉 (너의 기억과 감각은 단지 너의 창조적인 자극의 양식이 될 것이다.)
> Il tenait l´existence d´un principe créateur pour assez probable. 〈France〉
> (그는 창조 원리의 존재가 꽤 그럴 듯하다고 여기고 있었다.)
> Un metteur en scène qui est le créateur de nombreuses pièces.
> (수많은 연극의 창작자인 어떤 연출가)
> Qui est le créateur de cette oeuvre? (이 작품의 작자는 누구인가?)

créature

[créat+ure(s.n)] ⇒ 만들어 진것
명 창조물, 피조물, 인간, 여자, 비호를 받는 자

동 homme (사람), personne (사람), âme (사람, 인간, 영혼), gens (사람들), monde (사람, 세상), favori (총아), chouchou (귀염둥이), protégé (피보호자)

반 auteur (창조자, 작자), créateur (창조자, 창시자), Dieu (신)

예문

Chaque créature indique Dieu, aucune ne le révèle. 〈Gide〉
(모든 피조물은 신의 존재를 가리키고 있지만 그 어떤 것도 신을 드러내 보여주진 않는다.)
L'hommage des créatures à leur Créateur. (조물주에 대한 피조물들의 찬양)
Ils ont marché trois jours sans rencontrer une créature.
(그들은 한 사람도 만나지 못하고서 사흘동안 걸었다.)
La malheureuse créature ne savait plus à quel saint se vouer.
(그 불행한 여자는 어떤 성인에게 헌신해야 할 지 더 이상 알 수 없었다.)
La révolution a balayé toutes les créatures du souverain déchu.
(혁명은 권좌에서 쫓겨난 군주의 비호를 받는 모든 사람들을 소탕했다.)

recréer

[re(=de nouveau)+créer] ⇒ 다시 만들다
동 재창조하다, 다시 만들다, 재현하다

동 reconstituer (다시 구성하다, 재현하다), reconstruire (재건하다)
faire revivre (재흥하다, 부활하다), rendre (회복시키다, 재현하다)

예문

Dieu ne doit plus détruire le monde, non plus que le recréer. 〈Pascal〉
(신은 이제 더 이상 세상을 파괴해서도 또한 세상을 재창조해서도 안 된다.)
Nous ne connaissons vraiment que ce que nous sommes obligés de recréer par la pensée. 〈Proust〉 (우리가 생각에 의해 재현할 수밖에 없는 것만을 우리는 진실로 안다.)
Le metteur en scène a recréé l'atmosphère antique. (그 연출가는 옛날의 분위기를 재현했다.)

recréation

[re(=de nouveau)+créat+ion(s.n)] ⇒ 다시 만듬
명 재창조

예문

La recréation romanesque d'un personnage historique.
(역사적인 인물의 소설적인 재창조)

récréer

[ré(=de nouveau)+créer] ⇒ 다시 기분이 좋게 만들다
동 즐겁게 하다, 쉬게 하다

동 amuser (즐겁게 하다), distraire (즐겁게 해주다), divertir (즐겁게 해주다)
réjouir (기쁘게 하다), égayer (즐겁게 하다)

반 ennuyer (싫증나게 하다, 지루하게 하다), barber (지루하게 하다)
raser (싫증나게 하다), endormir (지루하게 하다)

예문

Sa femme, pour le récréer, fit venir des jongleurs et des danseuses. 〈Flaubert〉
(그의 부인은 그를 즐겁게 하려고 곡예사들과 무용가들을 오게 했다.)
Le vert récrée la vue. (초록빛은 눈의 피로를 가시게 한다.)

récréation

[ré(=de nouveau)+créat+ion(s.n)]
명 휴양, 휴식, 기분전환, 휴식시간

동 amusement (재미, 오락), distraction (기분전환), divertissement (기분전환)
délassement (휴식), détente (쉼, 휴식), repos (휴식), jeu (놀이, 유희)
passe-temps (오락, 놀이)

반 ennui (권태, 지루함), travail (일, 고역)

예문

La peintre n'est pour lui qu'une récréation. (그림은 그에게 있어서는 단지 휴식에 불과하다.)
Nous allons prendre un peu de récréation. (우리는 약간의 휴식을 취하려고 합니다.)
Une grande clameur montait de la cour de récréation. 〈Troyat〉
(한 커다란 함성이 운동장에서 부터 들려오고 있었다.)
La récréation a sonné, et les élèves sortent de classe.
(휴식시간을 알리는 종이 울려서 학생들이 교실에서 나온다.)

récréatif

[ré+créat+if(s.a)]
형 유쾌한, 재미있는, 기분전환이 되는

동 amusant (재미있는), distractif (기분전환의), divertissant (즐거운)
réjouissant (재미있는, 기쁜), délassant (피로를 푸는)

반 ennuyeux (지루한, 싫증나게 하는), fastidieux (진절머리나는), sérieux (신중한, 부지런한)

예문

lecture récréative (재미있는 읽을거리)
soirée récréative (재미있는 파티)

procréer

[pro+créer] ⇒ 앞으로 (살아갈 세대를) 만들다
동 생식하다, 낳다, 자손을 만들다

동 engendrer (아이를 낳다), enfanter (아이를 낳다), accoucher (출산하다)

예문

À Sparte, qui ne procréait pas de citoyens était puni. 〈Giradin〉
(스파르타에서는 사람을 생산하지 않은 사람은 벌을 받았다.)

procréation

[pro+créat+ion]
명 출산, 생식

동 génération (생식)

예문

procréation naturelle (자연 출산)

CLÉ NO 10 CLO, CLU, CLUS

clore (닫다), fermer (닫다)의 뜻

라틴어 claudere, clausus(p.p.) 에서 유래

clore

[〈claudere] ⇒ 닫다

동 닫다, 막다, 다물다, 끝맺다, 마감하다, 둘러치다

동 fermer (닫다), enclore (둘러싸다), enfermer (가두다), cacheter (봉하다)
achever (끝내다), finir (마치다), terminer (끝내다), arrêter (마감하다)
clôturer (마감하다), conclure (종결하다)

반 déclore (울타리를 제거하다), ouvrir (열다), commencer (시작하다)

☺ clore 동사는 문어체에서, 특히 부정법 및 과거분사의 형태로만 쓰인다.
일반적으로 fermer, clôturer 를 사용한다.
Mon jardin est fermé par une haie. (내 집 정원은 울타리가 둘러쳐져 있다.)
Ce lieu a des parois clôturées par les anges. 〈Jouve〉
(그 장소는 천사들로 둘러쳐진 장벽을 가지고 있다.)

예문
La liste des candidatures sera close dans deux jours. (후보자 신청은 이틀 후에 마감될 것이다.)
Il effleura du bout des lèvres une bouche froide et close. 〈Sartre〉
(그는 입술 끝으로 냉담하고 다문 입을 스쳤다.)
Je n'avais pas encore clos mon pré. (나는 내 목장을 아직 울타리를 치지 않았었다.)
Il est temps de clore le bec à l'épouse du farouche Clotaire.
(비사교적인 끌로떼르의 아내의 입을 다물게 할 때이다.)

clôture

[clo+ture(s.n)] ⇒ 닫음

명 담장, 울, 울타리, 출입금지 구역, 폐쇄, 종결

동 enceinte (울타리, 성벽), barrière (울타리, 방책), palissade (울타리, 방책), grille (철책)
barbelé (철조망), haie (울타리), cloître (금역, 수도원), lice (울타리), échalier (울타리)
conclusion (종결), fin (결말, 끝), levée (철회), fermeture (폐쇄, 덧문)

반 ouverture (입구, 통로, 개시), percée (통로, 창문)
commencement (시작, 시초), début (시초, 발단)

예문

Le nouveau propriétaire a fait réparer la clôture. (새 주인은 울타리를 고치게 했다.)
Le champ est entouré d'une clôture. (그 밭은 울타리로 에워싸여 있다.)
Hâtons-nous de faire nos achats avant la clôture du magasin.
(가게 문 닫기 전에 서둘러 쇼핑을 하자.)
À la clôture des débats, l'ombre emplissait la salle. 〈France〉
(토론이 끝났을 때는 어둠이 홀을 가득 채우고 있었다.)

conclure

[con(=à fond 강조)+clure] ⇒ 완전히 닫다
동 마치다, 맺다, 체결하다, ..라고 결론을 내리다

동 arrêter (체결하다), fixer (결정하다), régler (결정하다), résoudre (결정하다)
passer (맺다, 체결하다), signer (조인하다), traiter (교섭하다), déduire (결론짓다)
induire (결론을 이끌어 내다), inférer (추리하다), achever (끝마치다), finir (끝내다)
terminer (끝마치다)

반 commencer (시작하다), entreprendre (착수하다)
exposer (설명하다, 전시하다), présenter (전개하다, 전시하다)

예문

Après de longues discussions, nous avons fini par conclure le marché.
(긴 토론 후에 우리는 마침내 매매계약을 맺었다.)
Il a conclu son allocution par un appel à l'unité. (그는 단결을 호소하며 연설을 끝마쳤다.)
Il n'a pas répondu à ma lettre, j'en conclus qu'il est absent.
(그는 내 편지에 회답하지 않았다. 그래서 나는 그가 부재중이라고 결론지었다.)
Pour admettre cet acte, il fallait conclure à la folie. 〈Maupassant〉
(이 행위를 용납하기 위해서는 정신병이라는 결론에 도달해야 했다.)
Les experts ont conclu à la responsabilité totale de l'accusé.
(전문가들은 전적으로 피고에 책임이 있다고 결론지었다.)

conclusion

[con+clu+sion(s.n)] ⇒ 완전히 닫음
명 결론, 종결, 결말, 체결

동 règlement (해결, 결산), solution (해결, 결심, 용단), épilogue (결말, 종국)
dénouement (결말, 종국, 해결), déduction (추론, 결론), fin (끝)
terminaison (결말), péroraison (결론), réalisation (실현)

반 commencement (시작), début (시초, 발단), introduction (도입)
préambule (서두, 머리말), premisse (서문, 전제)

예문

Il pressait de toutes ses forces la conclusion d'un mariage dont il attendait le bonheur de sa fille. 〈France〉 (그가 딸의 행복을 기대했던 결혼의 실현을 온 힘을 다해서 서두르고 있었다.)
Toutes ses initiatives sont malheureuses : en conclusion, il ferait mieux rester tranquille.
(그의 모든 제안은 결과가 나쁘다, 결론적으로 잠자코 있는 것이 좋겠다.)
Il fallait tirer une conclusion de ces propos, Madelon s'en chargea. 〈Céline〉
(그는 그 이야기에 대해서 결론을 이끌어 내야 했다. 마들롱이 그 일을 떠맡았다.)

enclore

[en+clore] ⇒ 안에 넣어서 닫다
동 두르다, 둘러싸다, 동봉하다

동 clôturer (울타리를 치다), entourer (둘러싸다), enceindre (둘러싸다)

반 déclore (울타리를 제거하다)

예문

Une suite de petites salles ouvrent sur le jardin qu'elles enclosent. 〈Gide〉
(일련의 작은 방들은 그 방들이 둘러싸고 있는 정원으로 향해 있다.)
Une barrière enclot son jardin. (울타리가 그의 정원을 둘러싸고 있다.)
Elle vivait enclose dans son univers. 〈Martin du Gard〉
(그녀는 자기 세계에 갇혀 살고 있었다.)

exclure

[ex+clure] ⇒ 밖에 두고 닫다
동 쫓아내다, 제외하다, 배제하다, 거부하다, 모순되다

동 renvoyer (쫓아내다), chasser (쫓아내다), bannir (추방하다, 내쫓다)
écarter (제외하다, 몰아내다), éliminer (제거하다, 삭제하다)
évincer (쫓아내다), expulser (추방하다, 내쫓다), forclore (배제하다)
radier (삭제하다), rejeter (물리치다, 내쫓다), vider (내쫓다)
empêcher (방해하다, 막다), s'opposer à (반대하다), interdire (금지하다)

반 accueillir (받아들이다), admettre (허용하다), autoriser (허가하다)
permettre (허가하다), impliquer (끌어넣다, 내포하다), inclure (포함시키다)

예문

Plusieurs perturbateurs ont été exclus de la sallle.
(몇몇 방해자들이 홀에서 쫓겨났다.)
J'exclus de ce total les taxes qui m'incombent.
(나는 그 총액에서 내게 부과되는 세금을 제외했다.)
J'ai exclu de ma bibliothèque tous les périodiques encombrants.
(나는 책장에서 모든 거추장스런 정기간행물들을 빼놓았다.)
Le refus par l'adversaire de cette condition exclut pour le moment toute possibilité d'accord.
(이런 조건에 대한 상대방의 거부로 지금으로서는 모든 합의의 가능성이 배제되고 있다.)
On ne peut pas exclure que Moscou veuille pousser les trois Occidentaux à ouvrir les consultations.
(우리는, 모스크바가 서방 삼국이 회담을 열도록 부추긴다는 사실을 간과할 수 없다.)
Ces deux avis s'excluent mutuellement. (이 두 의견은 서로 모순된다.)

exclusion

[ex+clu+sion(s.n)] ⇒ 밖에 두고 닫음
명 제명, 퇴학, 제외, 배제

동 élimination (제거, 삭제), expulsion (추방, 내쫓기), radiation (삭제, 말소)
éviction (제거, 추방), épuration (추방, 숙청, 정화), purge (숙청, 배수)
dégradation (박탈, 파면), destitution (면직, 해임), révocation (파면, 해임)
renvoi (퇴학, 쫓아냄), mise à la porte (해고), exception (예외, 제외)
forclusion (배제, 제외), ostracisme (도편추방)

반 admission (허용), inclusion (포괄, 삽입), réintégration (회복, 복귀)

예문

Le conseil de discipline a décidé l'exclusion des trois élèves responsables de cet incident.
(징계위원회는 그 사건에 대하여 책임있는 세 학생들의 퇴학을 결정했다.)
Le médecin lui a recommandé de manger des légumes à l'exclusion des féculents.
(의사는 그에게 전분질의 야채를 제외하고 야채를 먹도록 권고했다.)

exclusif

[ex+clu+sif(s.a)] ⇒ 밖에 두고 닫는
형 모순되는, 배타적인, 편협한, 독점적인

동 particulier (특별한), personnel (독특한), propre (특유한), spécial (특이한)
spécifique (특유한), absolu (절대적인), unique (유일한), intransigeant (비타협적인)

반 inclusif (포괄하는), éclectique (절충적인), large (너그러운, 대범한)
ouvert (개방된, 개방적인), tolérant (관대한, 너그러운)

예문

Tout grand amour est exclusif, et l'admiration d'un amant pour sa maîtresse le rend insensible à toute beauté différente. 〈Gide〉 (매우 격렬한 사랑은 배타적이다. 그래서 애인에 대한 한 정부의 사모함은 그를 다른 대단한 미인에게는 무관심하게 만든다.)
L'État se réserve le droit exclusif de vendre le tabac.
(국가는 담배를 판매하는 독점적인 권리를 확보하고 있다.)
Il porte un intérêt exclusif à la sculture.
(그는 오직 조각에 대해서만 관심을 쏟는다.)

inclure

[in+clure] ⇒ 안에 넣어서 닫다
동 동봉하다, 포함시키다, 삽입하다

동 enfermer (넣어두다), insérer (삽입하다), introduire (넣다, 삽입하다)
joindre (합치다, 동봉하다), intégrer (합치다), compter (셈에 넣다)
comporter (포함하다, 내포하다), contenir (포함하다, 내포하다)
renfermer (포함하다, 감추다), impliquer (내포하다, 끌어넣다)

반 exclure (제외하다, 배제하다), excepter (제외하다)

예문

> Nous avons inclus un billet de 100 euros dans notre lettre.
> (우리는 편지에 백 유로짜리 지폐 한 장을 동봉했다.)
> Ils ont inclus son nom dans la liste. (그들은 그의 이름을 명단에 넣었다.)
> Cette acceptation inclut pour vous que vous partagiez les risques de l'entreprise.
> (이번의 수락은 당신이 기업의 위험을 공유한다는 것을 내포합니다.)
> Il a inclus un nouveau chapitre dans son livre.
> (그는 그의 책에 새로운 장을 끼워 넣었다.)

inclusion

[in+clu+sion(s.n)] ⇒ 안에 넣어서 닫음
명 포괄, 포섭, 삽입, 봉입

동 introduction (넣기, 삽입)

반 exclusion (제명, 퇴학, 제외, 배제)

예문

> L'inclusion de ce paragraphe ne peut se faire sans un remaniement complet de la page.
> (그 구절의 삽입은 그 페이지의 완전한 수정 없이는 이루어질 수 없다.)

inclusif

[in+clu+sif(s.a)] ⇒ 안에 넣어서 닫는
형 포괄하는, 포함하는, 포괄적인

반 exclusif (배타적인, 독점의)

예문

> La première personne du pluriel est dite inclusive quand ≪nous≫ signifie ≪je+tu≫.
> (≪nous≫가 ≪je+tu≫를 의미할 때, 1인칭 복수는 소위 포괄적이다.)

CLÉ NO 11 DIRE, DIC, DICT

dire (말하다)의 뜻

라틴어 dicere, dictare, dictus(p.p.) 에서 유래

dire [〈dicere] ⇒ 말하다
동 말하다, 낭독하다, 설명하다, 단언하다, 생각하다, 명령하다, 의미하다

동 articuler (단언하다), émettre (표명하다), proférer (발언하다), prononcer (말하다) chuchoter (속삭이다), crier (외치다), exprimer (표현하다), formuler (명백히 말하다) communiquer (알리다), dévoiler (공표하다), expliquer (설명하다), révéler (드러내다) confier (비밀을 말하다), proclamer (선언하다), publier (공표하다), répéter (되풀이 하다) déclarer (선언하다, 표명하다), affirmer (단언하다), assurer (단언하다), juger (생각하다) penser (생각하다), croire (여기다), trouver (생각하다), commander (명령하다) ordonner (명령하다), conseiller (권고하다), recommander (권고하다)

반 cacher (숨기다), dissimuler (감추다), omettre (빠뜨리다), taire (말 안하다)

예문

Il n'ouvre la bouche que pour dire des sottises.
(그는 입만 열면 바보같은 소리만 한다.)
J'ai l'impression qu'on ferait mieux de rester à la maison, il fait froid dehors, qu'est-ce que tu en dis?
(집에 있는 것이 더 좋을 것 같은데, 밖은 추워, 너는 어떻게 생각하니?)
Son visage restait impassible, on l'aurait dit taillé dans du bois. 〈Beauvoir〉
(그의 얼굴은 태연자약했다. 그 얼굴은 마치 목각으로 되어 있는 것 같았다.)
Je suis venu vous dire de venir chez moi pour déjeuner.
(점심 식사하러 우리 집에 오시라고 당신에게 말씀드리려고 왔습니다.)
On dit que les Français sont les plus grands buveurs de vin du monde.
(프랑스인들이 세계에서 가장 포도주를 많이 마시는 사람들이라고 한다.)
On eût dit qu'elle lui était attaché malgré elle. 〈Arland〉
(본의 아니게 그녀가 그에게 집착되어 있는 것 같았었다.)
Dites-moi simplement si elle est de retour.
(그녀가 돌아왔는지만 말해 주세요.)
Qu'est-ce que vous vous êtes dit quand vous vous êtes rencontrés?
(당신들이 서로 만났을 때 무슨 이야기를 했습니까?)
Je ne vous ai pas écrit parce que je me suis dit que j'arriverais avant ma lettre.
(나는 편지보다 먼저 도착하게 될 거라고 생각해서 당신에게 편지 쓰지 않았습니다.)

contredire

[contre+dire] ⇒ 반대로 말하다
동 반박하다, 항변하다, ..와 상반하다, 일치하지 않다, 반대하다

동 contester (이의를 제기하다), démentir (논박하다, 부인하다), réfuter (논박하다)
critiquer (비판하다), nier (부정하다, 부인하다), se disputer (다투다)
s'opposer (반대하다)

반 approuver (승인하다), s'accorder (일치하다)
s'entendre avec (뜻이 맞다), confirmer (확증하다)

예문

Je crois qu'il eût été fatal pour sa raison que je me mette à le contredire dans l'état où il s'était mis. 〈Céline〉 (그가 처해 있었던 상태에서 내가 그를 반박하기 시작한 것은 그의 양식을 위해서는 어쩔 수 없는 일이었을 것이라고 나는 생각한다.)
Nos plus importantes pensées sont celles qui contredisent nos sentiments.〈Valéry〉
(우리의 가장 중요한 생각들은 우리 감정과는 일치하지 않는 생각들이다.)
Il me contredit sans arrêt. (그는 말끝마다 나에게 반대한다.)
Il se contredit sans cesse dans ses explications.
(그는 설명할 때 번번이 모순되는 말을 한다.)
Ces deux phrases se contredisent. (이 두 문장은 서로 모순된다.)

contradiction

[contre+dict+ion(s.n)] ⇒ 반대로 말함
명 모순, 반대, 반론

동 contestation (이의, 언쟁), démenti (반박, 모순), dénégation (부정, 부인)
désaveu (부인), négation (부정, 거절, 반대), objection (이의, 반대), réfutation (반박, 반론)
opposition (반대, 대립, 모순), antilogie (자가당착, 모순), antinomie (모순)
contrariété (대립, 모순), désaccord (불일치, 대립), discordance (불일치, 부조화, 상치)
incompatibilité (모순, 상극), inconséquence (자가당착, 모순)

반 accord (일치), approbation (동의, 승인), concordance (일치)
entente (합의, 우호), identité (일치, 동일), unanimité (만장일치)

예문

Je relève plusieurs contradictions dans les déclarations des témoins.
(나는 증인들의 선언 속에서 몇 가지의 모순을 지적한다.)
Il y a contradiction entre ses principes et ses actes.
(그의 원칙과 행동 사이에는 모순이 있다.)
Il a l'esprit de contradiction. (그는 반발심이 강하다.)
Mon cousin finit par expliquer d'un ton conciliant qu'à mon âge on avait l'esprit de contradiction. 〈Beauvoir〉 (사촌은 마침내 타협적인 어조로 내 나이 때에 자기도 무엇에나 반대하는 성미였다고 설명했다.)
Cette décision est en complète contradiction avec ses habitudes.
(이 결정은 그의 습관과는 완전히 상반된 것이다.)

contradictoire

[contre+dict+oire(s.a)] ⇒ 반대로 말하는
형 모순되는, 반론의

동 contraire (반대의, 상반되는), opposé (반대하는, 대조적인), absurde (부조리한) antilogique (비논리적인), antinomique (모순된), différent (다른, 상반되는) discordant (일치하지 않는), divergent (대립하는, 상반되는), inconséquent (모순된) incompatible (모순되는, 양립되지 않는), inconciliable (양립되지 않는)

반 cohérent (일관성 있는), concordant (일치하는), identique (동일한, 같은) logique (논리적인), pareil (같은), semblable (유사한), unanime (전원일치의)

예문

Les mythes sur lesquels nous vivons sont contradictoires. ⟨Malraux⟩
(우리가 의지해서 살고 있는 신화들은 모순된다.)
Sa conduite est contradictoire. (그의 행동은 조리에 맞지 않는다.)

dicter

[⟨dire] ⇒ 말하다
동 구술하다, 받아쓰게 하다, 명령하다, 강요하다, 시사하다

동 souffler (입을 열다), suggérer (시사하다), insinuer (암시하다) indiquer (가리키다), inspirer (시사하다, 불러일으키다), commander (명령하다) imposer (강요하다, 과하다), prescrire (명령하다)

반 exécuter (실행하다), obéir à (복종하다), suivre (따르다)

예문

Vous dicterez le courrier aux dactylos, et vous surveillerez leur orthographe. ⟨Pagnol⟩
(편지를 타이피스트들에게 받아쓰게 하세요, 그리고 철자법을 살펴보세요.)
Des plénipotentiaires qui imposeraient des volontés, dicteraient les clauses. ⟨Madelin⟩
(의사를 강요하게 될 전권사절은 약정조항을 강요할 것이다.)
Cette décision a pu être dictée sur place par un souci légitime de sécurité. ⟨Gracq⟩
(이러한 결정은 안전에 대한 정당한 관심으로 인하여 즉시로 강요될 수 있었다.)
L'attitude prise par le gouvernement français est dictée par le souci de chercher un équilibre des forces en Angola.
(프랑스 정부가 취한 태도는 앙골라에서 힘의 균형을 구하자는 염려에서 강요된 것이다.)
Il nous a dicté de faire comme il l'entend. (그는 우리에게 자기가 원하는 대로 하라고 명했다.)

dictée

[⟨dicter] ⇒ 말 되어짐
명 구술, 받아쓰기, 암시, 명령

예문

Ta dictée est pleine de fautes d'orthographe. (너의 받아쓰기에는 철자법의 오류가 많다.)
Le notaire a écrit un testament sous la dictée du malade.
(그 공증인은 환자의 구술에 따라 유언을 작성했다.)
Leurs leçons de bonté et de moralité, qui me semblaient la dictée même du coeur et de la vertu. ⟨Renan⟩ (올바르고 도덕적인 그들의 교훈, 그것은 나로서는 마음과 용기가 내리는 명령 그 자체 같았다.)

diction

[dic+tion(s.n)] ⇒ 말하는 행위
명 말투, 발성법, 표현법, 낱말

동 style (문체), débit (말솜씨, 어조), élocution (화술, 문체, 표현법, 발성법)

예문

Les synonymes sont plusieurs dictions qui signifient une même chose. ⟨La Bruyère⟩
(동의어들이란 똑같은 것을 의미하는 다수의 낱말들이다.)
Il avait une diction très nette et chantante, d'une modulation très diverse. ⟨Romain⟩
(그는 대단히 변화무쌍한 소리의 변화에 대해 대단히 명확하고도 음악적인 말투를 가지고 있었다.)
Sa diction manque de netteté. (그의 발성법은 명료하지 못하다.)

dictionnaire

[dict+ion(s.n)+aire(s.n-장소)] ⇒ 낱말이나 표현법이 들어있는 것
명 사전, 총어휘

동 nomenclature (어휘, 학술용어), lexique (용어사전, 어휘), vocabulaire (어휘)
glossaire (어휘집), encyclopédie (백과사전)

예문

L'usage contemporain est le premier et principal objet du dictionnaire. ⟨Littré⟩
(현대 언어용법은 사전의 우선되고도 중요한 목표이다.)
Consulter un dictionnaire. (사전을 찾아보다)

dictature

[dict+ature(s.n)] ⇒ 명령하는 행위
명 독재, 압제, 독재권

동 absolutisme (전제주의), autocratie (전제정치), totalitarisme (전체주의), nazisme (나찌즘)
fascisme (파시즘), caporalisme (군국주의), césarisme (황제정치, 독재정치)

반 anarchie (무정부), démocratie (민주주의)

예문

Il est remarquable que la dictature soit à présent contagieuse, comme le fut jadis la liberté. 〈Valéry〉
(옛날에 자유가 전염되었던 것처럼, 지금도 독재가 그렇다는 사실은 놀랄만한 일이다.)
Toute la philosophie de cette dictature industrielle et commerciale aboutit à ce dessein impie : imposer à l'humanité des besoins, des appétits. 〈Duhamel〉
(산업적이며 상업적인 그런 독재권의 모든 철학은 인류에게 필요, 욕망을 받아들이게하는 그러한 불경건한 구상으로 귀착한다.)

dictateur

[dict+ateur(s.n)] ⇒ 명령하는 사람
명 독재자, 압제자

동 autocrate (전제군주), despote (전제군주, 폭군), tyran (폭군), souverain (군주)

예문

Le dictateur demeure enfin seul possesseur de la plénitude de l'action.
Il absorbe toutes les valeurs dans la sienne, réduit aux siennes toutes les vues. 〈Valéry〉
(마침내 그 독재자만이 행위의 완전함의 소유자로 남게된다. 그는 모든 가치관을 자기 가치관 속으로 흡수하며, 모든 관점을 자기 관점으로 몰아넣는다.)

indiquer

[in(=en, dans)+diquer(〈dicare=dire)] ⇒ 말로 가리키다
동 보여주다, 알려주다, 지시하다, 가리키다, 지정하다

동 désigner (가리키다), montrer (보여주다), signaler (알리다), enseigner (가르쳐주다)
fournir (제시하다), annoncer (알리다), attester (증명하다), déceler (드러내다)
dénoncer (표시하다), dénoter (표시하다), manifester (나타내다), marquer (표시하다)
révéler (나타내다), témoigner (표시하다), trahir (드러내다)

예문

Son regard n'indiquait rien d'autre qu'une curiosité pénétrante. 〈Romains〉
(그의 시선은 예리한 호기심이외의 그 어떠한 것도 나타내지 않았다.)
Ma montre indique deux heures et demie. (내 시계는 두시 반을 가리키고 있다.)
Il m'a indiqué le chemin de la gare. (그는 내게 역으로 가는 길을 알려 주었다.)
Il nous a indiqué l'origine du phénomène. (그는 이 현상의 근원을 가르쳐 주었다.)
Indiquez-moi le lieu de notre rendez-vous. (우리가 만날 곳을 정해 주세요.)

indication

[in(=en, dans)+dicat(〈dicare=dire)+ion(s.n)] ⇒ 말로 가리킴
명 지시, 표시, 표, 증거, 정보, 명령

동 annonce (통지), indice (표, 지표), marque (표시), signe (표시)
signalisation (신호, 표지), signal (신호, 표지), renseignement (정보)
ordonnance (명령), prescription, (명령), avis (의견, 조언)
directive (강령, 명령), recommandation (권고, 충고), suggestion (제안)

예문

L'indication d'origine est obligatoire pour les produits importés.
(원산지 표시는 수입되는 물품에는 의무적이다.)
J'ai suivi vos indications et je m'en suis bien trouvé.
(나는 당신의 명령을 따랐는데 그렇게 해서 잘했다고 생각했다.)
Vous devez suivre l'indication du médecin.
(당신은 의사의 지시를 따라야 합니다.)
Il m'a donné quelques indications sur la ville où je vais.
(그는 내가 가는 도시에 대해서 몇 가지 참고사항을 말해 주었다.)

indicateur

[in(=en, dans)+dicat(〈dicare=dire)+eur(s.n)] ⇒ 말로 가리키는 자
명 밀고자, 스파이, 시간표, 안내란, 지시기, 표지

동 délateur (밀고자), dénonciateur (밀고자), informateur (정보 제공자)
donneur (밀고자, 끄나풀), espion (스파이), mouchard (정보원, 밀고자)
mouton (스파이), guide (안내책), horaire (시간표), indice (지표), clignotant (지시등)

예문

On prétend que les malfaiteurs ne sont presque jamais trouvés par la police elle-même, qu'ils sont donnés par des indicateurs. 〈Romains〉 (사람들은 악당들이 경찰 자신에 의해서는 찾아지지 않고 밀고자에 의해 넘겨진다고 주장한다.)
Il se plongeait dans l'indicateur des chemins de fer. 〈Proust〉
(그는 철도 시간표에 몰두해 있었다.)
Un indicateur de vitesse. (속도계)

indice

[in(=en, dans)+dice(=dicateur)] ⇒ (상황) 속에서 가리켜진 것
명 표, 지표, 징후, 지수, 증거

동 marque (표시), signe (징조), preuve (증거), symptôme (징후)
soupçon (의심), adminicule (상황증거), présomption (추정)

☺ indication : 명확하고 구체적인 징후의 뜻.
indice : 막연한 징후의 뜻.

예문

Son attitude calme était l'indice des émotions les plus violentes. 〈Balzac〉
(그의 침착한 태도는 가장 격렬한 감정의 표시였다.)
On ne devrait pas condamner les gens sur de simples soupçons, des indices vagues. 〈Flaubert〉 (단순한 의혹이나 분명치 않은 증거에 입각해서 사람들을 벌할 수는 없다.)
Il rougit : c'est un indice de sa timidité.
(그는 얼굴을 붉힌다. 그것은 그가 소심하다는 징조이다.)

indicible

[in(=en, dans)+dic(=dire)+ible(s.a)] ⇒ 말을 할 수 없는
형 언어도단의, 말로 다할 수 없는

동 indescriptible (표현될 수 없는), inexprimable (말로 표현할 수 없는), ineffable (이루 말할 수 없는), indéfinissable (정의할 수 없는)

예문

Comment exprimerai-je une peine indicible? 〈Musset〉
(말로 다할 수 없는 고통을 어떻게 설명하랴?)
Une joie indicible. (이루 말할 수 없는 기쁨)

prédire

[pré(=avant)+dire] ⇒ 미리 말하다
동 예언하다, 예보하다

동 deviner (알아맞히다), augurer (점치다, 예측하다), pronostiquer (예측하다) conjecturer (추측하다), présumer (추측하다), prévoir (예상하다)

예문

Il avait le talent de prédire l'avenir par la cartomancie, la chiromancie, et les nombres pythagoriques. 〈Nerval〉
(그는 카드 점, 수상술과 피타고라스의 수로 미래를 예언하는 재능을 갖고 있었다.)
Mon horoscope m'a prédit que je tomberais dans les escaliers cette semaine.
(나의 점성은 이번 주에 계단에서 넘어질 것이고 나에게 예언했다.)
Il avait prédit exactement comment l'événement allait se passer.
(그는 사건이 어떻게 일어날 것인가를 정확하게 예언하였다.)
On lui a prédit de grandes difficultés.
(사람들은 그에게 많은 어려움이 있으리라는 것을 예고해 주었다.)

prédiction

[pré(=avant)+dict+ion(s.n)] ⇒ 미리 말함
명 예언, 예보

동 divination (미래의 예견), vaticination (예언, 신탁), horoscope (점성, 예측) prévision (예측, 예상), conjecture (추측, 짐작), hypothèse (짐작) supposition (추측), prophétie (예언, 신탁, 예측)

예문

Soudain, la prédiction que le maquignon lui a faite en termes voilés, se réalise. 〈Bernanos〉 (갑자기 그 중개상이 넌지시 그에게 했던 예언이 실현된다.)
Prédictions météorologiques. (일기예보)

maudire

[mal+dire] ⇒ 나쁘게 말하다
동 저주하다, 증오하다

동 anathématiser (저주하다), abhorrer (질색하다), abominer (몹시 싫어하다) exécrer (증오하다), haïr (미워하다), détester (싫어하다), condamner (비난하다) pester contre (통렬히 비난하다), réprouver (비난하다), blâmer (비난하다)

반 adorer (열렬히 사랑하다), bénir (축복하다)

예문

Combien de fois vous ai-je entendu l'accuser et le maudire? 〈Claudel〉
(나는 당신이 그를 비난하고 그를 저주하는 소리를 몇 번이나 들었던가?)
Le christianisme défend de maudire ses persécuteurs.
(기독교는 자기 박해자들을 미워하는 것을 금지한다.)
Dieu maudit Caïn et sa descendance. (신은 카인과 그 후예를 저주했다.)

maudit

[mal+dire] ⇒ 나쁘게 말 되어진
형 저주받은, 증오할, 금지된, 고약한, 가증한

동 réprouvé (비난받는), interdit (금지된), abominable (밉살스러운) détestable (고약한), haïssable (가증스러운), exécrable (저주스러운) damné (가증스런), fichu (지독한), sacré (밉살스러운), satané (흉악한)

반 bénit (축복받은), bienheureux (매우 행복한)

예문

On me considérait comme la représentante d'une race maudite, couverte de stupre. 〈Bastide〉 (사람들은 나를 음탕으로 뒤덮힌 가증한 종족의 대표자로 여겼다.)
Quel maudit temps! (참 고약한 날씨군!)

malédiction

[male+dict+ion(s.n)] ⇒ 나쁘게 말함
명 저주, 악담, 불운, 불행

동 anathème (저주), exécration (증오, 혐오), imprécation (저주), injure (모욕) réprobation (비난, 탄핵), fatalité (불운), malchance (불운, 불행)

반 bénédiction (축복), bonheur (행복), chance (행운)

예문

L'amour tel que le concevaient les anciens n'était-il pas une folie, une malédiction, une maladie envoyée par les dieux? 〈Flaubert〉 (옛날 사람들이 생각하고 있었던 것과 같은 사랑은 일종의 광기, 저주, 신들이 보낸 질병이 아니었는가?)
La malédiction est sur moi. (나는 저주받은 몸이다.)
Jeter une malédiction à A (A를 저주하다)

CLÉ NO 12 DUC, DUCT, DUIRE, DUIT

conduire (안내하다), mener (데리고 가다)의 뜻

라틴어 ducere, ductus(p.p) 에서 유래

conduire

[con(=avec)+duire] ⇒ 함께 데리고 가다
동 안내하다, 운전하다, 지휘하다
se conduire : 처신하다, 행동하다

동 mener (인도하다), amener (데리고 오다), emmener (데리고 가다), diriger (인도하다)
accompagner (동행하다), guider (안내하다), entraîner (데려가다)
prendre [tenir] le volant (운전하다), être [se mettre] au volant (운전하다)
commander (지휘하다), diriger (지휘, 경영하다), gouverner (다스리다)
administrer (관리하다), gérer (관리, 경영하다), manager (경영하다)
se diriger (행동, 처신하다), se comporter (행동하다), agir (행동하다)

반 abandonner (내버려두다), laisser (내버려두다), obéir (복종하다)

예문

La délégation syndicale était conduite par les secrétaires de section.
(노조대표단은 부서의 비서들에 의해 안내되었다.)
M. Tassy a laissé le traîneau que je conduisais pour monter celui de l'étranger. 〈Hébert〉
(따씨씨는 그 외국인의 썰매를 타기 위하여 내가 운전하고 있던 썰매를 그냥 내버려 두었다.)
La crainte nous conduit à combattre la maladie par le régime et les remèdes. 〈Alain〉
(두려움은 우리를 식이요법이나 약으로 병과 싸우도록 이끈다.)
Il conduit sa voiture avec beaucoup de maîtrise.
(그는 아주 솜씨 좋게 자기 차를 운전한다.)
Les fouilles ont été conduites par un archéologue célèbre.
(발굴은 한 유명한 고고학자에 의해 지휘되었다.)
Les faits m'ont conduit à cette conclusion.
(실험을 통하여 나는 이와 같은 결론에 도달했다.)

conduite

[con+duite] ⇒ 함께 데리고 감
명 인도, 안내, 운전, 관리, 행동

동 accompagnement (동행자, 동반), escorte (수행원, 호위대), agissements (활동, 암약)
attitude (자세, 거동), tenue (태도, 품행), comportement (행동, 태도), façon (태도)
manière (거동, 태도), commandement (명령, 지배), direction (지도, 지휘)
management (경영관리), soin (관리, 책임), charge (책임)

예문

> Une escouade, sous la conduite d'un sous-officier, dévalait en torrent d'un escalier. 〈France〉
> (한 분대가 한 하사관의 지휘아래, 계단에서부터 급류처럼 급히 내려가고 있었다.)
> C'est un cadeau pour bonne conduite de la vielle dame qui dirigeait notre pension. 〈Kessel〉
> (이것은 우리 기숙사를 관리해온 노부인의 선행에 대한 선물입니다.)
> Il me paraît toujours malséant d'abriter ma conduite derrière l'autorité du livre saint. 〈Gide〉
> (내가 보기에 거룩한 책(성경)의 권위 뒤에 내 행위를 덮는 것은 항상 무례한 것 같다.)
> Dans cette affaire, sa conduite était louche. (그 사건에서 그의 행동은 수상했다.)
> Il prend des leçons de conduite. (그는 운전을 배우고 있다.)
> La conduite à droite. (자동차의 우측통행.)

conducteur

[con+duct+eur] ⇒ 함께 데리고 가는 사람
명 안내자, 지도자, 운전수, 전도체

동 berger (목자, 지도자, 목사), chef (지도자), guide (안내자), pasteur (목자, 목사)
charretier (마차꾼), cocher (마부), voiturier (짐마차꾼), chauffeur (운전사)
camionneur (트럭 운전수), machiniste (전차 운전사), mécanicien (기관사)
automobiliste (자동차 운전수), pilote (조종사), contremaître (감독)
surveillant (감독), ingénieur (기사)

예문

> Moïse a la grandeur sans charme des vrais conducteurs d'hommes.〈Daniel-Rops〉
> (모세는 매력은 없지만 인류의 진정한 지도자들의 위대함을 가지고 있다.)
> Le crissement des roues contre le sol rêche vibrait encore que le conducteur de la voiture pénétrait déjà dans le salon. 〈Kessel〉
> (마차 운전자가 이미 거실 안으로 들어와 있는데도 거친 땅과 바퀴의 마찰소리가 진동하고 있었다.)
> Si nous en croyons ce paisible conducteur de nos âmes, on ne peut échapper à la bonté divine. 〈France〉
> (만약 우리가 그 평화스러운 우리영혼의 지도자를 신뢰한다면, 누구든지 신의 호의에서 벗어날 수 없다.)
> Le fer est un bon conducteur de l'électricité. (철은 전기의 좋은 전도체이다.)

déduire

[dé(〈dis=séparation)+duire] ⇒ 분리하여 이끌다 ⇒ 떼어내다 ⇒ 줄이다
동 공제하다, 할인하다, 결론짓다, 추론하다, 연역하다

동 décompter (할인하다), défalquer (공제하다), retenir (공제하다), soustraire (감하다)
démontrer (논증하다), inférer (추리하다), conclure (결론짓다)

반 additionner (합계하다), ajouter (덧붙이다)

예문

Quand on déduit les frais, on voit que le bénéfice est mince.
(비용을 공제하고 나면 이익금은 보잘것없다는 것을 알게 된다.)
Connaissant sa destination, j'en ai déduit la route qu'il prendrait.
(나는 그의 목적지를 알므로, 그것으로 부터 그가 경유할 것 같은 길을 추측해 냈다.)
On peut déduire de ses paroles qu'il se ralliera à notre avis.
(그의 말을 들으면 그도 우리의 의견을 따를 것이라는 결론을 내릴 수가 있다.)
Je déduis de son grand âge de ce qu'il marche courbé.
(그가 허리를 구부리고 걷는 것을 보고 나는 그가 나이가 많다고 결론 내린다.)
De ce qu'il fait beau aujourd'hui, je n'en déduis pas qu'il doive faire beau demain.
(나는 오늘 날씨가 좋다고 해서, 내일도 날씨가 좋을 것이라고 결론짓지 않는다.)

déduction

[dé+duct+ion] ⇒ 분리하여 이끌어 냄 ⇒ 떼어냄 ⇒ 줄임
명 공제, 할인, 연역법, 추론, 결론

동 décompte (할인), réduction (할인), remise (할인), rabais (할인), défalcation (공제) retenue (공제), précompte (공제), soustraction (제거), démonstration (논증) raisonnement (추론), syllogisme (삼단논법), inférence (추리, 추론) conclusion (결론), induction (추론, 결론)

반 induction (귀납법), intuition (직관)

예문

Il faut faire la déduction des sommes déjà payées.
(이미 지불된 금액은 공제해야 한다)
De la même idée ils tiraient des déductions parallèles. 〈Flaubert〉
(그와 같은 생각에서 그들은 비슷한 결론을 이끌어 냈다.)
Tes déductions ne sont pas justes. (너의 추론은 옳지 않다.)
La déduction s'oppose à l'induction, qui va du particulier au général, des faits aux lois.
(연역법은 특수성에서 일반성으로, 사실에서 규칙으로 진행하는 귀납법과 반대된다.)

éduquer

[é(=dehors)+duquer(〈duire)] ⇒ 바깥으로 (능력을) 이끌어내다
동 교육하다, 기르다, 훈련하다

동 élever (교육하다), former (양성하다), instruire (교육하다), enseigner (가르치다) cultiver (연마하다), discipliner (훈련하다), façonner (도야하다)

예문

Je suis las de feindre d'éduquer quelqu'un. 〈Gide〉
(나는 누군가를 교육하는 체하는데 싫증이 났다.)
Les parents sont chargés d'éduquer leurs enfants.
(부모들은 자식들을 교육시킬 책임이 있다.)
Ce garçon est mal éduqué. (이 소년은 버릇이 없다.)

éducation

[é+duc+ation] ⇒ 바깥으로 (능력을) 이끌어내기
명 교육, 훈련, 교양

동 pédagogie (교육학), instruction (교육), formation (교육, 교양)
initiation (전수, 입문지도), exercice (연습, 훈련)

예문

Aucune éducation ne transforme un être : elle l´éveille. 〈Barrès〉
(어떠한 교육도 인간을 변화시키지 못한다. 다만 교육은 인간을 일깨운다.)
Ils ne sont pas d´accord sur l´éducation à donner à leurs enfants.
(그들은 자식들을 어떻게 가르칠 것인가에 대하여 의견이 다르다.)
Il manque d´éducation. (=C´est un homme sans éducation.)
(그는 교양이 없는 사람이다.)

éducatif

[é+duc+atif] ⇒ 바깥으로 (능력을) 이끌어내는
형 교육적인, 교육에 도움이 되는

동 pédagogique (교육학의), instructif (교훈이 되는), directif (지도적인)
enseignant (가르치는, 교훈을 주는), édifiant (교훈적인)

예문

Il n´y eut jamais poésie plus éducative que l´Iliade pour l´éducation d´énergie.
〈Michelet〉 (에너지 교육을 위해서는 일리아드 보다 더 교육적인 시는 전혀 없었다.)
Un film éducatif. (교육적인 영화)

introduction

[intro(=dedans)+duct+ion] ⇒ 안으로 이끌어 들임
명 안내, 소개, 도입, 삽입, 서론

동 admission (허용), entrée (진입, 입장), recommandation (추천), adoption (채용, 선택)
importation (수입, 도래, 유입), initiation (입문, 기초), avant-propos (서문)
exorde (머리말, 개론, 서론), préambule (머리말, 서두), préface (머리말, 서문)
prologue (서언)

반 sortie (퇴장, 출하, 배출), éviction (축출, 제거), renvoi (반환, 반송)
conclusion (결론), épilogue (결말), postface (후기)

예문

L´introduction de produits alimentaires étrangers sur le marché français.
(프랑스 시장에 외국 식료품의 도입)
L´introduction des cigarettes étrangères n´est pas permise.
(외국담배를 가지고 들어오는 것은 허락되어 있디 않다.)
Il a apporté une lettre d´introduction. (그는 안내장을 가지고 왔다.)
L´introduction explique la conception de l´ouvrage et en donne le plan.
(도입부는 그 작품의 개념을 설명해 주며, 그 작품의 구상을 보여준다.)
L´introduction de ta thèse est trop longue. (너의 논문의 서론은 너무 길다.)

introduire

[intro(=dedans)+duire] ⇒ 안으로 끌어들이다
동 안내하다, 소개하다, 도입하다, 삽입하다

동 conduire (안내하다), présenter (소개하다), recommander (추천하다)
parrainer (추천, 소개하다), acclimater (도입하다), importer (수입하다)
implanter (도입하다), enfoncer (끼워 넣다), engager (끼우다), fourrer (처넣다)
insérer (삽입하다), inclure (포함시키다), incorporer (삽입하다)

반 chasser (몰아내다), éloigner (물리치다), exclure (쫓아내다), rejeter (물리치다)
renvoyer (쫓아내다), repousser (물리치다), arracher (뽑아내다)
déraciner (뿌리 뽑다), extraire (뽑다), enlever (제거하다)

예문

Vous serez introduit dans quelques instants auprès du directeur.
(당신은 잠시 후 사장님께로 소개될 것입니다.)
André Gide, Claudel, Valéry, Marcel Proust nous avaient introduits dans un monde secret et merveilleux. 〈Mauriac〉 (앙드레 지드, 끌로델, 발레리, 마르셀 프루스트 등은 우리를 비밀스럽고 기막힌 세계로 인도했었다.)
Le voleur s'est introduit dans la maison. (도둑은 집안에 침입했다.)
Il m'a introduit aux subtilités de ce jeu.
(그는 나에게 이 놀이의 까다로운 규칙에 대해 알려주었다.)
Ces nouvelles techniques se sont introduites. (이 새로운 기술이 도입되었다.)
On fit prendre de force au vieux une tasse de tilleul en introduisant la cuiller entre ses dents serrées. 〈Zola〉 (숟가락을 꽉 다문 이빨 사이로 넣음으로써 그 노인에게 억지로 보리수차 한잔을 먹게 했다.)

induire

[in(=dans)+duire] ⇒ 안으로 이끌다 ⇒ 유도하다
동 권유하다, 끌어넣다, 유도하다, 추론하다, 귀납하다

동 convier (권유하다), encourager (격려하다), engager à (권유하다)
exhorter (권고, 격려하다), inciter (격려하다), inviter (권고하다)
pousser (권고, 격려하다), amener (초래하다), porter (..의 원인이 되다)
conduire (..에 이르게 하다), conclure (결론을 내리다), inférer (결론을 이끌어 내다)

반 déduire (연역하여 추론하다)

예문

Il m'a induit en erreur. (그는 나를 과오를 범하게 했다.)
La place vide qu'elle cherche à une table l'induit à s'asseoir devant deux toutes jeunes filles. 〈Faye〉 (그녀가 한 탁자에서 찾고 있는 빈 좌석은 그녀를 두 명의 대단히 젊은 소녀들 앞에 앉도록 유도한다.)
Les médecins, lui trouvant la langue blanche, en induisirent qu'il souffrait d'une faiblesse d'estomac. 〈France〉 (그가 혀에 백태가 낀 것을 알아차린 의사들은 그 사실로 그가 위 무력증으로 괴로워했다고 결론짓는다.)
De ses observations sur les animaux, La Fontaine induisait qu'ils sont doués de raison.
(라퐁텐은 동물들을 관찰한 결과 동물들이 사리를 분별할 줄 안다는 결론을 얻었다.)

induction

[in+duct+ion] ⇒ 안으로 끌어 들임
명 유도, 추론, 결론, 귀납(법)

동 généralisation (보편화, 개괄), inférence (추론, 결론), raisonnement (추론) conclusion (결론), analogie (유추)

반 déduction (연역법)

예문

> Rôle de l'induction dans les sciences expérimentales.
> (실험과학에서 귀납법의 역할)
> l'induction magnétique (자기 유도)

produire

[pro(=en avant)+duire] ⇒ 앞으로 이끌어내다 ⇒ 생산하다
동 제출하다, 생산하다, 제조하다, 초래하다, 창작하다
se produire : (사건이) 일어나다

동 présenter (제시하다), déposer (제출하다), fournir (제시, 제출하다), amener (초래하다) apporter (일으키다), provoquer (불러일으키다), causer (일으키다), créer (만들어 내다) engendrer (발생시키다), entraîner (초래하다), occasionner (초래하다) susciter (유발하다), générer (산출하다, 발생시키다), faire naître (불러일으키다) fabriquer (제조하다), façonner (만들다), composer (창작하다), écrire (글을 쓰다) arriver (일어나다), se faire (생기다)

반 cacher (숨기다), détruire (파괴하다), consommer (소비하다)

예문

> Ce bassin houiller produit une très grande quantité de charbon.
> (이 탄광에서는 상당히 많은 양의 석탄을 생산한다.)
> Cette méthode a produit d'heureux résultats.
> (이 방법으로 좋은 결과를 얻었다.)
> Cet arbre produit de bons fruits.
> (이 나무는 맛있는 열매를 맺는다.)
> Tout changement matériel produit un changement moral puisque les moeurs dépendent du milieu. 〈France〉
> (풍습은 환경에 좌우되므로, 물질적인 모든 변화는 정신적인 변화를 불러일으킨다.)
> Accordez-moi la grâce de produire quelques beaux vers. 〈Baudelaire〉
> (몇몇 아름다운 싯구를 만드는 은혜를 나에게 허락해 주십시오.)
> Ce vin produit une sensation d'amertume.
> (이 포도주는 쓴 맛이 난다.)
> Je comprenais bien que quelque chose d'ignoble allait se produire. 〈Sartre〉
> (상스런 어떤 일이 곧 일어날 것을 나는 잘 이해하고 있었다.)
> Tout à coup, un immense vacarme se produisit.
> (갑자기 큰 소음이 일어났다.)
> Il s'est produit un grand changement. (큰 변화가 생겼다.)

production

[pro+duct+ion] ⇒ 앞으로 이끌어 냄
명 생산, 제조, 제품, 생성, 제출

동 oeuvre (작품, 저서), ouvrage (작품, 저서), apparition (출판, 출현)
enfantement (창작, 산출), genèse (생성, 형성, 기원), produit (제품)
formation (형성), présentation (제출)

반 destruction (파괴, 파기), consommation (소비), distribution (유통)

예문

La production de ce document devant le tribunal a fait un gros effet sur les membres du jury. (법정에 그 서류의 제출은 배심위원들에게 커다란 인상을 주었다.)
La production de l'uranium enrichi est actuellement un monopole américain. 〈Mauriac〉 (농축 우라늄의 생산은 현재 미국의 전유물이다.)
Il faut augmenter la production de riz. (쌀 생산을 증가시켜야 한다.)

produit

[pro+duit] ⇒ 앞으로 이끌어 내어진 것
명 생산물, 제품, 수익, 매상고

동 gain (이득), rapport (수입, 이익), recette (수입), chiffre d'affaires (매상고)
fruit (산물, 이익), production (제품), récolte (수확, 성과)

반 facteur (제조자, 요인), auteur (창조자, 고안자), cause (원인)

예문

Nous vendons au marché les produits de notre jardin.
(우리는 정원에서 나는 생산물을 시장에 내다 판다.)
J'ai acheté un produit pour enlever les taches de graisse.
(나는 기름얼룩을 지우기 위한 약품을 샀다.)
Ils ont décidé de s'unir pour inventer un nouveau produit. 〈Bastide〉
(그들은 새로운 제품을 발명하기 위해 합병하기로 결정했다.)
Nous avons des produits, nous n'avons plus d'oeuvres. 〈Balzac〉
(우리들은 제품은 가지고 있지만, 작품은 이제 더 이상 가지고 있지 않다.)
Produit national brut (국민총생산)

productif

[pro+duct+if] ⇒ 앞으로 이끌어 내어지는
형 생산적인, 비옥한

동 bon (유효한), fécond (풍성한), fertile (기름진)
ucratif (이득이 있는), rentable (이익이 있는, 유효한)

반 aride (메마른), improductif (불모의), stérile (불모의)

예문

Ce sol est très peu productif. (이 땅은 거의 생산력이 없다.)
Activité plus ou moins productive. (다소 생산적인 활동)

réduire

[ré(=derrière)+duire] ⇒ 뒤로 가져오다 ⇒ 줄이다, 계급을 낮추다
동 줄이다, 축소하다, 낮추다, 할인하다,
강제로 ..에 이르게 하다, 변하게 하다

동 contraindre (강요하다), forcer (강요하다), obliger (강요하다), abaisser (낮추다)
diminuer (줄이다), restreindre (제한하다), dégraisser (삭감하다), convertir (변화시키다)

반 agrandir (크게하다), augmenter (증가시키다), développer (발전시키다)

예문

L'attitude intransigeante de Lagos a encore réduit les chances d'une solution négociée. (라고스의 비타협적인 태도가 교섭에 의한 해결의 가능성을 한층 줄였다.)
La censure bâillonne la presse et la réduit à de pâles reproductions.
(검열은 언론에 함구령을 내리는 것이며, 언론을 생기 없는 전재(轉載)로 몰아넣는다.)
Autrefois, le chômage réduisait à la misère.
(옛날에는 실업이 빈곤으로 몰아넣곤 했다.)
La misère l'a réduit à ce qu'il mendie.
(가난은 그가 걸식을 하도록 몰아넣었다.)
Il en est réduit à la mendicité.
(그는 구걸을 할 수 밖에 없는 궁지에 몰렸다.)
Il est en effet grave de laisser croire à des millions de lecteurs que la pensée de René se réduit à ces formes de délire.
(르네의 사상이 이런 망상의 형태로 요약된다고 수백만 독자들에게 믿게 한다는 것은 사실상 중대한 일이다.)

réduction

[ré+duct+ion] ⇒ 뒤로 가져 옴
명 축소, 삭감, 할인, 환원

동 diminution (축소, 감퇴), compression (감소, 삭감, 압축), miniature (축소물)
remise (할인), rabais (할인), ristourne (할인)

반 accroissement (증가), agrandissement (확대), augmentation (증가)
hausse (상승), relèvement (인상, 상승, 부흥)

예문

Les travailleurs demandent une réduction des heures de travail.
(노동자들은 노동 시간의 단축을 요구하고 있다.)
Je réduirai donc vos fortunes ; et par la force si vous n'acceptez pas cette réduction de bon gré. 〈Gide〉
(그래서 나는 당신 재산을 감축시키겠습니다. 그것도 당신이 자진해서 이정도의 삭감을 받아들이지 않는다면 무력을 통해서라도 말입니다.)
Le marchand m'a fait une réduction de vingt pour cent.
(그 상인은 내게 20%의 할인을 해주었다.)

séduire

[sé(=séparer)+duire] ⇒ (마음을) 분리하여 이끌어내다 ⇒ 유혹하다
동 마음을 끌다, 사로잡다, 매혹하다, 유혹하다, 농락하다, 속이다

동 déshonorer (능욕하다), débaucher (유혹하다), tomber (타락하다)
abuser (속이다, 농락하다), égarer (오판하게 하다), tromper (속이다)
attacher (얽어매다), attirer (끌다, 유인하다), captiver (사로잡다), charmer (현혹시키다)
entraîner (마음을 사로잡다), fasciner (매혹하다), plaire à (..의 마음에 들다)

반 choquer (감정을 상하게 하다), déplaire à (마음에 들지 않다), blesser (거슬리다)

예문

J'ai acheté cette cravate, car j'ai été séduit par sa couleur.
(나는 색깔에 끌려서 이 넥타이를 샀다.)
Le rêve d'un jeune précepteur laïque, nourri de philosophie matérialiste, est de séduire la fille de la maison. 〈Romains〉
(물질주의 사상으로 양육받아, 종교색이 없는 젊은 가정교사의 꿈은 그 집의 딸의 마음을 사로잡는 것이다.)
J'ai tenté de corrompre sa justice, en séduisant madame Goëzman par des propositions d'argent. 〈Beaumarchais〉
(나는 금전적 제안으로 Goëzman 부인을 유혹함으로써 그녀의 정당함을 손상시키려고 애를 썼다.)
Ce projet me séduit.
(이 계획은 내 마음을 끈다.)

séduction

[sé+duct+ion] ⇒ (마음을) 분리하여 이끌어냄
명 유혹, 매력

동 fascination (매혹, 매력), attirance (매력, 유혹), ensorcellement (현혹)
agrément (멋, 매력), attrait (유혹, 매력), attirance (매력, 유혹), charme (매력)

반 répugnance (혐오), dégoût (혐오), aversion (혐오, 반발)
répulsion (혐오, 증오), antipathie (반감)

예문

Il est mise en oeuvre de moyens de séduction, qui lui sont propres. 〈Caillois〉
(그 사람에게 적합한 유혹이라는 수단이 사용된다.)
Une séduction puissante s'exhalait de cette jeune fille. 〈Gobineau〉
(어떤 강력한 매력이 그 소녀에게서 발산되고 있었다.)
Cette femme a de la séduction.
(이 여인은 매력이 있다.)

séducteur

[sé+duct+eur] ⇒ (마음을) 분리하여 이끌어내는 사람
명 유혹자, 색마, 타락시키는 사람 형 유혹하는, 마음을 호리는

동 corrupteur (유혹자, 풍속 파괴자), don Juan (호색한), lovelace (호색꾼)
tombeur (색마), sirène (요부), vamp (요부), charmeur (매혹하는 사람)
bourreau des coeurs (쉽게 여자 정복하는 사람), homme à femmes (난봉꾼)

예문

Leurs révolutions les livrent presque toujours à des séducteurs. 〈Rousseau〉
(그들의 혁명은 거의 언제나 그들을 파괴자들에게 넘겨준다.)
Une loi par laquelle une fille abusée était punie avec le séducteur. 〈Rousseau〉
(한 법, 그 법에 의해 농락당한 여자가 그 색마가 함께 벌을 받았다.)
Ce Mallarmé a vraiment une parole séductrice. 〈Goncourt〉
(말라르메는 정말로 마음을 호리는 말을 가지신 분이다.)
Elle a un sourire séducteur.
(그녀는 매혹적인 미소를 짓는다.)

séduisant

[sé+duis(〈duire)+ant] ⇒ (마음을) 분리하여 이끌어내는
형 매력적인, 매혹적인, 마음을 사로잡는

동 charmant (매력적인), attrayant (매력적인), captivant (매력적인), désirable (매력있는)
enchanteur (매혹적인), enivrant (황홀한), tentant (유혹하는)

예문

On parlait de lui comme d´un homme très séduisant, presque irresistable.
〈Maupassant 〉
(사람들은 거의 저항할 수 없을 정도로 대단히 매력적인 사람에 대하여 이야기하는 것처럼 그에 대하여 이야기하곤 했다.)
Une proposition séduisante.
(귀가 솔깃해지는 제안)

CLÉ NO 13 FAC, FACT

faire (만들다), construire (건설하다)의 뜻

라틴어 facere, factus(p.p) 에서 유래
이 어근은 불어에서 가장 많이 사용되어지는 것 중의 하나이다.

facile

[fac(=faire)+ile(s.a)] ⇒ (쉽게) 만들 수 있는
형 쉬운, 간편한, 유순한, 온순한, 유창한

동 aisé (쉬운), commode (편리한, 용이한), élémentaire (초보적인), enfantin (초보적인) simple (단순한), faisable (할 수 있는), possible (가능한), fastoche (쉬운) coulant (유창한), habile (솜씨 좋은), accommodant (양순한), arrangeant (다루기 쉬운) complaisant (관대한), conciliant (타협적인), doux (유순한), malléable (유순한) mou (부드러운), tolérant (관대한), docile (온순한), commode (순한), souple (유순한)

반 difficile (어려운), incommode (불편한), maladroit (서툰), profond (심오한) recherché (기교에 치우친), emprunté (어색한), inhabile (서투른), âpre (힘드는) chicaneur (억지를 쓰는), dur (어려운), exigeant (까다로운), ferme (확고한) inabordable (접근할 수 없는), farouche (길들지 않은)

예문

Laissez-vous promener par la bonne étoile. Son conseil est facile à suivre. 〈Louÿs〉
(별빛이 좋을 때 산책해 보세요. 그의 조언은 따르기가 쉬워요.)
Si l'élégance a toujours l'air facile, tout ce qui est facile et naturel n'est pas élégant. 〈Voltaire〉 (우아함이 항상 간편해 보인다하더라도, 간편하고 자연스러운 모든 것이 우아하지는 않다.)
Cet enfant a un caractère facile. (이 아이는 온순한 성격을 지녔다.)
Il est trop facile avec ses enfants. (그는 아이들에게 너무 무르다.)

facilité

[facil+ité] ⇒ (쉽게) 만들 수 있음
명 쉬움, 용이함, 수단, 능력, 재능

동 simplicité (간결성), moyen (수단, 능력), capacité (능력), compétence (능력) possibilité (능력), marge (여유), aptitude (재능), disposition (재능) don (소질), adresse (솜씨), aisance (손쉬움, 여유), habileté (재능)

반 difficulté (어려움), incommodité (불편), embarras (곤경), obstacle (장애) opposition (대립, 방해), inaptitude (무능)

예문

La culture des hévéas permettait d'obtenir du caouchouc avec plus de facilité et d'abondance. 〈Chardonne〉
(파라고무나무의 재배는 더 쉽고 더 풍부하게 고무를 얻게 했다.)
Il a répondu à la question avec facilité. (그는 질문에 쉽게 대답했다.)
Nous avons toutes facilité pour passer la frontière.
(우리는 국경을 넘을 수 있는 모든 편의를 제공받고 있다.)
Il a obtenu des facilités de paiement. (그는 지불 유예를 받았다.)
J'avais une grande facilité de parole. 〈Mauriac〉 (나는 대단한 말주변을 갖고 있었다.)

faculté

[facul(〈facere)+té] ⇒ (쉽게) 만들 수 있는 성질 ⇒ 능력
명 권한, 자격, 능력, 기능, 대학학부, 교직원

동 droit (권리), liberté (자유권), moyen (능력), possibilité (능력), pouvoir (능력)
privilège (특권), aptitude (재능), capacité (능력), disposition (재능), don (소질)
université (대학교)

예문

Si nous employons encore le mot facultés, si même il nous arrive de parler des facultés de l'âme, nous ne songeons plus à des pouvoirs résidant en l'âme. 〈Goblot〉
(우리가 여전히 능력이라는 말을 사용하고 있다 하더라도, 심지어 영혼의 능력에 대하여 이야기를 하게 된다 하더라도, 우리는 영혼 속에 존재하는 힘들을 더 이상 생각하지 않는다.)
Les animaux n'ont pas la faculté de parler. (동물들은 말하는 능력이 없다.)
Aujourd'hui une université comprend les facultés de droit et de sciences économiques, des lettres et sciences humaines, de médecine et de pharmacie, des sciences.
(오늘날 대학교는 법 및 경제학부, 인문학부, 의약학부, 이학부를 포함한다.)

factice

[fac+tice(s.a)] ⇒ 만들어진
형 인위적인, 인조의, 모조의, 부자연한, 어색한

동 artificiel (인위적인), imité (모조의), affecté (꾸민), feint (허울뿐인)
forcé (억지로 꾸며댄), contraint (어색한)

반 naturel (자연스러운), réel (실제의), sincère (솔직한), vrai (사실의)
franc (솔직한), ouvert (솔직한)

예문

Une voix que la timidité rendait forte, et la préméditation, factice. 〈Proust〉
(소심함이 크게 만들어 주고, 미리한 심사숙고가 인위적이 되게 만든 한 목소리)
Ils s'approchaient, aguichés, mais c'était pour lire sur une pancarte : étalage factice. 〈Sartre〉
(그들은 다가가고 있었다. 호기심에 이끌리긴 했지만 그러나 게시판 위의 어색한 몸치장이라는 말을 읽기 위해서였다.)

factieux

[〈faction] ⇒ 만드는 행위의, 파당을 짓는
명 반도(叛徒)　형 당파적인, 파벌의

동 agitateur (선동자), insurgé (폭도, 반란자), mutin (반란자), rebelle (반역자, 반도)
révolté (폭도, 반도), révolutionnaire (혁명적인, 혁명가), subversif (전복하는)
séditieux (반란을 일으키는, 폭도, 모반자)

반 fidèle (충실한), obéissant (순종하는)

예문

> Mais ils sont agités par des factieux qui animent la presse et les clubs.
> (그러나 언론과 결사들을 선동하는 반도들에 의해 동요되고 있다.)

faction

[fac+tion] ⇒ 만드는 행위, 파당
명 파수, 보초, 도당, 파당, 내분

동 garde (보초), surveillance (감시), guet (감시, 파수), groupe (당파)
parti (당파), ligue (동맹), agitation (동요), complot (음모)
conspiration (음모, 모반), intrigue (음모, 간계)

예문

> La monarchie s'efforcera de maintenir l'équilibre et de rester au-dessus des factions. 〈Bainville〉
> (그 군주제는 안정을 유지하려고 그리고 파당에는 개의치 않으려고 애를 쓸 것이다.)
> On plaçait chaque jour un soldat de faction dans le corridor qui conduisait aux appartements du ministre. 〈Maupassant〉
> (사람들은 그 장관의 접견실로 인도하는 복도에 파수 병사를 매일 배치시키곤 하였다.)

fait

[〈faire] ⇒ 이미 만들어 진 것
명 일, 사건, 사실, 현실, 행위, 행동, 공적, 본론, 요점

동 acte (행동), action (행위), exploit (공적), prouesse (수훈), affaire (일), cas (일, 사태)
aventure (뜻밖의 일), chose (일), épisode (우연한 일), événement (사건)
incident (작은 사건), pratique (실천, 실행), réalité (현실, 사실), réel (현실, 실재)

반 abstraction (추상), idée (생각), théorie (이론)

예문

La manie de confondre la religion dans la morale n'est pas le fait d'un esprit bien libre. 〈Suarès〉
(도덕에서 종교를 혼동하는 괴벽은 아주 자유로운 정신을 소유한 사람이 할 일은 아니다.)
Les faits valent mieux que les discours. (행동은 담론보다 더 낫다.)
Les grandes lignes d'une politique n'apparaissent clairement qu'une fois traduites dans les faits. 〈Mauriac〉
(정치의 큰 노선은 일단 현실 속에서만 명백하게 표현되어지는 것 같다.)
Le fait de garder le silence équivaut à un refus de sa part.
(침묵을 지킨다는 사실은 그로서는 거절의 뜻과 같다.)
Le fait que Pierre ne soit pas rentré ne veut pas dire qu'il a eu un accident.
(피에르가 돌아오지 않았다는 사실은 그에게 사고가 있었다는 것을 의미하지는 않는다.)
Au fait, puisque j'y pense, je te rappelle la date de la réunion.
(그런데 말이야, 마침 생각이 나서 그러는데, 모이는 날짜를 다시 말해 주지.)
C'est un fait qu'elle n'est pas jolie, mais elle est très gentille.
(그녀가 예쁘지 않다는 것은 사실이지만, 아주 친절하다.)
Il avait promis d'être à l'heure et, de fait, il était juste au début de la séance.
(그는 제 시간에 오겠다고 약속했는데, 과연 회의가 막 시작할 때 왔다.)
Il pensait y passer juste le week-end, en fait il est resté huit jours.
(그는 거기서 단지 주말만을 보내려고 생각했는데, 사실은 일주일을 머물렀다.)
En fait de nourriture, il n'est pas exigeant. (음식에 관해서는 그는 까다롭지 않다.)

facteur

[fact+eur] ⇒ 만들게 하는 것
명 요인, 인수, 인자, 요소, 계수, 우체부

동 élément (요인), coefficient (계수)

예문

Je guettai dans la rue le facteur qui devait apporter une lettre. 〈Radiguet〉
(나는 한 통의 편지를 가지고 오게 되어있는 그 우체부를 길에서 숨어서 기다렸다.)
Le courage est un facteur de succès. (용기는 성공의 한 요소이다.)
les facteurs de l'hérédité (유전 인자)
les facteurs de l'évolution (진화 요인)

manufacture

[manu(=main)+fact+urer] ⇒ 손으로 만들다
명 공장, 제조소, 제도, 제작

동 atelier (작업장, 공장), chantier (작업장), fabrique (제조소), usine (공장)

예문

une manufacture où les frais de main-d'oeuvre représentent la moitié du prix de revient. 〈Chardonne〉
(하나의 공장, 그곳에서는 인건비가 원가의 절반에 상당한다.)

satisfaire

[satis(=abondant)+faire] ⇒ 풍부하게 하다
[동] 만족시키다, 채워주다, 기분 좋게 해주다, 이행하다, (요구)를 들어주다

[동] contenter (만족시키다), combler (채우다), exaucer (들어주다)
rassasier (만족시키다), plaire (마음에 들다), accomplir (실행하다)
exécuter (실행하다), répondre à (응하다), suffire à (충족시키다)

[반] frustrer (실망시키다), priver (빼앗다), mécontenter (불만을 품게 하다)
refouler (억제하다), réprimer (억제하다), manquer à (부족하다)

[예문]

On ne peut satisfaire tout le monde.
(모든 사람을 만족시킬 수는 없다.)
Il n'y a rien que je ne fasse pour te satisfaire. 〈Molière〉
(너의 요청을 들어주기 위해 내가 할 것이라고는 아무것도 없다.)
Il semblait guetter mes désirs pour les satisfaire aussitôt. 〈Mauriac〉
(그는 내 욕망들을 엿보는 것 같았고 그래서 곧 그것들을 충족시켰다.)
Nous ne pouvons plus satisfaire à des demandes croissantes.
(우리는 증가하는 주문을 더 이상 들어줄 수 없다.)
Votre professeur est satisfait de votre travail.
(당신의 선생님은 당신의 공부에 만족하십니다.)
En guise de pourboire, le serviteur dut se satisfaire d'un sourire.
(팁 대신에 웨이터는 미소로 만족해야 했다.)

satisfaction

[satis(=abondant)+fac+tion] ⇒ 풍부하게 함
[명] 만족, 기쁨, 충족, 변상, 보상

[동] contentement (만족), joie (기쁨), bonheur (행복), euphorie (행복감)
assouvissement (만족감), plaisir (즐거움), réparation (배상, 보상)

[반] refus (거절), frustration (실망, 낙심), insatisfaction (불만족), peine (고통)
mécontentement (불만족), inassouvissement (불만족), non-satisfaction (불충족, 불만족)

[예문]

J'accepte avec satisfaction votre proposition.
(나는 당신의 제안을 기꺼이 수락합니다.)
L'argent n'était pour moi que satisfaction de fantaisie. 〈Stendhal〉
(나에게 있어서 돈이란 색다른 만족에 불과했다.)
Il a un air de satisfaction.
(그는 만족스러워 보인다.)
Il donne satisfaction à ses parents.
(그는 부모들을 만족시키고 있다.)
Le patron a donné satisfaction aux grévistes.
(고용주는 파업자들의 요구를 들어주었다.)

satisfait

[satis(=abondant)+fait] ⇒ 풍부하게 된
형 ..에 만족한, 흡족한, 충족된

동 content (만족한), comblé (가득한)

---

fâché (화난), insatisfait (불만인), mécontent (불만족한), inassouvi (충족되지 않는)

예문

Ceux-là seuls qui se rapprochent de la brute sont contents et satisfaits. 〈Maupassant〉
(짐승을 닮은 사람들만이 만족해하고 흡족해 한다.)
J'ai été très satisfait de ma soirée. 〈Flaubert〉
(나는 내가 배설한 야회에 대하여 대단히 만족스러웠다.)
Il est satisfait de ses élèves.
(그는 자기 학생들에게 만족하고 있다.)
Ma curiosité est satisfaite.
(내 호기심은 충족되었다.)

CLÉ NO 14

FIC, FECT

faire (만들다, 되게하다-사역)의 뜻

라틴어 facere, factus(p.p) 에서 유래하였으며, 앞에서 본 FAC, FACT와 같은 것이지만, 접두사와 결합되어 음운 약화로 이와 같은 형태를 가지게 되었으며, 본질적인 의미의 차이는 없다.

affecter

[af(<ad=à)+fect(=faire)+er(s.v)] ⇒ 어떤 상태로 되게 하다 ⇒ 작용하다
동 영향을 미치다, 작용하다, 슬프게 하다, ..인 체하다, 가장하다, 원하다, 좋아하다, 충당하다, 할당하다

동 afficher (과시하다), feindre (가장하다), déguiser (위장하다), simuler (가장하다) faire semblant de+inf (..하는 체하다), imputer (전가하다), destiner (할당하다) réserver à (충당하다), consacrer (바치다, 할당하다), assigner (할당하다) affectionner (좋아하다), affliger (슬프게 하다), émouvoir (감동시키다) frapper (감동시키다), toucher (감동시키다), attrister (슬프게 하다), peiner (슬프게 하다)

예문

Toutes ces différences n'affectent que la surface des édifices.
(그 모든 차이점은 그 건물들의 외관에만 영향을 미친다.)
Il affecte d'être ému, alors que son indifférence devant la douleur des autres est connue.
(타인들의 고통 앞에서 그가 무관심한 것은 잘 알려져 있는데, 그는 감동된 체한다.)
J'ai été très affecté par la nouvelle de ce décès subit.
(나는 그 갑작스런 사망 소식에 대단히 슬펐다.)
Il affecte une part de ses revenus à l'entretien de l'immeuble.
(그는 자기 수입의 일부를 그 건물의 유지에 충당한다.)

affectation

[<affecter] ⇒ 어떤 상태로 되게 하는 행위 ⇒ 꾸밈
명 꾸민 태도, 가장, 충당, 할당, 임명, 직무

동 apprêt (허식), préciosité (꾸민 태도), pose (태도, 자세), recherche (멋 부리기) morgue (젠체함), prétention (거드름), étalage (전시), exagération (과장) imitation (모방), simulation (가장), hypocrisie (위선), comédie (연극, 가장) destination (임무), application (할당), attribution (부여, 배당), imputation (전가)

반 naturel (자연스러움), simplicité (소박함), sincérité (솔직성)

예문

Il y a de l'affectation dans tout ce qu'il fait. (그의 행동에는 부자연스러운 것이 있다.)
Il essayait de remplir les silences, mais par deux fois elle bâilla avec affectation. 〈Beauvoir〉 (그는 재미난 이야기로 침묵의 시간을 보내려고 애쓰곤 했다. 그러나 두 번씩이나 그녀는 가식으로 하품했다.)
Il n'avait même pas eu la curiosité de regarder quelle était sa nouvelle affectation. 〈Martin du Gard〉
(그는 심지어 그의 새로운 직무가 어떤 것인지 알아보고자 하는 호기심이 없었다.)

affection

[af(〈ad=à)+fect(=faire)+ion(s.n)] ⇒ 마음에 작용함
명 정, 감정, 사랑, 애착, 감동, 병

동 amour (사랑), tendresse (애정), émotion (감동), passion (정열), sentiment (감정) amitié (우의), attachement (애정, 집착), piété (신앙심), inclination (애정, 기호) sympathie (공감, 동정, 친화력), attirance (매력)

반 aversion (혐오, 반발), désaffection (불만, 이반), hostilité (적의) indifférence (무관심), inimitié (반감, 반목), animosité (원한)

예문

Je nommerai affection tout ce qui nous intéresse par quelque degré de plaisir ou de peine. 〈Alain〉 (어느 정도의 즐거움이나 고통으로 우리의 관심을 끄는 모든 것을 나는 감정이라고 부르겠다.)
La plupart des affections ne sont que des habitudes ou des devoirs qu'on n'a pas le courage de briser. 〈Montherlant〉
(대부분의 애정은 깨뜨릴 용기가 없는 습관이거나 의무에 지나지 않는다.)
Tonny apprend qu'il a eu un fils. Il n'y croit pas au début, mais finit par se prendre d'affection pour un bébé que sa mère néglige.
(토니는 자기에게 아들이 있었다는 것을 알게된다. 처음에는 믿지 않지만, 그러나 마침내 어미가 돌보지 않는 아기가 좋아지게 된다.)

affectueux

[af(〈ad=à)+fect(=faire)+ueux(s.a)] ⇒ 마음에 작용하는
형 다정한, 사랑하는

동 tendre (다정한), bon (좋은), aimant (정다운), chaleureux (열렬한)

반 dur (딱딱한), froid (냉정한), malveillant (악의에 찬), méchant (고약한)

예문

Son regard agressif se heurta au sourire affectueux d'Antoine.
(그의 공격적인 시선이 Antoine의 사랑스런 미소에 부딪혔다.)
J'ai un mari très affectueux, toujours en train de me faire des petites cadeaux.
(언제나 나에게 작은 선물들을 주는 아주 다정한 남편이 있다.)
Cet enfant est très affectueux envers ses parents.
(이 아이는 부모에게 아주 다정스럽다.)

artifice

[arti(=art)+fice(=faire)] ⇒ 기술적으로 만드는 것
명 기술, 기교, 장치, 책략, 간계, 조명탄

동 combinaison (책략), manoeuvre (술책), feinte (책략, 사기), finesse (간책, 교활)
astuce (간사, 간책), leurre (속임수, 술책), manège (잔꾀, 술책), mensonge (거짓말)
piège (함정, 계략), ruse (꾀, 술책), subterfuge (기만술책), tour (기교, 책략)
tromperie (기만, 속임수), triche (속임수), tricherie (속임수)

반 droiture (올바름, 정직), naturel (자연미), vérité (진실)
franchise (솔직), honnêteté (정직)

예문

Ma mère avait conservé, grâce aux artifices de la loi et au dévouement intelligent d'un notaire, le droit de tester à sa guise. 〈Maupassant〉
(어머니께서는, 법률의 계책과 한 공증인의 지적인 열성 덕분으로, 당신 마음대로 검사할 권리를 간직하셨다.)
Ce petit feu d'artifice fut assez plaisant, mais bien court. 〈Pagnol〉
(그 작은 불꽃놀이는 꽤나 즐거웠지만 대단히 짧았다.)
Il tente par des artifices de cacher la vérité. (그는 꾀를 부려서 진실을 숨기려 한다.)

artificiel

[arti(=art)+fice(=faire)] ⇒ 기술적으로 만드는
형 인공적인, 임시대용의, 인위적인, 거짓의, 부자연스러운

동 fabriqué (꾸며낸), factice (인조의), affecté (부자연하게 꾸민)
feint (위장된), forcé (억지로 꾸며댄), frelaté (불순한)

반 naturel (자연스러운), vrai (사실의), véritable (진실의), franc (솔직한)
original (본래의), originel (본래의, 타고난), réel (실제의), sincère (솔직한)

예문

Dans les pots de terre poussent sans espoir les géraniums artificiels.
〈Le Clézio〉 (흙 항아리에는 절망적으로 제라늄 조화가 불쑥 나와 있다.)
L'artificiel enjouement de sa voix me faisait mal. 〈Gide〉
(그 사람 목소리의 부자연스러운 쾌활함이 내 마음을 아프게 했다.)
Les personnages de ce roman sont très artificiels.
(이 소설의 인물들은 매우 부자연스럽다.)

bénéficier

[béné(=bon)+fici(〈facere=faire)+er(s.v)] ⇒ 좋게 만들다
동 ..의 이득을 보다, 혜택을 보다(~de, 사람주어)
..에 도움이 되다(~à, 사물주어)

동 jouir (이용하다, 누리다), profiter (이익이 되다)

반 pâtir (손해를 입다), souffrir de (피해를 입다)

예문

Il bénéficie de la sympathie de ses collègues.
(그는 동료들의 호감을 사고 있다.)
Il n'a pas su bénéficier de ce qu'on l'a aidé.
(사람들이 그를 도와주었지만 그는 그것을 선용할 줄 몰랐다.)
Les mesures prises par le gouvernement n'ont pas bénéficié aux syndicats.
(정부가 취한 조치는 노동조합에는 도움이 되지 않았다.)
L'acheteur bénéficie d'une réduction sur le prix.
(구매자는 정가에 대한 할인의 혜택을 받는다.)
Je n'ai pas bénéficié de ces informations.
(나는 그 정보들을 제공받지 못했다.)

bénéfice

[〈bénéficier] ⇒ 좋게 만들어 줌
명 이익, 이득, 여분, 특권, 은혜

동 boni (잉여금, 이익), excédent (흑자, 초과액), gain (이득), profit (이익, 이득)
rapport (수입, 이익), revenu (소득, 수입), superbénéfice (잉여이윤, 과다이윤)
bénef (이익), avantage (장점, 특혜), privilège (특권), droit (권리), favaur (배려, 호의)

반 désavantage (불리, 단점), déficit (부족, 적자), dommage (손실, 손해)
inconvénient (지장, 단점), préjudice (침해, 손해), perte (손실, 적자)

예문

Avec le bénéfice de six mois de travail sur sa machine, Morel put acheter une seconde presse. 〈Vailland〉
(자기 기계로 일한 6개월간의 이익으로, Morel은 두 번째 압착기를 살 수 있었다.)
Si vous faite la fière, vous perdez le bénéfice de votre petite combinaison.
〈Sartre〉 (당신이 거만 떨면, 당신의 그 사소한 계책의 은전마저 잃게 됩니다.)
être intéressé aux bénéfices (이익분배를 받을 권리가 있다.)
faire [réaliser] de beaux bénéfices (큰 이윤을 올리다.)
bénéfice de doute (증거 불충분에 의한 특전 - 피고의 권리)
bénéfice de nature (자연의 혜택)
au bénéfice de = au profit de (..을 위하여, ..의 은혜로)
sous bénéfice de (..의 조건부로)

édifier

[édi(=construction)+fi(=faire)+er(s.v)] ⇒ 건축물을 만들다
동 세우다, 설립하다, 건설하다, 구축하다, 교화하다, 진상을 알리다

동 bâtir (세우다), construire (건축하다), élever (건축하다),
établir (건설하다), constituer (설립하다), éclairer (진상을 해명하다)

반 démolir (파괴하다), détruire (파괴하다), corrompre (부패시키다)
scandaliser (죄를 범하게 하다)

예문

> L'architecte est celui qui a vocation par son art d'édifier quelque chose de nécessaire et de permanent. 〈Claudel〉
> (건축가란 자기 재주를 사용하여 필수불가결하고 확고부동한 무엇인가를 건설하는 것에 소명을 가지고 있는 사람이다.)
> Cette église a été édifiée au Moyen Age.
> (이 교회는 중세기에 세워졌다.)
> Il a fallu une vie à Littré pour édifier son dictionnaire. 〈Duhamel〉
> (Littré 에게는 그의 사전의 체계를 구축하는데 한 평생 걸렸다.)
> Ces pieuses gens édifiaient les habitants de la ville. 〈Mauriac〉
> (이 경건한 사람들이 그 도시 주민들을 감화시켰다.)
> Son dernier discours m'a édifié sur son compte.
> (그의 마지막 말로 나는 그의 정체를 잘 알게 됐다.)

édifice

[édi(=construction)+fice(=faire)] ⇒ 건설된 것
명 건물, 건조물, 조직, 구축

동 bâtiment (건물), bâtisse (건물), construction (건축)
monument (기념물), échafaudage (구축, 발판)

예문

> Un édifice accompli manifeste à la lumière l'oeuvre combinée du vouloir, du savoir et du pouvoir de l'homme. 〈Valéry〉 (완성된 건축물은 인간의 의지, 지식 그리고 능력으로 결합된 작품을 광명한 곳에 나타낸다.)
> L'homme peut réformer l'édifice politique et social. 〈Renan〉
> (인간은 정치와 사회적인 조직을 개혁할 수 있다.)
> Cette révolution a renversé l'édifice de la société.
> (그 혁명은 그 사회의 체제를 무너뜨렸다.)

effectuer

[ef(〈ex=dehors)+fect(=faire)+uer(s.v)] ⇒ 바깥으로 드러나게 행하다
동 실행하다, 행하다, 이행하다

동 faire (행하다), exécuter (실시하다), opérer (실시하다)
accomplir (실행하다, 완수하다), réaliser (실현하다)

예문

> Chaque fois qu'elle effectuait ces si simples gestes, nous en éprouvions surprise et joie. 〈Céline〉 (그녀가 매우 단순한 이 몸짓들을 할 때마다, 우리들은 그것에 대해 놀라움과 기쁨을 느꼈다.)
> Il a effectué ce travail en deux heures.
> (그는 그 일을 두 시간 만에 해냈다.)

effectif

[〈effectuer +if(s.a)] ⇒ 바깥으로 드러나게 행하는 ⇒ 실제의
형 유효한, 실제의, 현실의 명 (군대의) 인원

동 concret (실제적인), positif (명백한, 실제적인, 긍정적인), réel (실제의)
tangible (확실한, 명백한), troupe (부대)

반 fictif (허구의)

예문
L'armistice est devenu effectif depuis ce matin.
(휴전은 오늘 아침부터 유효하게 되었다.)
Il m'a apporté une aide effective.
(그는 내게 실제적인 도움을 주었다.)
Nous avons vu la France augmenter ses effectifs et ses armements. 〈M. du Gard〉
(우리들은 프랑스가 군대 인원과 군비를 증가시키는 것을 보았다.)
L'effectif du lycée a doublé depuis dix ans.
(그 고등학교의 인원수가 10년 이래 두 배가 되었다.)

efficace

[ef(〈ex)+fic(=faire)+ace(s.a)] ⇒ 바깥으로 결과를 드러내는 ⇒ 유능한
형 효과 있는, 유효한, 능력 있는, 유능한 명 효과, 효력, 효능

동 actif (즉효의), bon (유용한), puissant (유능한), souverain (가장 효력 있는)
sûr (확실한), efficient (유능한), valable (유효한), infaillible (절대 확실한)
bon pour (유효한), valide (유효한), capable (능력 있는)

반 inefficace (효력이 없는), inopérant (효력 없는)

예문
J'ai constaté quelles précautions étaient efficaces et quelles autres vaines.
〈Romains〉 (나는 어떤 대비가 효과가 있는지, 또 어떤 다른 것들이 헛된 것인지 확인했다.)
Ce Zambo est sale comme un peigne, mais il est assez efficace, n'est-ce pas?
〈Bernstein〉 (그 Zambo 라는 사람은 머리빗처럼 지저분하지만, 꽤나 유능하지. 그렇지?)
Ce médicament est efficace contre la grippe.
(이 약은 유행성 감기에 효력이 있다.)

efficacité

[〈efficace] ⇒ 바깥으로 결과를 드러냄 ⇒ 효과
명 효과, 유효, 능률, 효율

동 action (작용, 효력), force (효력, 효능), pouvoir (성능, 작용력)
efficience (능률, 효능), productivité (생산성), rendement (효율, 능률)

반 inefficacité (무효, 무능), impuissance (무능)

예문

Il mesure exactement la valeur et l'efficacité des instruments dont il dispose. 〈Siegfried〉 (그는 자기가 소유하고 있는 기계의 가치와 효율을 정확히 측정하고 있다.) L'efficacité de sa parole va jusqu'à l'anéantissement du coupable. 〈Butor〉 (그분 말씀의 효력은 죄를 소멸시키기까지 한다.)

infecter

[in(=dans)+fect(=faire)+er(s.v)] ⇒ 안으로 병을 만들다 ⇒ 감염시키다

동 감염(전염)시키다, 부패시키다, 오염시키다, 타락시키다

동 empester (악취를 풍기다), empoisonner (중독시키다), souiller (더럽히다)
polluer (오염시키다), imprégner (스며들게 하다), contaminer (오염시키다)
empuantir (악취를 풍기게 하다), corrompre (부패시키다), pourrir (썩다)
gâter (상하게 하다), puer (악취가 풍기다), altérer (상하게 하다)

반 assainir (깨끗하게 하다), désinfecter (소독하다), stériliser (소독하다)
purifier (깨끗하게 하다), embaumer (향기롭게 하다), parfumer (향기롭게 하다)

예문

Ces ordures infectent le voisinage. (이 쓰레기가 동네에 악취를 풍기고 있다.) Un malade contagieux infecte ses proches. (전염병 환자는 가까이 있는 사람들에게 병을 옮긴다.)

예문

Les vêtements infectés des victimes de la variole. 〈Lévi-Strauss〉 (천연두의 희생자들에 의해 감염된 의복들) Les usines et les voitures contribuent à infecter l'air des grandes villes. (공장과 자동차들이 대도시들의 공기를 더럽히는데 한몫 거들고 있다.) Ton pansement est affreusement sale, tu vas t'infecter. 〈Sartre〉 (너의 상처 붕대 감아 놓은 것이 지독히 불결하군, 곧 곪을 거야.) Sa blessure s'est infectée. (그의 상처가 곪았다.)

infection

[in+fect(=faire)+ion(s.n)] ⇒ 안으로 병을 가져옴 ⇒ 감염

명 감염, 전염, 오염, 악취, 악영향

동 corruption (부패, 타락), putréfaction (부패), contagion (전염, 감염)
contamination (오염, 전염), épidémie (전염병), puanteur (악취)

예문

Infection généralisée à la suite d'un manque de soins. (치료의 과실로 인한 전신 감염) C'est une infection dans cette pièce! ouvre la fenêtre. (이 방은 냄새가 지독하군! 창문을 열어라.)

infect

[⟨infecter] ⇒ 안으로 병을 가져오는
형 악취를 풍기는, 형편없는, 고약한, 불결한, 비열한

동 pestilentiel (악취를 풍기는), putride (썩은 냄새가 나는), pourri (부패한)
répugnant (불쾌한), ignoble (비열한, 더러운), affreux (불쾌한), abject (천한, 비열한)
infâme (고약한, 더러운), atroce (지긋지긋한), dégueulasse (더러운, 지독한)

반 délicieux (감미로운), bon (훌륭한), propre (깨끗한), chic (아주 좋은)

예문

> Une boue infecte remplissait les rues après l'inondation.
> (홍수 후에 악취를 풍기는 진창이 거리를 메우고 있었다.)
> Cotard, qui ne dit jamais du mal de personne, déclare lui-même qu'elle était infecte. ⟨Proust⟩ (Cotard는 절대로 사람을 나쁘게 말하는 사람이 아닌데, 그가 직접 그녀는 괘씸한 여자라고 말한다.)
> Cette viande a un goût infect. (이 고기는 맛이 고약하다.)

magnifique

[magni(=grand)+fic(=faire)+que(a.n)] ⇒ 크게 만드는
형 찬란한, 웅장한, 장엄한, 화려한, 굉장한, 훌륭한, 멋진

동 brillant (현란한), splendide (화려한), superbe (장엄한), éclatant (빛나는)
radieux (빛나는), grandiose (웅장한), pompeux (화려한), riche (호화로운)
somptueux (화려한), luxueur (호화로운), fastueux (호사스러운), épatant (멋진)
beau (아름다운), admirable (훌륭한), merveilleux (희한한)

반 effroyable (끔찍한), affreux (끔찍한), avare (불모의), mesquin (초라한)
modeste (수수한), simple (수수한), horrible (끔찍한), laid (추한), pâle (창백한)

예문

> C'est là un des horizons les plus magnifiques qui soient au monde.
> ⟨Maupassant⟩ (그것은 세상에 존재하는 가장 장엄한 지평선 중의 하나이다.)
> Un homme magnifique, aux appétits formidables. ⟨Simenon⟩ (놀라운 욕망을 가진 멋진 남자)
> Nous avons eu un temps magnifique. (날씨가 기막히게 좋았다.)

magnifique

[profiter [pro(=en avance)+fit(=faire)+er(s.v)] ⇒ 앞으로 나아가게 만들다
⇒ 진보하다 ⇒ 이익이 되다
동 ..에게 이익이 되다(!à), 유익하다(~à), ..을 이용하다(~de),
..이 발전하다(~dans/en), 성장하다, 열매가 많이 열리다

동 bénéficier (이득을 보다), avancer (진보하다), grandir (성장하다), croître (자라다)
grossir (커지다), servir à (쓰이다), être utile à (도움이 되다, 유익하다)

반 gâcher (낭비하다), gaspiller (허비하다), négliger (이용하지 않다)
perdre (손해보다), rater (실패하다)

예문

J'ai profité de mon voyage à Paris pour revoir les musées.
(나는 Paris 여행을 기회로 박물관들을 다시 구경했다.)
Les enfants ont profité de ce que nous n'étions pas là pour faire des bêtises.
(아이들은 우리가 자리를 비운 것을 이용해서 바보 같은 짓들을 했다.)
Elle a beaucoup profité en anglais pendant son stage.
(그녀는 연수기간 동안에 영어가 많이 발전했다.)
Les conseils que vous lui avez donnés lui ont profité.
(당신이 그에게 해준 충고는 그에게 도움이 되었다.)
Cette année, les pommiers n'ont pas profité. (올해는 사과 열매가 많이 열리지 않았다.)

profit

[〈profiter] ⇒ 이익이 되는 것
명 벌이, 이익, 이득, 수익

동 avantage (이점), bénéfice (이익), intérêt (이익)
enrichissement (부유해지기), aubaine (횡재), chance (행운)

반 désavantage (불리), détriment (손해), dommage (손해, 손실)
perte (손해, 적자), préjudice (손해)

예문

Il fait cela pour son profit, et non pour le plaisir.
(그는 이것을 벌이를 위해서 하는 것이지, 즐거움을 위해 하는 것은 아니다.)
Il ne peut y avoir que profit dans une entente, que préjudice dans un conflit. 〈Gide〉
(협조 안에는 이익만이, 그리고 음모 안에는 손해만이 있을 수밖에 없다.)
En Corée ils ont perdu 300,000 hommes sans grand profit, donc ils ont fait un mauvais calcul. 〈Malraux〉 (한국에서 그들은 큰 이득 없이 30만 명을 잃었다. 그러니까 그들은 계산을 잘못한 것이다.)

sacrifice

[sacri(=sacré)+fice(=faire)] ⇒ 신성하게 만드는 것
명 신에 바치는 것, 제물, 희생, 경제적 희생

동 abnégation (희생, 자기희생), dévouement (헌신), oblation (봉헌), don (증여)
offre (제공), abandon (포기), résignation (체념, 포기)
immolation (희생, 제물 바치기), libation (헌주)

예문

Quant au sacrifice, c'est sans doute, d'abord, une offrande destinée à acheter la faveur du dieu ou à détourner sa colère. 〈Bergson〉(제물에 관해 말하자면, 우선 그것은 아마도 신의 호의를 사기 위하여 혹은 신의 진노를 피하기 위해 마련된 봉헌물이다.)
Le sacrifice d'un Messie ne pouvait tout de même pas avoir l'air d'un accident.
〈Caillois〉 (그렇지만 메시아의 희생은 하나의 사건처럼 보여질 수 없었다.)
Elle contenait un romantisme très riche composé de volupté et de sacrifice. 〈Giono〉
(그것은 쾌락과 희생으로 구성된 매우 풍부한 낭만주의를 포함하고 있었다.)
Tu sais quels sacrifices je m'impose pour te tirer vers le droit chemin. 〈Troyat〉
(내가 너를 바른 길로 이끌려고 얼마나 많은 경제적 희생을 감수하고 있는지 알아라.)

profit

suffire [suf(〈sub=sous)+fire(=faire)] ⇒ (물이) 아래로 들어가게 하다
⇒ 흠뻑 마시다
동 충분하다, ..에 족하다(~à), ..하기에 충분하다(~pour),
충족시키다(~à), ..으로 충분하다(il suffit de)

동 satisfaire (만족시키다), n'avoir plus qu'à+inf (~하기만 하면 된다),
n'être que de+inf (~하는 것으로 족하다)

예문

Les moutons sont timides, le moindre bruit extraordinaire suffit pour qu'ils se précipitent. 〈Buffon〉
(양들은 겁이 많아서, 아주 조그마한 이상한 소리에도 그들은 허둥대기에 충분하다.)
Cette somme suffira à payer vos dettes.
(이 금액이면 당신의 빚을 갚기에 충분할 것이다.)
Une goutte d'eau suffit pour faire déborder le vase.
(물 한 방울도 단지를 넘치게 하기에 족하다. 작은 일이 파탄을 가져 올 수 있다.)
Il ne suffit pas d'avoir de l'argent pour être heureux.
(행복하기 위해서는 돈을 가지는 것으로는 충분하지 않다.)
Il suffit qu'on lui interdise une chose pour qu'il la fasse aussitôt.
(그가 어떤 일을 하도록 하기 위해서는 그에게 그 일을 금하기만 하면 된다.)
Il suffit à un architecte de prévoir une insonorisation minimale des appartements pour que les habitants d'un grand ensemble puissent y vivre décemment.
(커다란 아파트 단지의 주민들이 온당하게 살 수 있기 위해서는 건축가가 아파트의 최소한의 방음장치를 하는 것만으로 족하다.)

suffisant

[〈suffire] ⇒ 물이 아래로 들어가는 ⇒ 흠뻑 마시는
형 충분한, 넉넉한, 만족할만한, 거만한

동 honnête (적당한), honorable (상당한, 명망 높은), satisfaisant (만족스러운)
prétentieux (거만한), arrogant (거만한), hautain (거만한), fier (으스대는)
orgueilleux (교만한), impertinent (무례한), insolent (무례한), effronté (무례한)
grossier (버릇없는), fat (자존심이 강한), glorieux (교만한), vaniteux (거드름 피우는)

반 inodeste (겸손한), humble (겸손한), déférent (공손한), courtois (정중한)
respectueux (공손한), effacé (주제넘지 않은), insuffisant (불충분한)

예문

C'est suffisant pour qu'il se mette en colère.
(그것은 그를 화나게 하기에 충분하다.)
Obtenir des résultats suffisants. (만족할만한 결과를 얻다)
Un homme qui réduisait au silence les plus suffisants des clercs. 〈Michelet〉
(그 성직자들 중에서 가장 거만한 사람들의 입을 다물게 했던 한 사나이.)
Cet appartement n'est pas suffisant pour une famille de cinq enfants.
(이 아파트는 아이 다섯이 있는 가족에게는 넉넉하지 않다.)

CLÉ NO 15 FEDER, FID, FI

se confier(신뢰하다), confiance(신뢰)의 뜻

라틴어 fidere 에서 유래

fédération

[fédér(=se confier)+ation(s.n)] ⇒ 서로 신뢰함 ⇒ 연합함
명 연합, 연합회, 연맹, 연방

동 alliance (연합), union (연합), groupement (집단), association (결사)
ligue (동맹), confédération (연방, 동맹), coalition (동맹, 연합, 제휴)

예문
fédération syndicale ouvrière (노동조합)
fédération des étudiants de France (프랑스 학생 연맹)

fédéral

[fédér+al(s.a)] ⇒ 신뢰하여 연합하는
형 연합의, 동맹의, 연방의

동 fédératif (연합의)

예문
gouvernement fédéral (연방정부)
union fédérale de syndicats (노동조합 연합회)

fédérer

[fédér(=se confier)+er(s.v)] ⇒ 서로 신뢰하다 ⇒ 연합시키다
동 연방화하다, 연합시키다

동 réunir (결합하다), grouper (모으다), associer (연합하다), unir (결합, 합병하다)
allier (동맹하게 하다, 결합시키다), coaliser (동맹, 연합하게 하다)
lier (맺다, 결속시키다), grouper (모으다, 집결시키다)

반 désunir (떼어놓다, 반목시키다), disperser (흩뜨리다, 분산시키다)
séparer (분리, 분할하다), détacher (떼어놓다)

예문
La nécessité de se fédérer s'impose aux unités qui ne sont plus à la taille de cette époque nouvelle. 〈Giegfried〉
(연맹을 결성할 필요는 이 새로운 시대에는 더이상 어울리지 않는 조직들에게 절실히 요구된다.)

confédération

[con(=avec)+fédér(=se confier)+ation(s.n)] ⇒ 서로 함께 믿음
명 국가연합, 연방, 동맹, 결사

동 fédération (연방, 동맹), alliance (연합), union (연합), groupement (집단)
ligue (동맹), coalition (동맹, 연합, 제휴)

예문

> La Confédération helvétique (스위스 연방)
> La Confédération générale du travail (C.G.T. 노동 총연맹)
> La Confédération française démocratique du travail (C.F.D.T. 프랑스 민주노동연합)

confier

[con(=com : complètement)+fi(〈fédér)+er(s.v)] ⇒ 전적으로 믿다
동 위임하다, 맡기다, 비밀을 말하다
se confier à : 믿다, 신뢰하다, 비밀 이야기를 하다

동 abandonner (넘겨주다), laisser (맡기다), déléguer (위임하다), communiquer (알리다)
avouer (고백하다), se fier à (신뢰하다), avoir confiance en qn (누구를 신뢰하다)
avoir confiance dans qch (무엇을 신뢰하다), faire confiance à qn (신임하다)
compter sur (기대하다, 믿다)

반 ôter (빼앗다), retirer (박탈하다), cacher (숨기다), dissimuler (숨기다)
taire (말 안하다), se méfier de (신용하지 않다), se discréditer (신용을 잃다)
se garder de (조심하다), prendre garde à (주의하다)

예문

> Je vous confie les clefs de mon appartement.
> (제 아파트의 열쇠를 당신에게 맡기겠습니다.)
> Je lui ai confié qu'elle pense beaucoup de bien de lui.
> (나는 그에게 그녀가 그를 몹시 좋게 생각하고 있다고 말해 주었다.)
> Je n'oserai jamais écrire ce que je confie au bon Dieu presque chaque matin.
> 〈Bernanos〉 (내가 거의 매일 아침 선한 하나님께 비밀 이야기 하는 것을 감히 절대로 편지로 쓰지는 못할 것입니다.)
> C'est cet ami à qui je me confie, mais c'est un autre que j'embrasse. 〈Beauvoir〉
> (내가 신뢰하는 사람은 그 친구이지만, 내가 키스를 보내는 사람은 다른 친구이다.)
> Il se confie au hasard. (그는 우연에 자신의 운명을 맡긴다.)

confiance

[con(=com : 강조)+fi(〈fédér)+ance(s.n)] ⇒ 전적으로 믿어 버림
명 신뢰, 신용, 자신

동 créance (신뢰), foi (믿음), sécurité (안전), crédulité (경신, 고지식함), crédit (신용)
assurance (자신), hardiesse (대담성), orgueil (자만), présomption (자만)

반 défiance (불신), méfiance (불신), anxiété (걱정), crainte (두려움)
discrédit (불신), doute (의심), soupçon (의혹), suspicion (의혹, 불신)

예문

> Les soldats avaient une confiance absolue en leur général.
> (장병들은 그들의 사령관을 절대적으로 신뢰하고 있었다.)
> C'est une personne de confiance. (그는 믿을만한 사람이다.)
> Vous pouvez acheter cet appareil en toute confiance. (당신은 그 기계를 안심하고 사도 좋다.)
> Il a perdu toute confiance en lui. (그는 모든 자신을 잃었다.)

confiant

[con(=com : 강조)+fi(〈fédér〉+ant(s,a)] ⇒ 전적으로 믿는
형 신용하는, 남을 쉽게 믿는, 자신이 있는

동 assuré (자신 있는), sûr (확실한), présomptueux (젠체하는)
culotté (뻔뻔스러운), gonflé (뻔뻔스러운), communicatif (마음을 터놓는)
ouvert (개방적인), crédule (쉽게 믿는), naïf (순진한)

반 défiant (불신의), méfiant (불신의)

예문

> Il est trop confiant : il a été victime d'un escroc.
> (그는 너무 남을 믿는 성미라서 사기꾼에게 당했다.)
> Je suis confiant en sa parole. (나는 그의 말을 믿는다.)
> Être confiant dans son succès (자신의 성공을 믿다.)
> Caractère trop confiant (너무 남을 잘 믿는 성격)

confidence

[con(=com :강조)+fide(〈fédér〉+ence(s,n)] ⇒ 전적으로 믿고 하는 말
명 속내이야기, 비밀

동 confession (고백, 고해), secret (비밀)

예문

> La confidence n'est parfois qu'un succédané laïque de la confession. 〈Romains〉
> (속내 이야기란 가끔 고해에 대한 세속인의 대용물에 불과하다.)
> Il fait des confidences à son ami. (그는 친구에게 속내이야기를 한다.)
> Il m'a dit en confidence qu'il cherchait une autre situation.
> (그는 나에게 다른 직업을 찾고 있다는 것을 남몰래 이야기 했다.)

confidentiel

[con(=com :강조)+fide(〈fédér〉+entiel(s,a)] ⇒ 전적으로 믿는
형 비밀의

동 secret (비밀의), clandestin (은밀한, 남몰래 하는)

반 public (공공의, 공개의)

예문

> Ne le répétez pas, c'est confidentiel. (그 말을 퍼뜨리지 마세요, 비밀이니까.)
> Entretien confidentiel (비밀회담)

fier

[fier(〈fédér)] ⇒ 믿는 ⇒ 믿는 구석이 있는 ⇒ 거만한
형 자랑스럽게 생각하는, 거만한
동 se fier à : 믿다, 신뢰하다(=se confier à)

동 arrogant (거만한), altier (오만한), insolent (거만한), dédaigneux (건방진)
distant (냉담한), hautain (거만한), méprisant (건방진), superbe (오만한)
orgueilleux (거만한), suffisant (거만한), avantageux (건방진)
important (거드름 피는), prétentieux (잘난 체하는), vaniteux (으쓱대는)
satisfait (만족한), content (만족한), heureux (행복한), digne (당당한)
noble (위엄 있는), abandonner (맡기다), s'en remettre (맡기다, 일임하다)

반 affable (상냥한), aimable (친절한), effacé (나서지 않는), familier (친밀한)
humble (겸손한), modeste (겸손한), poli (예의바른), simple (수수한)
indigne (비열한), veule (무기력한), honteux (부끄러워하는)
se défier (의심하다), se méfier (경계하다), suspecter (의심하다)

예문
Un homme fier et superbe n'écoute pas celui qui l'aborde. 〈La bruyère〉
(건방지고 오만한 사람은 그에게 다가오는 사람의 말을 듣지 않는다.)
Tu es bien fière, que tu passes sans dire bonjour aux amis. 〈Zola〉
(너는 정말 건방지구나, 친구들에게 인사도 하지 않고 지나가다니.)
Lui était de bonne humeur, cordial, jovial, s'arrêtant à causer avec les ouvriers, les soldats, les paysans. "Au moins celui-là n'est pas fier!" disaient-ils. 〈Madelin〉
(그는 근로자들, 군인들, 농부들과 이야기하기로 마음을 굳혀서, 기분이 좋으며 다정하며 명랑해졌다. "어쨌든 그 친구 건방지진 않군!" 하고 그들은 말하는 것이었다.)
J'ai affaire en vous à un galant homme. Je me fie à votre discrétion. 〈Loti〉
(나는 당신에 대하여 한 신사분과 해결할 일이 있어요. 당신의 깊은 사려를 믿어요.)
Il a l'air gentil, mais à votre place je ne m'y fierais pas trop.
(그는 친절한 것 같지만, 내가 당신 입장이라면 그를 그토록 믿지 않을 것입니다.)

fidèle

[〈fédér] ⇒ 믿음직한
형 충직한, 성실한, 충실한, 정확한, 고수하는, 변함없는, 신앙심이 두터운
명 신봉자, 팬, 고객, 신자

동 dévoué (충성스런), loyal (충실한), honnête (정직한), probe (성실한), sûr (믿을만한)
attaché (충실한), constant (변함없는), bon (정확한), sincère (성실한), vrai (진실의)
solide (확실한), véridique (사실의), correct (바른), exact (정확한)
habitué (단골손님), croyant (신자)

반 infidèle (불성실한), déloyal (불성실한), félon (불충한), traître (배반하는)
adultère (불륜의), inconstant (절개없는), menteur (거짓의), faux (거짓의)
parjure (믿을 수 없는), inexact (부정확한), incroyant (무신앙자)

예문

Il y avait là des compagnons bien fidèles, bien loyalement dévoués à leur seigneur. 〈Michelet〉
(거기에는 그들의 영주에게 대단히 충직하고 대단히 성실하게 충성스런 동료들이 있었다.)
Soyez fidèle à votre parole. (당신의 약속을 충실히 지키시오.)
Ils resteront presque tous fidèles à leurs partis pris antérieurs, ou à une discipline de groupe. 〈Romains〉(그들은 거의 모두 다 그들의 이전 선입견 혹은 집단의 규율을 고수할 것이다.)
Il m'a fait un récit fidèle. (그는 나에게 정확한 이야기를 해주었다.)
Une petite cour de fidèles l'entourait et ponctuait ses phrases de rires enchantés. 〈Tournier〉(한 작은 무리의 신도들이 그를 둘러싸고 그의 말끝마다 기쁜 웃음을 짓곤 했다.)
C'est un fidèle des concerts de samedi. (그는 토요 음악회의 팬이다.)

fidélité

[fidél+ité(s.n)] ⇒ 믿음직스러움 ⇒ 성실함
명 충실, 성실, 충성, 집착, 정확

동 dévouement (성실), loyalisme (충성), attachement (집착), allégeance (충성) constance (불변), exactitude (정확), véracité (진실, 성실), correction (정확) objectivité (객관성), vérité (진실, 성실)

반 déloyauté (불성실, 배신행위), trahison (배신, 배반), inconstance (변심) infidélité (불성실), mensonge (거짓), erreur (잘못), inexactitude (부정확)

예문

Les femmes fidèles ne pensent qu'à leur fidélité et jamais à leurs maris. 〈Giraudoux〉
(충실한 부인들은 그녀들의 절개만을 생각하며 결국 그녀들의 남편들만을 생각한다.)
Fidélité à ses promesses (약속을 충실히 지키기)
Fidélité à ses convictions (신념의 고수)
Traduire avec fidélité (정확하게, 원문에 충실하게 번역하다)

infidèle

[in(=non)+fidèle] ⇒ 믿음직스럽지 못한 ⇒ 성실하지 못한
형 불성실한, 부정확한, 이교의

동 adultère (불륜의), inconstant (절개 없는), perfide (불성실한), volage (변덕스러운) parjure (믿을 수 없는), déloyal (비겁한), félon (불충한), révolté (반항적인) traître (배반하는), gentil (이방인의), hérétique (이교의), impie (신앙심 없는) mécréant (신앙이 없는), irréligieux (무종교의), païen (이교의), musulman (회교의) idolâtre (우상숭배의), incertain (불확실한), inexact (부정확한)

반 fidèle (성실한, 정확한), exact (정확한)

예문

Trop bête pour être inconstant, Et trop laid pour être infidèle. 〈Musset〉
(너무 어리석다고 절개 없는 것이 아니며, 너무 보기 흉하다고 불성실한 것이 아니다.)
Il est infidèle à son maître. (그는 자기 주인에게 충실하지 못하다.)
Il est infidèle à sa promesse. (그는 자기 약속에 충실하지 못하다.)
Traduction infidèle (부정확한 번역)

infidélité

[in(=non)+fidél+ité(s.n)] ⇒ 믿음직스럽지 못함 ⇒ 성실하지 못함
명 불충실, 불성실, 부정확

동 abandon (단념), déloyauté (불성실), trahison (배반), inconstance (변심)
perfidie (불성실), adultère (간통), erreur (오류), inexactitude (부정확)

반 fidélité (성실), constance (불변), exactitude (정확)

예문
Une femme passionnée peut pardonner une infidélité. 〈Stendhal〉
(자고로 정열적인 여자라면 불성실을 용서할 수 있다.)
Il a fait bien des infidélités à sa femme. (그는 자기 부인에게 많은 부정한 짓을 했다.)
Il y a de grandes infidélité dans ce roman historique.(이 역사 소설에는 중대한 오류들이 있다.)

perfidie

[per(=faussement)+fid+ie(s.n)] ⇒ 거짓으로 믿음 ⇒ 배신
명 불성실, 배신, 배반, 배신행위, 위협

동 méchanceté (악의), trahison (배반), déloyauté (불성실), fourberie (음흉, 간교)
machiavélisme (권모술수), malignité (간교, 악의, 유해)

반 fidélité (성실), loyauté (성실, 충성)

예문
Et souvent la perfidie Retourne sur son auteur. 〈La Fontaine〉
(종종 배신은 그 장본인에게 되돌아온다.)
La perfidie, si je l'ose dire, est un mensonge de toute la personne ; c'est dans une femme l'art de placer un mot ou une action qui donne le change. 〈La Bruyère〉 (불성실이란 감히 내가 말하자면 모든 개인에 대한 거짓이다. 그것은 여인네에게 속이는 말이나 행위를 진설하는 기술이다.)

perfide

[per+fid+e(s.a)] ⇒ 거짓으로 믿는 ⇒ 배신하는
형 신의 없는, 불성실한, 배신하는, 위협한, 해로운

동 déloyal (불성실한), fourbe (음흉한), scélérat (간악한), traître (배신의)
dangereux (위험한), nuisible (해로운), fallacieux (기만적인), fielleux (빈정대는)
empoisonné (독을 품은), méchant (악의의), sournois (음험한), venimeux (악의 있는)

반 loyal (충실한, 성실한)

예문
En fait, l'opinion se montrait très irritée de la mauvaise foi de l'Angleterre ; celle-ci redevenait "la perfide Albion". 〈Madelin〉
(사실, 여론은 영국에 대한 잘못된 신뢰에 대단히 환난 것처럼 보였다. 영국은 신의 없는 옛날의 영국으로 되돌아간 것이었다. * Albion : 영국의 옛 이름)
On fabriquait secrètement une arme perfide et terrible, des fourches don't le dos était une scie. 〈Michelet〉(은밀히 위험하고도 끔찍한 무기, 즉 갈퀴를 만들고 있었는데 그 등은 톱으로 되어 있었다.)

CLÉ NO 16 FER, FR, LAT

porter(운송하다), apporter(가져오다)의 뜻

라틴어 ferre, latus(p.p)에서 유래

conférer

[con(=avec)+fér(=apporter)+er(s.v)] ⇒ 함께 가져와서 의논하다
동 주다, 수여하다, 대조하다, 의논하다

동 donner (주다), attribuer (부여하다), décerner (수여하다), attacher (부여하다)
déférer (수여하다), consacrer (바치다), collationner (대조하다)
discuter (토의하다), causer (..에 대해 이야기하다), parler (..에 대해 이야기하다)
s'entretenir (..에 대해 서로 이야기하다)

반 ôter (제거하다, 빼앗다), refuser (거절하다)

예문

> Ce surcroît d'aisance et de bonne humeur que confère une lingerie fine. 〈Mart. du G.〉
> (얇은 속옷이 가져다주는 가외의 편안함과 상쾌한 기분)
> Je le fais en vertru des pouvoirs qui me sont conférés. 〈Césaire〉
> (나에게 주어진 권한에 의해 나는 그 일을 합니다.)
> M. Bergeret conféra soigneusement un grand nombre de textes. 〈France〉
> (Bergeret 씨는 수많은 원문을 세심하게 대조했다.)
> Les ministres avaient longuement conféré sur l'opportunité de l'opération.
> (장관들은 그 작전의 호기에 대하여 오래도록 논의했다.)
> Trop s'agiter au sujet de cette affaire, c'était lui conférer une importance qu'elle n'avait sans doute pas.
> (이 문제에 관해서 너무 소란을 피우는 것은 그 문제가 갖고 있지 않는 중요성을 그 일에 부여하는 것이었다.)

conférence

[con+fér(=apporter)+ence(s.n)] ⇒ 함께 가져와서 의논함
명 회의, 협상, 강연, 대조

동 entretien (회담), conservation (담화), discution (토의), congrès (회의)
conseil (회의), réunion (회의), assemblée (회합), discours (강연)
causerie (강연, 담화), leçon (강의), cours (강의), colloque (토의, 회의)
symposium (토론회), téléconférence (통신회의)

예문

> Les menbres du bureau ont tenu une conférence pour faire le point de la situation. (사무실 전 직원은 그 상황의 현상을 명확히 하기 위하여 회의를 열었다.)
> Le soir, il faisait aux ouvriers des conférences sur la peinture italienne. 〈France〉
> (저녁마다 그는 그 장인들에게 이태리의 회화에 대하여 강연을 하곤 했다.)

différer

[di(=à part 따로)+fér+er(s.v)] ⇒ 따로따로 가져오다 ⇒ 다르다
동 다르다, 의견이 맞지 않다, 연기하다

동 se différencier (구별하다), se distinguer (구별되다), changer (변하다)
s'opposer (반대하다), varier (다르다), diverger (대립하다), remettre (연기하다)
ajourner (연기하다), renvoyer (미루다), repousser (연기하다), retarder (늦추다)
surseoir à (..을 연기하다), éloigner (늦추다), atermoyer (지체하다)
attendre (지체하다, 기다리다), temporiser (대기하다), tarder (지체하다)
reporter (연기하다), reculer (머뭇거리다), renvoyer (연기하다), prolonger (연장하다)

반 se ressembler (서로 닮다), se confondre (혼동되다)
avancer (앞당기다), hâter (앞당기다)

예문

C'est parce que tu diffères de moi que je t'aime. 〈Gide〉
(내가 너를 사랑하는 것은 네가 나와 다르기 때문이다.)
Combien la notion de l'honneur diffère suivant les pays et les âges! 〈Gide〉
(명예에 대한 개념이 나라와 연령에 따라 어찌 그리 다른지!)
Notre vengeance, pour être différée, n'en sera pas moins éclatante. 〈Molière〉
(우리의 보복은 연기되어진다 할지라도 명백할 것이다.)
Je lui envoyais une seconde dépêche, disant que je différais mon départ. 〈Gide〉
(나는 출발을 늦추겠다고 생각했기 때문에 나는 그에게 두 번째 전보를 보냈다.)

différence

[di+fér(=apporter)+ence(s.n)] ⇒ 따로따로 가져옴 ⇒ 차이가 남
명 차이, 다름, 차액

동 dissemblance (서로 다름), dissimilitude (상이), distinction (구별), écart (차이)
particularité (특성), nuance (미묘한 차이), abîme (심한 분열), fossé (단절)
gouffre (균열), antinomie (모순), antithèse (대조), contradiction (모순)
contrariété (대립, 모순), contraste (대조, 대비), incompatibilité (모순)
opposition (대립), désaccord (불일치), discordance (불일치), incohérence (불일치)
changement (변화), variation (변화), différend (의견차이), dissidence (대립)
divergence (불일치), division (분열)

반 accord (일치, 동의), concordance (일치, 부합), concorde (일치, 부합)
conformité (일치, 합치), égalité (동등), identité (동일, 일치), analogie (유사)
ressemblance (유사), similitude (유사)

예문

Il y a une grande différence entre le prix que l'opinion donne aux choses et celui qu'elles ont réellement. 〈Rousseau〉
(생각이 물건에 부여하는 가격과 물건이 실제 가지는 가격 사이에는 큰 차이가 있다.)
Étant donné la différence de nos points de vue, je crois qu'il serait inutile de prolonger la discussion. 〈Pagnol〉
(우리 관점의 차이 때문에 논쟁을 길게 끈다는 것은 무익할 것이라고 나는 생각한다.)

différent

[di+fér(=apporter 가져오다)+ent(s.n)] ⇒ 따로 가져온 ⇒ 다른

형 다른, 여러 가지의, 갖가지의

동 autre (다른), dissemblable (서로 다른), distinct de (구별되는), contraire (반대의) opposé (대조적인), divergent (상반되는), inégal (같지 않은), éloigné (먼, 다른) divers (여러 가지의), plusieurs (갖가지의), changé (변한), modifié (변경된) transformé (변화된), méconnaissable (알아볼 수 없을 만큼 변한)

반 analogue (유사한), identique (동일한), même (같은), pareil (같은) semblable (닮은), un (하나의), seul (유일한)

예문

Il arrive qu'une route offre des aspects tellement différents à l'aller et au retour que le promeneur qui rentre croit se perdre. 〈Cocteau〉
(하나의 길이 갈 때와 돌아올 때에 너무도 다른 양상을 주기 때문에 돌아오고 있는 그 산책자는 자기가 길을 잃었다고 생각하게 된다.)
Si nous n'étions si différents, nous n'aurions pas si grand plaisir à nous entendre. 〈Gide〉
(만약 우리가 너무나 다르지 않다면, 우리가 서로의 말을 듣는데 그토록 큰 기쁨을 느끼지 못할 것이다.)
Différentes occupations me retiennent ici. (여러 가지 일로 나는 여기에 붙잡혀 있다.)

différend

[di+fér(=apporter 가져오다)+end(s.n)] ⇒ 따로 가져온 것

명 분쟁, 의견차이, 갈등

동 conflit (투쟁), contestation (논쟁), démêlé (분쟁), désaccord (반목) discussion (논쟁), dispute (언쟁), querelle (다툼, 논쟁), brouille (불화)

반 accommodement (화해, 타협), accord (동의), réconciliation (화해, 조정)

예문

Les communistes relevèrent l'article où Samazelle soulignait les différends qui les opposaient. 〈Beauvoir〉 (공산주의자들은 Samazelle 이 그들을 대립시키는 의견차이를 강조하고 있는 기사를 꺼냈다.)

fertile

[fer(=porter)+tile(s.a)] ⇒ 열매를 맺게 하는 ⇒ 기름진

형 기름진, 비옥한, 풍부한, 재능이 풍부한

동 fécond (비옥한, 풍부한), productif (생산력 있는), riche (부유한), prodigue (낭비하는) ingénieux (연구심이 풍부한, 영리한), subtil (치밀한, 교묘한), inventif (창의적인)

반 aride (불모의, 메마른), désert (황량한), désertique (사막의), inculte (황폐한) improductif (불모의, 비생산적인), infertile (메마른), infructueux (수확 없는) maigre (빈약한, 메마른), pauvre (궁핍한), stérile (메마른, 창의력이 빈약한)

예문

Le sol est fertile, mais cette année il a trop plu et les récoltes seront mauvaises.
(토양은 비옥하지만 올해에는 비가 너무 많이 와서 수확이 나쁠 것이다.)
Montaigne est l'écrivain le plus naturellement fertile en métaphores.〈Ste-Beuve〉
(Montaigne 는 은유가 가장 자연스럽게 풍부한 작가이다.)

inférer

[in(=dans)+fér(=apporter)+er(s.v)] ⇒ 안으로 가져오다 ⇒ 추론하다
동 추리하다, 추론해서 결론을 이끌어 내다

동 tirer une conséquence (결론을 이끌어 내다), conclure (결론을 내리다)
arguer (추론하다), déduire (연역하다), induire (귀납하다)

예문

Vous n'en pouvez rien inférer.
(당신은 그 사실로부터 아무런 결론도 이끌어낼 수 없습니다.)
J'infère de ce que vous dites, j'en infère que nous pouvons réussir.
(나는 당신이 말하는 것에서 추론해 보건대, 그 사실로부터 우리가 성공할 수 있다는 결론에 도달합니다.)
On ne peut pas inférer de l'enquête que le jardinier est[soit] l'assassin.
(그 조사 결과로부터 그 정원사가 살인자라는 것을 추리해 낼 수는 없다.)
De me retrouver au sud de la ville, j'infère avoir pris la fausse direction.
(그 도시의 남쪽에 다시 와 있다는 사실로 나는 방향을 잘못 잡았다고 추론한다.)

inférence

[in(=dans)+fér(=apporter)+ence(s.n)] ⇒ 안으로 가져옴 ⇒ 추론함
명 추론, 추정, 결론

동 raisonnement (추론), déduction (연역, 추론, 결론), induction (귀납, 추론)

예문

La déduction est une inférence. (연역법은 일종의 추론이다.)
L'inférence est l'une des composantes principales de la logique, science de raisonnement et d'argumentation justes.
(추론은 정확한 논증과 논쟁의 학문인 논리학의 주요 구성요소들 등의 하나이다.)
L'inférence sert à faire connaître l'existence d'une chose qu'on ne perçoit pas directement.
(추론은 사람이 직접 인지하지 못하는 어떤 문제의 존재를 알게하는데 쓰인다.)

inférieur

[in+fér(=apporter)+ieur(s.a)] ⇒ 안으로 (적게) 가져오는 ⇒ 보다 적은
형 아래의, 보다 적은, 열세의, 보다 하등의 명 하급자, 손아래 사람

동 base (아래의), profond (깊은), dépendant (종속된), mineur (보다 작은)
moindre (보다 작은), subalterne (아래의, 하급의, 부하), subordonné (종속된, 하위의)

반 upérieur (보다 우등한), chef (우두머리)

예문

Le niveau de la Méditerranée est un peu inférieur à celui de la mer Rouge.
(지중해의 해수면은 홍해의 그것보다 약간 낮다.)
Un chef doit à son pouvoir même de ne pas se montrer inférieur à ceux sur qui il règne. 〈Alain〉 (우두머리란 자기가 지배하고 있는 사람들보다 못한 모습을 보이지 않는 것은 자기 자신의 능력 때문이다.)
Il ne l'invitait plus à dîner, le traitait en tout comme un inférieur. 〈Maupass.〉
(그는 그를 더 이상 식사에 초대하지 않았다. 그를 완전히 손아래 사람으로 취급했다.)

infériorité

[in+fér(=apporter)+iorité(s.n)] ⇒ 보다 적게 가져옴 ⇒ 무능 ⇒ 열등
명 열등, 열세, 불리한 점, 하위

동 faiblesse (무력, 무능, 약점), servitude (종속, 예속), subordination (종속)
désavantage (단점, 열세), handicap (불리한 조건)

반 supériorité (우월, 우등)

예문

Conscient de son infériorité sociale, il n'osait lever les yeux sur elle.
〈Queneau〉 (사회적인 열세를 의식한 그는 감히 그녀에게 눈을 들 수 없었다.)
L'adverbe 〈moins〉 sert à former les comparatifs d'infériorité.
(부사 moins 은 열등비교급을 만드는데 쓰인다.)

offrir

[of(=vers)+fr(=apporter)+ir(s.v)] ⇒ 어디를 향해 가져오다 ⇒ 제공하다
동 제공하다, 주다, 바치다, 제안하다, 돈을 내다, 보이다

동 donner (주다), dédier (바치다), accorder (주다), payer (지불하다)
présenter (나타내다), procurer (얻어주다), immoler (제물로 바치다)
sacrifier (희생을 바치다), proposer (제안하다), montrer (보여주다)

반 refuser (거절하다), accepter (수락하다), recevoir (받다)

예문

Cette colline offre une belle vue sur la région.
(이 언덕은 그 지역에 좋은 전경을 제공하고 있다.)
La fleuriste lui offre gratis un iris géant. 〈Giraudoux〉
(그 꽃장수는 그녀에게 공짜로 커다란 붓꽃 한 송이를 준다.)
Que m'offrez-vous de ce tableau? (= A combien l'achetez-vous?)
(당신은 내게서 이 그림을 얼마에 사시겠습니까? / 이 그림 얼마에 사겠습니까?)
Elle lui offrit, en riant, de prendre un verre de liqueur avec elle. 〈Flaubert〉
(그녀는 웃으면서 그에게 자기와 함께 리큐르 술을 한잔 들자고 제안했다.)
En nous voyant en panne sur la route, il s'est aimablement offert à nous aider.
(우리 차가 길에서 고장 난 것을 보자, 그는 친절하게도 우리를 도와주겠다고 했다.)
Elles se sont offertes à accompagner le malade à l'hôpital.
(그녀들은 자진해서 환자를 병원까지 데리고 가겠다고 했다.)

offre

[〈offrir] ⇒ 어디를 향해 가져옴 ⇒ 제공
명 제공, 공급, 제안, 제의, 신청

동 ouverture (제안, 신청), proposition (제안)

반 demande (수요), refus (거부)

예문

Il faudrait qu'il y ait des offres de négociation dans chaque camp pour aboutir à une trêve. (휴전에 도달하기 위해서는 각 진영에 협상의 제안이 있어야 할 것이다.)
Il a refusé mon offre. (그는 내 제의를 거부했다.)
La loi de l'offre et de la demande. (공급과 수요의 법칙)

offrande

[〈offrir] ⇒ 어디를 향해 가져온 것 ⇒ 기부
명 헌금, 연보, 헌납, 기부금, 선물

동 sacrifice (봉헌, 희생), immolation (희생), don (기부, 선물), présent (선물)
obole (기부금), contribution (기여, 공헌, 기부)

예문

L'offrande de mon ami fut beaucoup plus considérable. 〈Baudelaire〉
(내 친구의 기부금은 훨씬 더 막대했다.)
Acceptez ma modeste offrande.
(저의 보잘것없는 선물이나마 받아 주십시오.)

préférer

[pré(=avant)+fér(=apporter)+er(s.v)] ⇒ 먼저 가지고 오다 ⇒ 더 좋아하다
동 좋아하다, 더 좋아하다, 택하다

동 aimer mieux (더 좋아하다), avoir une préférence pour (더 좋아하다)
incliner (마음이 기울어지다), pencher pour[à, vers] (~의 경향이 있다)
adopter (채택하다), choisir (선택하다), élire (선택하다)

반 détester (싫어하다), haïr (미워하다), rejeter (거절하다)

예문

Je pense que vous préférez vous en occuper vous-même. 〈Marceau〉
(당신이 직접 그 일을 담당하는 것이 좋겠다고 저는 생각합니다.)
Plutôt que de recourir à ce que vous appelez la violence, je préfère mourir. 〈Duhamel〉
(당신이 폭력이라고 부르는 것에 호소하느니 죽는 게 더 낫겠소.)
Je préfère écouter la musique à la maison plutôt que de sortir.
(나는 외출하는 것보다 집에서 음악 듣는 것을 더 좋아한다.)
Je préférerais que tu m'attendes dehors.
(밖에서 나를 기다려 주었으면 좋겠는데.)

préférence

[pré+fér(=apporter)+ence(s.n)] ⇒ 먼저 가지고 오다 ⇒ 선호함
명 좋아함, 기호, 선택, 편애, 우선권, 특혜

동 prédilection (편애), affection (애정), privilège (특혜), sympathie (호의)

반 antipathie (반감), aversion (혐오), répugnance (혐오), répulsion (반발)

예문

La noblesse est la préférence de l'honneur à l'intérêt. 〈Vauvenargues〉
(고귀함이란 이익보다는 영예를 더 좋아하는 것이다.)
Un père ne doit point avoir de préférence dans la famille que Dieu lui donne.
〈Rousseau〉 (자고로 아버지란 신이 그에게 주시는 가정에서 편애를 해서는 안 된다.)
Rancé ne s'accorda aucune des préférences de ses devanciers. 〈Chateaubriand〉
(Rancé는 자기 선임자들의 특혜 중 그 어떤 것도 자신에게 허락하지 않는다.)
Chacun a ses préférences. (저마다 기호가 있다.)
De préférence, descendez à cet hôtel. (되도록이면 이 호텔에 묵으세요.)
Choisissez ce tissu de préférence aux autres. (다른 것들보다는 차라리 이 옷감을 선택하세요.)

préférable

[pré+fér(=apporter)+able(s.a)] ⇒ 먼저 가지고 오는
형 더 나은, 더 바람직한

동 meilleur (더 좋은)

예문

Le solide bonheur est préférable aux vains plaisirs qui le détruisent. 〈Rousseau〉
(확고한 행복이 그것을 파멸시키는 헛된 쾌락들보다 더 낫다.)
Ailleurs semble toujours préférable à Ici. 〈Hugo〉
(다른 곳이 항상 여기보다 더 나아 보인다.)
Il serait préférable de partir tôt pour éviter les embouteillages.
(교통 혼잡을 피하려면 일찍 출발하는 것이 더 나을 것이다.)

préféré

[pré+fér(=apporter)+é(s.a)] ⇒ 먼저 가지고 오는 ⇒ 선호하는
형 좋아하는 명 마음에 드는 사람, 귀염둥이

동 favori (마음에 드는 사람), chouchou (총아)

예문

Qu'il daigne choisir un objet parmi mes objets préférés. 〈Giraudoux〉
(그가 내가 좋아하는 물건들 중에서 한 물건을 선택해 주기를!)
Quel est votre loisir préféré?
(당신이 좋아하는 취미는 무엇입니까?)
J'étais son préféré à la maison et quand on devait acheter un costume,
elle pensait toujours à moi. 〈Cayrol〉
(나는 집에서는 그녀의 귀염둥이였다. 그리고 옷을 한 벌 사야 했을 때, 그녀는 항상 나를 생각하곤 했다.)

référer

[ré+fér(=apporter)+er(s.v)] ⇒ 다시 가져오다 ⇒ 참조하다
탓으로 여기다(~ qc à), 맡기다, 조회하다, 대조하다,
위임하다(en ~ à), 관계하다(se ~ à), 의견을 묻다(se ~ à)

동 attribuer à (..의 탓으로 돌리다), attester (증명하다), consulter (참조하다)
s'en rapporter à (위임하다), recourir à (호소하다)

예문

Nous en avons référé à notre chef pour nous tirer de ces difficultés.
(우리는 이 어려운 문제의 해결을 상관에게 일임했다.)
J'ai longtemps hésité si je n'en référerais pas à l'Autorité Directoriale.
〈Courteline〉
(나는 집정내각에 위임할 것인지 말 것인지 오랫동안 망설였다.)
Il vous réfère son succès.
(그는 자기의 성공을 당신 덕분으로 여깁니다.)
Pour comprendre ce mot, réfère-toi au dictionnaire.
(이 단어의 뜻을 이해하기 위해서는 사전을 참조해라.)

référence

[ré+fér(=apporter)+ence(s.n)] ⇒ 다시 가져옴 ⇒ 참조함
명 참고, 참조, 기준, 언급, 논급, 보증서

동 repère (기준, 기준점), renvoi (참조기호), dénotation (표시)
certificat (증명서), recommandation (추천서)

예문

Les dictionnaires sont des ouvrages de référence.
(사전들은 참조서적들이다.)
Aucune référence n'a été faite au dernier entretien.
(요전번 대담에 대해서는 전혀 언급이 없었다.)
Parfois le principal clerc me demandait les références fournies par mes derniers patrons.
〈Duhamel〉
(가끔 그 서기장은 내 최근 상사들이 제출한 보증서들을 나에게 요구하곤 했다.)

souffrir

[sou(=sous)+fr(=apporter)+ir(s.v)] ⇒ 아래로 가져오다 ⇒ 견디다
동 참다, 견디다, 겪다, 허용하다, 묵인하다, 고통을 느끼다, 고생하다

동 supporter (견디다), endurer (견디다), subir (겪다), admettre (허용하다)
permettre (허용하다), tolérer (참다), consentir (동의하다), sentir (느끼다)

반 jouir (즐기다), bénéficier (이득을 보다)

예문

> Je suis capable de souffrir n'importe quoi sans broncher. 〈Bernanos〉
> (나는 몸을 버둥거리지 않고 어떤 고통도 견딜 수 있다.)
> Elle est d'une insolence telle que personne ne peut la souffrir.
> (그녀를 좋아하는 사람은 아무도 없을 정도로 그녀는 오만불손하다.)
> Il ne peut pas souffrir qu'on le contredise.
> (그는 사람들이 자기 말을 반박하는 것을 싫어한다.)
> Elle souffre d'être incomprise et de voir que tout le monde la fuit.
> (그녀는 인정받지 못하고 게다가 남들이 자기를 피하는 것을 보고 괴로워한다.)
> Il a fait froid cet hiver et les arbres fruitiers ont beaucoup souffert.
> (요번 겨울에는 날씨가 추워서 과실수들이 많은 피해를 입었다.)

souffrance

[sou(=sous)+fr(=apporter)+ance(s.n)] ⇒ 아래로 가져옴 ⇒ 고통
명 고통, 번민, 묵인, 허용

동 douleur (고통), peine (고뇌), tolérance (관용), endurance (인내력)
patience (인내), malaise (불편)

반 joie (기쁨), bonheur (행복), indolence (무통증), plaisir (즐거움)

예문

> La souffrance! Nous lui devons tout ce qu'il y a de bon en nous. 〈France〉
> (고통! 우리는 그 고통에게 우리 속에 존재하는 선한 모든 것을 빚지고 있다.)
> Cet homme a eu sa part de souffrances.
> (그 사람은 그 사람으로서는 나름대로 고통을 겪었다.)

transférer

[trans(=travers)+fér(=apporter)+er(s.v)] ⇒ 가로질러 가져가다
동 옮기다, 운반하다, 전이하다, 연기하다, 양도하다

동 transporter (운송하다), transmettre (전하다), déplacer (옮겨놓다)

반 fixer (고정시키다)

예문

> Il y aura un droit d'option permettant d'être inclus dans les territoires transférés ou d'en être exclus. 〈Sartre〉
> (이전된 영토에 포함되게 하는 혹은 그곳에서 배제되게 하는 선택권이 있을 것이다.)
> L'amoureux transfère son sentiment de la personne aimée aux objets qui l'entourent ordinairement.
> (연인은 사랑하는 사람에 대한 자신의 감정을 보통 사랑하는 사람을 둘러싸고 있는 물건들에게 전이한다.)
> Le voleur a été arrêté à Pusan, on l'a transféré à Séoul.
> (그 도둑은 부산에서 체포되어 서울로 이송했다.)

transfert

[⟨transférer] ⇒ 가로질러 가져감
명 이동, 이송, 이전, 양도, 전송, 전이

동 déplacement (이동), aliénation (양도), cession (양도), translation (이송)
transmission (전달, 양도), transport (운송), partition (분배), redistribution (재분배)
répercussion (반향, 반사), substitution (위임, 대체), téléchargement (전송)
projection (영사)

예문

> Le contrat lui-même suffit à opérer le transfert de la propriété de l'immeuble vendu.
> (계약서 그 자체로 판매된 부동산의 소유권 양도 결과를 가져오기에 충분하다.)
> le transfert des cendres de Napoléon
> (나폴레옹 유골의 이장)
> le transfert des sentiments
> (감정의 전이)

législation

[légis(=loi)+lat(=apporter)+ion] ⇒ 법률을 가져옴 ⇒ 법률을 제정함
명 법률, 법제, 법학, 입법

동 droit (법률, 법학), loi (법률, 규칙)

예문

> Un système de législation est toujours impuissant, si l'on ne place à côté un système d'éducation. ⟨Michelet⟩
> (하나의 법률 체계는, 하나의 교육 체계를 옆에 두지 않는다면, 항상 강력하다.)
> La législation n'est pas la même dans les différents pays d'Europe et dans le monde.
> (법률은 전 세계와 유럽의 여러 나라에서 동일하지 않다.)

législateur

[légis(=loi)+lat(=apporter)+eur(s.n)] ⇒ 법률을 제정하는 사람
명 입법자, 입법권, 입법부, 국회의원

동 député (국회의원, 대표), parlement (국회), assemblée (의회)
Assemblée constituante (제헌의회), Assemblée législative (입법의회)
Assemblée nationale (국민의회, 하원), le Sénat (=Haute Assemblée 상원)
Parlement = le Sénat + Assemblée nationale

예문

> Dans les États modernes, le législateur est une assemblée.
> (현대 국가에서 입법부는 의회이다.)

législatif

[légis(=loi)+lat(=apporter)+if(s.a)] ⇒ 법률을 제정하는
형 입법의, 법률의　　명 입법권

예문

le pouvoir législatif (입법권), les élections législatives (국회의원 선거)
les dispositions législatives (법규), l'acte législatif (법령)
le législatif et l'exécutif (입법권과 행정권)

relation

[re+lat(=apporter)+ion(s.n)] ⇒ 다시 가져와 관련시킴
명 관계, 관련, 교류, 연고관계, 이야기

동 rapport (관계), liaison (관계), connexion (연락), corrélation (상관관계)
analogie (유사), appartenance (소속), causalité (인과관계), coexistence (공존)
correspondance (교감, 교통), identité (동일), opposition (대립)
rapprochement (접근, 비교), dépendance (인과관계, 종속), commerce (거래, 관계)
contact (교제, 접촉), copinerie (사귐), accointance (친밀한 관계)
connaissance (지기), fréquentation (교제), communication (연락, 교섭)
récit (이야기), témoignage (진술), procès-verbal (조서), compte rendu (보고)

예문

Ce que vous dites là n'a aucune relation avec ce dont il s'agit.
(당신이 그 점에서 이야기하고 있는 것은 지금 문제가 되고 있는 것과는 아무 관련이 없다.)
L'essence des choses devant nous rester toujours ignorée, nous ne pourrons connaître que les relations de ces choses. 〈Bernard〉
(사물의 본질이 우리에게는 항상 알려지지 않은 채 남아있어야 한다면, 우리는 그 사물의 관계만을 알 수 있을 것이다.)
Il donnait à dîner à quelques relations personnelles qu'il avait dans la ville. 〈Nizan〉
(그는 그가 그 도시에서 가지고 있었던 몇몇 개인적인 아는 사람들에게 저녁을 대접하곤 했다.)

relatif

[re+lat(=apporter)+if(s.a)] ⇒ 다시 가져와 관련시키는

형 ..에 관한, 상대적인, 비교적인, 그저 웬만한, 상관적인

동 respectif (상호간의), proportionnel (비례된), rationnel (합리적인), objectif (객관적인)

반 absolu (절대적인), idéal (완벽한), parfait (완벽한), subjectif (주관적인)

예문

des études relatives à l'histoire (역사에 관한 연구)
Les goûts sont relatifs. (취미란 사람마다 상대적이다.)
Mes connaissances en français sont relatives. (나의 불어 지식은 그저 그만하다.)

superlatif

[super+lat(=apporter)+if(s.a)] ⇒ 초월하여 가져오는 ⇒ 최상의

형 최상의, 최대의, 최상급의 명 최상급

동 hyperboloque (과장법의), exagéré (과장된), excessif (과도한)

예문

En français, le superlatif relatif est formé du comparatif précédé de l'article défini.
(불어에서 상대최상급은 정관사를 앞세운 비교급으로 이루어져 있다.)
des compliments superlatifs (최대의 찬사)
Préfixes superlatifs (최상급적 접두어. archi-, extra-, super-, sur-, ultra-)

CLÉ NO 17 FIN

fin (끝), finir (끝내다)의 뜻

라틴어 finis 에서 유래

finir

[fin(〈finis)+ir(s.v)] ⇒ 끝내다
동 끝내다, 그만두다, 끝까지 사용하다, 끝이 나다,
결말이...하게 되다(~bien, mal), ...로 끝나다(~en/par)

동 terminer (끝마치다), se terminer (끝나다), accomplir (완수하다), achever (끝마치다)
s'achever (끝나다), user (사용하다), arrêter (그만두다), cesser (그만두다)
clore (끝맺다, 닫다), conclure (결말을 짓다), limiter (한계를 짓다)
expédier (급히 해치우다, 발송하다)

반 commencer (시작하다), engager (시작하다), débuter (시작하다)
ébaucher (착수하다), entamer (개시하다)

예문

Je suis fatigué mais je veux absolument avoir fini ce travail avant mon départ.
(나는 피곤하지만 내가 떠나기 전에 이 일을 꼭 끝내고 싶다.)
On ne lui achètera pas de soulier, il finira ceux de son frère.
(그에게는 구두를 사주지 않을 것이므로 형의 것을 해질 때까지 신어야 할 것이다.)
Il finit tout de même par me prendre ma fortune. 〈Beauvoir〉
(어쨌든 그는 마침내 내 재산을 빼앗았다.)
On n'en finirai jamais avec cette affaire.
(이 일을 결코 해결하지 못할 것이다.)
On n'en finirait pas de visiter toutes les usines de cette région.
(사람들이 이 지방의 모든 공장들을 방문하는 데에는 시간이 오래 걸릴 것이다.)

fin

[fin(〈finis)]
명 끝, 결론, 결말, 마지막, 최후, 죽음, 목적, 목표

동 limite (한계, 한도), terme (끝, 만료), crépuscule (말기), clôture (종결)
dénouement (결말, 종국), épilogue (종국), conclusion (결론), péroraison (결론)
disparition (소멸, 사망), apocalypse (세상의 종말), bout (끝), déclin (종말, 쇠퇴)
mort (죽음), décès (사망), expiration (만기, 끝, 호흡), cessation (중지, 정지)

anéantissement (없애기, 쇠약), destruction (파괴, 폐기), but (목표), objective (목표)
destination (목적지)

반 commencement (시작), début (시작), départ (출발)
naissance (탄생), origine (시초, 기원, 태생)

예문

Cet homme vous désire, et il n'aura de cesse qu'il ne soit arrivé à ses fins. ⟨Anouilh⟩
(그 남자는 당신을 원하고 있어요. 그리고 그는 자기 목표가 이루어지기 전까지는 그만두지 않을 겁니다.)
Il a nié d'abord, mais à la fin, il a reconnu ses torts.
(그는 처음에는 부인했으나 마침내 자신의 잘못을 인정했다.)
La fin ne justifie pas les moyens.
(목적이 수단을 정당화하지는 않는다.)
Après une vie de débauche, il s'est converti et a fait une belle fin.
(방탕한 생활을 한 후에 그는 개심을 했으며 아름다운 최후를 맞았다.)
la fin de siècle (세기말)

définir

[dé+fin(⟨finis)+ir(s.v)] ⇒ 분리하여 한계를 정하다 ⇒ 규정하다
동 정의하다, 규정하다, 명확하게 하다

동 déterminer (명확히 하다), fixer (정하다), indiquer (지정하다)
caractériser (특징짓다), cerner (명확하게 구분하다)

예문

Je ne sais pas imaginer ou définir une matière avec une telle précision. ⟨Valéry⟩
(나는 하나의 물질을 그렇게 정확하게 상상하거나 정의할 수 없다.)
On définit le triangle comme une figure qui a trois angles et trois côtés.
(삼각형이란 세 변과 세 각을 가진 도형으로 정의된다.)
On ne peut pas facilement définir les mobiles qui ont poussé cet homme.
(그 사람을 부추긴 원동력을 쉽게 규명할 수가 없다.)
Cela se définit de soi-même.
(그것은 자명한 일이다.)
Pierre n'arrivait pas à définir ce qu'il ressentait.
(삐에르는 그가 느낀 것을 설명하려 했지만 잘 되지 않았다.)

définition

[〈définir] ⇒ 분리하여 한계를 정함 ⇒ 정의
명 정의, 한정, 주사선수(TV)

예문

La nation française est particulièrement difficile à définir ; et c'est là même un élément assez important de sa définition que cette propriété d'être difficile à définir. 〈Valéry〉
(프랑스 민족은 유별나게 정의 내리기가 힘들다. 그리고 그 말은 정의 내리기가 힘든 그러한 특성만큼이나 프랑스 민족의 정의에 대해 심지어 중요한 요소이기도 하다.)
Ce que peut répondre cette profane personne ne doit, par définition, avoir aucune importance. 〈Valéry〉
(그러한 문외한이 대답할 수 있는 것은, 당연히, 아무런 중요성도 없어야 한다.)
La télévision couleur classique a une définition de 625 lignes en Europe.
(고전적인 컬러 텔레비전은 유럽에서는 625개의 주사선을 가지고 있다.)

définitif

[dé+fini(〈finis)+tif(a.v)] ⇒ 분리하여 한계를 정한 ⇒ 결정적인
명 결정적인, 최종적인

동 déterminé (결정된), fixe (고정된, 정해진), fixé (고정된, 정해진), décisif (결정적인) irrévocable (결정적인), final (최종의), irrémédiable (돌이킬 수 없는)

반 provisoire (일시적인), temporaire (일시적인), momentané (일시적인)

예문

Elle avait hâte d'avoir pris son rang, trouvé sa place définitive. 〈Mauriac〉
(그녀는 서둘러 자신의 신분을 쟁취했으며, 결정적인 자신의 지위를 확보했다.)
Votre décision est-elle définitive? (당신의 결정은 확정적인 것인가요?)
Nous avons entendu bien des arguments pour et contre ; en définitive, aucun n'est vraiment convaincant.
(우리들은 많은 찬반논쟁들을 들었다. 결국, 어떤 누구도 정말 설득력이 없다.)

infini

[in(=non)+fini(〈finis)] ⇒ 한계가 없는
형 끝없는, 무한의, 영원한 명 무한, 무한대, 절대자

동 éternel (영원한), perpétuel (영속적인), illimité (한없는, 무한), immense (무한한) incalculable (무수한), interminable (끝없는), extrême (극한의), innombrable (무수한) absolu (절대), parfait (완벽), immensité (광대)

반 borné (한정된), fini (끝난), limité (한정된)

예문

La puissance, la miséricorde divines sont infinies.
(하나님의 능력과 자비하심은 무한하다.)
Le coeur le plus tendre paraît être aussi le plus capable d'une rancune infinie.
〈Mauriac〉 (가장 부드러운 마음이 또한 극도의 원한에 대해 가장 능력 있는 것 같다.)
Notre pâle raison nous cache l'infini. 〈Rimbaud〉
(우리의 흐릿한 이성이 우리에게 무한함을 가린다.)
Je vous ai attendu un temps infini. (나는 한없이 당신을 기다렸다.)

infinité

[in+fin(〈finis)+ité(s.n)] ⇒ 한계가 없음
동 무한, 무한대, 무한한 수

동 multitude (다수)

예문

Je vois une infinité d'honnêtes gens qui ne sont pas heureux et une infinité de gens qui sont heureux sans être honnêtes. 〈Diderot〉
(행복하지 않은 수많은 정직한 사람들과 정직하지 않은데도 행복한 수많은 사람들을 나는 알고 있다.)
Que ce monde ne soit qu'une goutte de boue dans l'infinité des mondes. 〈Flaubert〉
(이승은 무한한 세상들 중에서 한낱 한 방울의 진흙에 불과하리라.)

affiner

[af(〈ad=à)+fin(〈finis)+er(s.v)] ⇒ 끝마무리를 하다
동 다듬다, 정제하다, 정련하다, 예민하게 하다

동 purifier (정화하다, 정련하다)

반 alourdir (둔하게 하다), épaissir (우둔하게 하다)

예문

La lecture a affiné son jugement. (독서가 그의 판단력을 예민하게 했다.)
Les femmes de la lande sont très supérieures aux hommes qui, dès le collège, vivent entre eux et ne s'affinent guère. 〈Mauriac〉
(광야의 여인들은 중학교 때부터 남자들 사이에서 지내고 있어서, 거의 세련되지 않는 남자들보다 매우 우월하다.)
Il s'est affiné au contact de compagnons élégants et distingués.
(그는 우아하고 기품 있는 동료들과의 접촉으로 세련되었다.)
Depuis son arrivée à Paris, son goût s'est singulièrement affiné.
(그가 파리에 도착한 이래로 그의 취미는 이상할 정도로 세련되었다.)

raffiner

[re(=de nouveau)+affiner] ⇒ 반복하여 끝마무리를 하다
동 정제하다, 다듬다, 세련되게 하다, 지나치게 신경을 쓰다(~sur)

동 épurer (정제하다, 정화하다), subtiliser (교묘하게 하다)

예문

L'essence est du pétrole raffiné. (휘발유는 정제된 석유다.)
Ce garçon aurait besoin de raffiner son langage, ses manières.
(그 소년은 자신의 말투와 품행을 세련되게 할 필요가 있을 것이다.)
Pourquoi raffiner? Le militant communiste ne doit pas s'embarrasser de tant de nuances. 〈Sartre〉 (왜 그렇게 신경 쓰십니까? 공산주의의 투사는 그 많은 미묘한 차이를 지나치게 신경 쓰면 안 됩니다.)
Il raffine sur la nourriture. (그는 음식에 몹시 신경을 쓴다.)

raffiné

[〈raffiner] ⇒ 반복하여 끝마무리가 잘된
형 정제된, 세련된, 우아한, 고상한, 교묘한 명 세련된 사람

동 élégant (우아한), délicat (섬세한), subtil (예민한, 정묘한)
ténu (정묘한), ingénieux (교묘한)

반 brut (자연 그대로의, 교양 없는), grossier (버릇없는), frugal (검소한)
simple (수수한), fruste (세련되지 못한), lourd (둔감한)

예문

Gourmet raffiné, se connaissant mieux que pas un aux bons morceaux. 〈Gautier〉
(맛있는 음식에 관해서는 어떤 누구보다도 잘 알려진 세련된 미식가.)
Des nuances d'art tellement fines que nos raffinés les aperçoivent à peine. 〈Renan〉
(우리의 세련된 사람들도 겨우 알아볼 수 있을 정도로 섬세한 기교의 미묘한 차이들)

raffinement

[〈raffiner] ⇒ 반복하여 끝마무리가 잘됨
명 세련, 정묘함, 지나친 기교

동 délicatesse (섬세함), subtilité (예민, 정묘), snobisme (유행추종)
sophistication (고도의 정교함), préciosité (꾸민 태도)
recherche (꾸민 태도), affectation (꾸민 태도)

반 grossièreté (거칠음, 무례함)

예문

Les raffinements et les agréments que les poètes avaient introduits
dans l'art des vers depuis 1850. 〈Valéry〉
(시인들이 1850년 이래로 시의 기교 속에 도입했었던 세련과 장식)
Il faut éviter ces raffinements d'expression. 〈Proust〉
(그런 지나친 표현의 기교는 피해야 한다.)

finance

[fin(〈finis)+ance(s.n)] ⇒ 지불관계를 끝냄 ⇒ 재정
명 재정, 재정상태, 재력, 금융활동

동 argent (돈, 재정), ressource (돈, 재력), moyen (돈, 재산), denier (돈)
fonds (자금), recette (수입), dépense (지출, 소비), affaire (상거래)
banque (은행), bourse (증권), commerce (거래), capitalisme (자본주의)

예문
Une gratification est aussi forte que l'état de mes finances pouvait me le permettre. 〈Mérimée〉 (보너스가 꽤나 많아서 내 재정상태로서도 나는 그 일을 할 수 있었다.)
Cela dépendra de l'état de mes finances.
(그것은 내 재정상태에 달려있을 것이다.)
Il est entré dans la finance. (그는 금융계에 들어갔다.)

financier

[〈finance] ⇒ 지불관계를 끝내는 ⇒ 재정의
형 재정의, 재무의, 금융의 명 재계인, 금융인, 자본가

동 bancaire (은행의), pécunaire (재정상의), budgétaire (예산상의)
banquier (은행가), capitaliste (자본가)

예문
Un directeur financier s'occupe des finances d'une entreprise.
(재정 담당부장은 회사의 재정문제를 다룬다.)
Avoir des embarras financiers
(재정적인 어려움을 당하다)

CLÉ NO 18

FLECT, FLEX

fléchir, courber, plier (굽히다, 휘다)의 뜻

라틴어 flectere, flexus(p.p) 에서 유래,
c가 탈락되거나 x가 ch로 변하기도 한다.

fléchir

[fléch(<flex)+ir] ⇒ 굽다, 구부리다
동 굽히다, 휘다, 누그러뜨리다, 구부러지다, 약해지다, 굴복하다

동 courber (휘다), ployer (휘다), plier (구부리다, 휘다), s'agenouiller (무릎을 굽히다)
céder (굴복하다), faiblir (약해지다), flancher (약해지다), adoucir (달래다)
attendrir (감동시키다), ébranler (동요시키다), toucher (감동시키다), baisser (숙이다)

반 dresser (세우다), redresser (다시 세우다, 바로 펴다), dominer (지배하다)
maintenir (고정시키다), résister (저항하다), tenir (고정시키다), durcir (굳어지다)
endurcir (굳게 하다)

예문

Il n'a devant Aman pu réfléchir les genoux. 〈Racine〉
(그는 Aman 앞에서 무릎을 꿇을 수가 없었다.)
Je sentis ma fierté naturelle fléchir sous le joug de la nécessité. 〈Rousseau〉
(나는 궁핍의 명에 때문에 타고난 내 자존심이 꺾기는 것을 느꼈다.)
Il a fléchi devant les supplications de ses enfants.
(그는 아이들의 간청 앞에서 너그러워졌다.)
Il a fini par fléchir la colère de son père.
(그는 마침내 아버지의 노여움을 누그러뜨렸다.)
Le vent fait fléchir les arbres. (바람이 나무를 휘게 한다.)

flexible

[flex+ible] ⇒ 구부릴 수 있는 ⇒ 구부리기 쉬운
형 휘기 쉬운, 유연성 있는, 유순한, 변동하는

동 élastique (유연한), pliable (굽힐 수 있는), souple (유순한, 다루기 쉬운)
docile (온순한), maniable (다루기 쉬운), traitable (다루기 쉬운)

반 inflexible (굽힐 줄 모르는), dur (딱딱한), rigide (휘어지지 않는, 강직한)
raide (뻣뻣한), intraitable (다루기 힘든)

예문

Sa voix se fit onctueuse et flexible. 〈Gide〉
(그의 목소리는 사람을 감동시키며 유순해졌다.)
Une femme mince, allongée, flexible comme un jonc de rivière. 〈Fromentin〉
(시냇가의 등나무처럼 유연성이 있고, 호리호리하며, 날씬한 어떤 여인)

infléchir

[in(=dans)+fléchir] ⇒ 안쪽으로 굽다
동 굴절시키다, 방향을 바꾸다

동 courber (굽히다, 구부러지다), incliner (굽히다), plier (굽히다)
dévier (굴절하다), détourner (우회시키다)

반 redresser (바로 펴다)

예문

Infléchir les rayons lumineux.
(광선을 굴절시키다.)
Nous avons peine à croire que notre destinée ait pu être infléchie par un livre. 〈Mauriac〉
(우리는 우리의 운명이 책 한 권으로 방향이 바꾸어질 수 있었다고는 생각지 않는다.)
La route s'infléchit à droite.
(도로가 오른쪽으로 꺾인다.)

inflexible

[in(=non)+flex+ible] ⇒ 구부릴 수 없는 ⇒ 구부리기 어려운
형 굽힐 줄 모르는, 고집 센, 강직한

동 rigide (뻣뻣한), dur (딱딱한), ferme (단단한), impitoyable (냉혹한, 다루기 힘든)
implacable (달래기 어려운), inexorable (냉혹한), intraitable (다루기 어려운)
intransigeant (고집 센), inébranlable (꺾이지 않는), indomptable (불굴의)
rigoureux (엄격한)

반 flexible (휘기 쉬운, 유순한), souple (유순한), doux (부드러운)
traitable (다루기 쉬운), clément (관대한), généreux (너그러운)

예문

La raison, annexée par ce romantisme, n'était plus qu'une passion inflexible. 〈Camus〉
(그러한 낭만주의에 의해 합병되어진 이성이란 굽힐 줄 모르는 정열에 불과했다.)
Il se montre inflexible dans ses résolutions.
(그는 결심한 것을 굽히지 않는다.)

inflexion

[in(=dans)+flex+ion(s,n)] ⇒ 안쪽으로 굽음
명 굽힘, 숙임, 굴곡, 굴절, 변음, 억양

동 flexion (굽힘), inclination (숙이기), courbe (곡선, 커브), courbure (구부러짐)
déviation (구부러짐, 우회), accent (억양), sinuosité (굴곡), changement (변화)

예문

Saluer d'une légère inflexion de la tête.
(고개를 살짝 숙여 인사하다)
Il y a dans l'inflexion de sa voix une sagesse désabusée. 〈Sarraute〉
(그의 목소리의 억양 속에는 허망함을 깨달은 총명함이 있다.)

génuflexion

[génu(=genou 무릎)+flex+ion(s.n)] ⇒ 무릎을 굽힘
명 무릎을 꿇기, 아첨, 추종

동 agenouillement (무릎 꿇기), prosternation (꿇어 엎드림, 굴종), flatterie (아첨) obséquiosité (아첨, 추종), servilité (노예근성, 맹종), courbettes (굽실거리기) flagorneries (아첨, 빌붙음)

예문

Ils s'arrêtèrent devant messire Guillaume Chapdelaine et lui firent de profondes génuflexions. ⟨France⟩
(그들은 Guillaume Chapdelaine 각하 앞에 멈추고는 그에게 격렬하게 무릎을 꿇었다.)
se confondre en génuflexions (계속해서 아첨을 늘어놓다)
se répandre en génuflexions (장황하게 아첨을 늘어놓다)

refléter

[re(=derrière)+flét+er(s.v)] ⇒ (빛이) 반대방향으로 굽다
동 반사하다, 반영하다, 나타나다

동 réfléchir (반사하다), traduire (나타내다), reproduire (재현하다), indiquer (나타내다)

예문

Les silhouettes des arbres se reflétaient sur cette neige d'or bleuté. ⟨Proust⟩
(나무의 윤곽이 푸른 기운이 감도는 그 금빛 눈 위에 반사되고 있었다.)
La surface de l'eau reflète les façades des maisons.
(물의 표면이 집의 정면을 반사한다.)
Ce roman reflète la vie sociale de son époque.
(이 소설은 그 시대의 사회생활을 반영하고 있다.)
Son visage reflète que ma remarque l'avait blessé.
(내가 한 비평이 그의 비위를 건드렸다는 것이 그의 얼굴에 나타나고 있었다.)
Une grande joie se reflétait sur son visage. (큰 기쁨이 그의 얼굴에 나타나 있었다.)
Les traits, le regard, sans être répugnants, étaient loin de refléter qu'une étincelle s'y fût jamais allumée. (용모, 시선은 혐오감을 주는 것은 아니었지만, 재치의 번득임이 거기서 빛을 낸 적이 있었다는 것을 나타내기에는 거리가 먼 것이었다.)

reflet

[⟨refléter] ⇒ (빛이) 반대방향으로 굽음
명 반사, 반영, 광택, 빛깔, 재현

동 réflexion (반사), miroir (거울, 반사, 반영), réfraction (굴절)

예문

Il y a encore un autre reflet dans les lunettes cerclées de fer du vieil Italien. ⟨Butor⟩ (그 이태리 노인의 철테 두른 안경 속에는 여전히 다른 그림자가 있다.)
Je ne cherchais pas dans la littérature un reflet de la réalité. ⟨Beauvoir⟩
(나는 문학 속에서 현실의 반영을 찾지 못하고 있었다.)
Le soleil fait des reflets sur la mer.
(태양은 바다 표면에 부딪혀 반사광을 만든다.)

réfléchir

[re(=derrière)+fléchir] ⇒ (빛이) 반대방향으로 굽다
[동] 반사하다, 반영하다, ..에 미치다, 심사숙고하다

[동] refléter (반사하다), transmettre (..에 미치다), penser (생각하다), songer à (생각하다) approfondir (숙고하다), gamberger (숙고하다), juger (심사하다), étudier (연구하다) examiner (심사하다), méditer (심사숙고하다), chercher (찾아보다), aviser à (숙고하다) se concentrer (정신을 집중하다), délibérer (심의하다, 숙고 끝에 결정하다) considérer (고려하다), se replier (자신을 되돌아보다), envisager (고찰하다)

[예문]

Les miroirs réfléchissent les images des objets. (거울은 사물의 모습을 비춘다.)
La lune réfléchit une partie de la lumière qu′elle reçoit du soleil.
(달은 태양으로부터 받는 빛의 일부를 반사한다.)
La gloire d′un grand homme réfléchit son éclat sur ses descendants.
(위인의 영광은 그 자손에게까지도 그 영향을 미친다.)
En acceptant votre invitation, je n′ai pas réfléchi que je ne pourrai m′y rendre.
(당신의 초대를 수락하면서 내가 거기에 갈 수 없다는 것을 생각하지 못했습니다.)
J′ai réfléchi à [sur] votre affaire. (나는 당신의 일에 관해 깊이 생각해 보았습니다.)
Il eût voulu réfléchir, mais les idées tourbillonnaient confusément dans sa tête.
〈Gide〉 (그는 심사숙고하기를 원했을 것이다. 그러나 그 생각들이 그의 머리 속에서 어수선하게 맴돌고 있었다.)
La lune se réfléchit dans le lac. (달이 호수 속에 비친다.)

réflexion

[〈réfléchir] ⇒ (빛이) 반대방향으로 굽음
[명] 반사, 반향, 숙고, 반성, 생각, 견해, 격언

[동] reflet (반사), délibération (심의), méditation (묵상), discernement (분별) intelligence (이성, 지성), observation (견해), remarque (주목, 주의, 고찰) considération (고려), attention (주의), concentration (정신의 집중) adage (격언), maxime (금언)

[반] etourderie (경솔), irréflexion (몰지각, 경솔), légèreté (경솔)

[예문]

L′angle d′incidence est égal à l′angle de réflexion. (입사각은 반사각과 동일하다.)
Il ne donne sa réponse qu′après une longue réflexion. (그는 오래 생각한 후에야 대답을 한다.)
Je ne peux pas me décider tout de suite, ça demande réflexion.
(당장에 결정을 내릴 수가 없군. 좀 생각해 봐야겠다.)
Ce que vous me dites donne matière à réflexion, mérite réflexion.
(당신이 나에게 하는 말은 숙고할 여지가 있고, 숙고할 필요가 있습니다.)
De temps en temps, il me favorise de quelque réflexion et annotation marginal. 〈Claudel〉
(가끔 그는 어떤 견해와 부차적인 주석으로 나를 돕는다.)
Il m′a communiqué ses réflexions sur mon livre.
(그는 내 저서에 대한 그의 의견을 나에게 전해왔다.)
Marie fait toujours des réflexions quand on dit quelque chose.
(누가 뭐라고 하면 Marie는 늘 말대꾸를 한다.)

CLÉ NO 19

FLU, FLUC, FLUX, FLEUV, FLOT

fleuve (강, 대하), flotter (뜨다)의 뜻

라틴어 fluvius, fluere 에서 유래

fleuve

[‹fleuv] ⇒ 강
명 강, 대하, 흐름

동 flot (물결, 흐름), courant (흐름), rivière (강, 흐름)

예문

Les vertus se perdent dans l'intérêt comme les fleuves se perdent dans la mer. ‹La Rochefoucauld›
(강물이 바닷물 속에서 사라지듯이 미덕은 이익 속에서 사라진다.)
La jeune fille s'était arrêtée devant le fleuve de voitures. ‹Le Clézio›
(그 소녀는 많은 자동차들의 흐름 앞에서 멈추었었다.)

flotter

[‹flot] ⇒ 뜨다
동 뜨다, 표류하다, 나부끼다, 느슨해지다, 동요하다

동 nager (떠 있다), surnager (뜨다), voler (흩날리다), voltiger (휘날리다)
ondoyer (나부끼다, 구불거리다), onduler (물결치다, 구불거리다), errer (떠돌다)
claquer au vent (바람에 펄럭이다), vagabonder (유랑하다), vaguer (방황하다)

반 couler (흐르다, 침몰하다), s'enfoncer (가라앉다), sombrer (침몰하다)
se fixer (정착하다), se décider (결정되다)

예문

Un morceau de bois flotte sur l'eau.
(나무토막 하나가 물 위에 떠 있다.)
Je vis la foule désigner dans l'eau limoneuse du fleuve un petit objet qui flottait. ‹Gide›
(나는 그 군중들이 그 강의 진흙투성이의 물속에서 떠다니고 있는 한 조그마한 물체를 가리키는 것을 보았다.)
Un léger parfum flottait dans la pièce.
(은은한 향기가 방 안에 떠돌고 있었다.)
Leurs beaux cheveux pendaient sur leurs épaules et flottaient au gré du vent. ‹Fénelon›
(그녀들의 아름다운 머리칼이 그녀들의 어깨 위에 늘어뜨려져 있었고 바람 부는 대로 나부끼고 있었다.)
Le drapeau tricolore flotte sur la mairie.
(삼색기가 구청 건물에 펄럭이고 있다.)
flotter entre l'espérance et la crainte.
(희망과 두려움 사이에서 마음이 흔들리다.)

flot

[<flot] ⇒ 물위로 떠오는 것 ⇒ 물결, 파도
명 물결, 파도, 밀물, 만조, 흐름, 다수, 다량

동 lame (물결, 파도), onde (물결, 파도), vague (물결, 파도), courant (흐름)
flux (흐름), déluge (홍수), fleuve (강, 흐름), torrent (급류)
ondulations (파동, 물결침), ruisseaux (시냇물), foule (군중, 다수)
masse (다수, 다량), affluence (범람, 풍부), fleuve (강, 흐름)

반 jusant (썰물, 간조)

예문

Les flots de sa chevelure tombaient sur ses épaules.
(그녀의 물결치는 머리칼이 어깨 위에 내려 앉았다.)
Le navire vogue sur les flots. (배가 바다 위를 항해한다.)
C'est l'heure du flot. (만조시간이다.)
Un flot de souvenirs revient à son esprit.
(수많은 추억들이 물밀듯이 그의 머리에 되살아난다.)
Dans cette entreprise, les capitaux coulent à flots.
(이 회사에서는 자금이 대량으로 넘쳐흐른다.)

flux

[<flux] ⇒ 물위로 떠옴 ⇒ 흐름
명 다량, 밀물, 흐름, 유동, 유출

동 écoulement (배출, 유출, 흐름), abondance (풍부), débordement (범람)
déluge (홍수), flot (다량, 밀물, 흐름), fluctuation (파동, 유동)

예문

Le flux de ses paroles le grisait. 〈Montherlant〉 (그녀의 많은 말에 그는 도치됐다.)
Il lui fallut subir le flux des raisons viles, lâches [...] par lesquelles le vieil avare formula son refus. 〈Balzac〉
(그는 비열하고 비겁한 수많은 이유들을 받아들여야 했다... 결국 그 이유들을 인하여 그 늙은 구두쇠는 거절의 의사를 분명히 말했다.)
Un flux de sang dans la bouche (입에서의 출혈)

fluide

[flu+ide(s.a)] ⇒ 흐르는
형 유동하는, 유동적인, 파악하기 어려운, 유창한, 유려한, 원활한
명 유체, 분위기, 신통력

동 liquide (액체의, 현금), coulant (흐르는), courant (흐르는), fluctuant (변동하는)
indécis (유동적인), insaisissable (파악할 수 없는), aérodynamique (공기역학의)
hydrodynamique (유체동력학의), émanation (발산), flux (유출), influx (유입)

반 solide (고체의, 확고한), compact (치밀한), concret (구체적인, 응고한)
épais (밀집한, 답답한), lourd (무거운), embouteillé (혼잡한), visqueux (끈적끈적한)

예문

Maigret regarda Emma, qui avait des larmes fluides sur les joues. 〈Simenon〉
(Maigret는 Emma를 바라보았습니다. 그녀는 두 뺨 위로 눈물을 흘리고 있었습니다.)
Circulation fluide sur l'autoroute de l'Ouest.
(서부 고속도로에서의 교통의 원활한 소통)
En cristallisant les foremes si fluides de la vie spirituelle. 〈Paulhan〉
(영적인 생활의 대단히 유동적인 형식들을 확정지으면서.)
À trente kilomètres de distance, la capitale envoyait son fluide. 〈Montherlant〉
(30킬로미터의 거리가 떨어진 곳에, 그 수도는 영향력을 발휘하고 있다.)

affluer

[af(〈ad=à)+flu+er(s.v)] ⇒ 가득 흘러들어 오다
동 많이 흐르다, 흘러들다, 운집하다, 모여들다

동 accourir (뛰어 나가다), couler (흐르다), arriver (다다르다)

예문

Dans ses moments de colère, le sang lui afflue au visage et il devient tout rouge.
(그가 화를 낼 때, 피가 얼굴로 몰려들어 얼굴이 아주 붉어진다.)
La foule afflue dans le métro dès six heures du soir.
(많은 사람들이 저녁 6시부터 지하철로 몰려든다.)
Dès le lendemain de la catastrophe, les dons affluaient de toutes les régions au profit des sinistrés. (재난이 일어난 다음날이 되자 기부금이 이재민을 위하여 모든 지역에서 답지했다.)
Les volontaires affluaient de toutes parts. (지원자들이 사방에서 몰려들고 있었다.)

affluence

[af(〈ad=à)+flu+ence(s.n)] ⇒ 가득 흘러들어 오는 것
명 많이 몰려듦, 운집, 혼잡, 범람, 풍부, 윤택

동 concours (집합, 군중), presse (붐빔, 군중, 군집), foule (군중, 다수, 많음)

예문

Aux heures d'affluence, il attend parfois l'autobus une demi-heure.
(혼잡 시간 때에는 그는 가끔 30분이나 버스를 기다린다.)
L'exposition a attiré une grande affluence. (그 전시회는 인산인해를 이루었다.)
L'affluence des touristes commence fin juin. (관광객은 6월 말에 몰려들기 시작한다.)

influer

[in(=dans)+flu+er(s.v)] ⇒ (신의 기운이) 안으로 흘러들어 오다
동 영향을 미치다, 감화시키다, 작용하다

동 peser sur (영향력을 미치다), agir sur (작용하다), influencer (영향을 미치다)

예문

Les pluies influent sur les récoltes. (비는 농작물에 영향을 미친다.)
La crise politique influe directement sur la situation économique.
(정치적 위기는 직접적으로 경제적 상황에 영향을 준다.)
Tes pensées d'avant le sommeil influent sur tes rêves. 〈Romains〉
(네가 잠들기 전에 한 생각들이 네 꿈에 작용하는 거야.)

influence

[in(=dans)+fluence] ⇒ 안으로 흘러 들어와 영향을 줌
명 영향, 작용, 효과, 감화, 세력, 영향력, 지배력

동 effet (영향, 결과), action (작용), impulsion (자극, 충동), pression (압력)
empreinte (자국, 지문), ascendant (영향력, 지배력), domination (지배, 세력, 영향)
empire (지배력, 영향력), emprise (세력, 영향, 지배력), pouvoir (세력, 영향력)
puissance (지배력, 권세), autorité (권위, 권력), maîtrise (지배), créance (신뢰, 신용)
crédit (신용), importance (권위, 힘), poids (무게, 권위, 영향력), prestige (위세)

예문

En se croyant indépendant, il a été sans cesse à la merci des influences. 〈Ste-Beuve〉
(남의 속박을 거부한다고 여기면서도, 그는 끊임없이 그 세력들에 좌우되었다.)
Il n'est pas un écrivain digne de ce nom qui ne souhaite exercer une influence. 〈Duhamel〉 (그는 영향을 끼치기를 바랄만한 그 이름에 어울리는 작가는 아니다.)
N'essaie pas de me le faire à l'influence. 〈Dorgelès〉
(권세의 힘으로 나를 손아귀에 넣으려고 애쓰지 마라.)

influencer

[〈influence] ⇒ 안으로 흘러 들어와 영향을 주다
동 영향을 미치다, 좌우하다, 감화를 주다, 감응하다

동 agir sur (영향을 끼치다), déteindre sur (..에 영향을 주다)
influer sur (영향을 미치다), entraîner (마음을 사로잡다)

예문

Je ne veux pas influencer votre décision. (나는 당신의 결정에 영향을 미칠 생각은 없다.)
Il se laisse facilement influencer par les autres. (그는 타인들의 말에 쉽게 좌우된다.)
Sa conduite nous a influencés en sa faveur.(그의 행동은 자신에게 유리하게 우리를 감동시켰다.)
N'essayez pas de m'influencer, je ferai ce que je veux.
(내 마음을 흔들 생각은 마세요. 나는 내가 하고 싶은 대로 할 테니까요.)

superflu

[super+flu] ⇒ 넘쳐흐르는
형 필요이상의, 없어도 될, 쓸데없는, 남아도는, 잉여의, 무익한
명 여분, 잉여, 사치, 없어도 되는 것

동 inutile (쓸데없는), surabondant (잉여의), oiseux (무익한), vain (무익한)

반 essentiel (절대로 필요한), indispensable (필요 불가결한), nécessaire (필요한)
obligatoire (불가피한), utile (유익한, 유용한)

예문

Il est superflu d'en dire plus long. (그것에 관해서는 더 길게 말할 필요가 없다.)
Il se montra parfait de tact, évitant même de se répandre en explications superflues. 〈Courteline〉 (심지어 필요이상의 장황한 설명을 늘어놓는 것을 회피한다 하더라도 감촉으로 그것은 모습을 완벽히 드러냈다.)
Mettez donc le superflu de ces forces dans une noble ambition. 〈Balzac〉
(그러므로 이런 힘들의 여분을 고귀한 야망에다 쏟으세요.)

CLÉ NO 20 GEN, GENE, GENI, GENESE

naissance(탄생), formation(형성), race(종족)의 뜻

라틴어, 헬라어 genus, genesis 에서 유래
이 어근은 그 본래의 의미로 많은 신어를 만들어낸다.

genèse

[〈genesis] ⇒ 탄생, 형성
명 기원, 발생, 형성, 생성, 창세기

동 cosmogonie (천지개벽설), élaboration (생성), formation (형성, 생성)
gestation (잉태, 준비작업)

예문

> La genèse de cette affaire à une dizaine d'années.
> (그 일의 기원은 10여년 거슬러 올라간다.)

génie

[〈geni] ⇒ 출생 ⇒ 출생과 관계되는 신성 ⇒ 수호신
명 정령, 요정, 수호신, 소질, 재능, 천재, 성질, 특징, 정수

동 ange (천사), esprit (영, 초자연적 존재), caractère (특징), nature (본성, 기질)
talent (재능), disposition (재능), aptitude (재능), don (타고난 재능)
goût (취미, 기호), penchant (기호, 경향), inclination (경향, 기질)

예문

> Génie enfermé dans une bouteille (병 속에 갇힌 요정)
> Les pauvres sauvages sont terrifiés par leurs génies. 〈Malraux〉
> (그 불쌍한 미개인들은 그들의 수호신들에 의해 공포에 떤다.)
> Le talent sans génie est peu de chose. Le génie sans talent n'est rien. 〈Valéry〉
> (소질 없는 재능은 대수롭지 않다. 그러나 재능 없는 소질은 아무 것도 아니다.)
> Mozart était un homme de génie. (모짜르트는 천재적인 사람이었다.)
> Le génie de la langue française (프랑스어의 특성)

génial

[geni+al(s.a)] ⇒ 타고난 재능이 있는
형 천재적인, 재능 있는, 멋진, 기가 막힌

동 excellent (뛰어난), ingénieux (재간 있는), astucieux (재치 있는, 교활한)
lumineux (명석한, 뛰어난, 빛나는), merveilleux (기가 막힌), fantastique (환상적인)
sensationnel (출중한), extraordinaire (비상한)

반 faible (박약한), médiocre (보잘것없는)

예문

Idée géniale (기막힌 착상)
Ta cravate est géniale. (너의 넥타이는 정말 멋지구나.)
C'est un inventeur génial. (그는 천재적인 발명가이다.)
J'ai lu un roman génial. (나는 기막힌 소설을 읽었다.)

genre

[〈gener]
명 종류, 방식, 태도, 기호, 장르, 성(性)

동 espèce (종류), sorte (종류), nature (종류), type (유형), catégorie (부류)
façon (방법), manière (방법), mode (방법), style (양식), allure (태도)
attitude (태도), tenue (태도), goût (취미)

예문

Nous recourrons à tous les genres littéraires pour familiariser le lecteur avec nos conceptions. 〈Sartre〉 (우리들은 우리의 관념을 독자들에게 친숙하게 하기 위하여 모든 문학적인 장르를 사용한다.)
Si j'avais voulu, j'aurais eu des centaines d'occasions de ce genre. 〈Sartre〉
(내가 원했다면, 그런 종류로 수백 개의 중고를 가졌을 것이다.)
Il a un genre déplaisant. (그는 태도가 불쾌하다.)
Il n'est pas mal, mais ce n'est pas mon genre.
(그는 괜찮은 사람이지만, 내 성미에는 맞지 않는다.)
C'est un artiste dans son genre. (그는 그 나름대로 예술가이다.)
Le mot amour change de genre au pluriel.
(amour 라는 단어는 복수형에서 성이 변한다.)

génération

[gener+ation(s.n)] ⇒ 출생하게 만듦
명 세대, 자손, 생식, 발생, 형성

동 production (생산, 발생, 형성), reproduction (생식, 재생)
multiplication (증식, 번식), progéniture (자손)

예문

D'une génération à l'autre, les goûts changent.
(세대가 달라짐에 따라 취향도 달라진다.)
Les gens de ma génération ont vu le génie français enfanter de grandes oeuvres. 〈Duhamel〉
(우리 세대의 사람들은 그 프랑스의 천재가 위대한 작품들을 만들어 내는 것을 보았다.)
C'est un homme de ma génération. (그는 나와 같은 세대의 사람이다.)
Nous sommes de la même génération. (우리는 같은 세대에 속한다.)

génétique

[gene+tique(s.a)] ⇒ 출생과 관련된 ⇒ 유전자의
형 기원의, 생성에 관한, 유전적인, 유전자의 명 유전학

동 héréditaire (유전의)

예문

Quelle est l'origine de la diversité génétique de l'espèce? 〈J. Rostand〉
(종의 유전적인 다양성의 기원은 무엇인가?)
La génétique étudie les caractères héréditaires et les variations accidentelles ; elle contribue à l'explication du transformation et, dans le domaine pratique, à l'amélioration des espèces.
(유전학은 유전형질과 돌연변이를 연구한다. 그래서 유전학은 변형에 대한 설명과 그리고 실제적인 분야에서 종(種)의 개량에 기여한다.)

généalogie

[genea+logie(s.n)] ⇒ 출생과 관한 학문 ⇒ 계보학
명 가계, 혈통, 계통, 계보, 족보, 계보학

동 ascendance (선조, 조상), descendance (자손, 가계), famille (혈족, 가문)
filiation (가계, 계보, 맥락), lignée (혈통, 자손, 계보), race (가계, 인종)

예문

Faire la généalogie d'une famille. (한 집안의 계보를 만들다.)
Etre toujours sur sa généalogie. (언제나 자기 조상 이야기만 늘어놓다.)

gène

[〈gene]
명 유전자

동 génotype (유전자형)

예문

Les gènes sont les éléments ultimes du patrimoine héréditaire. 〈J. Rostand〉
(유전자들은 유전형질의 최종 요소들이다.)
gène dominant (우성 유전자) / gène récessif (열성 유전자)

☺ 발음이 같고 뜻이 다른 것을 homophone (동음이의어)라고 한다.
gène와 gêne는 동음이의어인데, gêne와 그 파생어는 자주 쓰인다.
gêne 거북함, 불편
gêné 거북한, 어색한
gêner 거북하게 하다, 방해하다, 곤란하게 하다
동 embarrasser (거북하게 하다), déranger (방해하다)
importuner (귀찮게 굴다), troubler (방해하다)

généraliser

[général+iser(s.v)] ⇒ 종족 전체에 관계되게 하다
동 보편화하다, 일반화하다, 보급시키다, 총괄하다

동 rendre général (일반적이 되게 하다), étendre (확대하다), universaliser (보편화하다)
répandre (퍼뜨리다, 보급시키다), propager (퍼뜨리다, 보급시키다)
diffuser (확산시키다), populariser (민간에 보급시키다)

반 limiter (제한하다), localiser (국한하다), restreindre (제어하다)
distinguer (구별하다), individualiser (개별화하다), spécialiser (전문화하다)

예문

On s'efforce de généraliser l'emploi des tracteurs.
(사람들은 트랙터의 사용을 보급시키려고 애쓴다.)
Il ne faut pas généraliser votre cas particulier.
(당신의 특수한 경우를 일반화시켜서는 안 된다.)
Le savant généralise, l'artiste individualise. 〈Renard〉
(학자는 일반화시키며, 예술가는 개별화시킨다.)
Le conflit va se généraliser.
(분쟁이 전면전으로 확대되어 가려한다.)

général

[gener+al(s.a)] ⇒ 종족 전체에 관계되는 ⇒ 보편적인
형 일반의, 일반적인, 보편적인, 보통의, 전체의, 포괄적인, 막연한
명 일반, 보편, 장군

동 d'ensemble (전반적인), courant (보통의, 흔한), répandu (퍼져있는)
commun (보편적인, 보통의), dominant (지배적인), habituel (관례의)
ordinaire (보통의), unanime (만장일치의), universel (전체의, 보편적인)
global (전체의), total (전체의), abstrait (추상적인, 막연한), vague (모호한)
large (넓은), superficiel (표면적인), sommaire (간략한, 피상적인)

반 particulier (특별한), singulier (특이한), spécial (특별한), spécialisé (전문의, 특수한)
exceptionnel (예외적인), individuel (개별적인, 개인의), rare (흔하지 않은, 비범한)
inhabituel (예사롭지 않은), local (국지적인), partiel (일부분의), précis (분명한)

예문

> Ce phénomène est trop général pour que nous puissions le négliger.
> (이 현상은 너무나 보편적이어서 우리는 그것을 소홀히 할 수 없다.)
> C'est une règle générale, elle est valable pour tout le monde.
> (이것은 일반적인 규칙이어서 모든 사람에게 유효하다.)
> Il m'a donné une vue générale sur la question.
> (그는 그 문제에 관한 전반적인 견해를 나에게 말해 주었다.)
> Ce que vous dites est trop général.
> (당신이 말하는 것은 지나치게 막연하다.)
> En général, je me lève à six heures.
> (보통 나는 6시에 일어난다.)
> L'assemblée générale de notre Société aura lieu samedi prochain.
> (우리 협회의 총회는 내주 토요일에 열릴 것이다.)
> L'avocat général a déclaré aux jurés que le témoin exerçait le métier de souteneur. 〈Camus〉
> (그 차장 검사는 그 증인이 매춘부의 기둥서방이라는 직업에 종사하고 있다고 배심원들에게 말했다.)

généralité

[général+ité(s.n)] ⇒ 종족 전체에 관계됨
명 보편성, 일반성, 일반론, 총론, 대부분, 대다수

동 majorité (대다수), plupart (대부분)
banalité (평범), lieu commun (평범한 일, 흔한 생각)

반 particularité (특수성), spécialité (특수성), détail (세부, 상세)
précision (정확성), exception (예외), minorité (소수)

예문

> Répondre par de vagues généralités.
> (막연한 일반론으로 답하다.)
> Dans la généralité des cas que nous avons étudiés.
> (우리가 연구한 대개의 경우에.)

généreux

[gener+eux(s.a)] ⇒ 출생이 좋은 ⇒ 고상한 성품을 가진 ⇒ 관대한
형 관대한, 고귀한, 인심이 후한, 기름진, 풍만한, 용감한

동 bon (고상한), charitable (자비로운), humain (인간미가 있는), noble (고귀한)
élevé (고결한, 고상한), grand (훌륭한, 고귀한), bienveillant (관대한, 친절한)
favorable (호의적인), fraternel (우애 있는), obligeant (친절한), large (너그러운)
libéral (대범한), prodigue (아끼지 않는), riche (비옥한), fécond (비옥한, 기름진)
fertile (기름진), productif (비옥한, 생산적인), copieux (풍부한), brave (용감한)
courageux (용감한), intrépide (용감한), vaillant (용감한), chevaleresque (기사도적인)
avoir le coeur bien accroché (용기가 있다), avoir le coeur sur la main (친절하다)

반 bas (천한), mesquin (천한, 인색한), vil (천한, 비열한), avare (인색한)

cupide (욕심 많은), égoïste (이기적인), intéressé (타산적인), aride (비정한)
pauvre (빈곤한, 부족한), stérile (불모의), désertique (불모의), lâche (비겁한)

예문

Les gens généreux font de mauvais commerçants. 〈Balzac〉
(너그러운 사람들이 나쁜 장사꾼을 만든다.)
Il a gardé les illusions généreuses de sa jeunesse.
(그는 자기 젊은 날의 고귀한 꿈들을 간직했다.)
Il a donné un pourboire généreux. (그는 후한 팁을 주었다.)
Elle avait une poitrine généreuse.
(그녀는 풍만한 가슴을 가지고 있었다.)

générosité

[gener+osité(s.n)] ⇒ 출생이 좋은 사람의 마음 ⇒ 관대
명 너그러움, 아량, 관대, 후한 마음, 낭비, 용기, 고귀, 좋은 품질

동 abandon (양도), don (증여, 선물), abnégation (희생, 헌신), altruisme (애타심)
coeur (친절, 관대), grandeur (위대함, 숭고함), noblesse (고귀, 기품)
bonté (친절, 호의), indulgence (관용, 너그러움), magnanimité (관대함, 아량)
largesse (선물, 시혜), cadeau (선물), libéralité (인심 좋음, 대범함)
munificence (너그러움, 선심), prodigalité (풍부, 윤택, 낭비성)
bienfait (은혜, 친절, 호의), courage (용기), vaillance (용기), valeur (가치)

반 mesquinerie (초라함, 비속함, 인색), petitesse (작음, 비루함)

예문

Sa générosité sans bornes nous ruina tous. 〈Colette〉
(그가 무한정 돈을 쓰는 바람에 우리 모두는 망했다.)
Angélo raconta comment le petit Français l'avait ébloui à force de générosité.
〈Giono〉 (안젤로는 그 프랑스 어린이가 고귀한 나머지 어떻게 자기의 마음을
사로잡았는지 이야기했다.)
La générosité du bourgogne.
(부르고뉴산 포도주의 훌륭한 품질)

gentil

[gen+til(s.a)] ⇒ 출생이 좋은 ⇒ 고상한, 온화한
형 친절한, 상냥한, 귀여운, 예쁜, 착한, 얌전한,
상당한, 쓸만한, 좋지 않은(경멸)

동 agréable (상냥한), aimable (친절한, 상냥한), beau (아름다운), mignon (귀여운, 친절한)
gracieux (상냥한, 귀여운, 우아한), joli (예쁜), plaisant (기분 좋은, 매력 있는)
charmant (매력적인), généreux (고귀한), délicat (우아한, 세련된), sage (얌전한)
prévenant (친절한, 상냥한, 매력적인), obéissant (온순한), docile (온순한)
tranquille (조용한), coquet (예쁘장한, 상당한 액수의), rondelet (금액이 상당한)

반 laid (추한), désagréable (불쾌한), dur (딱딱한, 냉혹한), sévère (엄격한)

rigoureux (엄격한), egoïste (이기적인), méchant (고약한)
vilain (못생긴, 행실이 나쁜), insupportable (참을 수 없는)

예문

Elle est gentille comme un coeur.
(그녀는 매우 예쁘다.)
Cette robe est tout à fait gentille.
(이 드레스는 아주 예쁘다.)
Votre discours est gentil, mais il ne résout rien.
(당신의 연설은 그런 대로 쓸만하지만 그러나 아무 것도 해결하지 못합니다.)
Vous venez faire une visite au vieux capitaine ; c'est gentil à vous. 〈Vigny〉
(당신이 이 노장을 방문하러 오시다니, 정말 감사드립니다.)
C'est gentil d'être venu me chercher à la gare.
(역에 나를 마중 나와 주어서 고맙군요.)
Les enfants sont restés bien gentils toute la journée.
(아이들은 하루 종일 얌전히 있었다.)
Il en coûte la gentille somme de cent mille euros.
(그 일에는 10만 유로라는 거액이 든다.)

ingénieux

[in(=dans)+geni+eux(s.a)] ⇒ 안에서 생긴 ⇒ 타고난 재능이 있는 ⇒ 독창적인
형 창의력 있는, 재간 있는, 영리한, 교묘한, 독창적인

동 adroit (재주 있는), doué (재능이 있는), habile (재주 있는, 교묘한)
entendu (영리한), industrieux (솜씨 있는), inventif (창의성이 풍부한)
malin (영리한), astucieux (교묘한, 재치 있는), subtil (교묘한)

반 incapable (무능한, 쓸모 없는), maladroit (서투른), stupide (어리석은)

예문

Il est parfois trop ingénieux, et ses explication sont inutilement compliquées.
(그는 가끔은 너무나 교묘하여, 그의 설명은 공연히 복잡해진다.)
Il surpassait de bien loin ceux qui étaient ingénieux, par son esprit. 〈Bossuet〉
(그는 그의 재치로 인하여 재간 있는 사람들을 훨씬 능가했다.)

ingénieur

[in(=dans)+geni+eur(s.n)] ⇒ 타고난 재능을 가진 사람 ⇒ 기술자
명 기사, 기술자

동 constructeur (제작자, 기사), inventeur (발명자)

예문

L'ingénieur est un homme qui s'est spécialisé dans la mise en oeuvre
de certaines applications de la science. 〈Broglie〉
(기술자란 학문의 몇몇 응용의 실행을 전공한 사람이다.)

engendrer

[en(=faire)+gendr(〈gene)+er(s.v)] ⇒ 낳게 하다
동 (자식을) 낳다, (결과를) 낳다, 발생시키다

동 procréer (낳다), causer (야기하다), créer (만들어내다, 야기하다)
déterminer (야기하다, 결정짓다), générer (낳다, 발생시키다)
produire (낳다, 초래하다), provoquer (유발하다), entraîner (이끌다, 초래하다)

예문
Ton père et ta mère t'ont engendré, mais dès l'instant que tu es né, tu es un individu. 〈Barrès〉
(너의 아버지와 너의 어머니가 너를 낳았지만, 너는 태어나자마자 한 개인이야.)
L'indolente oisiveté n'engendre que la tristesse et l'ennui. 〈Rousseau〉
(무기력한 한가함은 슬픔과 지루함만을 낳을 뿐이다.)
Un regard suffit pour engendrer une éternelle haine. 〈Valéry〉
(한 번의 눈길로도 영원한 증오를 야기하기에 충분하다.)
La guerre engendre bien des maux.
(전쟁은 많은 불행을 가져온다.)

congénital

[con(=avec)+geni+tal(s.a)] ⇒ 탄생과 함께 하는
형 타고난, 선천적인, 천성적인

동 héréditaire (유전의, 대대로 내려오는), inné (타고난, 선천적인)
반 acquis (획득된, 후천적인)

예문
Beaucoup de malformations organiques sont congénitales.
(많은 기관기형은 선천적이다.)
L'optimisme congénital de l'Américain. 〈Siegfried〉
(미국인의 선천적인 낙천주의)

CLÉ NO 21 GRAD, GRED, GRESS

marcher(걷다), marche(보행), degré(단계)의 뜻

라틴어 gradus, gredi, gressus(p.p) 에서 유래

agresser

[a(=à, vers)+gress+er(s.v)] ⇒ 향하여 나아가다 ⇒ 공격하다
동 공격하다, 습격하다, 욕을 퍼붓다, 괴롭히다

동 assaillir (공격하다, 괴롭히다), attaquer (공격하다), se jeter sur (..에게 달려들다)
harceler (집요하게 공격하다, 괴롭히다), importuner (괴롭히다), presser (들볶다)
agacer (신경을 거스르다), poursuivre (들볶다), taquiner (약올리다, 괴롭히다)
talonner (들볶다), tourmenter (괴롭히다), obséder (줄곧 머리에서 떠나지 않다)

반 défendre (막다, 방어하다), protéger (보호하다), garder (보호하다)
sauvegarder (보호하다), surveiller (지키다), encourager (격려하다)

예문

Deux individus l'ont agressé la nuit dernière.
(두 명의 괴한이 지난밤에 그를 습격했다.)
Un passant a été agressé dans le quartier cette nuit.
(한 행인이 오늘 밤 그 구역에서 습격당했다.)
Cette pluie tellement dense nous agressait comme par un bâillon tiède. 〈Céline〉
(너무나 강하게 퍼붓는 그 비가 마치 미지근한 입 마개를 사용한 것처럼 우리를 괴롭혔다.)

agressif

[a(=à, vers)+gress+if(s.a)] ⇒ 향하여 나아가는
형 공격적인, 호전적인, 도발적인, 적극적인

동 menaçant (협박적인, 불길한), comminatoire (위협적인), violent (난폭한)
brutal (난폭한, 맹렬한), brusque (난폭한, 거친), criard (날카로운), aguichant (유혹적인)
provocant (도발적인, 선정적인), combatif (전투적인), batailleur (전쟁을 좋아하는)
belliqueux (싸우기 좋아하는), querelleur (싸우기 좋아하는)
bagarreur (싸우기 좋아하는), hargneux (퉁명스러운, 공격적인)

반 doux (온순한), inoffensif (소심한), timide (겁많은, 소심한), timoré (소심한)
humble (내성적인), prudent (신중한), défensif (방어의), pacifique (평화적인)

예문

Il a prononcé un discours agressif.
(그는 위협적인 연설을 했다.)
Il a pris un air agressif.
(그는 덤벼들 듯한 태도를 취했다.)
La guerre n'a pas abattu son élégance agressive. 〈Beauvoir〉
(전쟁도 그녀의 도발적인 우아함을 꺾지 못했다.)
Une politique commerciale agressive. (적극적인 상업정책)

agression

[a(=à, vers)+gress+ion(s.n)] ⇒ 향하여 나아가는 행위 ⇒ 공격
명 공격, 습격, 침략

동 attaque (공격), bataille (전투, 다툼), combat (교전), lutte (투쟁, 다툼)

반 défense (방어), protection (보호, 방어), garde (보호, 경비)
sauvegarde (보호, 호위), surveillance (경비)

예문

Être victime d'une agression nocturne dans une rue déserte.
(인적 없는 거리에서 야간습격의 희생자가 되다.)
Condamner l'acte d'agression commis à l'égard de la Pologne.
(폴란드에 대하여 저질러진 침략행위를 비난하다.)

graduel

[grad+uel(〈el=s.a)] ⇒ 단계적인
형 점차적인, 점진적인

동 progressif (진보적인, 점진적인)

반 brusque (돌연한), brutal (갑작스러운), soudain (갑작스러운), subit (갑작스러운)
inattendu (불시의, 예상밖의), imprévu (예상밖의), dégressif (차츰 줄어드는)

예문

Théorie de l'évolution graduelle des espèces.
(종들의 점진적인 진화 이론)
Nous nous attendons à un rebond graduel du dollar à partir du second semestre 2007.
(우리들은 2007년도 2분기부터 달러화의 점진적인 상승을 기대한다.)
Le Pilates est un exercice graduel praticable par tout le monde, tous les âges et dans toutes les conditions physiques.
(필라티스는 모든 연령대의 모든 사람이 그리고 모든 신체조건에서 실행할 수 있는 점차적인 운동이다.)

gradation

[grad(=marche)+ation(s.n)] ⇒ 단계를 밟아 나감
명 점증, 점감, 점차적인 변화, 단계, 정도

동 accroissement (성장, 증가, 증대), augmentation (증가, 인상)

avancement (진보, 향상), développement (발전), progession (진행)
diminution (경감, 축소)

반 bond (도약), saut (도약), saute (급변)

예문

> L'âme est amenée par une gradation insensible, jusqu'à ce point d'attendrissement où les sanglots nous étouffent. 〈Marmontel〉
> (영혼은 느끼지 못할 정도의 점진적인 변화로 오열이 우리를 숨 막히게 하는 그런 감동의 상황에까지 오게 된다.)
> Passer par une suite de gradations. (일련의 단계들을 겪어 나가다.)

grade

[〈gradus]
명 계급, 관직, 학위

동 échelon (단계, 계급), avancement (진보, 승진), promotion (승진, 진급, 향상)
caporal (하사), sergent (중사), adjudant (특무상사), major (행정장교, 소령)
aspirant (사관후보생), sous-lieutenant (육군소위), lieutenant (중위), capitaine (대위)
commandant (소령), lieutenant-colonel (중령), colonel (대령), général (장군)
titre (학위), classe (계급, 등급)

예문

> Après avoir passé par tous les grades, il était devenu un des lieutenants du patron. 〈Zola〉
> (그는 모든 계급들을 다 겪은 후에 그 선장의 부관들 중의 한 명이 되었다.)
> Être admis au grade de docteur ès lettres. (문학박사 학위를 받다.)

congrès

[con(=avec)+grès(=gress)] ⇒ 함께 가는 것 ⇒ 함께 모여 만남
명 회의, 의회

동 conférence (회의, 강연), carrefour (광장, 심포지움), forum (광장, 토론회)
colloque (대화, 토론, 회의), symposium (심포지움), entretien (회담, 담화)
conversation (대화), discussion (토론), lutte (논쟁), débat (토론, 토의)
délibération (토의, 심의), querelle (논쟁), assemblée (모임, 집회, 의회)
rassemblement (연합, 단결), réunion (회의, 모임)
les Chambres (양원), Assemblée Nationale (국회-한, 프), Parlement (국회-영)
Congrès (국회-미), Diète (국회-독), Sénat (상원-프, 미), la Chambre haute (상원-영)

예문

> Le congrès de Paris (1856) mit fin à la guerre de Crimée.
> (파리 회의는 크림전쟁을 종결지었다.)
> J'ai commencé par me demander pourquoi vous avez adopté la coutume assez remarquable de citer un non-chirurgien à la tribune d'un congrès de chirurgie. 〈Valéry〉
> (나는 왜 당신이 한 외과학 회의 토론회에서 비외과 의사의 말을 인용하는 꽤나 주목할 만한 관습을 채택했는지 생각하는 것부터 시작했다.)

degré

[de(=bas)+gré(=gress)] ⇒ 등급이 내려가는 정도
명 단계, 정도, 등급, 도, 촌수

반 échelon (단계, 계급), classe (계급, 등급), niveau (수준), position (지위, 신분)
rang (신분, 지위, 계급), grade (계급, 관직), stade (단계, 수준), unité (단위)

예문
Il se demande jusqu'à quel degré de perversion tu es descendu. 〈M. du Gard〉
(그는 네가 부패의 어느 단계까지 내려갔는지 자문하고 있다.)
Père et fils sont parents au premier degré ; deux frères sont parents au deuxième degré, oncle et neveu au troisième degré.
(아버지와 아들은 1촌이며, 두 형제는 2촌, 삼촌과 조카는 3촌이다.)
Il faisait une chaleur de trente-trois degrés. 〈Flaubert〉 (33도의 더위였다.)

dégradation

[de(=bas)+grad+ation(s.n)] ⇒ 등급이 내려감 ⇒ 등급을 떨어뜨림
명 박탈, 파면, 파손, 피해, 점진적 악화, 타락

동 détérioration (파손, 악화), dégat (피해, 손해), délabrement (대파손), dommage (손해)
mutilation (절단, 훼손), perversion (타락), décadence (쇠퇴, 타락), déclin (쇠퇴, 하락)
privation (박탈), dépouillement (박탈), avilissement (하락, 타락), congé (해고, 휴가)
congédiement (해고), déchéance (타락, 박탈, 면직), destitution (면직, 파면)
renvoi (해고, 면직), révocation (파면, 면직)

반 réhabilitation (복권, 복직), amélioration (개선, 호전), réfection (수리, 재건)
réparation (수리), régénération (재생, 쇄신), renaissance (부흥, 재생)

예문
Cette sacrilège dégradation d'un archevêque par un tribunal laïque. 〈Retz〉
(세속 법정에 의한 한 대주교의 이 신성모독적인 파면)
Dégradation civique (공권 박탈) / Dégradation militaire (군적 박탈, 강등)
Le locataire est responsable des dégradations qu'il commet dans l'appartement qu'il occupe. (세입자는 그가 살고 있는 아파트에서 저지르는 파손에 대해 책임이 있다.)
Ce monument a subi des dégradations. (이 기념물은 피해를 입었다.)
La dégradation du climat international (국제정세의 악화)

dégrader

[de(=bas)+grad+er(s.v)] ⇒ 등급을 떨어뜨리다
동 박탈하다, 파면하다, 타락시키다, 파손하다

동 casser (깨뜨리다), briser (부수다), détruire (파괴하다), endommager (손상하다)
avarier (상하게 하다), abîmer (상하게 하다), détériorer (훼손하다, 악화시키다)
destituer (면직시키다), priver (박탈하다), dépouiller (박탈하다), enlever (제거하다)
congédier (해고하다), chasser (쫓아내다), renvoyer (쫓아내다), révoquer (해임하다)

donner congé à (해고하다), mettre à la porte (해고하다), mettre dehors (해고하다)
avilir (타락시키다), rabaisser (낮추다, 격하시키다), déformer (타락시키다, 왜곡하다)
ridiculiser (야유하다), mutiler (훼손하다, 자르다)

반 réparer (수리하다), réhabiliter (복권, 복직시키다, 개축하다)
améliorer (개선하다), convertir (개종시키다), épanouir (명랑하게 하다)

예문

La neige a dégradé la route. (눈이 내려 도로를 파손시켰다.)
Quiconque aura détruit, abattu, mutilé ou dégradé des monuments, statues sera puni d'un emprisonnement. 〈Code pénal〉
(기념물, 동상 등의 파괴, 쓰러뜨리기, 훼손 혹은 파손하는 자는 구금의 형벌을 받게 될 것이다.)
Je ne peux pas croire que tu te plaises à croupir là-dedans. Tu te dégrades.
Tu t'avilis. 〈Martin du Gard〉
(나는 네가 그 구덩이 속에 머무르기를 좋아한다는 것을 믿을 수가 없어. 품위가 떨어져. 천해진다 말이야.)
Comme c'est triste de voir les êtres qu'on chérit se dégrader peu à peu.
〈Flaubert〉 (애지중지하는 사람들이 점점 타락하는 것을 보는 것은 얼마나 슬픈지.)
La débauche dégrade l'homme. (방종한 생활은 사람을 타락시킨다.)

ingrédient

[in(=dans)+gredi+ent(s.n)] ⇒ 안에 들어가는 것
명 성분, 요소, 원료

동 élément (요소), composant (성분), partie (일부, 부분)
constituant (구성요소), matière première (원료), facteur (요소)

예문

Médicament composé de cinq ingrédients. (다섯 가지 성분으로 된 약)
Réunir les ingrédients d'une sauce. (소스의 원료를 모으다.)

progresser

[pro(=avant)+gress+er(s.v)] ⇒ 앞으로 나아가다
동 진보하다, 발전하다, 진행하다, 전진하다

동 faire des progrès (진보하다), être en progrès (진보해 있다)
se développer (발전하다), avancer (전진하다, 진보하다)
évoluer (발달하다), s'accroître (성장하다), améliorer (개선하다)

반 s'arrêter (멈추다), décliner (약해지다), décroître (쇠퇴하다)
reculer (후퇴하다), rétrograder (후퇴, 퇴보하다), s'aggraver (악화되다)
empirer (악화시키다), suspendre (중지시키다)

예문

Paul a progressé en français. (폴은 프랑스어가 늘었다.)
Quand tous les individus s'appliqueront à progresser, alors l'humanité sera en progrès. 〈Baudelaire〉
(모든 개인이 발전하려고 노력할 때에, 인류는 진보해 있을 것이다.)
La raideur de ses genoux l'oblige à progresser d'un pas à la fois lourd et mécanique. 〈Robbe-Grillet〉
(무릎 마비 때문에 그는 무겁고도 기계적인 걸음으로 전진할 수밖에 없다.)
Les troupes progressent en direction de la frontière.
(군대가 국경을 향해 전진하고 있다.)
Le mal progresse lentement chez le malade. (환자의 병세가 천천히 악화되고 있다.)

progressif

[pro(=avant)+gress+if(s.a)] ⇒ 앞으로 나아가는
형 진보적인, 점진적인, 진행성의

동 graduel (점진적인), avancé (사상이 진보적인)

반 dégressif (줄어드는), rétrograde (역행의), stationnaire (정지의), brusque (뜻밖의)

예문

Il réclamait l'impôt sur la rente, l'impôt progressif. 〈Flaubert〉
(그는 수입에 대한 세금, 즉 누진세를 요구했다.)
Les amnésies progressives sont celles qui conduisent à l'abolition complète de la mémoire. 〈Ribot〉 (진행성의 기억상실증은 기억력의 완전한 정지에 이르게 한다.)
Un bon enseignement doit être progressif pour efficace.
(좋은 교육방법은 효과적이기 위해서는 점진적이어야 한다.)

progression

[pro(=avant)+gress+ion(s.n)] ⇒ 앞으로 나아감
명 진전, 전진, 진행

동 développement (발전), évolution (진전, 발달), gradation (점증, 점감)
marche (진행, 운행), avance (전진, 진행), progrès (진보, 진행)
acheminement (전진, 진척), aggravation (가중, 악화)

반 régression (후퇴, 역행), rétrogradation (후퇴, 퇴보), recul (후퇴, 퇴보)
interruption (중단), suspension (중지), cessation (중지, 정지)

예문

Leur progression s'est arrêtée comme s'ils avaient rencontré un obstacle. 〈Butor〉 (그들의 진보는 마치 어떤 장애를 만난 것처럼 멈추었다.)
L'ennemi a fait une progression à travers les rizières. (적군은 논 사이로 전진했다.)
L'histoire ne nous retrace qu'une suite de catastrophes et des progressions toujours suivies de régressions. 〈France〉
(역사는 우리에게 일련의 재앙들과 항상 후퇴가 계속되는 진보들만을 회상시켜준다.)
Chaque jour qui passe, on voit la progression du mal. 〈Le Clézio〉
(하루 하루가 지나가면서, 병이 점점 악화되고 있다.)

progrès

[pro(=avant)+grès(=gress)] ⇒ 앞으로 나아감
명 진보, 향상, 진행, 확대

동 amélioration (향상), avance (전진, 진행), avancement (진보, 향상, 진행)
développement (발전), progression (전진, 진행), évolution (진전, 발달)
propagation (전파, 증식), augmentation (증가), aggravation (가중, 악화)
ascension (상승, 향상, 진보), perfectionnement (개선), essor (발전, 비약)

반 arrêt (정지), immobilité (부동, 정체), stagnation (침체, 부진),marasme (부진, 침체)
ralentissement (지연, 부진), régression (후퇴, 역행), recul (후퇴, 퇴보)
retraite (후퇴, 퇴역), décadence (쇠퇴, 타락), décroissance (쇠퇴, 하강)
déclin (쇠퇴, 하락), diminution (쇠퇴, 쇠약)

예문

Tandis que l'humanité a fait des progrès constants dans la conquête de la nature et est en droit d'en attendre de plus grands encore, elle ne peut prétendre à un progrès égal dans la régulation des affaires humaines.
(인류는 자연에 대한 정복에서 끊임없는 진보를 했으며 훨씬 더 큰 진보를 기대할 권리가 있다 하더라도, 인류는 인간사의 제한 속에서는 동일한 진보를 열망할 수 없다.)
Il n'y a point de vrai progrès de raison dans l'espèce humaine parce que tout ce qu'on gagne d'un côté on le perd de l'autre. 〈Rousseau〉
(인류에게 이성의 진정한 향상은 조금도 없다. 한 쪽에서 얻는 것을 다른 쪽에서 잃기 때문이다.)
Notre équipe de football est en progrès, elle a gagné tous ses matchs cette année.
(우리의 축구팀은 향상이 되어서 올해 시합마다 다 이겼다.)
Comment va votre fille? -- Il y a du progrès, elle se rétablit petit à petit.
(따님은 좀 어떠세요. -- 진전이 있습니다. 조금씩 회복되고 있습니다.)

régresser

[re(=derrière)+gress+er(s.v)] ⇒ 뒤로 나아가다
동 후퇴하다, 역행하다, 퇴행하다

동 diminuer (줄어들다), reculer (후퇴하다), se replier (후퇴하다)
rétrograder (후퇴하다, 퇴보하다)

반 avancer (전진하다), développer (발전하다), progresser (전진하다, 발전하다)
augmenter (증가하다), remonter (다시 높아지다), reprendre (회복되다)

예문

La douleur est en train de régresser. 〈Sarraute〉
(고통이 줄어들고 있다.)
La tuberculose régresse d'année en année.
(결핵은 해마다 줄어든다.)
La production a régressé par rapport à l'année dernière.
(생산은 작년에 비해 감퇴했다.)

régression

[re(=derrière)+gress+ion(s.n)] ⇒ 뒤로 나아감
명 후퇴, 역행, 퇴행

동 retraite (후퇴, 퇴역), recul (후퇴), repli (퇴각, 후퇴)
récession (후퇴, 쇠퇴), diminution (감소), retour (복귀)
involution (퇴화, 쇠퇴), réduction (감소, 축소)

반 développement (발전), progrès (진보), progression (전진, 진행)
avance (전진, 진행)

예문
La moralité infantile est en voie de régression.
(유아적인 도덕성이 후퇴하고 있다.)
L'alcoolisme est en régression.
(알콜 중독은 줄어들고 있다.)
La régression de la queue du têtard jusqu'à sa disparition.
(올챙이 꼬리가 사라질 때까지의 퇴행)

régressif

[re(=derrière)+gress+if(s.a)] ⇒ 뒤로 나아가는
형 후퇴하는, 퇴행하는, 역진적인

동 rétrograde (역행의)

반 progressif (진보적인)

예문
Le raisonnement régressif
(역진적 논증)
Des formes régressives
(기관의 퇴행형태)

rétrograder

[retro(=derrière)+grad+er(s.v)] ⇒ 뒤로 나아가다
동 되돌아오다, 후퇴하다, 퇴보하다, 속도를 떨어뜨리다, 강등시키다

동 reculer (후퇴하다), régresser (후퇴하다, 역행하다)
déchoir (하락하다), descendre (내려가다)

반 avancer (전진하다), progresser (전진하다, 발전하다)

예문

Ces gens prennent le roman par la queue, et en lisent tout d´abord le dénouement, sauf à rétrograder eusuite jusqu´à la première page. 〈Gautier〉
(이러한 사람들은 소설의 끝 부분을 살펴보고는 우선적으로 결말부분을 읽는다. 그 다음에 첫 페이지로 되돌아올지도 모르겠지만.)
Il faut développer les investissements, sous peine de faire rétrograder l´économie du pays.
(투자를 확장해야 한다. 그렇지 않으면 나라의 경제를 퇴보하게 만든다.)
L´armée a été contrainte de rétrograder. (그 군대는 후퇴할 수밖에 없었다.)
Jean ne cesse de rétrograder en maths. (장은 수학에서 계속 퇴보하고 있다.)

rétrogradation

[retro(=derrière)+grad+ation(s.n)] ⇒ 뒤로 나아감
명 강등, 후퇴, 퇴보

동 recul (후퇴, 퇴보), retraite (후퇴, 퇴역), régression (후퇴, 퇴행)
repli (퇴각, 후퇴), retour (복귀)

반 progrès (진보), progression (전진, 진행)
avance (전진, 진행), avancement (진보, 향상, 진행)

예문

Les rétrogradations de l´humanité sont comme celles des planètes. Vues de la terre, ce sont des rétrogradations ; mais absolument ce n´en sont pas. 〈Renan〉
(인류의 퇴보들은 행성들의 퇴보와 같다. 지구에서 보자면 그것은 퇴보이지만, 절대적으로 그런 것은 아니다.)

rétrograde

[retro(=derrière)+grad+e(s.a)] ⇒ 뒤로 나아가는
형 역행의, 반동적인, 퇴보적인

동 régressif (후퇴하는), réactionnaire (반동적인), rétro (복고풍의), passéiste (복고주의의)

반 progressif (진행성의), progressiste (진보주의의), direct (직행의), novateur (혁신적인)

예문

Dire qu´il se trouve encore des esprits rétrogrades pour ne pas croire au progrès! 〈Mauriac 〉
(진보를 믿지 않기 위해서는 퇴보적인 사상들이 있다고 말할 것!)
Les mouvements rétrogrades réels sont rares dans le système solaire.
(실제 역행적인 운행은 태양계에서는 흔하지 않다.)

CLÉ NO 22

HOM, HUMAN, HUM, HUMILI

humain, homme (사람), terre (땅, 흙)의 뜻

라틴어 homo, homin, humus 에서 유래 헬라어의 어근
HOMO(유사, 동일)와 구별해야겠다.
"흙" 과 "비천함" 과 "인간" 의 상호연결에서,
"흙" 으로 "아담(흙)" 이라는 "사람" 을 만들었다는
기독교에 근원을 둔, 종교적, 철학적인 느낌이 나온다.

homme

[<homo]
명 사람, 인류, 남자, 인물, 사나이

동 humanité (인류), humain (인간), individu (개인), personne (사람)
quidam (아무개), foule (군중), gens (사람들), vulgaire (하층민)
quelqu'un (어떤 사람), mortel (사람), créature (피조물, 인간)
monde (사람, 세계), âme (사람), esprit (사람), enfant (아이)
garçon (소년), adolescent (청소년), jeune homme (청년), vieillard (노인)
vieux (노인), monsieur (귀하, 분), bonhomme (호인), gars (소년, 젊은이)
garce (몹쓸 여자), mec (놈, 자식), type (놈, 녀석), mari (남편), époux (신랑)
gentilhomme (귀족), camarade (친구), citoyen (시민), surhomme (초인)
mâle (수컷, 남자), masculin (남성), anthropïde (유인원), anthropologie (인류학)

반 femme (여자, 아내), gonzesse (계집, 년), nana (정부, 여자), amante (정부, 애인)
amie (여자친구), épouse (신부), maîtresse (정부, 첩), dame (부인)
demoiselle (아가씨), cotillon (속치마, 여자), jupon (치마, 여자)
concubine (내연의 처), mère (어머니), maternité (모성애)

예문
On situe généralement au début du quaternaire l'apparition de l'homme sur la Terre.
(일반적으로 지구상에 인류의 출현을 제 4기 초엽으로 설정한다.)
Principaux caractères spéciaux à l'homme : station verticale, différenciation fonctionnelle des mains et des pieds, masse plus importante du cerveau, langage articulé, intelligence développée, en particulier faculté d'abstraction et de généralisation.
(인간에게 특유한 주요 특징들 : 직립자세, 손과 발의 기능의 분화, 두뇌의 보다 큰 용량, 분절언어, 발달된 지능, 특히 추상화와 보편화의 능력 등이다.)
Entrez dans cette maison et voyez si votre homme n'y est pas. 〈Mérimée〉
(이 집에 들어와서 당신이 찾는 사람이 있는지 보세요.)
Elle a besoin d'un homme, d'un bras d'homme autour de la taille. 〈Sartre〉
(그녀에게는 한 남자, 즉 자기 허리를 감싸 줄 남자의 팔이 필요하다.)

homicide

[homi(=homme)+cide(=tuer)] ⇒ 사람을 죽이는 행위 ⇒ 살인
명 살인자, 살인, 살인죄

동 meurtrier (살인자), meurtre (살인, 살인죄), assassin (암살자), assassinat (암살)
crime (범행, 살인), fratricide (형제살해(범)), infanticide (유아살해(범))
matricide (모친살해(자)), parricide (부모살해, 존속살해)

예문

> Si tous les ménages qui ne s'entendent pas en venaient à l'homicides! 〈Colette〉
> (서로 마음이 맞지 않는 모든 부부들이 다 살인을 하게 된다면 어떻게 되겠는가?)
> Le soldat sur le champ de bataille ne se considère pas comme un homocide.
> 〈Bernanos〉 (전쟁터에 있는 군인은 자신을 살인자로 여기지 않는다.)

hommage

[〈homme] ⇒ (높은 지위에 있는) 사람에 대한 태도
명 경의, 존경, 찬사, 신하가 되는 서약

동 respect (존경, 경의), civilités (인사, 경의), compliment (찬사, 축사)
devoirs (경의), culte (숭배, 예찬), honneur (명예, 경의, 존경)
adoration (경배, 숭배), vénération (숭배, 존경)

예문

> La cérémonie symbolique de l'hommage était suivie de l'aveu.
> (신하가 되는 서약의 상징적인 의식에는 군신관계 인정하는 것이 뒤따랐다.)
> Daignez agréer, Madame, mes respectueux hommages.
> (부인, 저의 존경하옵는 경의를 받아주시기 바랍니다. - 편지 끝의 경구)
> J'ai connu pas mal d'hommages, mais qui n'avaient rien de respectueux. 〈Colette〉
> (나는 많은 찬사를 받았다. 그러나 거기에는 경의를 표하는 것은 아무것도 없었다.)
> Je rends hommage à votre franchise. (당신의 솔직성에 경의를 표합니다.)
> Jean a présenté ses hommages à la dame. (쟝은 그 부인에게 공손하게 인사를 했다.)

humanité

[humani(=homme)+té(s.n)] ⇒ 인간다운 성질 ⇒ 인간성
명 인류, 인간, 인간성, 인정, 인성

동 bonté (선량, 친절), pitié (동정), sensibilité (인정, 감수성), tolérance (관용)
tendresse (애정, 자애), homme (사람), humain (인간, 인간성)

반 divinité (신성), inhumanité (비인간성, 몰인정), méchanceté (악의)
dureté (무정, 냉혹), cruauté (비정, 잔인), insensibilité (냉담, 무감각)

예문

> L'humanité et la divinité du Christ. (그리스도의 인성과 신성)
> L'humanité n'a adoré que ceux qui la firent périr. 〈Cioran〉
> (인류는 인류를 멸망케 만드는 사람들만을 열렬히 사랑했다.)
> L'amour suscite une source vive d'humanité. 〈Chardonne〉
> (사랑은 인간성의 격렬한 근원을 불러일으킨다.)
> C'est un homme plein d'humanité. (그는 인간미가 넘치는 사람이다.)

humaniser

[human(=homme)+iser(s.v)] ⇒ 인간답게 하다
동 인간답게 만들다, 인격화하다, 문명화하다, 완화시키다

동 civiliser (개화시키다), adoucir (부드럽게 하다), apprivoiser (순하게 만들다)

반 déshumaniser (인간성을 상실시키다, 비인간화하다)

예문

> La fable humanise les animaux. (우화는 동물을 인격화한다.)
> La révolution doit humaniser le travail lui-même, empêcher qu'il soit une abrutissante servitude. 〈Martin du Gard〉
> (혁명은 근로 그 자체를 인간미를 지니게 해야하고, 근로가 어리석은 속박이 되는 것을 막아야 한다.)
> Humaniser les conditions de travail. (근로조건을 완화시키다)

humanisation

[human(=homme)+isation(s.n)] ⇒ 인간답게 함 ⇒ 교화
명 교화, 개화, 인간화, 인격화, 완화

동 atténuation (완화), civilisation (교화)

반 divinisation (신격화)

예문

> La force irresistible du franciscanisme était dans son humanisation de la douleur. 〈Malraux〉
> (프란체스코 주의에 대한 거역할 수 없는 힘은 고통의 완화에 있었다.)
> Humanisation des conditions du travail. (노동조건의 완화)

humanisme

[human(=homme)+isme(s.n)] ⇒ 인간본위 주의
명 인문주의, 인본주의

예문

> Le pur humanisme, c'est-à-dire le culte de tout ce qui est de l'homme. 〈Renan〉
> (순수한 휴머니즘이란 인간에게서 나오는 모든 것을 숭배하는 것이다.)
> Trop de choses le séparent d'eux ; son humanisme n'est pas le même que le leur. 〈Beauvoir〉
> (너무 많은 것들이 그를 그들로부터 갈라놓는다. 그의 휴머니즘은 그들의 것과 같지 않다.)
> L'existentialisme est un humanisme. 〈Sartre〉 (실존주의는 일종의 휴머니즘이다.)

humanitaire

[human(=homme)+taire(s.a)] ⇒ 인간적인
형 인도적인, 인도주의적인, 박애주의적인

동 philanthropique (박애의, 자선의), humain (인간적인), bon (선량한), fraternel (우애 있는)

반 inhumain (비인간적인), impitoyable (무정한)

예문
> Aide humanitaire au tiers monde. (제 3세계에 대한 인도주의적인 원조)
> Il se consacre à des oeuvres humanitaires. (그는 인도주의적 사업에 헌신하고 있다.)

humain

[〈human(=homme)] ⇒ 인간다운
형 인간의, 인간다운　　명 인간, 인간성, 인류

동 humanoïde (인간과 닮은 (것)), bon (착한), généreux (관대한), indulgent (너그러운)
tolérant (관대한), compréhensif (이해심 많은), sensible (다정다감한)
humanitaire (인도주의적인), homme (인간), humanité (인류), gens (사람들)

반 divin (신의, 숭고한, 거룩), impitoyable (무정한), inhumain (비인간적인)
méchant (고약한), sévère (가혹한), rigoureux (가차없는), dur (무자비한)

예문
> Ils ne lésinent pas sur le matériel humain, nos généraux. 〈Beauvoir〉
> (우리 장군들은 인적자재에는 돈을 아끼지 않는다.)
> Danton, bien qu'il fût humain, n'était point sentimental. 〈Jaurès〉
> (당통, 그는 인간적이었음에도 불구하고 조금도 감정적이지 않았다.)
> Il a d'abord regardé son intérêt : c'est humain.
> (그는 먼저 자기의 이익을 생각했는데, 그것은 인간적인 일이다.)
> Il n'a plus rien d'humain. (그는 인정이란 조금도 없다.)

inhumain

[in+humain] ⇒ 인간답지 않은
형 인정 없는, 냉혹한, 비인간적인, 냉담한, 무정한

동 cruel (잔인한), impitoyable (무정한), barbare (잔인한), féroce (잔인한)
dur (무정한), insensible (무관심한), pénible (힘든), insupportable (견딜 수 없는)
inadmissible (용납할 수 없는), intolérable (견디기 어려운)

반 humain (인간적인), humanitaire (인도주의적인), généreux (관대한)

예문

> J'ai voulu te paraître odieuse, inhumaine. 〈Racine〉
> (나는 너에게는 가증스럽고 냉혹하게 보이고 싶었다.)
> Les femmes sont fermées à l'éternel, elles ont beau être inhumaines, cela ne les élève pas au-dessus des hommes. 〈Triolet〉
> (여성들은 영원한 것에는 무감각하다. 여성들이 아무리 무정해도 소용없다. 이것이 여성들이 남성들보다 더 위로 올라가지 못하게 한다)

humble

[hum(=)+ble(s.a)] ⇒ 땅에 가까운 ⇒ 천한, 자기를 낮추는
형 겸손한, 비천한, 보잘것없는

동 effacé (주제넘지 않은), modeste (겸손한), soumis (순종하는), pauvre (초라한) obscur (천한, 보잘 것 없는), simple (소박한), méchant (가치없는), vulgaire (평범한) quelconque (평범한), déférent (정중한), courtois (정중한), respectueux (공손한)

반 orgueilleux (거만한), vaniteux (거드름 피우는), grossier (버릇없는), fier (거만한) ambitieux (야심적인), arrogant (거만한), hautain (거만한), effronté (뻔뻔스러운) impertinent (무례한), insolent (건방진), grandiose (거창한), imposant (위엄있는) impressionnant (엄청난), frappant (놀라운), plat (굽실거리는), servile (비굴한)

예문

> La profondeur de notre ignorance nous rend humbles.
> (우리의 무지의 깊이가 우리들을 겸손하게 만든다.)
> Il demande d'une voix humble son pardon. (그는 겸손한 목소리로 용서를 빈다.)
> Il se fait humble devant son patron. (그는 사장 앞에서 슬슬 긴다.)
> Espoir, c'est la vieille devise de nos Gaulois, c'est pour cela qu'ils avaient pris comme oiseau national cet humble oiseau, si pauvrement vêtu, mais si riche de coeur et de chant. 〈Michelet〉
> (희망, 그것은 우리네 골족의 옛 신조이다. 그래서 그들은 그토록 초라한 옷차림을 한 그러나 마음과 노래가 풍성한 그 보잘것없는 새를 국조로 삼았었다.)

humilier

[humili(=humble)+ir(s.v)] ⇒ 땅에 가깝게 하다 ⇒ 비천하게 하다
동 모욕하다, 창피를 주다, 굴욕을 주다

동 prosterner (꿇어엎드리게 하다), abaisser (깍아내리다), rabaisser (격하시키다) dégrader (낮추다, 타락시키다), accabler (괴롭히다), écraser (억누르다) mortifier (모욕하다), offenser (모욕하다), outrager (모욕하다), insulter (모욕하다) injurier (욕설을 퍼붓다), vexer (모욕을 주다), crier (야단치다), pester (욕설을 퍼붓다)

반 élever (올리다), enorgueillir (거만하게 하다), exalter (찬양하다), glorifier (찬미하다)

예문

Son échec l'a humilié. (그의 실패는 그의 자존심을 꺾었다.)
Il lui semblait que cet homme qu'elle avait aimé s'amusait à l'humilier comme les autres. 〈Blais〉
(그녀는 자기가 사랑했었던 그 남자가 다른 사람들처럼 그를 괴롭히는 것을 즐기는 것 같았다.)
Sa fierté a été humiliée par l'indifférence de ceux qui l'écoutaient.
(그의 자존심은 그의 말을 듣고 있었던 사람들의 무관심에 의해 모욕을 받았다.)

humiliation

[humili+ation(s.n)] ⇒ 땅에 가깝게 하기 ⇒ 굴욕
명 창피, 굴욕, 굴복

동 abaissement (굴욕, 쇠퇴, 타락), honte (수치, 치욕), bassesse (천함)
déshonneur (불명예, 수치), mortification (굴욕, 모욕), confusion (부끄러움)
affront (무례, 모욕), avanie (모욕), camouflet (모욕), outrage (모욕, 능욕)
claque (손바닥으로 때리기), gifle (모욕, 뺨때리기), vexation (모욕, 굴욕)
prosternation (굴종, 비굴, 아부), vulgarité (야비함), trivialité (저속, 야비)

반 flatterie (아첨), glorification (찬미, 찬송)

예문

Si l'humilité est un renoncement à l'orgueil, l'humiliation au contraire amène un renforcement de l'orgueil. 〈Gide〉
(겸손은 교만의 포기라면, 반대로 굴욕은 교만의 강화를 야기한다.)
Il ressentait jusqu'à l'envie de vomir l'humiliation que ressent tout homme devant un homme dont il dépend. 〈Malraux〉
(그는 누구든지 자기가 복종하고 있는 사람 앞에서 느끼는 굴욕을 토하고 싶을 정도로 느꼈다.)
Pierre a rougi d'humiliation. (피에르는 창피해서 얼굴을 붉혔다.)

humilité

[humili+té(s.n)] ⇒ 자기를 낮추는 성질 ⇒ 겸손
명 겸손, 공손, 비천함

동 modestie (겸손), componction (겸손한 감정), soumission (굴복, 순종)
infériorité (열등, 열세), déférence (겸손), respect (경의)

반 amour-propre (자부심), arrogance (건방짐), fierté (오만, 자만심)
hauteur (거만함), orgueil (거만), superbe (오만, 교만), vanité (자만, 거만)
impudence (파렴치), impertinence (무례), insolence (건방짐)
irrespect (무례, 불손), irrévérence (불손, 무례), servilité (노예근성)

예문

L'humilité a sa source dans la conscience d'une indignité, parfois aussi dans la conscience éblouie d'une sainteté. 〈Colette〉
(겸손이란 무능력에 대한 의식 속에, 또한 가끔은 신성함에 매료된 의식 속에 겸손의 근원이 있다.)
Marie baissait la tête avec humilité. (마리는 겸손하게 고개를 숙였다.)
En toute humilité, il a avoué son ignorance.
(아주 겸허하게 그는 자기의 무지를 자인했다.)
Le premier devoir des petits est l'humilité devant les grands. 〈France〉
(어린이들의 첫 번째 의무는 어른들 앞에서의 공손이다.)
Je ne me sens d'humilité que devant les vies la plus pauvres ou les grands aventures de l'esprit. 〈Camus〉
(나는 단지 가장 가련한 생애들 앞에서 혹은 지성의 위대한 모험들 앞에서만 비천함을 느낀다.)

humoristique

[humor(〈humeur)+istique(s.a)] ⇒ 해학적인
형 해학적인, 익살스러운, 유머가 있는

동 comique (희극의, 우스꽝스러운), satirique (풍자적인, 비꼬는), drôle (우스운, 익살스러운)

반 sérieux (심각한, 진지한)

예문

Le ton sarcastique, humoristique que répudie la poésie. 〈Baudelaire〉
(시가 거부하는 빈정거리는, 익살스러운 어조)

humour

[〈humeur)] ⇒ 해학, 유머
명 해학, 익살, 유머

동 esprit (재치), ironie (비꼬기), plaisanterie (농담), drôlerie (익살, 농담)
sarcasme (빈정거림, 풍자), bouffonnerie (익살), farce (농담, 익살극)

반 sérieux (심각, 진지)

예문

Avoir le sens de l'humour (유머 감각이 있다.)
Elle est pleine d'humour. (그녀는 유머가 풍부하다)
Il n'a aucun sens d'humour. (그는 유머 감각이 전혀 없다.)

humeur

[hum+eur(s.n)] ⇒ 인간을 구성하는 것, 체액 ⇒ 기질
명 체액, 기질, 기분, 성질, 신경질, 해학

동 bile (담즙), chassie (눈꼽), flegme (점액, 침착), ichor (피고름), larme (눈물)
lymphe (림프액), mélancolie (흑담즙, 우울), morve (콧물), pituite (점액)

pus (고름), salive (침, 타액), sang (피), sanie (혈농), sueur (땀), synovie (관절액)
caractère (성질), tempérament (체질, 기질), complexion (체질, 기질)
naturel (본성, 기질, 체질), nature (본성, 성질), caprice (변덕), fantaisie (변덕)
impulsion (충동), enjouement (명랑), entrain (원기, 활기), gaieté (쾌활, 경쾌)
grogne (불평, 불만), hargne (역정), rogne (화, 역정), colère (화), irritation (신경질)
rancune (원한)

예문

Elle se plaignait sans cesse de ses nerfs, de sa poitrine, de ses humeurs. 〈Flaubert〉
(그녀는 자신의 힘줄, 가슴, 분비액에 대해 늘 투덜대기만 했다.)
Je ne suis pas d'humeur de vous écouter. (나 지금 당신 말을 들을 기분이 아니야.)
Je n'osais le faire remarquer à Jacques, connaissant son humeur. 〈Gide〉
(나는 쟉크의 성질을 알기 때문에 그에게 그 사실을 감히 지적할 수가 없었다.)
Dans un mouvement d'humeur, il le mit à la porte. (버럭 화를 내며 그는 그를 해고했다.)
Son inégalité d'humeur est pénible pour son entourage.
(그의 변덕스러운 성미가 주위 사람들에게는 고역이다.)
Il est de bonne humeur ce matin. (그는 오늘 아침 기분이 좋다.)
Je ne suis pas d'humeur à rire. (나는 웃을 기분이 아니다.)
C'est son échec qui le met de si mauvaise humeur.
(그의 기분이 그토록 나쁜 것은 그의 실패 때문이다.)

☺ Humeur ou Humour

humeur 는 "체액"으로 번역된다. 고대 그리스인들은 인체에 le sang (혈액), le flegme ou pituite (점액), la bile (황담즙), la mélancolie ou bile noire(흑담즙) 등의 4가지 체액(quatre humeurs)이 있으며, 이 체액들이 4가지 기본요소인 "공기, 물, 불, 흙"과 상호 작용하여 인간의 성격과 기질을 결정한다고 생각하였다.
고대 생리학자들에게 있어서 "흑담즙"의 발견은 특이한 것이다.
왜냐하면 "흑담즙"은 해부학적으로 존재하지 않기 때문이다.
그리고 4가지 체액이 서로 균형을 잃으면 여러 주요 정신질환이 발생한다고 믿었다.
이러한 사상은 히포크라테스에 의해서 처음으로 도식화되었고, 중세까지 지배하였다.
"혈액(sang)"이 많으면 "다혈질의 사람(sanguin)"이 되어, 혈기, 격렬, 잔인한 성격,
"점액(flegme)"이 많으면, "점액질의 사람(flegmatique)"이 되어, 침착하고 냉정한 성격,
"황담즙(bile)"이 많으면 "담즙질의 사람(bilieux)"이 되어, 까다롭고 화를 잘 내는 성격,
"흑담즙(mélancolie)"이 많으면, "흑담즙질의 사람(mélancolique)"이 되어, 불안, 우울, 침울한 성격이 된다.
이러한 humeur 가 시대변화에 따라 "기질, 기분, 성질, 신경질" 등의 의미를 갖게 되었고, "해학, 익살"의 뜻을 가지는 humour 는 영어에서 온 말로 "인간의 행동, 언어, 문장 등이 갖는 웃음의 뜻, 그리고 그러한 웃음을 인식하거나 표현하는 능력"의 뜻까지 덧붙게 되었다.

CLÉ NO 23 JUG, JUDI, JUDIC

juge (재판, 재판관)의 뜻

라틴어 judicare에서 유래했으며, 이것은 다시
jus(=loi 법)+dicare(=dire 말하다)로 된 것이다.

juger

[〈judicare] ⇒ 법에 의해 말하다
동 재판하다, 판단하다, 평가하다, 생각하다, 여기다

동 trancher (딱 잘라 해결하다), rendre la justice (재판하다), arbitrer (판정하다)
rendre un verdict (평결을 내리다), rendre un délibéré (판결을 내리다)
régler (결판내다), conclure (종결짓다), décider (결정하다), statuer (판결하다)
prononcer (판결을 내리다), apprécier (평가하다), considérer (여기다)
examiner (심사하다), coter (평가하다), évaluer (평가하다), jauger (평가하다)
approuver (칭찬하다), désapprouver (비난하다), blâmer (나무라다)
condamner (유죄선고하다), critiquer (비판하다), estimer (평가하다, 생각하다)
trouver (생각하다), croire (생각하다), penser (생각하다), envisager (생각하다)
regarder (여기다), imaginer (생각하다, 상상하다), se représenter (상상하다)

예문

Ils avaient été arrêtés avant le combat, vaguement jugés, et attendaient d'être fusillés. 〈Malraux〉
(그들은 전투 전에 체포당했고, 애매하게 재판 받은 후에 총살형을 기다리고 있었다.)
Le jury a jugé les candidats au concours.
(심사위원은 경쟁시험에서 응시자들을 심사했다.)
Il ne faut pas juger les gens sur l'apparence.
(사람을 외모로 판단해서는 안 된다.)
Il est difficile de juger la valeur de l'ouvrage sur ce seul extrait.
(이 발췌문만으로 그 작품의 가치를 평가한다는 것은 힘들다.)
J'avertis l'officier que j'étais médecin moi-même et que je jugeais son examen superflu. 〈Duhamel〉 (나는 그 관리에게 바로 내 자신이 의사이며, 그 사람에 대한 진찰은 쓸데없는 것으로 생각한다고 알렸다.)

juge

[〈judicare] ⇒ 법에 의해 말하는 사람 ⇒ 재판관
명 재판관, 판사, 심사원, 심판

동 magistrat (사법관, 행정관), magistrature (사법관), juge d'instruction (예심판사)
conseiller (고등법원 판사, 조언자), récusation (이의신청), audience (심문, 방청인)
délibération (심의, 의결), délibéré (판결, 합의), jugement (재판), prononcé (선고)
rôle (사건목록, 명부), justice (사법, 재판), jugé (판단), juger (판단)

예문

> Les juges, en toque et en robe, firent leur entrée dans la salle du tribunal.
> (재판관들이 법관 모자와 법복을 입고 법정에 들어왔다.)
> Tout ce qui a été écrit par les hommes sur les femmes doit être suspect, car ils sont à la fois juge et partie. 〈Beauvoir〉
> (남성들이 여성들에 대하여 쓴 모든 것이 의심스러울 수밖에 없다. 왜냐하면 그들이 심사원인 동시에 당사자이기 때문이다. 즉 자신의 이해가 얽힌 문제를 자신이 결정짓기 때문이다.)
> La conscience est le juge de notre conduite. (양심은 우리행동의 심판자이다.)
> Je vous en fais juge. (시비의 판단은 당신에게 맡깁니다.)

jugement

[juge+ment(s.n)] ⇒ 법에 의해 말하는 것 ⇒ 재판
명 재판, 심판, 판결, 판단, 생각, 의견, 판단력

동 décision (결정), arrêt (결정, 판결), sentence (판결, 선고), verdict (평결, 심판)
procès (소송), cause (소송), tribunal (재판소, 재판, 법관), justice (사법, 재판)
blâme (비난, 힐난), critique (비난, 비평), réprobation (비난, 탄핵), opinion (의견)
point de vue (관점), avis (생각), idée (생각), pensée (생각), sentiment (감정, 의견)
appréciation (평가, 의견), approbation (동의, 찬성), discernement (판별, 분별)
bon sens (양식), entendement (이해력, 판단력), finesse (통찰력)
intelligence (지성, 이해력), perspicacité (통찰력), raison (이성, 판단력)
sens (판단력, 분별력), affirmation (단언, 확언), proposition (제안)

예문

> Se soumettre au jugement du tribunal. (법정의 판결에 복종하다)
> Jugement de Salomon. (솔로몬 왕의 재판, 현명하고 공정한 판단)
> Jugement dernier. (최후의 심판)
> On distingue, en logique, le jugement analytique et le jugement synthétique.
> (사람들은 논리적으로 분석적 판단과 종합적 판단을 구별한다.)
> Mon jugement est tout de même un peu plus nuancé que vous ne semblez le croire. 〈Ionesco〉
> (그래도 제 생각은 당신이 그렇게 생각하는 것보다 좀 더 미묘한 차이가 있습니다.)
> Je livre [soumets] cela à votre jugement.
> (그것은 당신의 판단에 맡기겠습니다.)

judiciaire

[judic+iaire(s.a)] ⇒ 법에 의한 ⇒ 재판의
형 재판의, 사법의, 법정의

동 juridique (법률상의, 재판상의), civil (민법상의)

예문

> Le pouvoir judiciaire doit être indépendant du pouvoir exécutif.
> (사법권은 행정부로부터 독립되어야 한다.)
> Poursuites judiciaires (소추)
> Vente judiciaire (공매)
> Acte judiciaire (영장)

judicieux

[judic+ieux(s.a)] ⇒ 판단력 있는
형 사리분별 있는, 판단이 정확한, 정당한, 현명한

동 raisonnable (합리적인), sensé (분별있는), intellgent (총명한), sage (똑똑한)
pertinent (정당한, 적합한), rationnel (이성적인), logique (논리적인)

반 absurde (사리에 어긋나는), stupide (어리석은)

예문

> Un homme judicieux qui est de bon conseil dans les affaires difficiles.
> (힘든 사업에서 신뢰할 만한 분별 있는 사람)
> Il serait plus judicieux de le prévenir vptre absent.
> (당신의 부재를 그에게 알리는 것이 더 현명할 것이다.)
> Ta remarque est judicieuse. (너의 지적은 합당하다.)

préjuger

[pré+jug+er(s.v)] ⇒ 앞서(미리) 판단하다
형 지레짐작하다, 예측하다, [...de] 미리 판단하다, ..에 대하여 속단하다

동 prévoir (예측하다), supposer (추측하다), conjecturer (추측하다), deviner (알아맞히다)

예문

> Je ne veux point préjuger la question.
> (나는 그 문제를 두고 조금도 지레짐작하고 싶지는 않다.)
> Je ne peux pas préjuger de sa réaction, alors que je ne lui ai jamais adressé la parole.
> (과거에 내가 그에게 한 번도 말을 걸지 않았기 때문에, 나는 그의 반응을 미리 판단할 수 없다.)
> Je ne peux pas préjuger de sa réaction. (나는 그의 반응에 대해 예측할 수 없다.)

préjugé

[pré(=avant)+juge] ⇒ 앞선 판단
명 편견, 선입관, 억측, 예측, 징조 ☺ préjudice와 헷갈리지 말자!!

동 jugement partial (편견), parti-pris (선입관, 편견), opinion toute faite (선입관)
idée préconçue (편견, 선입관), prévention (편견, 선입관), prévision (예측)
présupposition (예상, 전제), supposition (가정, 추측), conjecture (추측), signe (징조)
présage (전조, 억측), augure (전조), indice (징후, 실마리), symptôme (증상)

예문

Ses préjugés d'enfance s'opposèrent à la complète émancipation de son intelligence. 〈Balzac〉
(그의 어렸을 때의 편견들이 그의 지성의 완전한 해방에 장애가 되었다.)
Il a un préjugé de race.
(그는 인종에 대한 편견을 가지고 있다.)
Pierre a des préjugés contre les films américains.
(그는 미국 영화에 대하여 선입관을 가지고 있다.)
Elle bénéficie d'un préjugé favorable.
(그녀는 유리한 징조로 이득을 보고 있다.)

préjudice

[pré+jug+er(s,v)] ⇒ 미리 행해진 판결 ⇒ 침해
명 침해, 손해, 폐 ☺ 영어와 뜻이 다르니 혼동 주의!!

동 perte (손실, 적자), dommage (손실, 손해), méfait (피해, 손해), mal (손해), dam (손해) détriment (손해), désavantage (불리, 단점), déficit (적자), inconvénient (지장, 단점)

반 avantage (장점, 특혜), bénéfice (이익, 이득), bien (이익, 이득), aide (도움, 구제)
assistance (원조, 협력), bienfait (혜택, 은혜), boni (잉여금, 이익), gain (이득)
excédent (흑자, 초과액), profit (이익, 이득), rapport (수입, 이익), revenu (소득, 수입)
superbénéfice (잉여이윤, 과다이윤), bénef (이익, 수입)
privilège (특권), droit (권리), favaur (배려, 호의)

예문

Cette mauvaise traduction constitue pour l'auteur un grave préjudice moral.
(그런 서투른 번역은 저자에게는 심각한 정신적인 침해의 본질을 이룬다.)
Une injustice vient d'être commise à son profit, à mon préjudice. 〈Duhamel〉
(부당함은 그 사람에게는 이익이 되고, 나에게는 손해 되게 이루어지는데서 온다.)
Votre retard m'a causé un grave préjudice.
(당신이 늦게 와서 나는 큰 피해를 입었다.)
L'auteur de l'accident s'est vu retirer son permis de conduire sans préjudice des poursuites judiciaires.
(사고 장본인은 기소당하는 것과는 별도로 운전면허를 취소당했다.)

préjudiciable

[pré+jug+er(s.v)] ⇒ 침해를 가져오는
형 해를 끼치는, 해로운, 불리한

동 nuisible (해로운), malfaisant (유해한), dommageable (손해를 주는)
attentatoire (침해하는), nocif (해로운, 유독한)

반 salutaire (이로운, 유용한), bénéficiaire (이로운), bénéfique (이로운)
profitable (유익한), avantageux (유리한)

예문

Ce régime d'immobilité, à l'âge que j'avais, était préjudiciable à ma santé.
⟨Renan⟩ (과거 그 나이에 했었던 고정된 식이요법이 내 건강에 해로웠다.)
C'est une erreur très préjudiciable à vos intérêts.
(그것은 당신의 이익에 대단히 불리한 잘못입니다.)

adjuger

[ad(=à)+jug+er(s.v)] ⇒ 재판으로 바르게 되게 하다
동 판결에 의하여 주다, 낙찰시키다, 수여하다

동 attribuer (부여하다), décerner (수여하다), donner (수여하다)

예문

Le commissaire-priseur adjuge le tableau au plus offrant.
(경매인이 그 그림을 최고액 입찰자에게 낙찰한다.)
Elle hoche la tête et m'adjuge un 20 qui fait loucher l'auditoire. ⟨Colette⟩
(그녀는 머리를 설레설레 흔들며 청중이 부러워하는 20짜리를 나에게 준다.)

CLÉ NO 24

JUST, JUR

loi(법), justice(정의), jurer(선서하다)의 뜻

라틴어 jus, jurare에서 유래했으며,
judicare와 같은 어근에서 파생된 것이다.

jurer [jur+er(s.v)] ⇒ 선서하다
동 선서하다, 맹세하다, 단언하다, 굳게 결심하다, 어울리지 않다, 욕하다
jurer de : ...을 맹세하다, jurer sur/par : ...을 걸고 맹세하다

동 s'engager (약속하다), décider (결심하다), assurer (단언하다), déclarer (선언하다) affirmer (단언하다), blasphémer (모독하다), sacrer (욕하다), insulter (모욕하다) injurier (모욕하다), humilier (모욕하다), crier (야단치다), pester (욕설을 퍼붓다) aller mal (어울리지 않다), détonner (어울리지 않다), dissoner (불협화음이 되다) hurler (어울리지 않다)

반 abjurer (맹세코 버리다), s'accorder (어울리다, 일치되다), s'allier (어울리다, 조화되다) s'harmoniser (어울리다, 조화되다), cadrer (일치하다, 부합하다)

예문

Il jure sur la tête de son fils de ne plus jamais boire ⟨Hébert⟩
(그는 더 이상 절대 술을 마시지 않겠다고 자기 아들 머리에 손 얹고 맹세한다.)
Le jour du mariage, les époux jurent qu'ils seront fidèles l'un à l'autre.
(결혼식날, 부부는 서로서로에게 충실할 것을 서약한다.)
Il jure qu'il a vu cet homme devant la maison.
(그는 자기가 그 사람을 집 앞에서 보았다고 단언한다.)
Henri s'était bien juré de ne plus jamais lui serrer la main. ⟨Beauvoir⟩
(앙리는 더 이상 결코 그와 악수하지 않겠다고 스스로 다짐했다.)
Sa toilette jure avec son physique.
(그녀의 화장은 자기 체격과 어울리지 않는다.)
Il jure après une serrure qu'il ne parvient pas à ouvrir.
(그는 자기가 열지 못하는 자물쇠에 대하여 욕을 해댄다.)

jury [⟨jurée] ⇒ 선서한 사람 ⇒ 배심원
명 배심, 배심원, 심사위원, 심사위원회

동 serment (선서, 맹세), commission (위원회)

예문

Le jury de la cour d´assises se prononce sur la culpabilité du prévenu.
(중죄재판소의 배심원은 피의자의 유죄성에 대하여 의사를 표시한다.)
Après s´être réunis pour délibérer, le jury et la cour ont rendu leur verdict.
(배심원과 재판관이 모여서 협의한 후에 판결을 내렸다.)
Le jury d´une exposition de peinture. (미술전람회의 심사위원)

juridiction

[juri+dic(=dire)+tion(s.n)] ⇒ 법에 따라 말할 수 있는 권한
명 권한, 사법권, 재판권, 재판소, 법정

동 autorité (권한, 당국), pouvoir (권한), droit (권리), compétence (권한)
ressort (권한, 관할), chambre (법정), conseil (심의회), cour (재판소)
tribunal (법정, 법관), instance (소송, 결정기관), justice (법정)

예문

Cela ne relève pas [n´est pas] de votre juridiction.
= Cela ne vous regarde pas.
(그것은 당신의 권한에 속하지 않는다. 당신과 상관이 없다.)
Juridiction contentieuse (관할사건에 대한 판결권)
Juridiction gracieuse (관할사건 이외의 사건에 대한 결정권)
Juridiction compétente (관할재판소)
Juridiction civiles (민사재판소)

juridique

[juri+di(=dire)+que(s.a)] ⇒ 법에 따라 말하는
형 법률상의, 재판에 관한

동 judiciaire (재판의, 사법의, 법정의), légal (법률의, 합법적인)

예문

Un acte juridique est soumis à des formes légales.
(법률행위는 법적절차에 따른다.)
Le vocabulaire juridique (법률용어)
Intenter une action juridique (소송을 걸다)
Preuve juridique (재판상의 증거)

jurisprudence

[juris+prudence(=expérience)] ⇒ 전에 경험되어진 사법적 결정들
명 판례, 법해석, 법원리

동 coutume (관례, 관습법), doctrine (법해석), précédent jurisprudentielle (판례)

예문

> Se conformer à la jurisprudence en la matière.
> (그 분야에 있어서는 판례에 따르다.)
> Mon grand-père que je considérais comme meilleur juge et dont la sentence, faisant jurisprudence pour moi... 〈Proust〉
> (할아버지를 나는 보다 뛰어난 재판관으로 여겼고 그의 판결은 나에게는 법원리를 적용하는 권위가 있었다.)
> La jurisprudence de la Cour de cassation n'a jamais varié sur ce point.
> (파기원[최고재판소]의 판례는 그 논점에 관하여 전혀 의견을 바꾸지 않았다.)

juste

[〈jus(=loi)] ⇒ 법에 맞는
형 정당한, 올바른, 타당한, 공평한, 공정한, 정확한
부 올바르게, 정확하게, 바로, 꼭, 겨우, 간신히
명 정의, 정확함, 의인, 신앙이 독실한 사람

동 équitable (공정한), impartial (공정한), intègre (공명정대한), légal (합법적인)
loyal (합법적인, 정당한, 공정한), légitime (합법적인, 정당한), honnête (올바른, 정직한)
fondé (정당한, 근거 있는), adéquat (적합한, 정확한), approprié (적당한)
convenable (적당한, 적절한), réel (실제의), véritable (사실의, 참된), vrai (사실의)
même (같은), précis (정확한), exact (정확한), propre (정확한, 적합한)
authentique (진정한), logique (논리적인), judicieux (판단이 정확한, 정당한)
pertinent (적절한, 정당한), raisonnable (합리적인), rationnel (이성적인)
justement (바로, 정확하게), précisément (바로, 정확하게), seulement (겨우)
à peine (겨우, 고작), exactement (정확히), justice (정의), fidèle (신자)

반 abusif (부당한, 속이는), absurde (부조리한), approximatif (대략의)
déraisonnable (당치않은), arbitraire (임의의, 독단적인), désaccordé (조화되지 않은)
faux (거짓의, 잘못의), incorrect (틀린), inexact (틀린), inique (부당한, 불공평한)
injuste (부당한), boiteux (고르지 못한)

예문

Tu n'es pas juste avec moi, tu m'accuses quand je n'ai rien fait.
(너는 내게 공정하지 못하다, 나는 아무것도 안 했는데, 너는 나를 비난한다.)
Heureux ceux qui sont morts dans une juste guerre! 〈Péguy〉
(정당한 전쟁에서 죽은 자들은 복이 있나니!)
Il n'est pas juste avec moi, il m'accuse tout le temps.
(그는 나에 대해서 공정하지 못하다. 항상 나를 비난하기만 한다.)
Peser le monde à son juste poids, c'est facile à notre âge. 〈Mauriac〉
(자신의 정확한 잣대로 사람들을 평가한다는 것은 우리나이 때에는 쉬운 일이다.)
Ces chaussures sont trop justes, elles vous feront mal.
(이 신발은 너무 꼭 맞아서 당신이 신으면 발이 아플 것입니다.)
C'est tout juste si j'ai pu lui dire bonjour, il était pressé.
(그가 어찌나 바빴는지, 나는 그에게 안녕이라고 말할 수 있었던 것이 고작이었다.)
Le gigot sera un peu juste pour nous six.
(그 넓적다리 고기는 우리 6명분으로 겨우 되겠는걸.)
Il est arrivé juste quand je partais. (내가 막 떠나려할 때 그가 도착했다.)
Le café est juste au coin de la rue. (카페는 바로 길 모퉁이에 있다.)
Il y a juste Pierre qui ne peut pas venir, les autres seront là.
(올 수 없는 사람은 오직 피에르뿐이고 다른 사람들은 다 올 것입니다.)
La distinction du juste et de l'injuste. (정의와 불의의 구별)
Les justes et les impies. (신자와 무신앙자)
Tu ne sais pas au juste ce qu'il faut faire.
(무엇을 해야 하는지를 너는 정확하게 모르고 있구나.)

justement

[just+ment(s.n)] ⇒ 법에 맞게
부 정확하게, 적절하게, 바로, 마침

동 précisément (바로), pertinemment (적절하게)
raisonnablement (타당하게), exactement (정확하게)

반 injustement (불공평하게), faussement (틀리게)

예문

Ses efforts ont été justement récompensés. (그의 노력은 적절하게 보상받았다.)
C'est justement pour ne penser à rien que je pars. 〈Sagan〉
(내가 떠나는 것은 정확히 말하자면 아무것도 생각하지 않기 위해서야.)
Il va venir ; justement le voici. (그는 곧 올 거야. 마침 여기 오네.)
C'est justement ce qu'il ne fallait pas faire.
(바로 그것이 그가 해서는 안 될 일이었다.)
On parlait justement de vous. (마침 당신에 대해서 이야기하고 있었던 참이다.)
Il vient justement d'arriver. (그는 막 도착한 참이다.)

justesse

[just+esse(s,n)] ⇒ 법에 맞음 ⇒ 정확함
명 올바름, 정확함, 표현이 적절함

동 convenance (적절), correction (정확), exactitude (정확)
authenticité (올바름), vérité (진실, 사실), précision (정확성)
raison (판단력, 이성), rectitude (올바름, 정확성), propriété (적절함, 정확성)

반 approximation (근사치), erreur (잘못), faute (부정확), fausseté (오류)

예문

Les enfants apprécient avec une parfaite justesse la valeur morale de leurs maîtres. 〈France〉
(아이들은 자기 선생님들의 정신적인 능력을 대단히 정확하게 평가한다.)
Il y a dans le style de Théophile Gautier une justesse qui ravit. 〈Baudelaire〉
(Théophile Gautier의 문체에는 황홀하게 만드는 표현의 적절함이 있다.)
Il a voulu faire une partie de billard et j'ai perdu de justesse. 〈Camus〉
(그는 당구를 치기 원했다. 그래서 내가 근소한 차이로 졌다.)
Je l'ai évité de justesse. (= Il s'en est fallu de peu que je ne le rencontre.)
(나는 가까스로 그 사람을 피했다. = 나는 그 사람과 마주칠 뻔했다.)

justice

[just+ice(s,n)] ⇒ 법에 맞음 ⇒ 정당함
명 올바름, 정당함, 정의, 공평, 사법, 재판, 법정

동 droiture (올바름, 공정함), équité (공정), impartialité (공평, 공정), intégrité (공명정대)
probité (정직), légalité (적법성, 합법성), droit (법률, 법학), loi (법률), juste (정의)
procédure (소송절차), action (소송), poursuite (소추, 기소), procès (소송)
arrêt (판결, 결정), jugement (재판), ordonnance (법령, 법규), règlement (법규, 해결)
sentence (판결, 선고)

반 crime (죄, 범죄), illégalité (위법), iniquité (불공정, 타락), injustice (불의, 불법, 불공정)

예문

Ses soucis à propos de la guerre, de la paix, de la justice n'étaient pas des fariboles. 〈Beauvoir〉
(전쟁, 평화, 정의에 대한 그의 염려는 하찮은 일이 아니었다.)
Selon lui, la justice des hommes n'était rien et la justice de Dieu tout. 〈Camus〉
(그 사람에 따르자면, 인간의 정의는 아무것도 아니며, 신의 정의가 전부라는 것이다.)
Il a toujours agi avec justice.
(그는 항상 올바르게 행동했다.)
La justice des hommes intervient toujours trop tard : elle réprime ou flétrit les actes. 〈Bernanos〉
(사람들의 재판은 항상 너무 늦게 개입한다. 그 재판은 행위를 응징하든지 규탄하든지 한다.)
La justice rendra son verdict.
(법원이 판결을 내릴 것이다.)
Il a décidé de se faire lui-même justice et il a tué le meurtrier de son fils.
(그는 스스로 복수할 것을 결심하고 자식의 살인자를 죽였다.)
L'assassin s'est fait justice en se tirant une balle dans la tête.
(살인자는 자기 머리에 한 방을 쏘아 목숨을 끊었다.)

justifier

[justi+fi(=faire)+er(s.v)] ⇒ 정당하게 만들다
동 정당화하다, 변명하다, 해명하다, 증명하다, 근거를 대다

동 vérifier (확인하다, 실증하다), confirmer (확인하다, 확증하다), couvrir (비호하다)
décharger (유리한 증언을 하다, 경감하다), défendre (변호하다), excuser (변명하다)
disculper (무죄를 증명하다), , innocenter (무죄를 선고하다), permettre (승인하다)
autoriser (정당화하다), légitimer (정당화하다), exprimer (나타내다)
rendre compte de (설명하다), expliquer (설명하다), prouver (증명하다)
motiver (근거를 대다, 이유가 되다), démontrer (증명하다)

반 accuser (비난, 고소, 인정하다), blâmer (비난, 힐난하다)
condamner (유죄 선고하다), incriminer (비난, 고소하다)

예문

Ne pouvant fortifier la justice, on a justifié la force. 〈Pascal〉
(사람들은 정의를 강화할 수가 없어서 폭력을 정당화했다.)
Telle est la faiblesse de notre raison : elle ne sert le plus souvent qu'à justifier nos croyances . 〈Pagnol〉 (우리 이성의 연약함이란 그런 것이다.
즉 이성은 대개 우리의 신념을 변명하는 데에만 쓰인다.)
Comment vas-tu justifier toutes ces dépenses?
(너는 어떻게 이 지출들을 해명할거니?)
Ses revenus ne justifient pas son train de vie.
(그의 수입으로는 그의 생활방식이 설명되지 못한다.)
Il justifie de son identité en montrant ses papiers.
(그는 자신의 서류들을 제시함으로써 자기의 신분을 증명한다.)
De tels propos ne se justifient guère en cette occasion.
(그런 이야기는 이 경우에는 정당화되기 어렵다.)

justification

[justi+fic(=faire)+ation(s.n)] ⇒ 정당하게 하는 것
명 정당화, 변명

동 décharge (변호, 경감), défense (변호), excuse (변명, 해명), compte (설명, 해명)
explication (설명, 해명, 변명), éclaicissement (해명, 설명), argument (논증, 증명)
raison (해명, 구실), prétexte (구실), apologie (변명, 변호), preuve (증명, 근거)

반 accusation (비난, 고소), calomnie (중상, 모략)

예문

> Elle était assez pure pour chercher une justification de ses actes dans cette soi-disant logique. 〈Giono〉
> (그녀는 소위 그 논리학이란 것으로 자기 행동의 정당화를 추구할 정도로 꽤나 순수했다.)
> Il demande une justification des frais à un entrepreneur.
> (그는 한 청부업자에게 비용의 해명을 요구한다.)

abjurer

[ab(=loin)+jur(=loi)+er(s.v)] ⇒ 선서하여 멀리 버리다
동 종교를 선서하여 버리다, 개종하다, 비판하다

동 abandonner solenellement (공식적으로 버리다)
faire son autocritique (자기의 과오를 시인하다)
se retracter (철회하다), renier (신앙을 버리다)

예문

> Pressée par lui, Gertrude avait abjuré. 〈Gide〉
> (그에 의해 재촉을 받아 Gertrude는 개종했었다.)
> Abjurer ses erreurs. (자신의 잘못된 생각을 버리다.)

abjuration

[ab(=loin)+jur(=loi)+ation(s.n)] ⇒ 선서하여 멀리 버림
명 개종, 포기

동 apostasie (배교, 변절)

예문

> Le désaccord, même partiel, d'un artiste avec le système le conduit à une abjuration. 〈Malraux〉
> (비록 부분적이기는 하지만 한 예술가의 체계적인 대립은 그 사람을 포기하기에 이르게 한다.)

adjurer

[ad(=à)+jur(=loi)+er(s.v)] ⇒ (신)에게 맹세하다 ⇒ 간청하다
동 요구하다, 간청하다, 악마를 쫓아내다, 증인으로 삼다

동 conjurer (쫓아내다, 간청하다), implorer (탄원하다, 간청하다)
supplier (탄원하다), prier (간청하다)

예문

> Le juge l'adjure de dire la vérité.
> (판사는 그에게 진실을 말하라고 요구한다.)
> Elles lançaient leurs bras comme pour abjurer le soleil. 〈Montherlant〉
> (그녀들은 태양을 쫓아내기라도 하는 것처럼 팔을 내저었다.)

adjuration

[ad+jur(=loi)+ation(s.n)] ⇒ (신)에게 맹세함 ⇒ 간청
명 간청, 탄원

동 demande (요구, 청원), supplication (애원, 탄원), prière (기원, 간청)

예문

> Elle partit en emportant ses cris d'amour réfrénés, ses adjurations jugulées. 〈Colette〉 (그녀는 억제된 사랑의 외침과 억제된 간청을 날려보내며 떠났다.)
> L'adjuration solennelle adressés aux chefs d'État par les plus hautes personnalités empêcha le conflit d'éclater.
> (가장 저명한 명사들이 국가 원수들에게 보낸 엄숙한 탄원이 발발하려는 분쟁을 막았다.)

ajuster

[a(〈ad=à)+just(=loi)+er(s.v)] ⇒ 법에 맞게(바르게) 하다 ⇒ 꼭 맞추다
동 꼭 맞추다, 단정하게 하다, 정돈하다, 조정하다, 겨누다, 조립하다

동 viser (겨누다), en vouloir à qc (겨누다), s'habiller (정장을 입다), se parer (차려입다)
arranger (정돈하다), ordonner (정돈하다), accorder (조정하다)
concilier (화해시키다), assembler (조립하다), monter (맞추다, 조립하다)

반 déranger (어지르다, 성가시게 굴다), mettre en désordre (어지르다)
perturber (어지럽히다), troubler (흐리게 하다)

예문

> Il ajusta soigneusement le couvercle pour éviter que le liquide ne se renverse.
> (그는 액체가 엎질러지는 것을 피하기 위하여 뚜껑을 정성스럽게 꼭 맞게 덮었다.)
> Il ajusta un peu sa coiffure avant d'entrer dans le salon.
> (그는 거실에 들어가기 전에 그의 머리를 약간 가다듬었다.)
> Ils s'efforcent d'ajuster des principes différents.
> (그들은 다른 방침들을 조정하려고 노력한다.)
> Je dois adjuster mes dépenses à mes revenus. (나는 지출을 수입에 맞추어야겠다.)
> Il a bien ajusté son coup et l'a frappé en pleine poitrine.
> (그는 그의 공격을 잘 겨누어서 그의 가슴 한복판을 때렸다.)
> C'est un couvercle faussé qui s'ajuste mal au récipient.
> (그것은 용기에 잘 맞지 않는 뒤틀린 뚜껑이다.)

ajustement

[a(〈ad=à)+just(=loi)+ment(s.n)] ⇒ 법에 맞게(바르게) 함
명 조정, 조절, 맞추기

동 adaptation (적응하기), agencement (정리, 정돈, 조립), arrangement (배열, 정돈조정)
aménagement (정돈하기), accommodement (조정, 타협), réconciliation (화해, 조정)

예문

> Le projet de loi a subi quelques derniers ajustements.
> (그 법률안은 최근의 몇몇 조정을 받았다.)
> Je suis encore à Bussy, où je fais des ajustements qui finissent la maison. 〈Bussy〉
> (나는 아직 Bussy에 있다. 거기서 나는 집을 완성할 맞추기를 하고 있다.)

conjurer

[con(=avec)+jurer] ⇒ 함께 선서하다
동 청원하다, 간청하다, 쫓아내다, 피하다

동 adjurer (간청하다), implorer (탄원, 간청하다), prier (간청하다), supplier (탄원하다)
chasser (쫓아내다), exorciser (쫓다, 몰아내다), poursuivre (쫓아내다)
enlever (제거하다), comploter (음모를 꾸미다), conspirer (음모를 꾸미다)
tramer (음모를 꾸미다), éviter (피하다)

반 attirer (유인하다), évoquer (떠올리다), invoquer (간청하다)
inviter (초대하다, 권유하다), amorcer (꾀어내다)

예문

> Je vous conjure de m'écouter. (제발 제 말씀 좀 들어주십시오.)
> On a tout tenté pour conjurer l'échec des négociations.
> (협상의 실패를 피하기 위하여 온갖 노력을 다했다.)
> Conjurer le mauvais sort. (악운을 쫓다.)
> Conjurer un accident. (사고를 피하다.)

conjuration

[con(=avec)+jur+ation(s.n)] ⇒ 함께 선서함
명 간청, 탄원, 음모, 공모, 액막이, 주술

동 conspiration (음모), complot (음모), coalition (동맹, 연합), ligue (동맹, 연맹)
exorcisme (푸닥거리, 마귀 쫓는 주문), adjuration (간청, 마귀 쫓는 주문), charme (주문)

반 maléfice (방자, 주문), sortilège (마법, 마력)

예문

> Il voyait bien qu'elle faisait une conjuration au feu follet. 〈Sand〉
> (그녀가 도깨비불을 피워놓고 주술을 하는 것이 그에게 잘 보였다.)
> Le prince était l'âme, sinon le chef, d'une vaste conjuration. 〈Mérimée〉
> (왕자는 거대한 음모의 주모자였다. 그렇지 않으면 우두머리였다.)

injurier

[in(=pas)+jur(=justice)+ier(s.v)] ⇒ 정당하지 못한 일을 하다
동 모욕하다, 욕설을 퍼붓다, 해를 끼치다

동 agonir (욕설을 퍼붓다), insulter (욕설하다), invectiver (욕설을 퍼붓다)
offenser (모욕하다), outrager (모욕하다), calomnier (중상하다)

반 complimenter (치하하다), flatter (아첨하다), louer (칭찬하다), vanter (칭찬하다)

예문

Il m'a injurié, en me traitant d'imbécile.
(그는 나를 바보 취급하면서 내게 욕설을 퍼부었다.)
Le patron, qui fait la loi, a le droit de louer et de blâmer, d'injurier, de médire. 〈Vaillant〉
(제멋대로 행동하는 사장은 칭찬도 하고, 나무라기도 하고, 모욕하고, 욕할 권리를 가지고 있다.)
J'ai été injurié par un inconnu que j'avais bousculé.
(내가 밀쳤던 한 낯선 사람이 나에게 욕설을 퍼부었다.)
Les deux ivrognes s'injuriaient sans trop savoir pourquoi.
(그 두 주정꾼은 이유도 모르면서 서로 욕설을 퍼붓고 있었다.)

injure

[in(=pas)+jure(=justice)] ⇒ 정당하지 못한 일을 함
명 모욕, 명예훼손, 욕설, 손해, 훼손

동 injustice (부정, 불의), dommage (손해), offense (모욕, 무례), affront (모욕, 치욕)
humiliation (굴욕), avanie (모욕), insulte (모욕, 경멸), outrage (모욕, 손해, 훼손)
attaque (비난, 논박), calomnie (중상, 비방), insolence (무례, 불손한 언행)
invective (욕설, 독설), sottise (무례한 언사, 욕설)

반 compliment (찬사), éloge (찬사), louange (칭찬, 찬사)

예문

Il m'a fait l'injure de me chasser.
(그는 나를 내쫓는 모욕을 내게 했다.)
Elle considère cet oubli comme une injure personnelle.
(그녀는 그 망각을 개인적인 모욕으로 여기고 있다.)
Cette maison a résisté aux injures du temps.
(이 집은 세월이 가져오는 훼손을 견뎌냈다.)
Les injures croissaient à chaque réplique, tant en vigueur qu'en obscénité. 〈Queneau〉
(욕설은 매번 대꾸할 때마다 정력적이고도 외설적으로 심해졌다.)

injuste

[in(=pas)+juste(〈jus=loi)] ⇒ 법에 맞지 않는
형 부당한, 불공평한, 부정한

동 mauvais (나쁜), arbitraire (독선적인), attentatoire (위배되는), illégal (위법의)
illégitime (불법의, 부당한), inique (부당한, 불공평한), partial (편파적인)

inéquitable (불공평한, 불평등한), odieux (가증스런), léonin (편파적인, 불공평한)
immérité (부당한, 분에 넘치는), injustifié (부당한, 근거가 없는)

반 juste (공정한), équitable (공정한), impartial (공정한), intègre (공명정대한)
loyal (합법적인, 정당한, 공정한), légal (합법적인), légitime (합법적인, 정당한)
honnête (올바른, 정직한), fondé (정당한, 근거있는), adéquat (적합한, 정확한)
approprié (적당한), convenable (적당한, 적절한), réel (실제의), véritable (참된)
vrai (사실의), même (같은), précis (정확한), exact (정확한), propre (정확한, 적합한)

예문

Vous avez été injuste envers vos amis.
(당신은 당신 친구들에게 부당했다.)
C'est être injuste d'exiger des autres qu'ils fassent pour nous ce qu'ils ne veulent pas faire pour eux-mêmes. 〈Vauvenargues〉
(그들은 그들 자신들을 위해서 하기를 원하지 않는 것을 우리를 위하여 해 주기를 다른 사람들에게 요구하는 것은 부당하다.)
Je trouve injuste cette décision.
(나는 이 결정이 부당하다고 생각한다.)

injustice

[in(=pas)+just+ice(s.n)] ⇒ 법에 맞지 않음 ⇒ 부정, 부당
명 부정, 불의, 부당, 불공평

동 partialité (불공평), crime (죄, 범죄), illégalité (위법)
iniquité (불공정, 불공평, 타락), injustice (불의, 불법, 불공정)

반 justice (정의), droiture (올바름, 공정함), équité (공정), impartialité (공평, 공정)
intégrité (공명정대), probité (정직), légalité (적법성, 합법성), juste (정의)

예문

Ton injustice à son égard m'indigne.
(그에 대한 너의 부당함에 나는 화가 난다.)
La puissance ne se montre que si l'on en use avec injustice. 〈Radiguet〉
(힘이란 단지 사람들이 그것을 부당하게 사용할 때에 그 모습을 나타낸다.)
Je suis victime d'une injustice.
(나는 부당한 처사의 희생자이다.)

CLÉ NO 25

METT, MISS

envoyer (보내다), mettre (놓다, 넣다)의 뜻

라틴어 mittere, missus(p.p) 에서 유래
불어에서 가장 많이 사용되어지는 기본어근 중의 하나

mettre

[mett+re(s.v)] ⇒ 보내다 ⇒ 넣다, 놓다
동 놓다, 넣다, 착용하다, 설치하다, 기재하다, 작동시키다, 맞추다, 시간 걸리다(사람 주어)
se mettre à : ...하기 시작하다, 착수하다

동 placer (놓다), coller (처넣다), ficher (쑤셔 넣다), enfoncer (쑤셔 넣다)
fourrer (처넣다), foutre (놓다), poser (놓다), disposer (배치하다)
s'habiller (옷입다), se vêtir (옷입다), porter (착용하다), enfiler (입다)
disposer (배치하다), dresser (설치하다), installer (가설하다), brancher (가설하다)
écrire (쓰다), inscrire (기재하다), marquer (기입하다), noter (적어넣다)
dépenser (사용하다), employer (사용하다), utiliser (사용하다)
commencer à (..하기 시작하다)

반 enlever (제거하다, 벗다), ôter (제거하다, 벗다)
soustraire (빼내다), supprimer (제거하다)

예문

Je mets du sel dans la soupe. (나는 수프에 소금을 친다.)
Il a mis le livre sur la table. (그는 책상 위에 그 책을 놓았다.)
Il a fait mettre l'électricité chez lui. (그는 자기 집에 전기를 설치했다.)
Mettez les verbes entre parenthèses au présent de l'indicatif.
(괄호 안의 동사들을 직설법 현재로 쓰시오.)
Il a mis un texte latin en français. (그는 라틴어 원문을 불어로 옮겼다.)
Pour sortir, mettez votre manteau. (외출하려면, 외투를 입으세요.)
Elle a mis une robe bleue à sa fille. (그녀는 딸에게 파란 원피스를 입혔다.)
Le professeur met les élèves à l'étude des mathématiques.
(교사는 학생들에게 수학공부를 시킨다.)
Je n'arrive pas à mettre la voiture en marche. (나는 자동차를 움직이게 할 수가 없다.)
Je mets le réveil à six heures. (나는 자명종을 6시에 맞춘다.)
Mettez la télévision sur la deuxième chaîne. (텔레비젼을 제2채널에 맞추세요.)
Il a mis quatre heures à [pour] rédiger ce rapport.
(그는 이 보고서를 작성하는데 4시간이나 걸렸다.)
Je ne me suis mis à l'anglais que très tard. 〈Gide〉 (나는 너무 늦게서야 영어를 시작했다.)
Jusqu'alors il ne mordait pas à l'informatique, maintenant il s'y met.
(그때까지도 그는 정보과학에 흥미를 갖지 못했지만, 지금은 그 일을 시작한다.)
Il se met à pleuvoir. (지금 비가 오기 시작한다.)

mise

[⟨mettre] ⇒ 놓음, 둠
명 놓음, 둠, 되게 함, 옷차림, 투자

동 disposition (배치, 배열), investissement (투자), participation (출자분담) placement (넣기), enjeu (내깃 돈), poule (내깃 돈), ajustement (몸단장, 의상) habillement (옷차림, 복장), tenue (옷차림, 복장), toilette (몸단장, 치장)

예문

Il a fait toute une mise en scène. (그가 모든 연출을 했다.)
Ces manières ne sont pas de mise dans la situation présente.
(이런 방식들은 현 상황에서는 더 이상 통하지 않는다.)
La mise en marche d'une voiture (자동차의 시동, 발동)
La mise en vente d'un nouveau produit (새 제품의 판매개시, 발매)
Mise en bouteille (병에 담음)
Mise au point (초점 맞추기, 조정)
Mise à feu (점화, 불을 붙임)
Monsieur Vincent a doublé sa mise. (벵쌍씨는 내기 돈을 두 배로 올렸다.)

mission

[⟨mettre] ⇒ (사명을 주어) 보냄
명 사명, 임무, 파견, 전도, 사절단, 대표단

동 charge (책무, 임무), vocation (사명, 천직), délégation (대표단), ambassade (사절) commission (위원회), députation (대표단), légation (외교사절), mandat (위임, 대리) fonction (임무, 기능), rôle (역할, 임무), but (목표), destination (사명, 주어진 임무) tâche (일, 임무), besogne (임무, 작업), devoir (의무, 책임)

예문

La mission d'un journal est d'informer ses lecteurs.
(신문의 사명은 독자들에게 사실을 알리는 것이다.)
Il avait la difficile mission de prévenir la famille du terrible accident.
(그는 그 끔찍한 사고를 가족에게 알릴 힘든 임무를 가졌다.)
Envoyer une mission culturelle à l'étranger. (외국에 문화사절단을 보내다.)
Il est parti en mission. (그는 출장 갔다.)

missionnaire

[⟨mettre] ⇒ 보냄을 받은 사람
명 선교사, 전도사 형 선교사의, 포교적인

동 prêtre (사제, 신부), pasteur (목사)

예문

Est-ce que vous aimeriez être missionnaire? ⟨Arland⟩ (당신은 선교사가 되기 원하십니까?)
Le zèle missionnaire du protestantisme se réveille au XIXe siècle. Le premier champ de mission se crée dans un pays sous domination britannique. (개신교의 선교의 열정은 19세기에 잠에서 깨어난다. 선교의 첫번째 장은 영국의 지배하에 있는 나라에서 만들어진다.)

missile

[<mettre] ⇒ 보내는 것 ⇒ 발사되는 것
명 미사일

동 engin (미사일, 로켓), fusée (로켓)

예문

On distingue les missiles tactiques, destinés à remplacer ou à prolonger l'action des armes classiques, et les missiles stratégiques de 2000 à 14 000km de portée.
(재래무기의 영향력을 대체하거나 연장하기 위하여 마련된 전술적 미사일과 2000에서 14000km의 사거리가 나가는 전략적 미사일을 구분한다.)

message

[mess+age(s.n)] ⇒ 보내진 것
명 전언, 전갈, 사명, 교서, 계시, 교훈, 정보전달

동 ambassade (전갈, 심부름), commission (전갈), annonce (알림), avis (통지)
nouvelle (소식), communication (전달, 연락), dépêche (전보), fax (전송)
lettre (편지), missive (상업통신문), pli (편지), courrier (편지)
allocution (담화, 훈시), déclaration (선언)

예문

Un message suppose un expéditeur, un messager et un destinataire, il n'a qu'une valeur de moyen. 〈Sartre〉
(전갈이란 발신인, 전달자, 그리고 수신인을 전제로 한다. 그것은 중개의 의미만 가질 뿐이다.)
L'Évangile est le message de Jésus-Christ. (복음서는 예수 그리스도의 교훈이다.)
Le message d'un écrivain c'est le trésor personnel qu'il a pu constituer par ses dons, c'est le fruit de ses contemplations. 〈Duhamel〉
(한 작가의 교훈은 그가 그의 타고난 재능으로 구성할 수 있었던 남다른 보물이며, 자기의 명상에서 나온 열매이다.)
Message télévisé du président de la République à la nation.
(국민에게 텔레비전으로 방송되는 대통령의 교서.)

messager

[mess+ageur(s.n)] ⇒ 보내진 사람
명 사절, 사자, 전달자, 예고자

동 coursier (심부름꾼), envoyé (사자, 사절), porteur (전령), avant-coureur (예고자)
précurseur (예고자), courrier (우편배달부), facteur (우체부), préposé (우체부)

예문

En ma qualité de messager plénipotentiaire, je me transporte, à l'instant, auprès de Sa Grâce. 〈Audiberti〉
(전권사절의 자격으로 곧 나는 폐하의 곁에 있다고 상상한다.)
Les hirondelles sont les messagères des beaux jours de printemps.
(제비들은 화창한 봄날의 예고자이다.)

remettre	[re(=de nouveau)+mission] ⇒ 다시 놓다 동 다시 놓다, 바로잡다, 첨가하다, 다시 착용하다, 맡기다, 용서하다, 연기하다, 다시 시작하다 se remettre : 다시 하다, 회복되다, 화해하다 기억나다, 자신을 맡기다

동 reporter (다시 갖다놓다), replacer (다시 놓다), redresser (교정하다)
corriger (고치다), rectifier (교정하다), réformer (개혁하다), rétablir (회복시키다)
restituer (복구하다), ajouter (덧붙이다), rajouter (덧붙이다), confier (맡기다)
délivrer (해방하다), donner (넘겨주다), laisser (맡기다), livrer (넘겨주다, 맡기다)
absoudre (용서, 석방하다), pardonner (용서하다), ajourner (연기하다)
différer (연기하다), postposer (뒤에 놓다), renvoyer (연기하다), reporter (연기하다)
prolonger (연장하다), repousser (연기하다), retarder (지연시키다, 연기하다)
surseoir (유예하다), recommencer (다시 시작하다), se replacer (다시 놓여지다)
récupérer (회복하다), se rétablir (회복하다), guérir (회복하다), se relever (회복되다)
se réconcilier (화해하다), se confier (맡겨지다), se fier à (믿다)
se reposer sur (신뢰하다), faire confiance à (신임하다), s'en rapporter à (맡기다)

반 confisquer (빼앗다), enlever (제거하다), garder (간수하다)
hâter (재촉하다), presser (재촉하다)

예문

Il tira sa petite pipe de sa poche, puis la remit où il l'avait prise. 〈Merle〉 (그는 자기 주머니에서 그의 조그마한 파이프를 꺼내고는 그가 가져왔었던 장소에 다시 놓았다.)
Il remettait son chapeau, ses mitaines trouées. 〈Blais〉
(그는 그의 모자와 구멍난 벙어리 장갑을 다시 착용했다.)
Le bon air l'a tout à fait remis. (좋은 공기가 그를 완전히 회복시켰다.)
Nous ne partirons que lorsque vous aurez remis les clefs aux nouveaux propriétaires. 〈Zola〉(단지 당신들이 새 집주인들에게 열쇠들을 돌려준 이후에야 우리들은 출발할 것이다.)
Nous dûmes remettre au lendemain la partie de pêche projetée. 〈Gide〉
(우리들은 계획된 낚시 모임을 이튿날로 연기해야 했다.)
Il est impossible de remettre le moteur en marche. (엔진을 다시 작동시킬 수가 없군.)
Il fallait encore gagner de l'argent, se remettre au commerce. 〈Zola〉
(다시 돈을 벌어야 했고, 장사를 다시 시작해야 했다.)
Le temps s'est remis au beau. (날씨가 다시 좋아졌다.)
Le train se remet en branle avec circonspection. 〈J. Réda〉
(기차는 조심스럽게 다시 움직인다.)
Je m'en remets à vous. (당신에게 일임하겠습니다.)
Je ne me remis pas son visage. (나는 그의 얼굴이 잘 생각나지 않았다.)

remise

[re(=de nouveau)+mise] ⇒ 다시 놓음
명 재배치, 인도, 송달, 연기, 할인, 감면, 수수료

동 dépôt (놓기), don (증여), livraison (인도), renonciation (포기), abandon (포기, 양도) cession (양도), abattement (공제), réduction (할인), escompte (할인), rabais (할인) ristourne (할인), rémission (면제), renvoi (연기), ajournement (연기), délai (유예)

반 addition (부가), supplément (추가, 증액)

예문

À quand la remise en marche de l'usine? (공장은 언제 재가동됩니까?)
Remise en place d'un meuble. (가구의 재배치)
Remise en état. (수선, 수리)
Remise en question. (재검토)
Remise d'un colis. (소포의 배달)
Remise d'ortage. (인질의 인도)
Faire une forte remise sur un article. (어떤 상품값을 크게 할인하다.)
Faire remise d'une dette. (부채를 면제하다)
Partir sans remise. (지체 없이 떠나다)
Accorder à qqn une remise de 5% sur un article.
(...에게 어떤 상품에 대하여 5%의 수수료를 주다.)
Le commerçant m'a fait une remise. (그 상인은 나에게 값을 할인해 주었다.)

rémission

[re(=derrière)+mission] ⇒ 뒤로 보냄 ⇒ 용서함
명 사면, 용서, 면제, 소강상태

동 pardon (용서), amnistie (사면, 용서), absolution (무죄방면), grâce (은혜, 용서) exemption (면제), dispense (면제), exonération (면제, 감세), décharge (경감, 면제) affaiblissement (쇠약), affaissement (저하, 쇠퇴), diminution (경감, 쇠퇴) accalmie (소강상태), éclaircie (소강상태, 일시적 호전), abaissement (저하, 쇠퇴) apaisement (진정, 평정), atténuation (경감, 완화, 쇠약), décadence (쇠퇴) interruption (중단, 중지), pause (일시적 중단), répit (쉼, 휴지), rémittence (소강상태)

반 aggravation (악화, 가중), altération (악화), crise (위기, 발작) détérioration (악화), obligation (의무)

예문

La rémission des péchés, pouvoir conféré par le Christ aux apôtres et exercé par le prêtre dans le sacrement de la pénitence. (죄의 용서는 그리스도께서 사도들에게 부여한 그리고 고해성사에서 신부가 행하는 능력이다.)
L'homme de la multitude a supputé la rémission de peine que la machine représenterait pour lui. 〈Duhamel〉
(대중의 사람들은 기계가 인간에게 있어서 상징하게 될 수고의 면제를 예측했다.)
Rémission matinale de la fièvre. (오전중의 일시적 열의 진정.)
Ils ont été condamnés sans rémission. (그들은 가차 없이 단죄되었다.)

admettre

[ad(=à)+mettre] ⇒ ...향해 보내다 ⇒ 안으로 들여보내다
동 입학시키다, 허가하다, 허용하다, 시인하다, 인정하다
admettre que +sub : 가정하다

동 permettre (허락, 허용, 허가하다), accepter (승낙, 승인하다), accueillir (부탁에 응하다)
agréer (수락, 승인하다), autoriser (허가, 허용하다), accorder (허가, 동의, 인정하다)
reconnaître (승인, 인정하다), convenir (시인, 인정하다), approuver (허가, 인정하다)
consentir (동의, 허가, 승인하다), tolérer (허용, 인정하다), supposer (가정하다)
souffrir (허용하다), comporter (허용하다)

반 exclure (거부하다), rejeter (내쫓다, 거절하다), repousser (거절하다)
refuser (거절하다), bannir (내쫓다), chasser (쫓아내다)

예문

On sait que M. Weiss n'a pas été élu. L'Académie a manqué l'occasion d'admettre un véritable écrivain. 〈France〉 (사람들은 M. Weiss가 선출되지 않았다는 것을 알고 있다. 결국 한림원은 진정한 한 작가를 받아들일 기회를 놓친 것이었다.)
Les chiens ne sont pas admis dans le magasin. (가게 안으로 개 출입 금지.)
On admettra sans peine que rien ne pouvait faire espérer les incidents qui se produisirent. 〈Camus〉 (아무것도 이미 저질러진 사건을 기대하게 할 수 없다는 사실을 사람들은 쉽사리 인정했다.)
Elle était prête à nier l'espace et le temps avant d'admettre que l'amour pût n'être pas éternel. 〈Beauvoir〉
(사랑이 영원하지 않을 수 있다고 가정하기 전에, 그녀는 공간과 시간을 부인할 참이었다.)
Admettons un moment que vous ayez réussi à votre examen, tous les problèmes n'étaient pas pour cela résolus. (잠깐이라도 당신이 시험에서 합격했다고 가정합시다. 그래도 그것 때문에 모든 문제가 해결되지는 않았습니다.)
Le règlement n'admet aucune exception. (그 규칙은 어떠한 예외도 허용하지 않는다.)

admission

[ad(=à)+mission] ⇒ 안으로 들여 보내줌
명 허가, 허용, 승인

동 permission (허락, 허용), autorisation (허가, 인가), licence (허가, 인가)
reconnaissance (승인, 인정), acceptation (승낙, 승인), accord (동의, 승인)
approbation (동의, 승인, 허가), consentement (동의, 승인), permis (허가증)

반 échec (실패), refus (거절), rejet (거절, 거부), déni (거절, 거부), veto (거부, 거부권)

예문

Mon neveu a dû renoncer à la carrière diplomatique, après avoir passé brillamment l'examen d'admission. 〈France〉
(내 조카는 입학시험을 훌륭하게 치른 후에 외교관직을 포기해야 했다.)
J'ai envoyé au président du club ma demande d'admission.
(나는 클럽 회장에게 나의 입회신청서를 보냈다.)

admissible

[ad(=à)+missible] ⇒ 안으로 들여 보내줄 수 있는
형 허가될 수 있는, 허용[인정]될 수 있는, 적합한

동 permis (허가된, 허용된), permissif (허용하는, 관대한), recevable (받아들여질 수 있는)
convenable (적절한), acceptable (승낙할 수 있는, 적당한), autorisable (허가할 만한)
accordable (동의, 인정, 허가할 수 있는), approbatif (동의의, 인가의)
approuvable (동의, 승인할 수 있는), plausible (그럴듯한), tolérable (용인할 수 있는)

반 inadmissible (용납할 수 없는), irrecevable (받아들일 수 없는), ajourné (낙제한)
refusé (거부된), recalé (낙제한), collé (낙제한), insoutenable (지지할 수 없는)
intolérable (허용할 수 없는), scandaleux (분노할 만한), inacceptable (받아들일 수 없는)

예문

Il n'est pas admissible que je ne puisse retrouver cette lettre. 〈Anouilh〉
(내가 그 편지를 되찾을 수 없다는 것은 있을 수 없는 일이다.)
Tous les citoyens sont également admissibles à toutes dignités, places et emplois publics. 〈Déclarations des droits de l'homme〉
(모든 국민은 동등하게 모든 고위직, 높은 지위 및 공직에 취직할 수 있다.)

inadmissible

[in(=pas)+ad(=à)+missible] ⇒ 안으로 들여 보내줄 수 없는
형 승인할 수 없는, 응할 수 없는, 불합격한

동 irrecevable (받아들일 수 없는), ajourné (낙제한), refusé (거부된), recalé (낙제한)
collé (낙제한), intolérable (용서할 수 없는), scandaleux (분노할 만한)
inacceptable (받아들일 수 없는), insoutenable (지지할 수 없는)

반 recevable (받아들여질 수 있는), acceptable (승낙할 수 있는, 적당한)
autorisable (허가할 만한), accordable (동의, 인정, 허가할 수 있는)
approbatif (동의의, 인가의), approuvable (동의, 승인할 수 있는)
convenable (적절한), plausible (그럴듯한), tolérable (용인할 수 있는)

예문

Il a adopté sous votre influence une attitude inadmissible vis-à-vis de moi. 〈Sartre〉 (그는 당신의 영향을 받아서 내게 대하여 용서할 수 없는 태도를 취했다.)
Il affiche des prétentions inadmissibles. (그는 응할 수 없는 요구조건을 공표한다.)
Sa paresse est inadmissible. (그의 게으름은 그냥 보고 넘길 수 없다.)

commettre

[com(=avec)+mettre] ⇒ 함께 보내다 ⇒ 위임하다
동 맡기다, 위임하다, 임명하다, 범하다

동 confier (맡기다), désigner (임명하다), nommer (임명하다), dénommer (지명하다)
pécher (죄를 짓다), consommer (범하다), perpétrer (범하다), charger (담당시키다)

employer (고용하다), préposer (맡기다, 임명하다)

반 démettre (해임하다), mettre qn à la porte (해고하다), mettre qn dehors (해고하다)
donner son congé à qn (해고하다), retirer (박탈하다)

예문

> Elle constata qu'elle n'avait pas commis d'erreur dans sa première identification. 〈Queneau〉 (그녀는 자신의 첫 신원확인에서 잘못을 범하지 않았다는 것을 확인했다.)
> Votre erreur n'est pas un crime, mais elle vous en fait commettre un. 〈Fustel de Coulanges〉 (당신의 실수는 죄가 아닙니다. 그러나 실수가 죄를 범하게 만들죠.)
> Il le commit au transport des bêtes abattues. 〈Diabaté〉
> (그는 그에게 쓰러진 짐승들의 운송을 맡겼다.)

commission

[com(=avec)+mission] ⇒ 함께 보냄 ⇒ 위임함
명 위탁, 위임, 수수료, 심부름, 장보기, 전갈, 위원회

동 charge (부담, 책임), mandat (위임), attribution (부여, 배당), délégation (위임, 양도)
mission (임무), courtage (중개 수수료), ducroire (수수료), prime (프리미엄, 보너스)
remise (수수료), rémunération (수당, 사례금), rétribution (보수), salaire (봉급)
appointement (봉급, 급료), course (심부름, 경주), courses (쇼핑), emplette (쇼핑)
achat (구매, 쇼핑), provision (구매, 쇼핑), message (전갈), bureau (위원회)
comité (위원회), sous-commission (분과위원회), réunion (회의)

예문

> Il faut déduire du prix de vente la commission de l'agence immobilière.
> (복덕방 수수료를 판매가격에서 공제해야 한다.)
> Il est riche, il gagne ce qu'il veut dans la commission. 〈Zola〉
> (그는 부자다. 그는 중매업으로 원하는 것을 번다.)
> Ma mère est partie faire les commissions. (어머니는 장보러 가셨다.)
> Voudriez-vous faire une commission à votre frère? - Vous lui direz que je l'attends ce soir. (당신 형에게 전할 말이 있습니까? - 오늘 저녁 기다린다고 말해 주세요.)
> J'ai une commission pour vous de la part de vos parents.
> (당신 부모로부터 당신에게 전할 말이 있습니다.)
> La commission d'armistice a été saisie de l'incident.
> (휴전위원회는 그 사건의 해결을 위임받았다.)

commissaire

[com(=avec)+missaire] ⇒ 함께 보내어진 사람 ⇒ 위원
명 위원, 경찰서장

동 officier (관리, 공무원), officiel (임원, 위원), membre (회원)

예문

> Le commissaire aux Affaires étrangères. (외교위원)
> Le commissaire des comptes. (회사의 감사역)
> Porter plainte devant le commissaire. (경찰에 고발하다.)

commissariat

[com(=avec)+missariat] ⇒ 위원이 있는 장소
명 위원의 신분, 사무소, 경찰서

동 qualité (신분), emploi (일자리), fonction (직무), bureau (사무직원)

예문

Commissariat à l'énergie atomique. (원자력 위원회)
L'agent m'invita à le suivre au commissariat. 〈France〉
(그 경찰관은 경찰서로 자기를 따라오도록 나를 이끌었다.)

émettre

[é(〈ex=dehors)+mettre] ⇒ 밖으로 보내다
동 발하다, 방송하다, 표명하다, 발행하다

동 donner (상연하다), diffuser (방송하다), transmettre (방송하다), répandre (전파하다)
exprimer (표현하다), avancer (제안, 주장하다), dire (단언하다), énoncer (표현하다)
formuler (표명하다), projeter (투영하다), passer (방송하다)

반 recevoir (수신하다)

예문

Se retournant vers M. Birnenschatz, il émit un long gémissement mélodieux. 〈Sartre〉
(Birnenschatz씨 쪽으로 몸을 돌리며 그는 선율적인 긴 탄식을 내뱉었다.)
Cette lampe émet une lumière douce.
(이 램프는 부드러운 빛을 낸다.)
Ce poste émet sur ondes courtes.
(이 방송국은 단파로 방송한다.)
Vous avez émis une idée juste.
(당신은 아주 적절한 생각을 제시했다.)
La Banque de France a émis une nouvelle série de billets.
(프랑스 은행은 새로운 시리즈의 지폐를 발행했다.)
Veuillez n'émettre aucune opinion sur les choses que nous verrons. 〈Stendhal〉
(우리가 보게 될 물건들에 대해 어떠한 의견도 표명하지 마시기 바랍니다.)

émission

[é(〈ex=dehors)+mission] ⇒ 밖으로 보냄
명 방출, 방사, 방송, 발행

동 écoulement (배출), diffusion (방송, 확산), radiodiffusion (방송)
transmission (방송, 통신)

반 réception (수신), souscription (예약, 신청)

예문

> J'ai vu une très bonne émission à la télévision.
> (나는 텔레비전에서 아주 좋은 방송을 보았다.)
> Émission publique (공개방송)
> Émission directe [en direct] (생방송)
> Émission différée [en différé] (녹화방송)
> L'État vient d'annoncer l'émission d'un nouvel emprunt.
> (정부는 새로운 채권의 발행을 방금 발표했다.)
> Une voyelle se prononce d'une seule émission de voix.
> (하나의 모음은 단 한번의 발성으로 발음된다.)

émetteur

[é(<ex=dehors)+metteur] ⇒ 밖으로 보내는 사람
명 송신인, 송신기, 발행인

동 tranmetteur (송신기, 송화기), amplificateur (증폭기), antenne (안테나)
modulateur (변조기), oscillateur (진동자), tireur (발행인), destinateur (발송인)
expéditeur (발신인, 발송인), locuteur (화자), sujet (주체)

반 récepteur (수신기, 수화기), destinataire (수신인, 수취인)
allocutaire (대화자), interlocuteur (상대자, 대화자)

예문

> La nouvelle a été annoncée par un émetteur clandestin.
> (그 소식은 한 익명의 송신인에 의해 알려졌다.)
> Un émetteur de chèque sans provision. (은행잔고가 없는 수표 발행인)

intermittence

[inter+mittence] ⇒ 사이사이에 보냄
명 간헐, 단절, 두절, 중단

동 intermission (중지, 중단), interruption (중단, 중지, 차다), intervalle (사이, 간격)
discontinuité (중단, 불연속), arrêt (정지, 중지), cesse (중단, 중절)
rémission (소강상태), rémittence (소강상태), répit (쉼, 휴지)

반 continuité (연속, 계속), régularité (규칙성), mouvement (운동, 동작)

예문

> Travailler par intermittence. (불규칙적으로 일하다.)
> Pendant les intermittences de la fièvre. (열이 잠시 떨어진 동안)
> Dans la salle, les quatres autre parlaient par intermittence. 〈Duras〉
> (홀에서는 4명의 다른 사람들이 간헐적으로 이야기하고 있었다.)

intermittent

[inter+mittent] ⇒ 사이사이에 보내는 ⇒ 간헐적인
형 간헐적인, 단속적인

동 discontinu (불연속의, 단속적인), temporel (일시적인, 순간적인)
irrégulier (불규칙적인), erratique (고정되지 않은), rémittent (간헐성의)
clignotant (깜박이는), épisodique (잦지 않은, 이따금의), sporadique (산발적인)
momentané (일시적인), bref (짧은), éphémère (순간적인)

반 continu (계속적인), permanent (영속적인), régulier (규칙적인), éternel (영원한)
fixe (일정한), déterminé (정해진), défini (일정한), donné (일정한)

예문

> Les bouffées de sirocco toujours intermittentes et saccadées comme la respiration d´un malade. 〈Fromentin〉
> (환자의 호흡처럼 여전히 단속적이며 발작적으로 불어대는 지중해의 동남풍.)

intermission

[inter(=entre)+mission] ⇒ 사이사이에 보냄
명 중지, 중단, 중절, 막간

동 arrêt (정지, 중지), cesse (중단, 중절), coupure (차단, 중단), intermittence (단절, 중단)
interruption (중단, 중지), discontinuation (중지, 중단), discontinuité (중단, 불연속)
pause (일시적 중단), cassure (절교), fossé (단절), rupture (절단, 관계의 단절)

반 continuité (연속, 계속), régularité (규칙성), mouvement (운동, 동작)

예문

> Fièvre qui dure trente heures sans intermission. (계속적으로 30시간 지속되는 열.)

permettre

[per(=par)+mettre] ⇒ 통과시켜 보내다
동 허락, 허용, 허가하다, 승인하다, 가능하게 하다
se permettre de : 감히 ...하다, 서슴지 않고 ...하다

동 laisser faire (하는 대로 내버려두다), autoriser (허가하다), tolérer (허용, 인정하다)
admettre (허가, 승인하다), approuver (허가, 승인하다), consentir (동의, 허가하다)
vouloir bien (동의하다), accorder (동의, 승인하다), accepter (승낙, 승인하다)
passer (승인되다), rendre possible (가능하게 하다), oser (감히 ...하다)
s´aviser de (감히 ...하다, 알아차리다), s´enhardir à (대담하게 ...하다)

반 défendre (금지하다), empêcher (막다), interdire (금지하다), prohiber (금지하다)
refuser (거절, 거부하다), rejeter (거절하다), consigner (외출 금지시키다)
brider (속박하다), contraindre (강제, 속박, 구속하다), forcer (강제, 강요하다)

예문

La liberté est le droit de faire tout ce que les lois permettent. 〈Montesquieu〉
(자유란 법률이 허용하는 모든 것을 할 수 있는 권리이다.)
J'ai pris sur moi de permettre cette visite. 〈Simenon〉
(그 방문을 허가하는 일을 내가 떠맡았다.)
Sa santé ne lui permet aucun excès.
(그의 건강이 그에게 어떠한 과로도 허용하지 않는다. 건강상태로 보아서 그는 조금도 과로할 수 없다.)
Elle me permit plusieurs fois de lui donner un baiser. 〈Rousseau〉
(그녀는 내가 그에게 키스하는 것을 몇 번이나 허락했다.)
Il ne permet pas que ses enfants regardent la télévision le soir.
(그는 아이들이 저녁에 텔레비전을 보는 것을 허락하지 않는다.)
Il ne m'est pas permis, à ces conditions, de vous rien refuser : je ferai ce que vous voudrez. 〈Molière〉
(이런 조건에서라면 당신에게 아무것도 거절할 수 없군요. 당신 원하는대로 하겠습니다.)
S'il m'est permis de faire une objection, je dirai ceci.
(제가 한 말씀 드리는 것이 허락된다면 다음과 같은 말씀을 드리겠습니다.)
Il est permis à tout le monde de se tromper.
(잘못 생각한다는 것은 누구에게나 있을 수 있다.)
Je ne me permets pas de parler de ce que je connais mal.
(나는 내가 잘 모르는 것에 대해 감히 말할 수 없다.)
Permettez-moi de vous présenter Monsieur Vincent. (Vincent씨를 소개하겠습니다.)

permission

[per(=par)+mission] ⇒ 통과시켜 보냄 ⇒ 허가함
명 허가, 동의, 찬동, 휴가

동 admission (허가, 승인), autorisation (허가, 인가), licence (허가, 인가)
accord (동의, 승인), acquiescement (동의, 승낙), consentement (동의, 승인)
approbation (동의, 승인, 허가), acceptation (승낙, 승인), tolérance (관용, 용인
congé (휴가), vaccances (휴가)

반 défense (금지), empêchement (방해장애), interdiction (금지), prohibition (금지)
refus (거절, 거부), rejet (거절, 거부), consigne (금족령), contrainte (속박, 구속)
bride (구속, 속박), forcement (강제, 강행), déni (부인, 거절, 거부), veto (거부, 거부권)

예문

Défense d'entrer sans permission. (무단출입금지)
Ils n'ont pas la permission de s'absenter. (그들은 결근 허가를 받지 못하고 있다.)
Je lui ai donné la permission de partir. (나는 그에게 떠나도 좋다는 허가를 주었다.)
Ils parlèrent un moment de la permission d'Hervouët dont le tour approchait. 〈Gracq〉
(그들은 차례가 다가오고 있는 Hervouët의 휴가에 대해 잠깐 이야기했다.)

permis

[per(=par)+mis] ⇒ 허가한 증서
명 허가증, 면허증, 운전면허증, 운전면허시험

동 laissez-passer (통행증), sauf-conduit (통행증), licence (허가, 인가)
certificat (증명서), autorisation (허가, 허가증)

예문

Le préfet a retiré à deux chauffards leurs permis de conduire.
(도지사는 두 명의 엉터리 운전사에게 운전면허증을 취소했다.)
On ne peut pas acheter d'arme à feu sans permis.
(허가증이 없으면 총포를 살 수 없다.)
Être reçu au permis. (운전면허시험에 합격하다.)
Permis de port d'arme. (무기소지 허가증)

promettre

[pro(=devant)+mettre] ⇒ 앞으로 보내다 ⇒ 앞에 내놓다
동 약속하다, 예고, 예상하다, 확언하다, 유망하다
se promettre de + inf : ...하기를 결심하다, 기대하다

동 s'engager (약속하다), jurer (맹세하다), assurer (약속, 단언하다)
affirmer (단언, 확언하다), garantir (보증, 보장하다), annoncer (알리다, 예고하다)
prédire (예언하다), présager (예고, 예상하다), espérer (바라다)
compter sur (기대하다), prendre la résolution de + inf (굳게 ...할 결심하다)
décider de + inf (결정하다), se décider à + inf (결심하다)
résoudre de + inf (결정하다), se résoudre à + inf (결심하다)
former le projet de + inf (...하기를 계획하다)

예문

Il a promis de faire l'impossible pour venir.
(그는 오기 위한 가능한 모든 일을 다 하겠다고 약속했다.)
Si je vous promets que dans quelques Meaulnes se mettra en campagne pour vous, rien que pour vous? 〈Alain-Fournier〉
(몬느가 당신을 위하여, 단지 당신만을 위하여 활동을 시작할 것이라고 내가 당신에게 약속한다면, 어떻겠습니까?)
Il lui a pris sa fille en mariage. (그는 그에게 자기 딸과의 결혼을 약속했다.)
Le temps promet de la chaleur. (날씨가 더워질 것 같다.)
C'est un enfant qui promet. (그 아이는 장래가 촉망된다.)
A dix ans, le petit Dupont a déjà volé ses camarades. Il promet.
(열살 때 꼬마 뒤뽕은 벌써 친구들의 물건을 훔쳤다. 장래가 걱정된다. -- 반어법)
Je me promettais beaucoup de joie d'un peu de temps passé seul avec elle. 〈Gide〉
(나는 그녀와 단 둘이 보낸 짧은 시간동안의 큰 기쁨을 기대하고 있었다.)
Elle s'était promis de le mettre à sa place.
(그녀는 그를 자기 후임으로 쓰기로 작정했었다.)
Je compte sur vous dimanche prochain : ne vous promettez pas ailleurs.
(이번 일요일에 당신을 기대합니다. 다른 곳에 가기로 약속하지 마세요.)

promesse

[pro(=devant)+messe] ⇒ (상대방) 앞에 내 놓은 것 ⇒ 약속
명 약속, 전망, 선서, (구원을 약속 받은) 선민

동 assurance (확언), affirmation (단언, 확언), garantie (보증, 보장)
engagement (약속, 맹세), parole (언약), serment (맹세, 선서, 서약)
voeu (맹세, 서원), résolution (결심, 각오), contrat (계약, 약속)
convention (협약, 규약), accord (협정, 협약), traité (조약)
pacte (협정, 조약, 규약), acompte (선불금), arrhes (선금, 예약금)
dédit (위약, 위약금), fiançailles (약혼), annonce (전조, 징조)
signe (징조, 전조), présage (전조, 추측)

예문

Cette promesse de résurrection ne me dit rien qui vaille. 〈Aymé〉
(이 부활의 약속은 신통한 것이라고는 아무것도 나의 마음을 끌지 않는다.)
Il m'a promis de venir, mais il n'a pas tenu sa promesse.
(그는 온다고 약속해 놓고, 그 약속을 지키지 않았다.)
Je t'ai fait la promesse de t'aider, je le ferai, sois tranquille.
(너를 도와주겠다고 약속했는데, 그렇게 할테니, 걱정 말아라.)
Faire une promesse. (약속을 하다)
Tenir sa promesse = Tenir sa parole. (약속을 지키다)
Manquer à sa promesse. (약속을 어기다)
Promesse d'ivrogne = Promesse en l'air. (헛 약속)
Jeune homme plein de promesses. (장래가 유망한 청년)
Les enfants de la promesse.
(약속의 자녀들, 구원을 약속 받은 선민)

promis

[pro(=devant)+mis] ⇒ 앞에 놓여진 ⇒ 약속된
형 약속된, 운명지워진

동 destiné à (마련된, 예정된), voué à (바쳐진, ...할 수 밖에 없는)

예문

Jeune homme promis à un brillant avenir.
(화려한 장래가 약속된 젊은이)
Chose promise, chose due. [= On doit donner ce qu'on a promis.]
(약속된 것은 빚진 것. 약속한 것은 반드시 해 주어야 한다.)
La Terre Promise. (약속의 땅. 젖과 꿀이 흐르는 땅. 풍요의 땅.
하나님이 히브리인에게 주기로 약속한 가나안의 땅.)
La terre promise vous entoure : vous ne le savez pas. 〈Montherlant〉
(풍요의 땅이 당신을 둘러싸고 있지만 당신은 그 사실을 모르시는군요.)

compromis

[com+promis] ⇒ 상호간에 약속함
명 타협, 화해, 중재, 중간상태

동 accord (화해, 화목), entente (합의, 양해), convention (묵계, 협약)
arrangement (협상, 화해, 조정), accommodement (화해, 타협, 조정)
transaction (타협, 화해), composition (타협, 화해)

반 brouille (불화), mésintelligence (불화, 알력), désaccord (불화, 대립)
discorde (불화, 반목), dissension (대립, 불화), dissentiment (불화, 충돌)
conflit (쟁의, 분규, 충돌), antagonisme (대립, 적대관계)
hostilité (적의, 반감), opposition (대립, 항고)

예문

Entre les deux camps auxquels nous appartenions, aucun compromis n'était possible. 〈Beauvoir〉
(우리가 속해있는 그 두 진영 사이에는 어떠한 타협도 가능하지 않았다.)
Il régnait sur les Boulevards un compromis, encore discret, de dimanche d'été et d'émeute patriotique. 〈Romains〉
(아직은 조심스럽긴 하지만, 여름철의 일요일과 애국적인 소요의 중간상태가 대로변에 계속되고 있었다.)
Ils ont accepté un compromis.
(그들은 타협안을 받아들였다.)

soumettre

[sous+mettre] ⇒ 아래에 보내다 ⇒ 굴복시키다
동 복종시키다, 따르게 하다, 맡기다, 제출하다, 진압하다
se soumettre (à) : 복종하다, 따르다, 굴복하다

동 assevir (굴복시키다), dompter (길들이다), réduire (강제로 몰아넣다)
subjuguer (사로잡다, 굴복시키다), assujettir (예속시키다, 구속하다)
enchaîner (복종시키다, 묶어두다), astreindre à (복종시키다, 강요하다)

동 contraindre à (강제하다), forcer à (강제하다), obliger à (강제하다)
engager (책임지우다), conquérir (정복하다), présenter (제출하다)
proposer (제안하다), exposer (진열, 설명하다), obéir (복종하다, 순종하다)
se conformer à (따르다), respecter (존중, 준수하다), dépendre (..에 종속되다)
se plier à (복종하다), obtempérer à (복종하다), consentir à (동의하다)
suivre (따르다), exécuter (실행하다), obsever (준수하다)

반 délivrer (해방하다, 교부하다), exempter (면제하다)
dispenser (면제하다), désobliger (거스르다)

예문

> Les désirs nous soumettent à autrui et nous rendent dépendants. 〈France〉
> (욕망은 우리들을 타인에게 복종시키게 하고 우리를 종속되게 만든다.)
> Les romains ont soumis de nombreux peuples à leurs lois.
> (로마인들은 여러 민족을 예속시켰다.)
> L'armée a soumis la région révoltée. (군대는 반란을 일으킨 지방을 진압했다.)
> La rénovation d'un immeuble ancien sera soumise à une réglementation particulière.
> (옛 가옥의 개량은 특별규제를 받게 될 것이다.)
> Vous comprendrez que je ne puisse envisager de soumettre l'≪Espoir≫ à votre censure. 〈Beauvoir〉 (제가 귀 검열위원회에 작품 ≪Espoir≫를 제출하는 것을 고려할 수 없음을 이해해 주십시오.)
> Il faudra se soumettre ou se démettre. 〈Gambetta〉
> (복종하든지 사임하든지 해야 할 것이다.)

soumission

[sous+mission] ⇒ 아래로 보냄 ⇒ 굴복
명 굴복, 항복, 순종

동 obéissance (복종, 순종), sujétion (구속, 속박, 예속), joug (멍에, 속박)
docilité (온순, 순종), asservissement (굴복시키기, 종속, 자동제어)
subordination (종속, 복종), assujettissement (예속, 속박)
contrainte (강제, 속박, 구속)

반 commandement (명령, 계명), désobéissance (불복종, 반항)
insoumission (불복종, 반항), résistance (저항, 항쟁), domination (지배)

예문

> Il est toujours d'une parfaite soumission à l'égard de ses parents.
> (그는 항상 자기 부모에 대하여 전적으로 순종한다.)
> Il exige une soumission totale à ses décisions.
> (그는 자기의 결정을 전적으로 따를 것을 요구한다.)
> Les tribus rebelles ont fait leur soumission.
> (반역 부족들이 항복했다.)

soumis

[sous+mis] ⇒ 아래로 보내어진 ⇒ 굴복하는
형 유순한, 온순한, 공손한, 굴복하는, 복종하는

동 docile (온순한, 순종하는), obéissant (순종하는, 온순한), respectueux (공손한)

반 indocile (온순하지 않은), indiscipliné (순종하지 않는), insoumis (복종하지 않는)
récalcitrant (반항하는, 고집하는), dominateur (지배적인), rebelle (반항하는)
impérieux (명령적인, 거만한), impertinent (무례한, 건방진), insolent (건방진, 무례한)
résistant (잘 견디는, 반항적인), autoritaire (독재적인), dictatorial (독재적인, 위압적인)

예문

> Devant le pontife, le roi de la forêt, elle ne pouvait qu'être frêle et soumise. 〈Mandiargues〉 (숲의 왕인 대주교 앞에서, 그녀는 가냘프고 유순할 수밖에 없었다.)
> Un fils respectueux et soumis. (공손하고 얌전한 아들)
> Un pays soumis à l'influence française. (프랑스의 영향 밑에 있는 나라)

transmettre

[trans(=travers)+mettre] ⇒ 가로질러 보내다
동 전하다, 알리다, 위임하다, 남기다, 전염시키다

동 léguer (물려주다), déléguer (위임하다), passer (건네주다), répercuter (전달하다)
communiquer (알리다, 전하다), conduire (인도하다, 운송하다), transporter (운송하다)
propager (퍼뜨리다, 선전하다), véhiculer (운반하다, 전달하다), donner (전염시키다)
circuler (순환하다, 전해지다), contaminer (오염시키다), annoncer (알리다)
prévenir (알리다), informer (알리다), avertir (알리다), faire savoir (알리다)

반 acquérir (취득하다), garder (간수하다), hériter (상속받다), recevoir (받다)

예문

> Le bois transmet mal la chaleur. (나무는 열을 잘 전도하지 않는다.)
> L'ambassadeur m'avait tranmis son invitation pour dîner officiel. 〈Malraux〉
> (대사는 나에게 공식 저녁만찬을 위해 초대를 나에게 전했었다.)
> Le but d'une encyclopédie est de rassembler les connaissances, de transmettre le système général des connaissances aux hommes qui viendront après nous.
> (백과전서의 목적은 지식을 집대성하고 지식의 전반적인 체계를 우리 뒤에 올 사람들에게 전달하는 것이다.)
> La radio vient de transmettre qu'il y a eu un tremblement de terre en Roumanie.
> (루마니아에서 지진이 있었다고 라디오가 방금 알려주었다.)
> Transmettre un concert en direct. (음악회를 생방송하다.)
> Transmettre son nom à la postérité. (후세에 이름을 남기다.)
> Les rats transmettent des maladies. (쥐는 병을 옮긴다.)

transmission

[trans+mission] ⇒ 가로질러 보냄 ⇒ 전달함
명 전달, 양도, 전파, 전동장치, 유전, 전염, 방송, 통신

동 cession (양도), passation (체결, 이양), hérédité (상속, 유전)
contagion (전염, 감염), infection (전염, 감염), communication (전달, 통지)
guide (안내인, 유도장치), télégraphe (전보), téléphone (전화)
diffusion (방송, 확산), émission (방송), sonar (수중음파탐지기)

예문

La transmission des caractères acquis constitue l'hérédité.
(획득형질의 전달이 유전의 구성요소가 된다.)
La transmission d'une propriété
(재산의 양도)
La transmission de la lumière
(빛의 전파)
La transmission en direct d'un discours
(연설의 생중계 방송)
L'arbre de transmission transmet le mouvement aux roues.
(전동축은 운동을 바퀴에 전달한다.)

transmissible

[trans+missible] ⇒ 가로질러 보낼 수 있는
형 전달할 수 있는, 양도 가능한, 유전하는, 전염하는

동 héréditaire (상속하는, 유전의), contagieux (전염성의), infectieux (전염성의)
communicable (전달할 수 있는, 양도될 수 있는)

반 incommunicable (전달할 수 없는, 양도할 수 없는)
intransmissible (전달할 수 없는, 양도할 수 없는)

예문

Caractères biologiques non transmissibles d'une génération à l'autre.
(한 세대에서 다음 세대로 유전할 수 없는 생물학적 형질.)
Une pensée difficilement transmissible par écrit.
(문서로써 쉽게 전해질 수 없는 사상.)
Le principe juif et chrétien repose précisément sur l'idée contraire.
Le péché y est transmissible. Le mérite aussi. 〈Michelet〉
(유태교와 기독교의 원칙은 명백히 [그것과] 상반되는 사상에 근거를 두고 있다.
그 원칙에 따르면 죄는 유전된다는 것이다. 공로도 마찬가지로.)
Maladie sexuellement transmissible.
(성적으로 감염되는 질병, 성병)

omettre

[o(〈ob=loin)+mettre] ⇒ 멀리 보내다 ⇒ 빠뜨리다
동 빠뜨리다, 소홀히 하다, 잊다, 생략하다

동 négliger (소홀히 하다), oublier (잊다), se taire (말 안하다)
manquer (잊다), sauter (건너뛰다), laisser de côté (곁에 버려두다)
s'abstenir (기권하다), passer (건너뛰다, 빠뜨리다)

반 mentionner (언급하다), penser (생각하다)

예문

L'élève a omis une virgule.
(그 학생은 쉼표 하나를 빠뜨렸다.)
Je crois n'avoir omis personne sur cette liste d'invités.
(나는 이 초청자 명단에서 아무도 빠뜨리지 않았다고 생각한다.)
Malheureusement, j'ai omis de vous consulter.
(불행히도 나는 당신과 상의하는 것을 잊었다.)
Vous ne devez pas omettre que vous serez en public.
(당신이 여러 사람들 앞에 서게 된다는 것을 잊어서는 안됩니다.)
On ne doit pas omettre que sa collaboration a été précieux.
(그의 협력이 소중했었다는 말을 빠뜨리면 안된다.)

ommission

[o(〈ob=loin)+mission] ⇒ 멀리 보냄 ⇒ 빠뜨림
명 빠뜨림, 누락, 생략, 태만, 부주의

동 absence (부재, 결핍, 방심), lacune (빈틈, 누락, 결함), manque (결핍, 과실)
négligence (소홀, 태만, 부주의), oubli (망각, 태만), prétérition (유언 누락)
défaut (부족, 결점), soustraction (제거, 사취, 횡령)

예문

Omission du reste (이하 생략)
Omission de fraction décimale (소수점 이하 생략)
Sauf erreur ou omission
(착오나 누락이 없다면)
Omission comme figure de rhétorique
(수사 기법으로써의 누락)
Il n'y a point de pieux mensonges, même par omission. 〈Aymé〉
(심지어 태만으로 인한 선의의 거짓말도 없다.)

CLÉ NO 26 MOUV, MOT, MOB, MEUBL

mouvoir, remuer (움직이다)의 뜻

라틴어 movere, motus, mobilis 에서 유래

mouvoir

[〈movere] ⇒ 움직이다
동 움직이다, 움직이게 하다(수동적), 자극하다, 행동하다

동 remuer (움직이다), animer (움직이다, 생명을 주다), actionner (움직이다)
ébranler (동요시키다), mettre en action (실행하다)
faire fonctionner (작동시키다), émouvoir (감동시키다, 움직이게 하다)
exciter (자극하다), toucher (감동시키다), pousser (부추기다)
exhorter (격려하다), bouger (움직이다), se déplacer (이동하다)
aller (가다), courir (달리다), marcher (걷다)
porter (들다, 감당하다), évoluer (변화하다, 돌아다니다)

반 arrêter (멈추게 하다), enchaîner (묶어두다), fixer (고정시키다)
immobiliser (정지시키다), paralyser (마비시키다), river (고정하다)
freiner (브레이크를 걸다)

예문

A cause de sa blessure il ne peut mouvoir le bras droit.
(그는 상처 때문에 오른 팔을 움직이지 못한다.)
On le voyait sortir de chez lui, mû comme par un ressort. 〈Jouhandeau〉
(그가 용수철에 의한 것처럼 움직여서 그의 집에서 나오는 것이 보였다.)
Les moteurs de la centrale sont mus par la force hydraulique.
(발전소의 모터들은 수력에 의해 움직여진다.)
Il était toujours mû par un perpétuel sentiment de bonté, par une intention délicate. 〈Balzac〉
(그는 끊임없는 친절의식과 세심한 의도에 항상 마음이 이끌렸다.)
On ne pouvait se mouvoir dans le brouillard épais.
(그는 짙은 안개 때문에 움직일 수 없었다.)

mouvement

[mouv+ment(s.n)] ⇒ 움직임
명 운동, 이동, 몸짓, 움직임, 변화

동 déplacement (이동), cours (흐름, 유통), mécanisme (기계장치)
exercice (운동), haussement (으쓱하기), activité (활동), fougue (혈기, 정열)
vivacité (활발, 격렬), vie (생활), mesure (박자), rythme (리듬), temps (박자)
sentiment (감정), inspiration (영감), progrès (진보), groupement (집결, 집합)

동 changement (변화), modification (변화), variation (변화, 변동)
course (움직임, 경주), trajectoire (궤도, 진로), trajet (여정, 여행), action (행동)
impulsion (충동, 자극), lancement (던지기, 개시), motion (운동, 움직임)
poussée (밀기, 충동), traction (끌기), transmission (전달, 전동장치)
circulation (순환, 교통), trafic (왕래, 수송), progression (진전, 진행)
agitation (동요, 흥분), remuement (움직임, 소란), geste (몸짓, 동작)
mobilisation (소집, 동원), agenouillement (무릎 꿇기), bond (도약, 비약)
balancement (흔들림, 균형), oscillation (흔들림, 진동), cabriole (뛰기, 도약)
chute (추락, 하락), culbute (재주넘기), élan (도약), gambade (깡충거림)
pirouette (한 발로 돌기), plongeon (잠수, 다이빙), tempo (속도, 리듬)
rétablissement (상반신 일으키기, 회복), saut (도약, 점프), motilité (이동성)
exercice (운동, 실행), flot (흐름, 물결), remous (소용돌이, 동요)
émigration (이주, 이민), immigration (이주), migration (이동, 이주)
évolution (변화, 발달), manoeuvre (조작, 조종), branle (동요, 자극)
émoi (동요, 흥분, 불안), rapidité (신속)

반 arrête (멈춤), immobilité (고정, 부동), pause (일시적 중단), suspension (정지)
inaction (무위, 한산), oisiveté (무위, 한가), repos (휴식), calme (고요)

예문

À la chasse, quand un animal vous voit, il ne faut pas faire un mouvement.
(사냥에서 짐승에게 들키면 움직이지 말아야 한다.)
J'ai besoin de mouvement, je reste assis toute la journée.
(나는 운동이 필요해, 하루 온종일 앉아 있으니 말이야.)
Cette ville est presque sans mouvement. (이 도시는 사람의 왕래가 거의 없다.)
Il entendait son mouvement d'horlogerie comme le tic-tac d'un gros réveil.
(커다란 자명종의 똑딱거리는 소리처럼 시계 움직이는 소리가 그에게 들려왔다.)
Il se donne du mouvement. (그는 몹시 몸을 움직인다.)
Dans un bon mouvement, il lui a pardonné.
(관대한 마음으로 그는 그녀를 용서했다.)
Mon premier mouvement n'est plus de protester comme naguère. 〈Mauriac〉
(나의 최초의 충동은 최근처럼 항의하는 것이 더 이상 아니다.)
Il a fait cela de son propre mouvement. (그는 자발적으로 그 일을 했다.)
Il y a du mouvement dans ce tableau. (이 그림에는 힘이 있다.)
Le mouvement d'un morceau est définie par la durée d'une note battue un nombre déterminé de fois par minute.
(곡의 박자는 1분당 일정횟수로 맞춰지는 음표의 지속시간에 의해 정의된다.)
Elle l'avait enlevé en deux temps trois mouvements. 〈Giono〉
(그녀는 순식간에 그것을 제거했다.)

mouvant

[mouv+ant(s.a)] ⇒ 움직이는 ⇒ 변화하는
형 변화하는, 불안정한

동 animé (활발한, 흥분한), mobile (변동하는, 불안정한), changeant (변하기 쉬운)
instable (불안정한, 변덕스러운), fugitif (변덕스러운, 일시적인)
ondoyant (변덕스러운, 물결치는), flottant (가변적인, 떠 있는)
fluide (유동적인), moteur (움직이는)

반 fixe (고정된, 안정된), immobile (부동의, 불변의), stable (안정된)

예문
Elles témoignent d'états d'âme trop mouvants pour n'être pas périmés.
(그녀들은 너무 불안정한 정신상태들을 보여주고 있어서 시대에 뒤처져 있다.)
Nos conceptions de la société changeante et de l'univers mouvant. 〈Jaurès〉
(변화하는 사회와 변동하는 세계에 대한 우리의 개념들)
La situation actuelle est mouvante.
(현 상황은 유동적이다.)

motiver

[motif+er(s.v)] ⇒ 움직이게 만들다 ⇒ 동기를 부여하다
동 동기를 부여하다, 이유가 되다, 근거를 대다

동 justifier (근거를 대다), causer (원인이 되다), expliquer (설명하다)
inciter (자극하다), stimuler (자극하다), nécessiter (필요하게 하다)

반 démotiver (동기를 제거하다)

예문
La méfiance a motivé son attitude.
(불신이 그의 태도의 직접적인 원인이었다.)
Les troubles ont motivé l'intervention de l'O.N.U.
(그 분쟁이 유엔의 개입의 동기가 되었다.)
Les juges motivent leur arrêt indulgent par la jeunesse malheurese de l'accusé.
(판사는 그 불행한 청년 때문에 피고에 대한 관대한 판결의 이유를 말한다.)

motion

[mot+ion(s.n)] ⇒ 움직임
명 동의, 발의, 운동, 움직임

동 proposition (제안, 제의), offre (제안, 제의), avances (교섭, 제의)
démarche (교섭, 운동), mouvement (운동, 움직임)

예문
faire une motion (동의를 제출하다)
adopter une motion (동의를 채택하다)
motion de censure (불신임안)

motif

[mot+if(s.a)] ⇒ 움직이게 만드는 ⇒ 동기
명 동기, 이유, 주제　형 동기가 되는

동 원인, 이유에 대한 뉘앙스가 다양하다.

일반적 개념	cause, pourquoi (결과를 만드는 원인)
구체적 원인	raison (설명되는 구체적 원인, 이유) sujet (감정, 행동의 구체적 자료인 원인, 이유) occasion (뜻하지 않았던 기회, 계기) prétexte (거짓 이유, 핑계) facteur (총괄적인 관점에서 본 변수, 요인)
원인의 출발점	origine (새로운 사실의 출현, 형성의 원인, 기원) principe (자연의 현상에 관계하는 원리, 근원) fondement (정당하고 깊이가 있는 이유, 근거)
행위 유발의 원인	motif (행동, 행위의 원인, 동기) motivation (행위 결정의 심리적 원인, 동기부여) mobile (충동적 행위의 원인, 동기) moteur (행위의 최초 유발요소, 원동력)

반 conséquence (결과), effet (결과, 효과)

예문
Quel est le motif de sa visite?
(그가 찾아온 동기는 무엇일까?)
On lui demanda s'il pouvait préciser les motifs de son acte. 〈Camus〉
(사람들은 그에게 자신의 행동의 동기를 설명할 수 있는지를 물었다.)
Sa colère est sans motif. (그가 화내는 것은 이유가 없다.)
Les motifs d'un jugement sont précédés de la formule ≪attendu que≫.
(판결의 이유들은 ≪attendu que (..에 비추어)≫ 라는 표현에 뒤따라온다.)
Si je lui parle, c'est pour le bon motif.
(내가 그녀와 이야기하는 것은 결혼할 목적으로이다.)

motivation

[motiv+ation(s.n)] ⇒ 움직이게 하는 것 ⇒ 동기부여
동 동기, 동기부여 (동 motif 참조)

예문
Les études des motivations permettent l'orientation de la publicité.
(동기조사는 광고의 방향 결정을 하게한다.)
Je voudrais n'offrir aucun fait sans une motivation suffisante. 〈Gide〉
(나는 충분한 동기부여가 없다면 어떠한 진상도 제공하지 않고 싶군요.)

moteur

[mot+eur(s.n)] ⇒ 움직이게 하는 도구 ⇒ 엔진
명 동력, 엔진, 모터, 주도자, 원동력 형 움직이는, 추진하는

동 instigateur (선동자, 주모자), dirigeant (지도자), promoteur (발기인, 주창자)
mobile (원동력, 움직이는), locomoteur (기관차, 운동의)
machine (기계, 기관차), cause (이유, 동기)

예문

Le moteur s'est arrêté.
(엔진이 꺼졌다.)
Nous avons eu une panne de moteur.
(우리 차는 엔진이 고장 났다.)
Le progrès est le moteur de la science. 〈Hugo〉
(진보는 과학의 원동력이다.)
Il est le véritable moteur de l'entreprise.
(그는 이 일의 진정한 주동자이다.)

émouvoir

[é(〈ex=dehors)+mouvoir] ⇒ 밖으로 움직여 나오다 ⇒ 감동시키다
동 감동시키다, 마음을 흔들다

동 toucher (감동시키다), bouleverser (마음을 흔들다), agiter (동요시키다)
ébranler (흔들다, 동요시키다), mouvoir (자극하다), affecter (슬프게 하다)
émotionner (감동시키다), remuer (감동시키다, 움직이다), saisir (마음을 사로잡다)
troubler (혼란시키다), s'alarmer (당황하다), sourciller (눈쌀을 찌푸리다)
impressionner (감명을 주다), traumatiser (혼란에 빠뜨리다, 동요시키다)

반 calmer (진정시키다), laisser froid (무관심하다)

예문

On n'émeut pas sans être ému. (자신이 감동되지 않고는 남을 감동시킬 수 없다.)
J'aurais voulu parler aux enfants, les émouvoir en leur faisant sentir l'étrangeté d'un dénuement si complet. 〈Gide〉
(아이들이 이토록 지독한 빈곤의 유별남을 인식시킴으로써 나는 그들과 이야기를 하며, 그들을 감동시키고 싶었는데.)
J'ai appris ce qu'il avait enduré pour moi, et j'en suis tout ému.
(나는 그가 나를 위해 얼마나 많이 참고 견뎠었는지를 알게 되었고, 그 사실로 인해 나는 무척 감격했다.)
À l'enterrement de M. Dupont, tout le monde était ému.
(뒤퐁씨의 장례식에서 모든 사람들이 감회에 젖어있었다.)
Il a appris la nouvelle sans s'émouvoir le moins du monde.
(그는 조금도 흥분하지 않고 그 소식을 들었다.)

émotion

[é(〈ex=dehors)+motion] ⇒ 밖으로 움직여 나오는 것
명 감정, 감동, 소요, 혼란

동 agitation (동요, 흥분), mouvement (움직임), sens (감각, 의미, 방향)
sensation (감동, 느낌), émoi (동요, 흥분, 불안), trouble (혼란, 소요)
sentiment (감정, 감각), attendrissement (감동, 동정), émeute (소요, 폭동)

반 calme (침착, 평온), froideur (냉정), indifférence (무관심), insensibilité (무관심)

예문
L'accident a été évité de justesse, mais l'émotion a été grande parmi les passagers du car.
(사고는 가까스로 면했지만, 그러나 관광버스 승객들 사이의 소요는 대단했다.)
Cette nouvelle a causé une grande émotion dans le village.
(그 소식은 마을에 큰 흥분을 자아냈다.)
On n'a pas eu d'émotion.
(사람들은 두려워하지 않았다.)
Je m'assis avec émotion sur mon strapontin rouge et j'écoutai religieusement les acteurs. 〈Beauvoir〉
(나는 흥분되어 내 붉은 보조의자에 앉아서 배우들의 대사를 주의 깊게 경청했다.)
Tu es tout rouge, c'est l'émotion?
(너 얼굴이 새빨갛구나, 무슨 흥분할 일이라도 있니?)
L'émotion de retrouver enfin ses parents lui coupait la parole.
(마침내 그의 부모님을 다시 만난다는 감동이 그의 말문을 가로 막았다.)
Quelle émotion de se retrouver après plusieurs années!
(몇 해만에 다시 만나게 되니 얼마나 감격스러운지!)

émotionnel

[é(〈ex)+motion+el(s,a)] ⇒ 밖으로 움직여 나오는 ⇒ 감정의
형 감정적인, 감정의, 감동의

동 affectif (감정의), sentimental (감정적인, 감상적인)

반 raisonable (이성 있는, 조리에 맞는)

예문
réaction émotionnelle (감정적 반응)
le public, hypnotisé par les mots d'intonations émotionnelles 〈Bloy〉
(감정적인 어조의 말에 정신을 온통 빼앗긴 대중)

promouvoir

[pro(=avant)+mouvoir] ⇒ 앞으로 움직이다 ⇒ 승진, 승격시키다
동 승진시키다, 추진하다, 촉진하다

동 élever (승진시키다), encourager (장려하다), favoriser (돕다, 촉진하다)
soutenir (후원하다), provoquer (선동하다), inciter (격려하다), soulager (돕다)
exciter (유발하다, 부추기다), exhorter (권고하다, 부추기다), agiter (선동하다)

animer (선동하다, 부추기다), pousser (추진하다, 격려하다)

반 destituer (파면하다), congédier (해고하다, 내쫓다), renvoyer (해고하다, 쫓아내다)
révoquer (면직하다, 해임하다), dégrader (파면하다, 강등시키다)
casser (강등시키다, 면직시키다), décourager (의욕을 꺾다)
défavoriser (불리하게 하다), accabler (짓누르다, 낙심시키다)

예문

Le ministre l'a promu à un haut poste dans son ministère.
(장관은 그를 내각에서 높은 직책으로 승진시켰다.)
On apprenait que Gautier-Lenoir était promu percepteur de première classe.
(사람들은 Gautier-Lenoir가 1등 세무관리로 진급됐다는 것을 알았다.)
Promouvour une politique de progrès sicial (사회발전 대책을 추진하다.)
La publicité essaie de promouvoir ce nouveau savon.
(광고를 통해 그 새로운 비누의 판매를 촉진시키려 하고 있다.)

promotion

[pro(=avant)+motion] ⇒ 앞으로 움직임
명 승진, 승급, 격상, 촉진, 지위향상, 동기생

동 avancement (승진, 진보), accession (취임, 도달), nomination (임명, 지명)
élévation (승진), encouragement (장려, 뒷받침), soutien (지원, 원조)
incitation (격려, 고무), excitation (부추김, 선동), exhortation (권고, 격려)
agitation (선동)

반 destitution (면직, 파면), congé (해고, 해임), renvoi (해고, 돌려보냄)
révocation (파면, 면직, 취소), dégradation (박탈, 파면, 악화)
casse (파손, 해직), découragement (낙담, 실의), accablement (낙담, 의기소침)

예문

Cette confiance de votre Directeur m'apparaît comme la plus flatteuse des promotions, mon cher Docteur! 〈Céline〉
(당신의 그 잘난 학장의 이러한 신임은 가장 아첨하는 승진처럼 보이는 군요, 박사님.)
Sa promotion au poste de directeur a été une grande joie pour sa famille.
(그의 사장직으로의 승진은 가족에게 큰 기쁨이었다.)
C'est une politique de promotion ouvrière. (그것은 근로자의 지위향상을 위한 정책이다.)
promotion de la femme (여성의 지위향상)
promotion des ventes (판매촉진)
Cet article est en promotion. (이 품목은 현재 세일중이다.)
Ils sont de la même promotion de l'École polytechnique.
(그들은 이공과 대학의 동기생들이다.)

promoteur

[pro(=avant)+moteur] ⇒ 앞으로 움직이는 사람 ⇒ 주창자
명 발기인, 주창자, 주동자, 촉매

동 animateur (사회자), créateur (창립자), initiateur (선구자), dirigeant (지도자)

pionnier (개척자, 선구자), instigateur (선동자, 주모자), auteur (장본인)

반 continuateur (계승자, 후계자), successeur (후계자), héritier (상속인, 후계자)

예문

Il a été le promoteur de ce complot. (그는 이 음모의 주모자였다.)
Toute imbécillité, selon Aristote, est promotrice de l'avarice. 〈Montaigne〉
(모든 어리석음은, 아리스토텔레스에 따르면, 탐욕의 주동자이다.)

mobile

[mob+il(s.a =possible)] ⇒ 움직일 수 있는
형 움직이는, 유동성의, 변동하는, 변덕스러운 명 동기, 원동력, 모빌

동 fluide (유동적인), variable (변하기 쉬운), instable (변덕스러운, 잘 변하는)
mouvant (변화하는), changeant (변하기 쉬운), inconstant (변하기 쉬운)
animé (활발한), ambulant (방랑적인), nomade (유랑하는), chatoyant (다채로운)
fugitif (일시적인, 변덕스러운), motif (동기), cause (원인), motivation (동기부여)
moteur (원동력), impulsion (충동)

반 immobile (부동의), sédentaire (한 곳에 고정된), fixe (고정된)

예문

La mâchoire inférieure de l'homme est mobile. (인간의 아래턱은 움직인다.)
Pâques est une fête mobile. (부활절은 날짜가 변동하는 축제일이다.)
Je ne comprends pas les mobiles de tes actes. (나는 너의 행동의 동기를 모르겠다.)
Toutes les actions humaines ont pour mobile la faim ou l'amour. 〈France〉
(인간의 모든 행위들은 배고픔이나 사랑이 동기가 된다.)

mobiliser

[mobilis+er(s.v)] ⇒ 활동하게하다
동 동원하다, 소집하다, 불러 모으다, 동산화하다

동 appeler (소집하다), rappeler (소환, 소집하다), lever (소집하다)
recruter (충원, 모집하다), faire appel à (호소하다), rassembler (모으다)

반 démobiliser (동원해제하다), immobiliser (부동산화하다)

예문

Si nous ne voulions pas de la guerre, nous n'aurions pas mobilisé. 〈Sartre〉
(만약 우리가 전쟁을 원하지 않는다면, 우리는 군대를 동원하지 않았을 것이다.)
Il a mobilisé tous ses amis pour se faire aider dans son déménagement.
(그는 이사하는데 도움을 받기 위하여 친구들을 모두 불러 모았다.)
À moins qu'il n'ait mobilisé tout ce qui lui reste de potentiel vital. 〈Guimard〉
(그가 그의 생명력에 남아 있는 모든 것을 이끌어 내지 않았을 것 같으면...)

mobilisation

[mobilis+ation(s.n)] ⇒ 활동하게 함
명 동원, 소집, 동산화

동 appel (소집), rappel (소환, 소집), rassemblement (모으기, 집합)

반 immobilisation (부동산화), démobilisation (동원 해제, 복원)

예문

> La mobilisation de toutes les bonnes volontés suffira-t-elle?
> (모든 열정을 다 동원하는 것으로 충분할까?)
> La mobilisation n'est pas la guerre. (군대 소집은 전쟁이 아니다.)
> Mobilisation de crédits consentis par une banque. (은행이 승인한 신용장의 동산화)
> La feuille de mobilisation (동원 영장)
> Le gouvernement a décrété la mobilisation générale. (정부는 총동원령을 내렸다.)

mobilité

[mobilis+té(s.n)] ⇒ 움직일 수 있는 성질
명 이동성, 유동성, 감정의 변덕, 무상

동 motilité (운동성), fluidité (유동성), migration (이동, 이주), caprice (변덕)
instabilité (불안정, 변덕), fluctuation (변동, 파동), inconstance (변심, 변덕)
infidélité (불성실), variabilité (가변성), versatilité (변덕)

반 immobilité (부동, 고정), fixité (고정)

예문

> Le nombre des véhicules dans Paris diminue leur mobilité.
> (Paris에서는 차량의 숫자로 이동성이 줄어들고 있다.)
> La mobilité de l'armée (군대의 기동력)
> Une mobilité de l'intelligence se règle exactement sur la mobilité des choses.
> 〈Bergson〉 (지성의 변덕은 사물의 변덕을 정확히 따르고 있다.)
> la mobilité des choses humaines (인간세계의 무상함)

mobilier

[mobil+ier(s.a)] ⇒ 움직일 수 있는 (것) ⇒ 가구
형 동산의, 동산에 관한　명 (집합적) 집기, 가구

동 ameublement (실내장식, 가구), meuble (가구)

반 immobilier (부동산의), foncier (토지의, 부동산의, 근본적인)

예문

> Une vente mobilière après saisie par la justice. (재판에 의해 압류된 이후에 동산의 매각)
> Un fauteuil d'osier, deux chaises cannées, une armoire en chêne composaient tout le mobilier. 〈Mac Orlan〉 (버들가지로 만든 안락의자, 등나무로 만든 의자 두 개, 참나무 옷장 등이 모든 가구를 이루고 있었다.)
> Il a changé le mobilier du salon. (그는 거실의 가구를 바꾸었다.)

immobiliser

[im(=pas)+mobilis+er(s.v)] ⇒ 움직일 수 없게 하다
동 정지시키다, 고정시키다, 마비시키다, 부동산화하다

동 arrêter (정지시키다), fixer (고정시키다), bloquer (동결하다)
coincer (고정시키다), figer (응결시키다), paralyser (마비시키다)
pétrifier (경직시키다, 화석이 되게 하다), geler (얼리다)

반 mobiliser (동산화하다), agiter (흔들다), bouger (움직이다)
mouvoir (움직이다), remuer (움직이다)

예문

La fièvre m'a immobilisé pendant plusieurs jours.
(열 때문에 나는 며칠 동안 꼼짝 못했다.)
Des voyageurs immobilisés par une grève des transports.
(운송기관의 파업으로 꼼짝 못하게 된 여행자들.)
Le conducteur freina brusquement et le camion s'immobilisa.
(운전사가 갑자기 브레이크를 밟아서 트럭이 정지했다.)

immobilisation

[mobilis+ation(s.n)] ⇒ 움직일 수 없게 하기
명 고정, 동결, 고정자산, 꼼짝 못하게 하기, 부동산화

동 immobilité (부동, 고정), fixation (고정), blocage (동결)
immeuble (부동산), immobilier (부동산)

반 mobilisation (동산화)

예문

Son accident lui a valu trois mois d'immobilisation.
(그가 당한 사고는 그에게 3개월간 꼼짝도 못하는 결과를 가져다주었다.)
Immobilisation d'une fracture. (골절의 고정)
Immobilisation de capitaux. (자본의 동결)
Il a gagné un combat de judo par immobilisation.
(그는 굳히기로 유도 시합을 이겼다.)

immobilité

[mobilis+té(s.n)] ⇒ 움직일 수 없음
명 부동, 부동 상태, 고정, 불변, 정체

동 fixité (고정), stagnation (정체), impassibilité (태연, 냉정)

반 motilité (운동성), fluidité (유동성), agitation (흔들림, 동요), mouvement (운동)
migration (이동, 이주), déplacement (이동), mobilité (이동성), évolution (변화)
caprice (변덕), instabilité (불안정, 변덕), fluctuation (변동, 파동)

예문

La fièvre m'a condamné à l'immobilité. (열 때문에 나는 꼼짝할 수 없었다.)
L'immobilité politique est impossible. (정치적 상황의 불변이란 있을 수 없다.)

immobile

[im(=pas)+mobile] ⇒ 움직일 수 없는
형 부동의, 고정된, 굳어버린, 불변의

동 cloué (꼼짝하지 않는), figé (응고된), paralysé (마비된), stagnant (흐르지 않는)
pétrifié (경직된 화석이 된), dormant (잔잔한), invariable (불변의)
fixe (고정된), sédentaire (한 곳에 고정된), nomade (방랑하는, 방랑자)

---

mobile (움직이는), fluide (유동하는), mouvant (움직이는), changeant (변하는)

예문

J'ai dû rester un mois immobile au lit.
(나는 한 달 동안 자리에 꼼짝 않고 누워있어야 했다.)
Il se tenait immobile comme une statue [souche].
(그는 조각상처럼 꼼짝도 않고 있었다.)
On croyait la terre immobile.
(과거에 사람들은 지구가 움직이지 않는다고 생각했다.)

immobilier

[im+mobil+ier(s.a)] ⇒ 움직일 수 없는 (것) ⇒ 부동산
형 부동산의, 부동산으로 된 명 부동산, 부동산업

동 immeuble (부동산, 빌딩)

반 mobilier (동산, 동산의)

예문

La crise immobilière a entraîné la chute de la valeur des immeubles. ⟨Bainville⟩
(부동산의 위기는 빌딩들의 가치의 하락을 가져왔다.)
Agence immobilière (복덕방)

démobiliser

[dé(=pas)+mobiliser] ⇒ 동원하지 않다
동 동원해제하다, 복원시키다, 의식을 약화시키다

동 démotiver (동기를 제거하다)

반 appeler (소집하다), mobiliser (동원하다)

예문

Les militants sont totalement démobilisés. (열성분자들은 완전히 투쟁력을 상실했다.)
Ces discours apaisants n'ont pour but que de démobiliser les énergies.
(마음을 진정시키는 이러한 강연들은 단지 기력을 약화시키는 것만을 목표로 한다.)

meubler

[meubl+er] ⇒ 움직이는 것(가구)을 놓다 ⇒ 가구를 갖추다
형 가구를 갖추다, 채우다, 풍요롭게 하다, 장식이 되다

동 équipper (설비하다), pourvoir (갖추다, 마련해 주다), garnir (갖추다, 설비하다)
remplir (채우다), orner (장식하다), occuper (점령하다), peupler (가득 차게 하다)

반 démeubler (가구를 없애다)

예문
Un lit et une chaise meublent la chambre. (침대와 의자가 침실에 놓여 있다.)
Il va meubler sa maison de campagne. (그는 별장에 가구를 들여 놓으려 한다.)
Son appartement est bien meublé. (그의 아파트는 가구가 잘 갖추어져 있다.)
Un appartement meublé (가구 딸린 아파트)
Il meuble toujours son imagination de rêves insensés.
(그는 항상 터무니없는 꿈으로 상상을 채운다.)

meuble

[〈mobilis] ⇒ 움직이는 것 ⇒ 가구
명 가구, 가구류, 동산, 살림도구 형 이동할 수 있는, 경작하기 쉬운

동 mobilier (동산의, 가구), friable (부서지기 쉬운), armoire (장롱, 옷장)
ameublement (실내장식, 가구), mobilier (가구), bahut (벽장형 가구)
buffet (선반), commode (서랍장), lit (침대), siège (의자), table (탁자)

반 immeuble (부동의, 부동산, 빌딩), bien-fonds (부동산)

예문
Il a acheté des meubles anciens chez un antiquaire.
(그는 한 고물상에서 고가구들을 샀다.)
Ce couteau à plusieurs lames est un meuble fort commode.
(칼날이 여러 개 달린 이 주머니칼은 매우 편리한 도구이다.)
La terre meuble s'y était accumulée. 〈Malraux〉
(경작하기 쉬운 땅이 거기에 모여 있었다.)

immeuble

[im+meuble] ⇒ 움직이지 않는 것 ⇒ 부동산
형 부동의 명 부동산, 가옥, 빌딩, 아파트

동 appartement (아파트), barre (아파트), building (빌딩)
gratte-ciel (마천루), tour (탑), résidence (호화저택)

반 meuble (동산)

예문

J'habite au cinquième étage d'un immeuble neuf.
(나는 새 빌딩의 6층에 살고 있다.)
On achète un immeuble pour le démolir et bâtir un immeuble plus grand sur le même terrain. 〈Sartre〉
(누군가 한 건물을 사서 부수고 같은 땅 위에 더 큰 건물을 짓는다.)
Habiter un appartement dans un immeuble. (건물 안의 한 아파트에 살다.)
Biens immeubles (부동산)
Immeuble à usage locatif (임대 아파트)

ameublement

[a(=vers)+meuble+ment] ⇒ 가구를 놓기 ⇒ 실내 장식
명 실내장식, 가구

동 décoration (장식), mobilier (가구)

예문

Il a consulté un décorateur sur l'ameublement d'une maison.
(그는 집의 실내장식에 관하여 실내장식 전문가의 의견을 들었다.)
Pendant quarante ans j'ai été vendeur dans les tissus d'ameublement. 〈Aymé〉
(40년 동안 나는 실내장식용 직물 판매상이었다.)

ameublir

[a+meuble+ir] ⇒ 움직이는 것으로 만들다
동 부동산을 동산으로 하다, 경지를 부드럽게 하다

동 cultiver (경작하다), labourer (경작하다), biner (두벌 김매다)

예문

Un champ soigneusement ameubli. 〈Flaubert〉
(정성스럽게 일구어놓은 밭)

ameublissement

[a+meuble+ment] ⇒ 움직이는 것으로 만들기
동 부동산을 동산으로 하기, 경지를 부드럽게 하기

동 culture (경작), labour (경작), binage (두벌 김매기)

예문

L'ameublissement est indispensable pour une germination et une végétation normales.
(경지를 부드럽게 하는 일은 정상적인 발아와 성장을 위해서 필수불가결하다.)

automobile

[auto+mobile(=mouvement)] ⇒ 스스로 움직이는 탈 것
명 자동차 형 자동의

동 voiture (자동차), machine (기관차), véhicule (탈 것), auto (자동차)
autobus (시내버스), autocar (관광버스), autotracteur (견인차), camion (트럭)

char (탱크), taxi (택시), chasse-neige (제설차), tracteur (트랙터)
moto (오토바이), motocycle (모터사이클), scooter (스쿠터), tramway (궤도전차)
volant (핸들), changement (변속기), différentiel (차동기), embrayage (클러치)
transmission (전동장치), amortisseur (제동장치), pneumatique (타이어)
phare (헤드라이트), cataphote (야간 반사경), code (신호), feu (신호등)
lanterne (전조등), stop (스톱 라이트), clignotant (방향 지시등)
automobiliste (자동차 경주자), chauffeur (운전사), conducteur (운전사)
fourrière (계류장), sabot (차륜고정장치)

예문

Il travaille dans une usine d'automobiles.
(그는 자동차 공장에서 일하고 있다.)
L'automobile a l'étonnant pouvoir d'exagérer tous nos défauts et de les mettre en évidence. 〈Duhamel〉
(자동차는 우리의 모든 결점들을 두드러져 보이게 하고 또 그것들을 분명히 드러내는 놀라운 힘이 있다.)

locomotive

[loco(=lieu)+motive] ⇒ 장소를 움직이는 것 ⇒ 기관차
명 기관차, 견인력, 지도자

동 machine (기관차), motrice (기관차)

예문

Stephenson construisit la première locomotive.
(Stephenson이 최초로 기관차를 만들었다.)
Marx a dit que les révolutions sont les locomotives de l'hisoire. 〈Nizan〉
(마르크스는 혁명들이 역사의 견인력이다 라고 말했다.)

commotion

[com(=avec)+motion] ⇒ 함께 움직임
명 소요, 혼란, 격동, 충격, 쇼크, 진동

동 choc (충격), secousse (동요, 진동, 충격), ébranlement (동요, 진동, 격동)
explosion (폭발, 격발), bouleversement (혼란, 격동), agitation (동요, 흥분)
perturbation (혼란, 교란), trouble (혼란, 소용)

예문

Cela lui a donné une commotion. (이것이 그에게 충격을 주었다.)
Éprouver une commotion morale. (정신적 충격을 받다)
Eustache ressentit dans tout le bras une sorte de commotion électrique. 〈Nerval〉
(Eustache는 팔 전체에 일종의 전기적인 충격을 느꼈다.)
Quand elle marchait à travars ma chambre, le bruit de chacun de ses pas faisait une commotion dans mon coeur. 〈Maupassant〉
(그녀가 내 방을 가로질러 걸을 때마다, 그녀가 내딛는 매 발걸음 소리가 내 마음 속에 혼란을 일으키곤 했다.)

CLÉ NO 27

NONC

parler(말하다), déclarer(표명하다)의 뜻

라틴어 nuntiare 에서 유래

annoncer [an(〈ad=à)+nonc(=parler)+er(s.v)] ⇒ ..에게 말하다 ⇒ 알리다
동 알리다, 고시하다, 예고하다

동 apprendre (알려주다), avertir (알리다, 예고하다), aviser (알리다)
communiquer (알리다), dénoncer (알리다), dire (알려주다), montrer (알려주다)
faire savoir (통지하다), faire connaître (통지하다), informer (알려주다)
notifier (통고하다), publier (공포하다), proclamer (공표하다), dénoter (나타내다)
indiquer (알려주다), marquer (알리다), signaler (알리다), désigner (지적하다)
présager (예고하다), prévenir de (알리다, 예고하다), prédire (예언, 예보하다)
préluder à (전조가 되다)

반 cacher (비밀로 하다), dissimuler (숨기다), taire (비밀로 하다)

예문

Elle espère recevoir bientôt le télégramme dans lequel il lui annoncera qu'il a retrouvé la jeune fille. 〈Queneau〉
(그가 어린 소녀를 다시 찾았다고 알리는 내용이 들어있는 전보를 그녀는 곧 받기를 소원한다.)
La radio vient d'annoncer l'arrivée à Paris du Premier Ministre de Grande-Bretagne.
(라디오 방송은 방금 영국수상의 파리 도착을 보도했다.)
Il y avait partout des signes qui annonçaient la venue de la guerre. 〈Le Clézio〉
(전쟁이 곧 일어날 것이라는 것을 예고하는 징후들이 도처에 있었다.)
Le baromètre annonce de la pluie pour demain.
(청우계는 내일 비가 올 것이라는 것을 예고해주고 있다.)
Avez-vous été annoncé?
(당신의 방문을 알고 있었습니까?)
Paul annonce pouvoir travailler.
(뽈은 일할 수 있다고 알린다.)
Il a annoncé à ses amis qu'il allait bientôt se marier.
(그는 친구들에게 곧 결혼할 것이라고 알렸다.)
La journée s'annonçait admirable.
(그 날은 쾌청할 전망이었다.)

annonce

[an(〈ad=à)+nonc(=parler)] ⇒ ..에게 말함 ⇒ 알림
명 통지, 알림, 기별, 광고, 전조, 징조, 표시

동 avertissement (통고, 예고), avis (통지, 의견), communication (통지, 전언)
déclaration (선언, 신고), dénonciation (통고, 고발), notification (통지, 고지)
nouvelle (소식), publicité (광고, 공개), publication (공고, 발표)
proclamation (공표, 선언), présage (전조), signe (징조), indice (표지, 징후)
marque (표시, 징후), message (전언, 전갈), réclame (선전 광고)
indice (지표, 징후), présage (전조), prélude (전조, 서막)

반 dissimulation (은폐, 숨김), cachotterie (숨김)

예문

À l'annonce de cette nouvelle, il a pleuré.
(그 소식을 접하고 그는 울음을 터뜨렸다.)
Sur huit pages, six étaient consacrées aux petites annonces. 〈Butor〉
(8페이지 중에, 6페이지는 광고로 채워져 있었다.)
Il la congédiait avec la perpétuelle annonce qu'il se ferait sauter le caisson. 〈France〉
(그는 자기 머리를 권총으로 쏠 거라고 계속적으로 알리면서 그녀를 돌아가게 했다.)
Il vit dans cet incident l'annonce d'événements graves.
(그는 그 가벼운 사건에서 중대한 사건들의 징조를 보았다.)

dénoncer

[dé(강조)+nonc(=parler)+er(s.v)] ⇒ 나쁘게 말하다
동 고발하다, 알리다, 나타내다, 표시하다, 규탄하다

동 accuser (고소하다), livrer (넘겨주다), révéler (알리다, 드러내다)
trahir (배반하다), vendre (배반하다), balancer (밀고하다)
donner (밀고하다), moucharder (고자질하다), fourguer (밀고하다)
annoncer (알리다), signaler (알리다), indiquer (알려주다)
désigner (지적하다), dénoter (나타내다), faire connaître (통지하다)
stigmatiser (비난하다), condamner (비난, 책망하다), flétrir (규탄, 비방하다)

반 cacher (비밀로 하다), dissimuler (숨기다), taire (비밀로 하다)

예문

> Un coup de téléphone dénonça à la police que l'I.R.A. avait déposé une bombe à la gare.
> (전화기가 울려서 I.R.A.가 역에 폭탄을 설치했다고 경찰에 알려왔다.)
> Jaurès dénonçait le danger des politiques de conquête et de prestige.
> 〈Martin. du Gard〉 (Jaurès는 정복정책과 국위선양 정책의 위험을 알리곤 하였다.)
> Un personnage anonyme a dénoncé à la police avoir aperçu un voleur cambrioler une maison. (신원미상의 한 어떤 사람이 도둑이 어떤 집을 터는 것을 보았다고 경찰에 고발했다.)
> Ses manières dénoncent son origine. (그의 태도가 그의 출신을 나타내고 있다.)
> Son regard a-t-il dénoncé qu'il t'ait reconnu?
> (그가 너를 알아보았다는 눈치가 보이던가?)
> C'est le regard qui dénonce si l'on est inquiet ou non.
> (사람이 불안한지 아닌지를 나타내는 것은 시선이다.)
> L'Inde dénonce que la France fait [fasse] de telles expériences.
> (인도는 프랑스가 그와 같은 실험을 하는 것을 규탄한다.)

dénonciation

[dé(강조)+nonc(=parler)+iation(s.n)] ⇒ 나쁘게 말함
명 고발, 밀고, 폐기통고, 선언

동 avis (통지, 의견), accusation (고발), délation (밀고)
révélation (폭로, 누설), trahison (배반), cafardage (고자질, 밀고)
mouchardage (고자질), annulation (폐기, 취소), rupture (파기, 단절)

예문

> Le criminel a été arrêté sur dénonciation d'un complice.
> (그 범인은 한 공범의 고발로 체포되었다.)
> La loi punit la dénonciation calomnieuse. (법률은 중상적인 고발[무고죄]을 벌한다.)
> La dénonciation d'un traité (조약의 파기)

énoncer

[é(〈ex=dehors)+nonc(=parler)+er(s.v)] ⇒ 밖으로 말하다
동 진술하다, 서술하다, 표현하다, 규정하다, 선고하다, 똑똑히 발음하다

동 formuler (표명하다), exposer (설명, 진술하다), expliquer (설명하다)
exprimer (표현하다), émettre (표명, 진술하다), stipuler (규정하다)
mentionner (진술, 언급하다), stipuler (규정하다), prescrire (처방, 규정하다)
définir (규정하다), déterminer (규명, 규정하다), parler (이야기하다)
prononcer (선고하다), déclarer (표명, 신고하다), rendre (표현하다)
représenter (표현, 묘사하다)

예문

Énoncer une vérité en termes simples. (쉬운 말로 진실을 표현하다.) Énoncer un jugement sans appel. (최종판결을 내리다) Cette idée pourrait s'énoncer plus clairement. (그 생각은 더 분명하게 표현될 수 있을 것이다.) Ce que l'on conçoit bien s'énonce clairement. 〈Boil〉 (사람들이 잘 이해하는 것은 명확하게 표현된다는 것이다.)

énonciation

[é(〈ex=dehors)+nonc(=parler)+iation(s.n)] ⇒ 밖으로 말함
명 표현, 진술, 서술, 명제, 규정, 언술행위

동 déclaration (선언), énoncé (진술, 기술), élocution (말투, 화술)
exposé (발표, 진술), mention (언급, 기술), prononciation (발음)
formulation (표명, 진술), stipulation (약정, 규약), clause (약정조항)
prescription (규칙, 처방), représentation (표현, 묘사)

예문

Un texte se borne à l'énonciation d'un fait. (하나의 텍스트는 하나의 사실에 대한 서술에 한정된다.) Le sujet de l'énonciation est je. (언술행위의 주체는 je[나]이다.)

énoncé

[é(〈ex=dehors)+nonc(=parler)+er(s.v)] ⇒ 밖으로 말함
명 발표, 발표문, 진술, 기술, 언표, 발화

동 exposé (발표, 기술), déclaration (선언), formule (서식, 방식, 말투)
texte (원문, 원고, 문헌), termes (말, 용어, 표현)

예문

On ne vous fera entrer que pour l'énoncé du jugement. 〈Camus〉 (판결문을 위해서만 당신을 입장하게 할 것입니다.) Cet élève a mal interprété le sujet d'un devoir, faute d'avoir lu attentivement l'énoncé. (그 학생은 발표문을 주의 깊게 읽지 않아서, 숙제의 주제를 잘못 해석했다.) ≪L'oiseau chante≫ est un énoncé élémentaire. (≪새가 노래한다.≫라는 문장은 하나의 기본적인 발화이다.)

prononcer

[pro(=avant)+nonc(=parler)+er(s.v)] ⇒ 사람들 앞에서 말하다
동 발음하다, 말하다, 발설하다, 선고하다

동 articuler (발음하다), rendre (표현하다), infliger (부과하다)
fulminer (선고, 언도하다), proférer (말, 발언하다)
émettre (표명, 진술하다), énoncer (진술, 선고하다), exprimer (표현하다)
formuler (표명하다), écorcher (서툴게 발음하다), débiter (낭독하다)

juger (재판, 판결하다), décider (결정하다), déterminer (규명, 규정하다)

예문

Il prononce très mal le français. (그의 불어 발음은 아주 나쁘다.)
Le député a prononcé un discours devant ses électeurs.
(그 국회의원은 선거구민들 앞에서 연설을 했다.)
Le juge a prononcé la condamnation. (판사는 판결을 내렸다.)
Dans son émotion, il n'a pas pu prononcer un seul mot.
(그는 감정이 북받쳐서 한 마디도 말을 할 수가 없었다.)
Comment cela se prononce-t-il? (그것은 어떻게 발음되느냐?)
Le médecin ne s'est pas encore prononcé sur ce cas.
(의사는 아직 이 경우에 대해 자신의 의견을 말하지 않았다.)
Presque tous les délégués se sont prononcés contre cette solution.
(거의 모든 의원들이 이 안에 반대했다.)
Le directeur s'est prononcé en faveur du plus jeune candidat.
(부장은 가장 젊은 지원자를 택하기로 했다.)

prononciation

[pro(=avant)+nonc(=parler)+iation(s.n)] ⇒ 사람들 앞에서 말함
명 발음

동 articulation (발음, 조음), phonétique (음성학), phonation (발성, 발음)
homonyme (동음이의어), homophone (동음이의어), accent (어조)

예문

Cet homme avait une prononciation étrangère.
(이 사람은 외국인식의 발음을 가지고 있었다.)
La prononciation est transcrite grâce à l'alphabet phonétique international.
(발음은 국제음운 알파벳 덕분으로 옮겨 쓰여 진다.)

renoncer

[re(=derrière)+nonc(=parler)+er(s.v)] ⇒ 뒤로 말하다
동 포기하다, 내놓다, 버리다, 중지하다, 단념하다

동 abandonner (포기하다), abdiquer (사임, 포기하다), céder (양보, 양도하다)
cesser (중지하다), enterrer (폐기, 포기하다), laisser (양도하다)
reculer (포기, 양보하다), capituler (항복하다), se rendre (항복, 양보하다)
se défaire (처분하다), se dépouiller de (버리다), se dessaisir de (포기하다)
se priver de (포기하다), se démettre de (사임하다), quitter (그만두다)
refuser (거절, 거부하다), se départir de (포기, 단념하다), arrêter (멈추다)
se désister de (취하, 철회하다), se retirer (물러나다), abjurer (개종하다)
démordre de (단념하다), s'abstenir (삼가다, 기권하다)

반 s'attacher (집착하다), conserver (간직하다), garder (간직하다)
persévérer (고집하다), persister (고수하다), continuer (계속하다)

예문

Laid comme je suis, et pauvre, je dus renoncer à me marier. 〈Balzac〉
(지금처럼 못생기고, 가난하기 때문에 나는 결혼하는 것을 포기해야 했다.)
Il a dû renoncer.
(그는 단념했음에 틀림없다.)
Nous avons dû renoncer à cette entreprise.
(우리는 이 사업을 단념하지 않으면 안 되었다.)
Ce drôle de petit guerrier farouche continuait à faire la guerre quand tout le monde y avait renoncé. 〈Merle〉
(모두가 전쟁을 중지했을 때, 키 작고 강인한 그 이상한 군인은 전쟁을 계속했다.)
J'ai renoncé à lui en parler.
(나는 그에게 그것에 관해서 말하는 것을 단념했다.)

renonciation

[re(=derrière)+nonc(=parler)+iation(s.n)] ⇒ 뒤로 말함
명 (권리 등의) 포기, 자포자기

동 abandon (포기), abdication (사직, 포기), cession (양도)
démission (사직, 포기), dessaisissement (포기)

반 appropriation (횡령, 소유), acceptation (수령, 인수), acquisition (획득, 취득)

예문

Renonciation d'un héritier. (상속인의 권리 포기)
Renonciation à sa foi (신앙의 포기)

renoncement

[re(=derrière)+nonc(=parler)+ment(s.n)] ⇒ 뒤로 말함
동 포기, 단념

동 abandon (포기), abstinence (금욕, 절제), abnégation (희생, 헌신)
dépouillement (몰수, 박탈), détachement (이탈, 무관심), dévouement (헌신)
privation (박탈), refus (거절, 거부, 사양), sacrifice (희생)

반 attachement (집착), avidité (갈망, 탐욕)

예문

Renoncement aux plaisirs du monde.
(속세의 쾌락의 포기)
Le renoncement à soi-même.
(자포자기)
Il y a des choses que le pire des abandons, des renoncements ne peut faire oublier. 〈Simon〉
(포기, 단념 중에서 가장 나쁜 것은 잊어버리게 할 수 없는 일들이 있다는 것이다.)

CLÉ NO 28 PORT

porter (들다, 나르다, 운반하다)의 뜻

라틴어 portare, portatus 에서 유래

porter [〈portare] ⇒ 들다, 나르다, 운반하다
동 들다, 지니고 있다, 받치다, 견디다, 나르다, 생산하다, 착용하다
porter sur : 무게가 걸리다, 근거를 두다, 도달하다, 향하다
se porter : 향하다, 건강이 좋다[나쁘다], 유행하다, ..로 나서다

동 posséder (소유하다), tenir (지니다), supporter (참다, 버티다), étayer (떠받치다)
soutenir (받치다, 견디다), transporter (운송하다), transmettre (전달하다)
communiquer (알리다, 건네주다), conduire (운반하다), avoir (착용하다)
apporter (갖다 주다), rapporter (다시 가져오다), diriger (이끌다, 발송하다)
mouvoir (움직이다), mettre (착용하다), produire (생산하다)
reposer sur (근거를 두다), poser sur (근거하다), se diriger vers (향하여 가다)
aller (가다), se rendre à (..로 가다), donner sur (..로 향하여 있다.)
livrer (넘겨주다, 배달하다), atteindre (도달하다), toucher (닿다, 착륙하다)
s′étendre à (..에까지 미치다), affluer (몰려들다)

반 déposer (내려놓다), poser (놓다), reposer (놓다), retirer (도로 빼앗다)
enlever (제거하다, 실어가다), remporter (도로 가져가다)

예문

Il marchait lentement, car il portait deux grosses valises.
(그는 천천히 걸어갔다. 왜냐하면 큰 여행용 가방을 두 개 들고 있었기 때문이다.)
L′enfant était tellement fatigué par la promenade que son père a dû le porter dans ses bras pour rentrer.
(그 아이는 산책으로 너무나 피곤해서 아버지가 팔에 안고 돌아와야 했다.)
Le brancard n′était pas lourd, mais Pierson n′était ni vigoureux, ni adroit.
Il éprouvait de la peine à le porter. 〈Merle〉
(손수레는 무겁지 않았지만, Pierson은 기운차지도 않고 솜씨가 있지도 않았다.
그는 그것을 감당하기에 고통을 느꼈다.)
Elle prit gravement le verre tendu et s′éfforça de le porter à sa bouche sans trembler. 〈Bernanos〉 (그녀는 자기 앞에 내밀어진 잔을 엄숙하게 잡고 그것을 떨지 않고 자기 입으로 가져가려고 애를 썼다.)
En hiver, nous portons des vêtements chauds.
(겨울에 우리는 따뜻한 옷을 입는다.)
Il porte sur son visage un air de lassitude. (그의 얼굴에 피곤한 기색이 보인다.)
Cette décision nous portera un tort considérable.
(이번 결정은 우리에게 상당한 피해를 가져올 것이다.)

예문

Nous avons porté toute notre attention sur cette question.
(우리는 이 문제에 모든 주의를 쏟았다.)
Tout le poids de l'édifice porte sur les quatres piliers.
(건물의 모든 무게는 네 기둥에 걸려있다.)
Sur quoi porte sa plainte?
(그가 불평하는 근거가 무엇입니까?)
Il est tombé et sa tête a porté contre[sur] une pierre.
(그는 넘어져서 돌에 머리를 부딪쳤다.)
Personne ne se portait mieux que Dhéry, mais sa respiration, la nuit, ressemblait à un râle. 〈Merle〉
(아무도 Dhéry 보다 더 건강하지 못했으나, 밤에 그의 호흡은 헐떡거림과 비슷했다.)
Cela ne se porte plus.
(이것은 유행이 지났다. 이젠 더 이상 그것을 입지 않는다.)

portable

[port+able(s.a)] ⇒ 운반할 수 있는
형 운반[휴대]할 수 있는, 착용할 수 있는, 입을 수 있는 명 핸드폰

동 mettable (착용할 수 있는), convenable (단정한), portatif (핸드폰)

예문

Il recopiait ses articles sur sa Remington ≪portable≫. 〈Romains〉
(그는 자신의 〈휴대용〉 레밍톤 타자기로 자기 기사를 정서하곤 했다.)
Ce complet n'est pas neuf, mais il est encore très portable.
(이 양복은 새것은 아니지만 그래도 아직은 매우 단정하다.)
Le portable, c'est pratique, sauf quand ça ne passe pas, à certains endroits.
(핸드폰, 그것은 몇몇 장소에서 잘 안 터질 때 말고는 실용적이다.)

apporter

[ad(=à, près)+porter] ⇒ 가까이 운반하다 ⇒ 가지고 오다
동 가져오다, 일으키다, 제공하다, (주의를) 기울이다, 보이다, 제기하다

동 porter (배달하다), transporter (운송하다), procurer (마련해주다)
alléguer (내세우다), fournir (제공하다), donner (제공하다)
manifester (표명하다), montrer (보여주다), amener (야기시키다)
causer (야기시키다), entraîner (이끌다, 초래하다), produire (초래하다)
provoquer (유발하다), mettre (옮기다, 일으키다)

반 emporter (가지고 가다), enlever (빼앗다, 실어가다)
remporter (가져가다, 쟁취하다), retirer (도로 빼앗다, 획득하다)

예문

Cette découverte apportera un changement profond dans nos habitudes,
(이 발견은 우리 관습에 상당한 변화를 초래할 것이다.)
Le plombier a oublié d'apporter ses outils pour réparer la fuite d'eau.
(그 수리공은 누수현상을 고치기 위하여 자기의 연장을 가지고 오는 것을 잊었다.)

예문

Le facteur m'a apporté trois lettres.
(우편배달부는 나에게 3통의 편지를 갖다 주었다.)
Il a apporté une grande attention à l'examen de l'affaire.
(그는 그 일을 검토하는데 많은 주의를 기울였다.)
Il apporte des obstacles à notre projet.
(그는 우리 계획을 방해한다.)
Elle trouvait que Suzanne était responsable du retard apporté à ses projets. 〈Duras〉
(그녀는 수잔이 자기 계획의 지연을 가져온 책임이 있는 것으로 생각하고 있었다.)
La première chose que la peste apporta à nos concitoyens fut l'exil. 〈Camus〉
(페스트가 우리 동향인들에게 가져다 준 첫 번째 일은 추방이었다.)
Il n'apporte aucune preuve à ce qu'il avance.
(그는 자기가 주장하는 것에 어떤 증거도 못 대고 있다.)
Il a apporté beaucoup de soin à exécuter le travail commandé.
(그는 주문받는 일을 하는데 많은 정성을 들였다.)

emporter

[en(〈inde=de là)+porter] ⇒ 그 장소에서 운반하다 ⇒ 가지고 가다
동 가지고 가다, 데리고 가다, (목숨을) 빼앗아가다, 격하게 하다
l'emporter : 이기다
l'emporter sur : ..에 이기다, ..보다 우세하다
se laisser emporter par/à : (감정에) 휩쓸리다
s'emporter : 화를 내다

동 emmener (데리고 가다, 가지고 가다), entraîner (데려가다, 끌고 가다)
charrier (운반하다, 휩쓸어가다), conduire (데리고 가다), transporter (운송하다)
prendre (빼앗다), embarquer (가져가다, 훔치다), enlever (빼앗다)
arracher (빼앗다), balayer (쓸어가다), tuer (죽이다), effacer (지우다)
ôter (제거하다), exciter (흥분시키다, 돋우다), pousser (부추기다)
obtenir (획득하다), remporter (가져가다, 쟁취하다), conquérir (정복하다)
gagner (이기다), triompher (이기다), vaincre (쳐부수다, 이기다)
être supérieur (우세하다), primer (능가하다), dominer (압도하다, 지배하다)
prédominer sur (지배적이다, 우세하다), prévaloir (우세하다, 능가하다)
éclater (감정을 폭발시키다), fulminer contre (격노하다)
s'élancer sur (덤벼들다), se mettre en colère (화내다), s'emballer (흥분하다)

반 apporter (가져오다), rapporter (도로 가져오다), laisser (남겨 놓다)
arrêter (저지하다, 체포하다), perdre (지다), calmer (누그러뜨리다)
adoucir (진정시키다, 달래다), apaiser (진정시키다)

예문

Il est parti en voyage en emportant la valise.
(그는 그 여행용 가방을 가지고 여행을 떠났다.)
L'inondation a emporté le pont. (홍수로 다리가 떠내려갔다.)

예문

Autant en emporte le vent.
(바람과 함께 사라지다, 아무것도 남지 않을 것이다.)
Une bourrasque d'ouest avait emporté plusieurs marins et deux navires. 〈Loti〉
(서쪽에서 불어온 광풍이 여러 선원들과 두 척의 선박을 집어삼켰다.)
Il a emporté son secret dans la tombe.
(그는 그의 비밀을 무덤 속으로 가져갔다.)
On a emporté le blessé dans l'ambulance.
(그 부상자를 구급차로 실어갔다.)
La jeunesse se laisse emporter aux plaisirs. (청춘은 쾌락에 휩쓸린다.)
Le choléra l'a emporté. (그는 콜레라로 죽었다.)
La colère l'a emporté. (그는 노여움이 격해졌다.)
Notre équipe l'a emporté par trois buts à un. (우리 팀이 3대 1로 이겼다.)
Le plus fort l'emporte. (가장 힘센 사람이 이긴다, 법보다 주먹이 앞선다.)
Killy l'emporta sur tous ses concurrents.
(킬리는 모든 자기 경쟁자들을 물리쳤다.)
Le bon l'emporte sur le mauvais. (선이 악을 이긴다.)
Je m'emportais brutalement, au moindre prétexte. 〈Mauriac〉
(나는 사소한 구실로도 벌컥 화를 내곤하였다.)
Écoutez-le jusqu'au bout sans vous emporter contre lui.
(그에게 화를 내지 말고 그의 말을 끝까지 들으세요.)

déporter

[dé(=à part, loin)+porter] ⇒ 분리하여 멀리 나르다 ⇒ 추방하다
동 강제 수용시키다, 추방하다, 방향을 빗나가게 하다

동 abriter (수용하다), recevoir (받아들이다), accueillir (맞아들이다)
déplacer (방향을 바꾸다), dévier (빗나가게 하다), bannir (추방하다)
chasser (쫓아내다), exclure (쫓아내다), exiler (추방하다)
expatrier (추방하다), expulser (추방하다), proscrire (추방하다)

반 rapatrier (본국에 송환하다)

예문

Des millions de personnes ont été déportées par les régimes totalitaires dans des camps de concentration.
(수백만 명의 사람들이 전체주의 체제에 의해 집단수용소에 강제 수용되었다.)
Les Juifs furent déportés par centaines de milliers en Allemagne.
(유대인들은 독일에 수십만 명씩 강제 수용되었다.)
Le vent a déporté l'auto vers la droite.
(바람이 자동차를 오른쪽으로 빗나가게 했다.)
L'avion était déporté de cent kilomètres au moins 〈Malraux〉
(비행기는 적어도 100킬로미터는 빗나갔다.)
Déporté vers la droite, il se trouva bloqué contre les maisons. 〈M. du Gard〉
(오른쪽으로 빗나갔기 때문에, 그는 건물들로 가로막혔다.)

déportement

[dé+port+ment(s.n)] ⇒ 분리하여 멀리 나름
명 진로이탈, 품행의 탈선, 행실, 몸가짐

동 débauche (방탕, 난봉), écart (탈선), embardée (빗나감)
conduite (품행, 행동), inconduite (비행, 나쁜 행실), licence (방종)
libertinage (방종), dévergondage (방탕, 방종), erreur (잘못), faute (과실)

반 bonne conduite (품행 방정), vertu (미덕), ascèse (고행, 금욕)

예문

Le déportement d'un camion vers le bas-côté de la route.
(도로의 비포장지대로 트럭이 미끄러짐)
Des femmes que leurs passions et leurs déportement ont rendues illustres : Médée, Didon, Phèdre. 〈Larbaud〉 (정열과 품행으로 유명했던 Médée, Didon, Phèdre와 같은 여인들)

exporter

[ex(=dehors)+porter] ⇒ 바깥으로 운반하다
동 수출하다, 전파하다

동 propager (전파하다)im porter (수입하다)

예문

La France exporte des vins dans de nombreux pays.
(프랑스는 수많은 나라에 포도주를 수출한다.)
Exporter une mode. (유행을 전파하다)
Le pays en voie de développement exporte des produits bruts, mais le pays industrialisé exporte des produits transformés, manufacturés.
(개발도상국은 가공하지 않은 상품을 수출하지만 선진국은 가공품을 수출한다.)

exportation

[ex+port+ation(s.n)] ⇒ 바깥으로 운반함
명 수출, 수출품, 전파

동 commerce (상업, 무역), trafic (암거래), marché (매매, 거래), échanges (교역, 무역)
expédition (발송, 파견), réexpédition (재발송, 전송, 반송), vente (판매)

반 importation (수입), introduction (도입, 수입)

예문

L'exportation de certains produits est soumise à une règlementation stricte.
(몇몇 상품의 수출은 엄격한 규칙에 따른다.)
Le volume des exportations est nettement supérieur à celui des importations.
(수출품의 총량은 수입품의 총량보다 명백히 더 우세하다.)
Chaque année, dit-on, l'Amérique augmente ses exportations de céréales. On nous menace de d'une vraie inondation du marché. 〈Zola〉 (매년 미국은 곡물의 수출을 늘린다고 한다. 그들은 정말로 시장의 범람으로 우리를 위협한다.)
L'anticléricalisme n'est pas un article d'exportation. 〈Gambetta〉
(반교권주의는 전파항목이 아니다.)

importer
[im(=dans)+porter] ⇒ 안으로 운반하다
동 수입하다, 도입하다, 중요하다, 필요하다

동 introduire (도입하다), implanter (도입하다), acclimater (도입하다), compter (중요하다) nécessiter (필요로 하다), exiger (필요로 하다), requérir (필요로 하다)

반 exporter (수출하다), chasser (몰아내다), éloigner (물리치다), exclure (쫓아내다) rejeter (물리치다), renvoyer (쫓아내다), repousser (물리치다), indifférer (무관하다)

예문
L'Allemagne importe pas mal d'agrumes d'Italie.
(독일은 이태리로부터 꽤 많은 감귤을 수입한다.)
Ces danses modernes sont importées d'Amérique.
(이 현대 무용은 미국으로부터 들어왔다.)
Ce qui importe avant tout, c'est de conserver la santé.
(무엇보다 중요한 것은 건강을 유지하는 것이다.)
Il importe peu que vous appeliez la maladie peste ou fièvre de croissance. 〈Camus〉
(당신이 그 병을 페스트나 골수염이라고 부르는 것은 중요하지 않다.)
Peu m'importait qu'il l'eût fait pour des motifs honorables.
(그가 고상한 동기로 그렇게 했다 할지라도 그것은 내게 중요하지 않았다.)
Il importe que ce travail soit terminé avant la fin du mois.
(그 일은 월말 전에 끝내놓는 것이 중요하다.)
Son roman est très discuté, n'importe, il a eu beaucoup de succès.
(그의 소설은 많은 논란의 대상이 되어 있다. 하지만 상관없다. 그는 많은 성공을 거두었다.)

importation
[im+port+ation(s.n)] ⇒ 안으로 운반함
명 수입, 수입품, 도래, 전래, 유입

동 introduction (도입, 수입), exportation (수출), renvoi (반환, 반송)

예문
Importation d'objets manufacturés. (공업제품의 수입)
Les importations se sont accrues considérablement. (수입품들이 엄청나게 증가했다.)
Importation du tabac en Europe. (유럽에 담배의 전래)

importance
[im+port+ance(s.n)] ⇒ 안으로 들어온 것 ⇒ 중요, 권위
명 중요성, 중대성, 권위, 힘, 뽐냄

동 intérêt (관심), dimension (규모, 중요성), gravité (중대성, 장중함), sérieux (중대함) portée (영향력, 중요성), conséquence (결과, 중요성), grandeur (중대함, 권세, 권위) crédit (신용, 영향력), autorité (권위), influence (영향, 세력), prestige (위신, 명성) réputation (명성, 인기), fanfaronade (허세, 허풍)

반 futilité (쓸데없음), insignifiance (무의미), médiocrité (하찮음)
banalité (평범, 진부), platitude (평범, 진부함)

예문

> Ces questions de langage me paraissent de haute importance. 〈Gide〉
> (이러한 언어의 문제들은 나에게는 대단히 중요한 것 같다.)
> Il a l'air maintenant de n'attacher au mot aucune importance. 〈Faye〉
> (그는 지금은 그 말을 중시하지 않는 것 같다.)
> La place lui donne beaucoup d'importance.
> (그 자리가 그에게 큰 세력을 부여하고 있다.)
> Cela n'a aucune importance. [= Cela ne fait rien.]
> (그것은 아무런 문제도 되지 않는다.)
> J'étais enclin à croire à mon importance. 〈Mauriac〉
> (나는 내 권위를 믿는 경향이 있었다.)

important

[im+port+ant(s.a)] ⇒ 안으로 들어온
형 중요한, 중대한, 막대한, 세력 있는, 뽐내는 명 중요점, 요점

동 grave (중대한), sérieux (신중한, 중대한), capital (중요한), essentiel (중요한)
indispensable (필수적인), influent (영향력 있는), conséquent (중요한, 일관성 있는)
considérable (중요한, 막대한), grand (중요한, 잘난 척하는), majeur (중요한)
crucial (본질적인, 중요한), vital (생명의, 중대한), principal (주요한)
primordial (가장 중요한), gros (다량의), marquant (현저한, 저명한)
appréciable (현저한), notable (주목할 만한, 유력한, 중요한)
remarquable (주목할 만한, 저명한), utile (유익한, 유효한), nécessaire (필요한)

반 accessoire (부차적인), dérisoire (하찮은), futile (쓸데없는, 시시한)
insignifiant (무의미한), ordinaire (보통의), banal (평범한, 진부한)
mineur (덜 중요한), minime (사소한), médiocre (하찮은, 초라한)

예문

> C'est une question très importante.
> (그것은 아주 중요한 문제이다.)
> Il a déposé à la banque une somme importante.
> (그는 은행에 막대한 금액을 예금했다.)
> Le directeur est l'homme le plus important de l'usine.
> (그 부장은 그 공장의 가장 세력 있는 사람이다.)
> Il prend des airs importants. (그는 잘난 체한다.)
> L'important est de se décider tout de suite.
> (중요한 것은 당장 결정하는 것이다.)
> L'important est qu'ils soient tous deux heureux.
> (중요한 것은 둘 모두 행복해야 한다는 것입니다.)

rapporter

[re(=de nouveau)+apporter] ⇒ 다시 가져오다
[동] 다시 가져오다, 보충하다, 폐지하다, 보고하다, 인용하다, ..로 돌리다
se rapporter : 관계하다, 맡기다, 따르다

[동] ramener (도로 데려오다), restituer (반환하다), redonner (돌려주다), rendre (돌려주다)
attribuer (돌리다), rendre (돌려주다), ajouter (덧붙이다), abroger (폐지하다)
annuler (폐지하다), dénoncer (폐기를 통고하다), cafarder (고자질하다)
moucharder (고자질하다), dire (말하다), raconter (이야기하다)
répéter (말을 되풀이하다), relater (상세히 이야기하다), participer à (관여하다)
prendre part à (관여하다), concerner (관계되다), intéresser (관계하다)
avoir rapport à qc (관계가 있다), avoir trait à qc (관계가 있다)
se mettre en rapport [relation] avec qn (관계를 맺다)
nouer des relations avec qn (관계를 맺다)

[반] emporter (가지고 가다), enlever (빼앗다, 실어가다), renvoyer (돌려보내다)
garder (간수하다), taire (말 안하다), opposer (반론으로 제기하다)
contester (이의를 제기하다), confirmer (확증, 비준하다), confier (맡기다, 신뢰하다)

[예문]

On m'a demandé de rapporter les circonstances de l'accident.
(나는 그 사고의 상황을 이야기해 달라는 요청을 받았다.)
Je lui ai rapporté que j'avais trouvé un rouleau de parchemin.
(나는 양피지 두루마리 하나를 찾아냈다는 것을 그에게 보고했다.)
Aucun témoin n'a rapporté que le jardinier est [soit] passé devant la fenêtre à l'heure du crime. (어떤 증인도 정원사가 범행 시각에 창 앞을 지나갔다고 이야기하지 않았다.)
Cette imposition avait touché un million quatre cinquante mille contribuales et rapporté 3,3 millions d'euros.
(이번의 과세는 145만 명의 납세자에 해당되어 330만 유로의 수입을 가져다주었다.)
On rapporte la richesse de cette ville à la présence de nombreuses usines.
(사람들은 이 도시가 부유한 것이 공장이 많이 있는 것으로 돌린다.)
Le développement de votre dissertation ne se rapporte pas au sujet donné.
(당신의 논문은 주어진 제목과 관계가 없습니다.)
Je m'en rapporte à vous pour l'avertir. (저는 그에게 알리는 일을 당신에게 일임합니다.)

rapport

[re+apport] ⇒ 다시 가져옴, 그런 말, 관계
[명] 관계, 관련, 유사, 수입, 이익, 반환, 보고

[동] récit (이야기), relation (관계, 이야기), témoignage (진술), dénonciation (고발, 밀고)
indiscrétion (실언), compte (보고, 설명), fruit (성과, 이익), produit (수익, 생산물)
rendement (수익, 이윤, 수확고), restitution (반환), exposé (발표)
compte rendu (보고서, 서평), lien (관계), connexion (관련), liaison (연관, 연결)
filiation (계통, 연관), traits (표현, 말), accord (협정), affinité (유사, 관계)

analogie (유사), parenté (혈족관계, 유연관계), ressemblance (유사)
rapprochement (접근), corrélation (상관관계), dépendance (의존관계, 인과관계)
enchaînement (연결, 연관), commerce (거래, 관계)

반 disproportion (불균형)

예문

Il n'y a aucun rapport entre ces deux phénomènes.
(이 두 가지 현상 사이에는 아무런 관련이 없다.)
Cela n'a aucun rapport avec notre affaire. (그것은 우리 일과는 아무 관련도 없다.)
Il entendait le rapport de chacun des commissaires sur les affaires de son département. 〈De Gaulle〉 (그는 각 경찰서장들로부터 관할 도의 사건들에 대해서 보고를 듣고 있었다.)
Combien y a-t-il des hommes qui ont du rapport aux chiens? 〈La Rochefoucauld〉
(개를 닮은 사람이 몇 명이 있을까?)
Cette propriété est d'un bon rapport. (이 소유지는 수입이 좋다.)
La Terre est très petite par rapport au soleil. (지구는 태양에 비하여 대단히 작다.)

reporter

[re(=de nouveau)+porter] ⇒ 다시 운반하다
동 도로 가져가다, 다시 갖다놓다, 옮기다, 향하게 하다, 이월하다, 거슬러 올라가게 하다, 회상시키다, 연기하다, 다시 내기를 걸다
se reporter à : 회상하다, 참조하다 se reporter sur : 옮겨지다

동 rapporter (도로 가져가다), remporter (가져가다), remettre (다시 갖다놓다, 연기하다)
ramener (돌려보내다, 도로 데려오다), transporter (옮기다, 이월하다)
reprendre (다시 취하다), rejeter (옮기다), repousser (물리치다, 연기하다)
différer (연기하다, 다르다), ajourner (연기하다), renvoyer (돌려보내다, 연기하다)
prolonger (연장하다), se référer à (의거하다), consulter (참조하다, 상의하다)
rappeler (생각나게 하다), parier (내기를 걸다), reparier (다시 내기 걸다)

예문

Il reporta le verre à ses lèvres. (그는 잔을 입술로 다시 가져갔다.)
Je lui ai reporté le livre qu'il m'a prêté. (나는 그가 나에게 빌려 준 책을 그에게 다시 돌려주었다.)
Beaucoup d'électeurs ont reporté leur voix sur un autre candidat.
(많은 유권자가 다른 후보에게 투표했다.)
Elle a reporté en tête d'une colonne le total de la page précédente.
(그녀는 앞 페이지의 총계를 그 난의 첫머리로 이월했다.)
L'émission télévisée qui devait être diffusée jeudi 10 juin, a été reportée sine die.
(6월 10일 목요일에 방영되기로 되었던 텔레비전 방송이 무기한으로 연기되었다.)
En raison du mauvais état du terrain, le match de football sera peut-être reporté.
(운동장의 좋지 않은 상태 때문에, 축구경기는 아마도 연기될 것이다.)
Le lendemain, les curieux se reportèrent sur les lieux de l'explosion.
(이튿날, 호기심 많은 사람들은 폭발현장에 다시 갔다.)
Le coureur s'est reporté en tête de la course. (그 경주자는 경주의 선두에 다시 나섰다.)
Pour l'essentiel, le lecteur pourra se reporter au volume sur les patois à paraître ultérieurement dans notre collection.
(요컨대, 독자는 우리의 총서로 후에 발간될 사투리에 관한 책을 참조할 수 있을 것이다.)
Il se reportait à l'époque où il était heureux. (그는 행복했던 시기를 회상했다.)

supporter

[sub(=sous)+porter] ⇒ 아래에서 떠받치다
동 참다, 견디다, 버티다, 받치다, 용인하다, 저항력이 있다, 부담하다, 지지하다

동 endurer (참다, 견디다), souffrir (참다, 묵인하다), subir (감내하다, 참다)
digérer (참다, 소화하다), tolérer (참다, 허용하다), soutenir (참다, 버티다)
porter (감당, 지탱하다), éprouver (시련을 겪다), admettre (허가, 허용하다)
comporter (허용하다), accepter (받아들이다, 감수하다), encaisser (참다, 받아들이다)
passer (받아들여지다), permettre (허가하다)
tenir (견디다, 저항력이 있다), résister (저항하다, 참고 견디다)

예문

La grue supporte jusqu'à 30 tonnes. (그 기중기는 30톤까지 들어올린다.)
D'énormes piliers supportent la voûte de l'église.
(거대한 기둥들이 교회의 둥근 천장을 받치고 있다.)
Plus l'existence est difficile, mieux on supporte les peines. ⟨Alain⟩
(생활이 힘들수록 사람들은 고통을 더 잘 견딘다.)
J'ai décidé que notre firme supporterait les frais des obsèques.
(나는 우리 회사가 장례비용을 부담하기로 결정했다.)
Cette étude ne supporte pas un examen critique.
(이 연구는 비판적 검토를 감당해 내지 못한다. 단점이 드러날 것이다.)
Je ne supporte pas d'attendre. (나는 기다리는 것을 참지 못한다.)
Je ne supporte pas qu'on me fasse attendre.
(나는 사람들이 나를 기다리게 하는 것을 참지 못한다.)
Nous avons tous assez de force pour supporter les maux d'autrui. ⟨La Rochefoucauld⟩
(우리 모두는 타인의 불행을 감내하기 위한 충분한 힘을 가지고 있다.)
Qu'il nous aide seulement à supporter la vie, et l'art mérite encore notre gratitude. ⟨Duhamel⟩ (예술이 단지 우리가 인생을 감내하는 것을 도와준다면, 예술은 여전히 우리의 감사하는 마음을 받을 자격이 있다.)

support

[sub(=sous)+port] ⇒ 아래에서 떠받침
명 지주, 받침(대), 지원, 지지, 후원자, 토대

동 soutien (지주, 지지), colonne (기둥), pilier (기둥, 지지, 지지자)
pylône (시멘트 기둥, 철탑), base (기초, 토대), socle (초석, 받침돌)

예문

La vertu imparfaite succombe dans le support des imperfections d'autrui. ⟨Fénelon⟩
(불완전한 미덕은 타인의 결점의 지지에 굴복하는 법이다.)
Les images servent de support au rêve poétique.
(이미지는 시적 몽상에 있어서 지주의 구실을 한다.)
La vie, les êtres, les objets ont toujours un support arithmétique. ⟨Aymé⟩
(인생, 사람, 사물들은 항상 산술적인 토대를 가진다.)

supportable

[sub(=sous)+port+able(s.a)] ⇒ 아래에서 떠받칠 수 있는
형 참을 수 있는, 견딜 수 있는, 용인할 수 있는

동 tolérable (참을 수 있는), excusable (용서할만한), passable (나쁘지 않은)
admissible (용인할 수 있는), soutenable (견딜 수 있는)

반 insupportable (참을 수 없는), intolérable (견디기 어려운, 용서할 수 없는)

예문

> Le sacrifice que j'avais fait s'était révélé à la longue comme horriblement supportable. 〈Sartre〉
> (내가 했었던 희생은 결국은 정말로 견딜 수 있는 것이었음을 보여주었다.)
> Une telle conduite n'est pas supportable. (그러한 행동은 용인할 수 없다.)

insupportable

[in(=pas)+sub+port+able(s.a)] ⇒ 아래에서 떠받칠 수 없는
동 참을 수 없는, 견딜 수 없는, 비위에 거슬리는

동 intolérable (견디기 어려운, 용서할 수 없는), atroce (견딜 수 없는, 끔찍한)
cruel (가혹한, 견디기 어려운), intenable (참을 수 없는, 지킬 수 없는)
infernal (참을 수 없는, 극악한), insoutenable (견딜 수 없는), haïssable (혐오스러운)
odieux (불쾌감 주는, 가증스런), détestable (고약한, 싫은), pénible (참기 힘든, 괴로운)
exécrable (지독한, 저주스러운), agaçant (신경을 건드리는), turbulent (소란한, 부산한)
désagréable (불쾌한, 비위를 거스리는), imbuvable (참을 수 없는, 마실 수 없는),
épouvantable (매우 나쁜, 지독한), impossible (감당해 낼 수 없는), pénible (참기 힘든)

반 supportable (참을 수 있는), tolérable (참을 수 있는), agréable (상냥한, 기분 좋은)
aimable (사랑스러운, 상냥한), délicieux (감미로운, 더없이 매력적인)

예문

> L'atmosphère de la maison lui était devenue insupportable. 〈Roy〉
> (그 집의 분위기가 그에게는 참을 수 없게 되었다.)
> C'était un petit animal qui traînait après soi une odeur insupportable. 〈Genevoix〉
> (바로 한 어린 동물이 자기 뒤로 견딜 수 없는 냄새를 질질 끌고 가고 있었다.)
> Un enfant insupportable. (끔찍한 아이)

transporter

[trans(=au travers)+porter] ⇒ 가로질러 나르다
동 운송하다, 옮기다, 이월하다, 양도하다, 흥분케 하다, 감격시키다
se transporter ..에 가다, 회상하다, ..에 있는 것으로 상상하다

동 apporter (가져오다), céder (양도하다), déplacer (이동시키다), convoyer (호송하다)
déménager (옮기다, 이사하다), déporter (강제 이주시키다), transbahuter (운반하다)
transmettre (전달하다, 전염시키다), véhiculer (운반, 전달하다), amener (데리고 오다)
introduire (도입하다), transposer (다른 배경으로 옮기다), conduire (인도, 운반하다)

reporter (옮기다, 이월하다), enivrer (열광케 하다), exalter (열광케 하다)
enthousiasmer (열광, 흥분시키다), ravir (황홀하게 하다)

예문

Ils transporteront des marchandises en camion vers la capitale.
(그들은 상품들을 화물차로 수도에 운송할 것이다.)
Nous l'avons transportée dans notre petite morgue. 〈Camus〉
(우리가 그녀를 우리의 조그마한 영안실에 옮겼습니다.)
Les habitants accusaient le vent de transporter les germes d'infection. 〈Camus〉
(주민들은 전염성 세균을 옮기는 바람의 책임으로 돌리고 있었다.)
Le conférencier nous a transportés en imagination dans le passé.
(연사는 우리들을 상상 속에서 과거로 옮겨놓았다.)
Il a transporté une somme d'un compte courant à un autre compte.
(그는 당좌예금의 일부를 다른 계좌에 이월했다.)
Ce tableau nous a transportés d'enthousiasme.
(이 그림은 우리를 열광시켰다.)
Je pensais qu'en entrant dans l'agonie on était transporté au-dessus de soi-même. 〈Sartre〉
(임종의 고통을 맞을 때, 사람들은 자신을 초월하여 흥분한다고 나는 생각하곤 했다.)
La commission s'est transportée sur les lieux de l'accident.
(그 위원회는 사고현장으로 갔다.)
Transportons-nous à l'époque des croisades.
(십자군시대에 우리가 와 있다고 상상하자.)
Il faut se transporter dans ce pays fabuleux.
(그 전설적인 나라에 자신이 와 있다고 상상해야 한다.)

transport

[trans(=au travers)+port] ⇒ 가로질러 나름
명 운송, 수송, 운송 기관, 양도, 검증, 흥분, 격정, 열광

동 cession (양도), mouvement (이동, 왕래), agitation (흥분, 소란), enthousiasme (열광)
élan (정열, 격발), exaltation (흥분), ivresse (도취, 흥분), emportement (흥분, 열광)

예문

Le transport de l'énergie électrique par des câbles à haute tension.
(고장력 케이블을 통한 전기 에너지의 수송.)
Son idée avait été, dans sa pénurie de moyens de transport, de louer un cabriolet. 〈Giono〉
(교통수단이 부족한 상황에서, 그의 생각은 2륜 마차를 빌리는 것이었다.)
Le morcellement, en multipliant les transports, détériorait les chemins,
augmentait les frais de production. 〈Zola〉
(교통 기관들을 늘림으로써 그러한 분할은 도로를 훼손시키고 생산비를 증가시켰다.)
La foule a accueilli la nouvelle avec transport.
(군중은 그 소식을 듣고 흥분에 싸였다.)
Le transport sur les lieux. (현장검증)

CLÉ NO 29

POS, PON

poser (놓다)의 뜻

라틴어 ponere, postitus(p.p) 에서 유래

poser [<ponere] ⇒ 놓다
동 자세를 취하다, 놓다, 부설하다, (문제를) 제기하다, 주장하다
poser sur 근거하다
poser à ..인 체하다
se poser 놓이다, ..에 앉다, 착륙하다, 태도를 취하다

동 déposer (내려놓다), installer (설치, 가설하다), planter (세우다)
placer (놓다, 배치하다), appuyer (받치다, 걸쳐 놓다, 근거를 두다)
accrocher (걸다), établir (확립, 건설, 부설하다), énoncer (진술하다)
affirmer (확언, 주장하다), formuler (명백히 말하다), s'interroger (자문하다)
baser sur (근거를 두다), porter sur (근거를 두다), reposer sur (근거를 두다)
atterrir (착륙하다), affecter (..인 체하다, 가장하다)

---

déposer (제거하다, 떼어내다), enlever (제거하다), lever (들다, 제거하다)
ôter (떼다, 제거하다), décoller (이륙하다), s'envoler (날다, 이륙하다)

예문

J'aurais du mal à poser, immobile, pendant des heures devant un peintre.
(화가 앞에서 몇 시간 동안이나 움직이지 않고 자세를 취하는 것은 힘들 거야.)
Il a posé ses livres sur la table, à côté de la lampe.
(그는 책을 책상 위 등 옆에 놓았다.)
J'ai voulu lui poser une question sur ce qu'il disait.
(나는 그가 하고 있는 말에 대해서 질문을 하나 하고 싶었다.)
Ton frère pose au Don Juan.
(네 형은 돈쥬앙인 체한다.)
Une bonne fois pour toutes, il avait posé que le talent est affaire d'intelligence.
<Aragon> (결정적으로 그는 재능이란 지성에 속하는 문제라고 주장했었다.)
Le problème se posera dans tous les cas.
(그 문제는 어느 경우에나 다 제기될 것이다.)
Savoir s'il faut acheter ou louer un appartement, je me suis déjà posé la question, tu sais.
(아파트 하나를 사야 하는지 아니면 세를 얻어야 하는지를 정해야겠는데, 너도 알다시피 나는 이 문제를 이미 생각해 보았단다.)
L'avion s'est posé à 18 heures précises.
(비행기는 정각 6시에 착륙했다.)
L'oiseau fatigué s'était posé sur une branche élevée de l'arbre.
(그 지친 새는 높은 나무 가지에 앉았다.)

pose

[〈poser] ⇒ 놓음
명 포즈, 태도, 자세, 부설, 가설

동 attitude (태도), position (태도, 자세), installation (설치, 가설)
mise en place (설치, 정돈)

반 dépose (제거, 철거), instantané (스냅사진)

예문

Jean prend des poses prétentieuses.
(쟝은 건방진 태도를 취한다.)
Pour cette photo, il faudra une pose de trois secondes.
(이 사진을 찍기 위해서는 3초 동안 포즈를 취해야 할 것이다.)
La pose d'un ordinateur. (컴퓨터의 설치)
La pose des rideaux. (커튼을 달기)

position

[pos(〈postitus)+ition(s.n)] ⇒ 놓여짐
명 위치, 자리, 자세, 태도, 지위, 직업, 견해, 의견

동 disposition (배치, 배열), emplacement (장소, 부지, 자리), place (자리, 위치, 지위)
localisation (위치결정, 위치측정), pose (태도, 자세), posture (자세, 입장)
station (자세, 서 있기), attitude (태도), état (상태, 처지, 직업, 신분, 지위)
rang (신분, 지위), situation (위치, 입장, 상황, 지위, 직장)
condition (조건, 상태, 지위, 신분), point de vue (관점), avis (생각)
intention (의도, 의사, 생각), conception (개념, 견해), idée (생각)

예문

Dans quelle position dors-tu? -- Sur le ventre.
(너는 어떤 자세로 잠을 자니? -- 엎드려서)
L'agent de police a noté sur son carnet la position exacte des voitures après l'accident.
(그 경찰관은 사고 직후에 차들의 정확한 위치를 수첩에 적었다.)
Au milieu de la course, Michel a été en troisième position.
(경주의 중간 지점에서는 미셸은 3위를 유지했었다.)
Ces jeux ne nous servaient à rien pour acquérir, conserver ou améliorer notre position sociale. 〈Giono〉
(이러한 놀이들은 우리들의 사회적 지위를 획득하고, 유지하고 혹은 향상시키기 위해서는 우리에게는 아무 소용이 없다.)
Quelle est votre position sur le divorce?
(이혼에 대한 당신의 견해는 어떻습니까?)
Le ministre a pris nettement position contre la peine de mort.
(장관은 사형에 대하여 반대 입장을 분명히 했다.)

composer

[com(=avec)+poser] ⇒ 함께 놓다 ⇒ 함께 조립하여 구성하다
동 구성하다, 조성하다, 창작하다, 쓰다, 태도를 꾸미다,
타협하다, 화해하다
se composer de : ..으로 성립되다, 구성되다

동 former (형성, 구성하다), agencer (배열, 배치, 조립하다), disposer (배치, 배열하다)
arranger (배열, 정돈, 화해, 편곡하다), assembler (조립하다), organiser (조직하다)
bâtir (조립하다, 문장을 짓다), créer (창조, 창안하다), écrire (쓰다)
produire (창작하다, 쓰다), affecter (..인 체하다, 가장하다)
s'accorder (의견이 일치하다), s'accomoder avec (화합, 화해하다)
négocier (교섭, 협상하다), traiter (교섭하다), transiger avec (타협, 화해하다)
s'arranger (화해, 타결하다), comporter (포함하다, 내포하다, 구성되다)
comprendre (포함하다), se faire (형성되다, 이루어지다), se former (형성되다)

반 analyser (분석, 분해하다), décomposer (분해, 분석, 해체하다)
défaire (해체하다, 부수다), dissocier (분리, 해체하다)

예문
Trois parties composent cet ouvrage. (세 부분이 이 작품을 구성하고 있다.)
Elle a composé un joli bouquet. (그녀는 예쁜 꽃다발을 꾸몄다.)
La ville est composée de plusieurs quartiers. (그 도시는 몇 개의 구역으로 구성되어 있다.)
Il compose des symphonies depuis 5 ans. (그는 5년 전부터 교향곡을 작곡하고 있다.)
Les élèves sont en train de composer. (학생들이 작문을 하고 있는 중이다.)
Il nous faut composer une dissertation sur J-J. Rousseau.
(우리는 루소에 대한 논문을 써야 한다.)
Au cours de la négociation, les divers partis ont dû composer.
(그 협상 도중에 각 정당들은 타협을 해야 했다.)
Cet ouvrage se compose de trois parties. (이 책은 3부로 이루어져 있다.)

composition

[com(=avec)+position] ⇒ 함께 조립하여 구성함
명 구성, 성분, 창작, 제작, 작문, 시험, 작곡, 타협, 화해

동 agencement (정돈, 배열, 조립, 구성), arrangement (배열, 화해, 편곡)
assemblage (조립, 집합), combinaison (조합, 결합), constitution (구성, 성분, 구조)
disposition (배치, 배열), fabrication (제조, 제작), façon (만들기, 제작, 방식, 태도)
élaboration (생성, 동화), formation (형성, 생성, 구성), organisation (조직, 구성, 편성)
composé (합성물, 화합물), confection (조제, 작성, 제정), rédaction (기안, 작성, 편집)
composante (성분, 구성요소), contenu (내용물), production (생산, 작품, 제작, 형성)
structure (구조, 구성, 조직), accommodement (화해, 타협)
dissertation (소논문), compo (작문, 시험), compote (작문, 답안, 시험)

반 analyse (분석, 분해), décomposition (분해, 분석, 해체), dissociation (분리)
dissolution (붕괴, 해체), désaccord (불화, 대립), opposition (대립, 반대)

예문

Voici un plat de ma composition. (여기에 내가 만든 요리가 있다.)
Quelle est la composition de ce médicament? (이 약의 성분은 무엇입니까?)
La composition de l'Assemblée nationale a été sensiblement modifiée par les derniers élections. (국회의 구성이 최근 선거로 인하여 현저하게 변했다.)
On va composer bientôt pour les prix, laissez mes enfants venir au lycée les jours de composition. 〈Daudet〉
(상을 위하여 곧 시험을 칠 텐데, 우리 아이들을 시험 날 학교에 가게 해 주세요.)
Il a raté sa composition d'histoire. (그는 역사 시험에서 낙제했다.)
J'ai eu le prix d'honneur en composition d'histoire. 〈France〉
(나는 역사 시험에서 명예상을 받았다.)
Elle le surprit très absorbé dans la composition d'une lettre. 〈Daudet〉
(그녀는 편지를 쓰느라 매우 골몰하고 있는 그를 깜짝 놀라게 했다.)
Il y a des blessés allemands que les bons traitements amènent à composition.
〈Duhamel〉 (독일 부상자들이 있는데, 잘 대접해 주었더니 화해하기에 이르렀다.)

déposer

[dé(=sous)+poser] ⇒ 아래로 놓다 ⇒ 내려놓다
동 두다, 내려놓다, 등록하다, 맡기다, 예금하다, 증언하다
se déposer : 가라앉다, 침전하다

동 dépouiller (벗다, 버리다), destituer (파면하다), poser (놓다), mettre (놓다)
placer (놓다), abandonner (버리다, 포기하다), abdiquer (양위, 포기하다)
se démettre de (사임하다), précipiter (침전하다), confier (맡기다, 위임하다)
verser (불입, 납부하다), remettre (위탁하다), consigner (위탁, 기입, 기록하다)
emmagasiner (입고하다, 쌓다), entreposer (창고에 넣다, 맡기다)
déclarer (표명, 신고하다), témoigner (증언, 진술, 표명하다)

반 nommer (임명하다), charger (짐을 싣다, 고발하다, 불리한 증언을 하다)
retirer (끌어내다, 제거하다, 박탈하다)

예문

Jean a déposé sa valise pour se reposer. (쟝은 쉬려고 여행 가방을 내려놓았다.)
Il a fallu déposer le chauffe-eau pour réparer la fuite.
(물이 새는 것을 고치기 위해 온수기를 떼어야만 했다.)
Au cas où je serais absent, déposez mes clés chez le concierge.
(내가 없을 때에는 수위에게 내 열쇠를 맡겨두세요.)
Deux heures plus tard, un taxi le déposa devant l'immeuble. 〈Beauvoir〉
(2시간 후에 한 택시가 그를 그 건물 앞에 내려놓았다.)
Ne garde pas cet argent chez toi, va le déposer à la banque.
(그 돈을 집에 놓아두지 말고 은행에 갖다 맡겨라.)
Le témoin a déposé en faveur de l'accusé. (증인은 피고에게 유리한 증언을 했다.)
Le témoin a déposé qu'il avait aperçu le jardinier au moment du crime.
(증인은 범죄 당시에 정원사를 목격했다고 진술했다.)
Le tannin du vin se dépose au fond de la bouteille.
(포도주의 탄닌 성분은 병 바닥에 가라앉는다.)
La poussière se dépose sur la table. (테이블 위에 먼지가 쌓인다.)

disposer

[dis(=à part)+poser] ⇒ 따로 떨어뜨려 정렬시키다
동 배치하다, 정리하다, 준비시키다,
disposer de : 마음대로 사용하다(de), 소유하다(de)
se disposer à : 각오를 하다, 준비를 하다, 할 생각하다

동 arranger (정리, 배열하다), mettre (놓다), placer (놓다), répartir (배치하다)
installer (설치, 배치하다), préparer (준비하다), se préparer à (..할 준비를 하다)
avoir l'intention de (..할 의도를 가지다), décider (결정하다, 결심하게 하다)
déterminer (결정짓다, 결심시키다), inciter (격려하여 ..하게 하다), pousser (부추기다)
` jouir de (이용하다), profiter de (이용하다), se servir de (사용하다)
user de (사용하다), utiliser (사용하다), avoir (가지다), caser (일자리를 마련해 주다)
établir (일자리를 마련해 주다), engager à (권유하다)

예문

Elle a disposé les livres soigneusement sur le bureau.
(그녀는 책들을 책상 위에 정성스럽게 정리해 놓았다.)
Le couvert était disposé sur la table. (식기가 식탁 위에 차려져 있었다.)
Les circonstances l'ont disposé à l'indulgence.
(여러 가지 사정이 그로 하여금 관용을 베풀게 했다.)
Rien ne dispose mieux le corps à supporter la fatigue qu'un entraînement régulier.
(규칙적인 훈련 이외에는 아무것도 신체를 피로에 보다 더 잘 견디게 할 수는 없다.)
M. Durand est disposé à nous recevoir. (뒤랑씨는 우리를 맞이할 준비가 되어 있다.)
Disposez de moi comme vous voudrez. (필요하실 때는 언제나 저를 부르세요.)
Si vous disposez d'une voiture, vous pourrez visiter tous les musées.
(당신이 차를 가지고 있다면, 모든 박물관을 다 방문할 수 있습니다.)
Il a répondu : ≪Il y a longtemps que je me suis disposé à mourir.≫
(나는 오래 전부터 죽을 각오가 되어 있다 라고 그는 대답했다.)
Il se dispose à partir. (그는 떠날 차비를 하고 있다.)
Il se dispose à vendre sa maison. (그는 집을 팔 생각을 하고 있다.)

disposition

[dis(=à part)+position] ⇒ 따로 떨어뜨려 정렬시킴
명 배치, 조치, 처리, 처분, 기분, 재능, 소질

동 ordre (질서, 정돈), rangement (정돈, 배치), arrangement (배치, 정돈)
répartition (분포, 분류, 배분), décision (결정), préparatif (준비, 채비)
résolution (결심, 결의), mesure (역량, 능력, 진가, 조치)
prédisposition (소질, 체질, 경향), intention (의도, 생각)
sentiment (감정, 의식, 자각), aptitude (재능), don (타고난 재능)
facilité (능력, 재능), faculté (능력, 재능), goût (기호, 관심)
inclination (경향, 성향, 기질), instinct (천분, 소질, 본능), penchant (경향, 기호)
propension (경향, 성향, 성벽), tendance (경향, 성향, 소질), vocation (적성, 자질)

예문

> Il a changé la disposition des livres dans sa bibliothèque.
> (그는 책장의 책 배열을 바꾸었다.)
> La disposition de votre jardin est très réussie.
> (당신 정원의 구성은 아주 잘 되어 있다.)
> Il a la libre disposition de son argent.
> (그는 자기의 돈을 마음대로 쓸 수 있다.)
> Avec cette migraine, il n'était pas dans de bonnes dispositions pour goûter la musique.
> (그는 두통이 나서 음악을 감상할 만한 상태는 아니었다.)
> Il a l'air furieux : tu devrais attendre qu'il soit dans de meilleures dispositions.
> (그는 몹시 화난 것 같으니까, 그가 기분이 좋아질 때까지 너는 기다려야 할 거야.)
> Il a des dispositions pour la musique.
> (그는 음악에 소질이 있다.)
> J'ai peu de temps à ma disposition.
> (나는 마음대로 이용할 수 있는 시간이 별로 없다.)
> Il a mis sa bibliothèque à ma disposition.
> (그는 자기의 장서를 내 마음대로 이용하게 해 주었다.)
> Je suis [me tiens] à votre disposition.
> (무슨 일이든 저를 불러 시켜 주십시오.)

disponible

[dis(=à part)+pon+ible(s.a)] ⇒ 따로 떨어뜨려 정렬시킬 수 있는
형 한가한, 마음대로 처분할 수 있는

형 libre (한가한), vacant (비어있는, 공석의), vide (비어있는)

반 engagé (참가한), indisponible (처분할 수 없는, 이용할 수 없는)
occupé (일에 매인, 바쁜, 사용중인)

예문

> Prenez ma voiture ; elle sera disponible pendant mon absence.
> (내 차를 쓰십시오. 내가 없는 동안 마음대로 쓸 수 있습니다.)
> Revenez me voir un autre jour : aujourd'hui, je ne suis pas disponible.
> (다음 날 다시 한 번 오십시오. 오늘은 시간이 없습니다.)
> Il reste deux places disponibles dans l'autocar.
> (관광버스 안에 빈 좌석이 2개 남아있다.)
> Les navires disponibles pour le combat devaient se tenir prêts à appareiller. 〈Gracq〉
> (전투를 위해 예비로 쓸 수 있는 배들은 필요한 장비를 갖출 준비가 되어 있어야 했다.)
> Il nous restait une heure avant le couvre-feu pour nous retrouver un peu disponibles et bavarder. 〈Ambrière〉
> (야간통행금지 시간이 되기 전까지 우리에게는 한 시간의 여유가 있어서, 약간 한가한 시간을 갖고 담소를 나누었다.)

exposer

[ex(=dehors)+poser] ⇒ 바깥에 놓다
동 설명하다, 진열하다, 전시하다, (위험에) 직면하게 하다, 드러내 놓다
s'exposer à : 전시되다, 직면하다, 처하다, 위험을 무릅쓰다

동 étaler (진열하다), exhiber (진열, 전시, 제시하다), montrer (보여주다)
présenter (제시, 전시, 진열하다), décrire (묘사, 서술, 기술하다)
énoncer (진술, 서술하다), expliquer (설명하다), raconter (이야기하다)
retracer (서술하다, 이야기하다), disposer (배치, 배열하다)
placer (놓다, 배치하다), risquer (위험을 무릅쓰다), braver (무릅쓰다)
se compromettre (위험한 일에 말려들다), engager (위험에 빠뜨리다)
hasarder (위태롭게 하다), affronter (무릅쓰다, 직면하다)

반 abriter (보호하다, 덮다), cacher (숨기다), dissimuler (숨기다)
taire (숨기다, 말 안하다), enlever (제거하다, 없애다), couvrir (덮다)
protéger (보호하다), défendre (지키다, 보호하다)
se dérober (피하다, 도망하다), fuir (도망하다)

예문

Le conférencier a exposé les causes de la guerre de Cent Ans.
(연사는 백년전쟁의 원인들을 설명했다.)
C'est un artiste qui expose pour la première fois.
(이 사람은 처음으로 출품하는 화가이다.)
On a exposé au musée une collection de peintures du XVIIe siècle.
(17세기 회화 수집품이 박물관에 전시됐다.)
On avait profité de l'occasion pour exposer cinq ou six tableaux de jeunes peintres. 〈Mallet-Joris〉
(그 기회를 이용해서 젊은 화가들의 대여섯 점의 그림을 전시했다.)
Elle ne put demeurer que quelques secondes exposée au froid. 〈Mauriac〉
(그녀는 단 몇 초만이라도 추위에 노출되어 있을 수 없었다.)
En l'envoyant seul de nuit, vous l'avez exposé à de graves dangers.
(당신은 그를 밤중에 혼자 보내서 그를 큰 위험에 처하게 했다.)
Son insouciance l'a exposé plusieurs fois à perdre sa fortune.
(그의 무관심이 그를 여러 번 그의 재산을 잃어버릴 위험을 당하게 했다.)
Un officier prudent n'expose pas inutilement ses hommes.
(자고로 신중한 장교는 쓸데없이 자기 부하를 위험에 노출시키지 않는다.)
Les sauvereurs se sont exposés sans hésiter.
(구조대는 주저하지 않고 위험을 무릅썼다.)
S'engager, prendre parti, c'est en politique s'exposer à pécher contre la justice. 〈Mauriac〉
(참여하는 것, 한 쪽 편을 드는 것은 정치적으로 정의에 반하여 과오를 저지를 위험을 무릅쓰는 것이다.)
Vous savez que vous vous exposez au danger?
(당신이 위험에 직면해 있다는 것을 아십니까?)

exposition

[ex(=dehors)+position] ⇒ 바깥에 놓음
명 진열, 전시회, 박람회, 위치, 사진의 노출, 설명, 진술

동 étalage (진열, 전시), exhibition (전시, 제시, 과시), montre (과시, 진열)
présentation (제시, 제출, 전시), explication (설명), exposé (설명, 진술)
narration (이야기, 서술), récit (이야기), orientation (방위, 방향), situation (위치)

반 dissimulation (숨기기, 은폐), défense (방어, 변호), protection (보호, 방어)

예문

L'exposition du mobilier aura lieu la veille de la vente aux enchères.
(가구의 전시는 경매하기 전날에 있을 것이다.)
La maison a une bonne exposition.
(그 집은 위치가 좋다.)
La pièce était minuscule, mais difficile à chauffer à cause de son exposition. 〈Aymé〉
(그 방은 작았지만, 그 위치 때문에 난방하기가 힘들었다.)
L'exposition prolongée du corps aux rayons solaires peut causer des brûlure graves si on ne prend pas quelques précautions.
(태양광선에 장시간의 노출은 미리 대비하지 않으면 심한 화상을 입을 수 있다.)

exposé

[ex(=dehors)+posé] ⇒ 입 바깥으로 나온 것 ⇒ 발표
명 설명, 보고, 발표, 진술

동 analyse (분석, 비평), compte (보고, 설명, 해명), énoncé (발표, 진술)
description (기술, 서술, 묘사), rapport (보고, 관계), récit (이야기)
narration (이야기, 서술), communication (발표, 보고), leçon (강의)
conférence (회의, 강연, 강의), laïus (연설), topo (강의, 논술), discours (연설, 강연)
écrit (문서, 필기시험), mémoire (학술논문, 연구보고), note (문서, 메모, 짧은 기사)

예문

Il nous a fait un exposé sur le pôle Nord.
(그는 북극에 관해서 우리에게 설명해 주었다.)
Cet étudiant va présenter un exposé sur une question de grammaire.
(이 학생은 문법 문제에 관해서 곧 발표를 할 것이다.)
Ce que je vous dis là n'est que l'exposition d'un fait.
(여기서 제가 당신에게 말씀드리는 것은 단지 사실의 진술입니다.)
Le conférencier poursuivait son exposé forcément un peu monotone.
〈Bernanos〉 (그 연사는 하는 수 없이 약간 단조로운 자기의 발표를 계속했다.)
L'étude du marché de l'automobile a fait l'objet d'un exposé.
(자동차 시장에 대한 연구는 보고의 대상이 되었다.)

imposer

[mouv+ment(s.n)] ⇒ 움직임
동 부과하다, 강요하다, 과세하다, 불러일으키다, 속이다
s'imposer : 필수불가결하다, 자기에게 ..을 부과하다, 인정받다

동 abuser (남용하다, 속이다), tromper (속이다, 따돌리다), duper (속이다)
taxer (과세하다), commander (명령하다), exiger de (요구하다)
prescrire (명령, 지시하다), ordonner (명령하다), contraindre (강요하다)
forcer (강제, 강요하다), obliger (강제, 강요하다), infliger (부과하다)
dicter (강요, 부과하다), impressionner (깊은 인상을 주다)

반 affranchir (면제, 해방하다), décharger (면제, 경감하다), dégrever (경감하다)
dispenser de (면제하다), épargner (면제, 절약하다), éviter (면해주다)
exempter (면제하다), exonérer (면제, 면세하다)
faire grâce à A de B (A에게 B를 면제해 주다)

예문

Cette attitude imperturable impose le respect.
(이 태연자약한 태도는 존경심을 불러일으킨다.)
Sa barbe en imposait aux jeunes élèves.
(그의 턱수염은 어린 학생들에게 존경심을 불러일으켰다.)
Ne vous en laissez pas imposer par ses discours. (그의 말에 속지 마시오.)
La situation nous impose des décisions rapides.
(상황은 우리에게 신속한 결정을 강요한다.)
Dès que sa mère élève la voix à table, Héliodore lui impose silence. 〈Jouhandeau〉
(그의 어머니가 식사 중에 음성을 높이자, 엘리오도르는 그녀에게 입 다물도록 강요한다.)
Je ne vous impose pas de terminer ce travail avant ce soir.
(나는 당신에게 그 일을 오늘 저녁까지 끝내라고 강요하는 것은 아닙니다.)
Ses parents lui ont imposé une punition sévère.(그의 부모님은 그에게 엄한 벌을 부과했다.)
Le recours à la forte ne s'impose pas. (무력에 의존한다는 것은 필요하지 않다.)
Puisque vous m'y contraignez, je vais prendre à votre égard les mesures qui s'imposent. 〈Aymé〉 (당신이 나로 하여금 그 일을 강요하므로, 나는 당신에 대하여 필요한 조치들을 취할 것이오.)
Il s'impose comme le meilleur joueur de tennis actuel.
(그는 현재 가장 훌륭한 테니스 선수로 인정받고 있다.)
Je suis absolument convaincu de voir le mouvement naturaliste s'imposer au théâtre. 〈Zola〉 (자연주의 운동이 무대에서 인정받는 것을 볼 것으로 나는 정말 확신합니다.)
Il s'impose de ne jamais intervenir dans les affaires privées des autres.
(그는 다른 사람들의 일에 절대 개입하지 않기로 작정하고 있다.)
Quand la santé est en jeu, il faut savoir s'imposer des sacrifices. 〈Sartre〉
(건강이 문제가 될 때에는, 자신에게 희생을 부과할 줄 알아야 한다.)
Il s'impose que nous prenions des mesures immédiates.
(우리는 즉각적인 조치를 취하지 않을 수 없다.)

opposer

[op(〈ob=contre)+poser] ⇒ 반대방향으로 놓다 ⇒ 반대하다
동 대조하다, 비교하다, 대치시키다, 반박하다, 반론으로 내세우다
s'opposer à : 반대하다, 대항하다, 장애가 되다, 서로 대립하다

동 alléguer (내세우다, 주장하다), invoquer (내세우다, 간청, 기원하다)
objecter (반박, 반대하다), prétexter (핑계삼다), diverger (대립하다)
répondre (회답, 항변하다), rétorquer (반박, 응수하다), braver (용감히 맞서다)
armer (무장시키다, 대항하다), dresser contre (대립시키다), résister (저항하다)
contrarier (거역, 반대하다), contrecarrer (거부, 거역, 반대하다), gêner (방해하다)
contredire (항변, 반론, 반박, 반대하다), démentir (논박, 부인하다)
empêcher (방해하다, 가로막다), interdire (금지하다), entraver (방해하다)
contrer (반대, 공격, 대항, 방해하다), défendre (변호, 옹호, 주장하다)
dissocier (분리하다, 떼어놓다), comparer (비교하다)
s'affronter (서로 맞서다, 대립하다), contraster (대조가 되다)

반 accorder (일치, 화해시키다, 동의하다), acquiescer (동의, 승낙하다)
approuver (동의, 인정하다), appuyer (지지하다), céder (양도, 양보하다)
concilier (화해, 타협시키다), concorder (일치, 부합하다), consentir à (동의, 승낙하다)
coopérer (협력하다), correspondre (일치, 부합하다), permettre (승인, 허락하다),
rapprocher (접근, 화해시키다), réconcilier (화해, 화합시키다)

예문

Nos troupes ont opposé une résistance acharnée à l'armée ennemie.
(아군은 적군에게 끈질기게 저항했다.)
Il opposait en vain ses bras courts au flot qui lui montait jusqu'aux aisselles. 〈France〉
(그는 자기 겨드랑이까지 올라오는 물결에 자신의 짧은 팔로 저항해 보았지만 허사였다.)
Vous ne partiriez pas, car le patron a opposé un refus à votre demande de congé.
(당신은 떠나지 못할 것입니다. 사장이 당신의 휴가요청을 거부했기 때문입니다.)
La famille oppose les avantages de la mer et ceux de la montagne.
(가족은 바다로 가는 이점과 산으로 가는 이점을 비교한다.)
J'opposais sa vie pure et solitaire à celle de cette comtesse. 〈Balzac〉
(나는 그녀의 순수하고 고독한 생활과 이 백작부인의 그것을 비교해보곤 하였다.)
Les deux équipes de football ont été opposées l'une à l'autre.
(그 두 축구팀은 서로 대결을 벌였다.)
Je pourrais vous opposer que vous êtes en contradiction avec vous-même.
(당신은 스스로 모순에 빠져있다고 나는 당신에게 반박할 수 있을 것입니다.)
À ce brillant plaidoyer, j'oppose que votre projet n'a qu'une chance sur cent de réussir.
(이 뛰어난 변론에 대해, 나는 당신의 계획이 성공할 가능성이 지극히 희박하다고 반박하는 것입니다.)
De nombreux orateurs se sont opposés au cours du débat.
(많은 연사들의 의견이 토론 중에 대립되었다.)
Ses parents se sont opposés à son mariage. (그의 부모들은 그의 결혼에 반대했다.)
Je m'oppose à ce que tu partes demain. (나는 네가 내일 떠나는 것에 반대한다.)

opposition

[op(<ob=contre)+poser] ⇒ 반대방향으로 놓음 ⇒ 반대
명 대립, 반대, 대조, 모순, 방해, 야당

동 antagonisme (적대관계, 대항), antinomie (모순, 불합리), antithèse (대조, 정반대)
antonymie (반의어법), barrage (막기, 장벽), combat (전투, 투쟁, 갈등)
conflit (투쟁, 충돌, 갈등), contestation (이의, 분쟁), contradiction (모순, 반대, 반론)
contraste (대조, 대비), critique (비평, 비난, 논박), désaccord (불화, 불일치, 대립)
désapprobation (반대, 비난), différence (차이), difficulté (반대, 이의, 곤란)
discorde (불화, 반목, 갈등), discordance (부조화, 불일치), disparité (차이, 부조화)
dispute (언쟁, 논쟁), dissension (대립, 불화), dissentiment (차이, 불화, 충돌)
empêchement (방해, 지장, 장애), heurt (충돌, 대립, 대조), hostilité (적의, 반감, 반대)
incohérence (부조화, 불일치), lutte (투쟁, 항쟁, 논쟁), objection (이의, 항변)
obstacle (반대, 장애, 장애물), obstruction (의사 방해), réaction (반작용, 반동)
rébellion (반역, 반란, 반항), résistance (저항, 반대, 장애), révolte (폭동, 반란, 저항)
rivalité (경쟁, 대항, 대립), veto (거부, 반대, 거부권), opposant (야당의원)
minorité (소수당), contre-pouvoir (견제 세력)

반 accord (일치, 동의, 조화), adhésion (동의, 찬성), alliance (동맹, 연합, 결합)
analogie (유사, 흡사), approbation (동의, 찬성, 승인), conformité (일치, 부합, 합치)
conjonction (결합, 제휴, 회합), consentement (동의, 승인, 합의)
correspondance (대응, 일치, 조화), harmonie (조화), obéissance (복종, 순종)
soumission (굴복, 항복, 순종), symétrie (일치, 조화, 균형), majorité (다수당)

예문

Il a fait opposition à mon départ.
(그는 내가 떠나는데 반대했다.)
Ce projet a rencontré beaucoup d'opposition parmi les membres du comité.
(그 계획은 위원들의 많은 반대에 부딪쳤다.)
L'opposition a voté contre le gouvernement.
(야당은 정부에 반대표를 던졌다.)
Les journaux de l'opposition ne manqueraient pas de s'emparer de l'affaire. <Aymé>
(야당계 신문들은 틀림없이 그 사건을 독점할 것이다.)
Nous sommes en opposition totale sur ce point.
(우리는 그 점에 대해서는 전적으로 반대이다.)
Cette décision est en opposition avec mes idées.
(그 결정은 내 생각과 반대이다.)
Je me lève et me couche tôt, par opposition à mes frères.
(나는 내 형제들과는 대조적으로 일찍 일어나고 일찍 잔다.)

proposer

[pro(=avant)+poser)] ⇒ 앞으로 내놓다 ⇒ 제안하다
동 신청하다, 제안하다, 제출하다, 추천하다, 권하다, 기도(企圖)하다
se proposer 신청하다, ..할 작정이다(de+inf)

동 montrer (제시하다), offrir (제안, 신청하다), soumettre (제출하다)
présenter (제시, 추천, 권하다), suggérer (권하다), inviter (권고하다)
projeter (계획, 발안하다), tenter (시도하다), entreprendre (시도하다)
avoir l'intention de+inf (..할 작정이다), avoir pour objet (목표로 삼다)
former le dessein [projet] de+inf (..할 계획을 세우다)

예문

Je vous propose mon ami pour le remplacer.
(그 사람 대신으로 내 친구를 추천합니다.)
Il propose sa marchandise aux clients. (그는 손님들에게 자기의 상품을 추천한다.)
Le capitaine a été proposé pour le grade de commandant.
(그 대위는 소령 진급을 위해 추천을 받았다.)
Jean m'a proposé de m'accompagner à la gare.
(쟝은 역까지 나를 따라오겠다고 나섰다.)
Je vous propose de venir dîner chez moi. (우리 집에 오셔서 식사하기를 권합니다.)
Paul propose que chacun donne son avis sur la question.
(뽈은 각자 이 문제에 대해서 의견을 말할 것을 제안한다.)
J'ai proposé mon avis, mais on ne l'a pas suivi.
(나는 내 의견을 제시했지만, 사람들은 그것을 따르지 않았다.)
L'homme propose, Dieu dispose. (일은 사람이 꾸미지만, 성사는 신의 뜻이다.)
Dans ce livre, l'auteur se propose de traiter un sujet délicat.
(이 책에서 저자는 미묘한 문제를 다룰 작정이다.)
Pour rentrer ce soir, pas de problème : François s'est proposé pour nous ramener. (오늘 저녁 돌아가는 것은 문제가 없다. 프랑수아가 우리를 데려다 주겠다고 자진해서 나섰으니까.)

proposition

[pro(=avant)+position)] ⇒ 앞으로 내놓음 ⇒ 제안
명 제안, 제의, 절

동 offre (신청, 제안, 제의), motion (동의, 발의), conseil (충고, 조언)
initiative (발의, 발기, 제안), ouverture (제안, 신청)

예문

Depuis, il m'a fait plusieurs fois la même proposition, que j'ai toujours repoussée. 〈Queneau〉
(그 이후, 그는 나에게 몇 번이나 똑같은 제안을 했고, 나는 언제나 거절했다.)
L'assemblée déclara ensuite, sur la proposition de Mirabeau, que ses membres étaient inviolables. 〈Michelet〉
(그 후에 입법의회는, 미라보의 제안에 따라, 의회의 의원들은 면책특권을 가진다고 선언했다.)
Proposition principale (주절) / Proposition subordonnée (종속절)

propos

[pro(=avant)+position)] ⇒ 앞으로 내놓음 ⇒ 이야기
명 이야기, 화제, 목적, 의도, 결심, 설명
à propos : 그런데　　à propos de : ..에 관하여, 대하여

동 but (목적), dessein (계획, 의도, 목적, 결심), intention (의도), résolution (결심)
discours (담화), parole (말, 발언), conversation (대화), entretien (대담, 담화)
sujet (주제, 테마), concernant (..에 대하여), relatif à (..에 관한)
au sujet de (..에 관해서), à ce sujet (이 점에 관해서), là-dessus (그 점에 대해)
à pic (때마침), à point (때마침, 적당한), à tout bout de champ (끊임없이)

예문

Pierre n'a pas cessé de tenir des propos stupides.
(피에르는 계속 바보 같은 이야기만 했다.)
Mon propos n'est pas de vous ennuyer.
(내 의도는 당신을 귀찮게 하려는 것이 아닙니다.)
Il s'est offensé alors que mon propos n'était que de lui venir en aide.
(나의 의도는 단지 그를 도와주는 것이었는데 그는 화를 냈다.)
À propos, est-il toujours célibataire?
(그건 그렇고, 그 사람은 아직도 독신인가?)
Ils se sont disputés à propos d'argent.
(그들은 돈 문제로 다투었다.)
Elle rit à propos de tout et de rien.
(그녀는 아무 이유 없이 웃는다.)
Il parle à tout propos de sa gloire passée.
(그는 줄곧 지난날의 자랑거리에 대해서 말한다.)
J'avais un ami qui avait dressé son perroquet à dire à tout propos : ≪ Tout cela n'a vraiment aucune importance ≫. 〈Sarraute〉
("이 모든 것은 정말 아무 것도 중요하지 않아요."라고 끊임없이 말하도록 자기 앵무새를 훈련시켰던 한 친구가 나에게 있었다.)

reposer

[re+poser] ⇒ 다시 놓다 ⇒ 쉬다
동 다시 놓다, 피로를 풀다, 쉬다, 잠자다, 영면하다, 근거를 두다(sur)
se reposer : 쉬다, 휴식하다
se reposer sur : 신뢰하다, 의지하다(=compter sur)

동 poser de nouveau (다시 놓다), dormir (잠자다), délasser (피로를 풀다)
se délasser (휴식하다, 쉬다), appuyer (걸쳐 놓다), s'appuyer sur (의지하다)
établir (세우다), fonder sur (근거를 두다), poser sur (근거를 두다)
dépendre de (..에 달려있다), se détendre (편해지다), se relaxer (휴식하다)
être enterré (매장되다), faire confiance à (신용하다), compter sur (믿다, 신뢰하다)
se décharger de A sur B (A를 B에게 떠맡기다)

반 fatiguer (피로하게 하다), lasser (싫증나게 하다), travailler (일하다), agiter (흥분시키다)

예문

Il a reposé le livre là où il l'avait pris.
(그는 갖고 온 자리에 그 책을 도로 갖다 놓았다.)
Ce séjour à la campagne m'a bien reposé.
(시골에 가 있는 동안 나의 피로가 깨끗이 풀렸다.)
Cela me repose l'esprit, de lire des romans policiers.
(탐정소설을 읽는 것은 나에게 머리의 휴식이 된다.)
La verdure repose la vue. (녹색의 초목을 보면 눈의 피로가 풀린다.)
Le malade repose. Ne le réveillez pas. (환자가 자고 있으니까, 깨우지 마세요.)
Il n'a pas reposé de toute la nuit. (그는 밤새도록 한 잠도 자지 않았다.)
La conversation repose et l'on s'y laisse aller comme à un mouvement naturel. 〈Gide〉
(대화를 하면 피로가 풀린다. 그리고 사람들은 거기에 몸을 내맡기는데 마치 자연스런 움직임에 맡기듯이 말이다.)
La maison repose sur de solides fondations. (그 집은 견고한 기초 위에 서 있다.)
Il est fatigué, il a besoin de se reposer.
(그는 피곤해서 휴식이 필요하다)
Repose-toi un instant, je vais te remplacer.
(잠시 쉬어라. 내가 대신해 줄게.)
Ils s'habituent à se reposer sur moi en chaque circonstance. 〈Vian〉
(그들은 모든 상황에서 나를 의지하는데 익숙해져 있다.)

repos

[mouv+ment(s.n)] ⇒ 움직임
명 휴식, 휴게, 평화, 편안, 정지, 잠, 수면

동 délassement (휴식, 오락), pause (휴식, 멈춤), récréation (휴식), congé (휴가)
vacances (방학, 휴가), loisir (여가, 오락), arrêt (멈춤, 정지), relâche (휴식, 중단)
répit (휴식, 휴지), immobilité (부동, 고정), inaction (무위, 한산), paix (평화, 평온)
tranquillité (평온, 평화), accalmie (일시적 평온상태, 소강상태), détente (이완, 휴식)
convalescence (회복기), sommeil (잠, 수면, 휴식, 죽음)

반 travail (일, 노동), effort (노력, 수고), mouvement (운동, 동작)
agitation (흔들림, 동요, 흥분, 소란), trouble (혼란, 불안, 동요)

예문

Il y a longtemps que vous travaillez, prenez un peu de repos.
(일 하신지 오래 되었습니다. 좀 휴식을 취하세요.)
Aujourd'hui, c'est mon jour de repos. (오늘은 내가 쉬는 날이다.)
Garder des enfants, ce n'est pas (un travail) de tout repos.
(아이들을 돌본다는 것은 쉬운 일이 아니다.)
Après sa maladie, il a obtenu un mois de repos.
(병이 난 후, 그는 한 달의 휴가를 얻었다.)
Dans la salle de repos, le silence régnait. 〈Mallet-Joris〉
(휴게실 안에는 침묵이 가득 차 있었다.)
Cette affaire lui ôte tout repos. (이 문제는 그에게서 모든 평안을 앗아간다.)
Le pays a goûté quelques années de repos. (그 나라는 몇 년간의 평화를 맛보았다.)

supposer

[sup(⟨sub=sous)+poser] ⇒ 아래에 놓다 ⇒ 아래에 놓고 생각하다
동 가정하다, 상상하다, 추측하다, 억측하다, 예상하다, 전제하다

동 imaginer (상상하다), penser (생각하다), présumer (추정, 추측하다)
conjecturer (추측, 억측, 짐작하다), impliquer (예상케 하다, 내포하다)
attribuer (간주하다), prêter (간주하다), présupposer (전제로 하다)

예문

Vous me supposez des talents que je n'ai pas.
(당신은 내게 있지도 않은 재능이 있다고 추측하시는군요.)
Nul ne peut supposer ce qui se passe dans la chambre. ⟨Sollers⟩
(아무도 그 방안에서 일어나는 일을 추측할 수 없다.)
Ce que l'on suppose est déduit de ce que l'on a besoin de supposer. ⟨Valéry⟩
(가정한다는 것은 가정할 필요가 있다는 것으로 추론된다.)
Je suppose qu'il sera bientôt las de son travail.
(나는 그가 곧 자기 일에 싫증을 내리라고 생각합니다.)
Supposez comment il a fini par se faire entendre.
(그가 어떻게 해서 결국은 사람들을 설득시켰는지 상상해 보세요.)
Si vous voulez partir demain matin, cela suppose que vous soyez prêt de très bonne heure. (내일 아침 떠나고 싶다면 아주 일찍 준비가 되어 있을 필요가 있다.)
Réussir suppose qu'on a essayé. (성공은 시도를 전제로 한다.)
À supposer que vous soyez refusé à votre examen, que ferez-vous?
(당신이 시험에 불합격한다고 가정할 경우, 어떻게 하시겠습니까?)

supposition

[sup+position] ⇒ 아래에 놓음 ⇒ 아래에 놓고 생각함
명 가정, 가설, 추측, 가상, 위조, 날조, 사칭

동 hypothèse (가설, 가정, 추측, 억측), conjecture (추측, 억측), fraude (부정행위, 기만)
tromperie (기만, 속임수), attribution (추정하기), usurpation (횡령, 찬탈, 사칭)

예문

Ce que vous dites là n'est qu'une simple supposition.
(당신이 그 시점에서 그렇게 말하는 것은 단지 단순한 추측에 불과합니다.)
Une supposition très vraisemblable me traversa l'esprit ; celle qu'un de mesamis était venu pour me voir. ⟨Maupassant⟩ (한 매우 그럴듯한 추측이 내 머리 속을 지나갔다. 그것은 내 친구들 중의 한 명이 나를 만나러 왔었다는 것이었다.)
La jalousie, qui passe son temps à faire des petites suppositions dans le faux, a peu d'imagination quand il s'agit de découvrir le vrai. ⟨Proust⟩
(질투란 거짓 속에서 하찮은 추측을 하느라 시간을 보내는 것이며, 진실을 발견하는 것이 문제가 될 때에는, 상상력은 거의 없다.)
Une supposition que vous soyez empêché de venir, prévenez-nous à temps.
(당신이 오지 못하게 될 경우에는 제때에 우리에게 알려주세요.)
J'avais tort de me laisser aller à ces suppositions. ⟨Camus⟩
(내가 이러한 가설들에 몸을 맡긴 것은 잘못이었다.)
Supposition d'un contrat (계약서의 위조) Supposition d'un nom (타인의 이름의 도용)

CLÉ NO 30

STA, SIST, ST(I), STITU

se lever (일어서다), placer (놓다)의 뜻

라틴어 stare, sistere, stitute, status 에서 유래

stabiliser

[sta+able+iser(사역)] ⇒ 튼튼히 서있게 하다
동 안정시키다, 안전장치를 하다, 견고하게하다, 담금질하다

동 fixer (고정시키다), équilibrer (균형 잡히게 하다), consolider (견고히 하다)
affermir (확고하게 하다), confirmer (견고하게 하다)

반 déséquilibrer (균형을 잃게 하다), déstabiliser (균형을 깨뜨리다)

예문

Le gouvernement s'efforce de stabiliser les prix.
(정부는 물가를 안정시키려고 노력하고 있다.)
L'évolution politique consista non à innover, mais seulement à stabiliser les innovations antérieures. 〈Seignobos〉
(정치적 발전은 개혁하는데 있지 않고 이전 개혁들을 안정시키는데 있었다.)
La situation s'est stabilisée.
(상황이 안정되었다.)

stabilité

[sta+able+ité(s.n)] ⇒ 튼튼히 서 있는 성질
명 안정성, 견고성, 내구성, 복원성

명 continuité (연속성, 항상성), fermeté (견고함, 안정), permanence (영속성)
aplomb (수직, 평형), équilibre (균형, 안정), constance (불변, 항구성)

반 instabilité (불안정, 변덕), fluctuation (유동, 변동), déséquilibre (불안정, 균형 상실)

예문

La stabilité du système actuel a interrompu le cycle de ces mutations accélérées. 〈Mauriac〉
(현 시스템의 안정성이 이러한 가속된 교체의 순환을 단절시켰다.)
Ces massifs piliers donnent une ferme assiette, et une stabilité extraordinaire au vaisseau de la cathédrale. 〈Gautier〉
(이 거대한 기둥들이 대성당의 내부 공간에 확고한 균형과 놀라운 안정성을 준다.)
La stabilité numérique d'une population animale suggère l'existence de systèmes régulateurs. 〈J. Hamburger〉
(한 동물군의 숫자상의 항상성은 조절 시스템이 존재한다는 것을 연상하게 한다.)
Les mésons joueraient un rôle important dans cette stabilité des noyaux. 〈Broglie〉
(중간자들이 핵들의 안정성에 중요한 역할을 할 것이다.)

stabilisation

[sta+able+isation(사역)] ⇒ 튼튼히 서 있게 함
명 안정, 고정, 통화의 안정, 교착, 안정화

동 régulation (조정, 조절), régularisation (조정, 정상화)
consolidation (강화), fermeté (안정, 견고함)

반 mutation (급격한 변화), inflation (통화팽창), déflation (통화수축)

예문
Plan de stabilisation. (통화의 안정책)
Stabilisation d'une voie de chemin de fer. (철도 선로의 고정)
Stabilisation d'une maladie. (병세의 교착, 악화되지도 치료되지도 않는 상태)

stable

[sta+able(s.a)] ⇒ 튼튼히 서 있는
형 안정된, 흔들리지 않는, 확고한, 불변의, 견고한, 복원력 있는

동 ferme (견고한, 변동 없는), solide (견고한, 확고한), fort (강한)
équilibré (균형잡힌, 안정된), constant (변함없는, 항구적인), durable (견고한, 내구성의)
permanent (항구적인), incassable (부서지지 않는, 튼튼한)

반 branlant (흔들거리는), changeant (변하기 쉬운), instable (불안정한)
déséquilibré (균형을 잃은), éphémère (순간적인), provisoire (일시적인, 임시적인)
précaire (불안정한, 엉성한), fragile (깨지기 쉬운, 불안정한)

예문
La chaise a un pied cassé, elle n'est pas stable.
(이 의자는 다리 하나가 부러져서 흔들린다.)
Le temps est stable depuis une semain. (날씨가 일주일 전부터 고르다.)

stationner

[sta+tion+er(s.v)] ⇒ 서 있게 하다
동 주차하다, 정차하다, 정지하다

동 se garer (주차하다, 대피하다), s'arrêter (멈추다)

반 circuler (운행하다)

예문
Il est interdit de stationner devant ce garage.
(이 차고 앞에 주차하는 것은 금지되어 있다.)
Les troupes américaines vont-elles stationner encore longtemps en Europe?
(미군은 아직도 오랫동안 유럽에 주둔할 것인가?)
Son auto stationnait de l'autre côté du chemin. 〈Duras〉
(그의 차는 도로 저쪽 편에 멈추곤 하였다.)
Toute la journée, c'est un bruit sec et pressé de pas, personne ne stationne. 〈Zola〉
(온종일 발걸음의 건조하고 바쁜 소리가 들린다, 아무도 멈추지 않는다.)

station

[sta+tion(s.n)] ⇒ 서 있음
명 정지, 잠깐 쉬기, 서 있기, 정류장, 역, 시설, 리조트, 방송국

동 arrêt (정지, 정류장), halte (정지, 일시정지, 정거장), suspension (정지), repos (휴식)
pause (일시중단, 멈춤), immobilité (고정, 부동), attitude (자세, 태도), posture (자세)
poste (설치 장소), station-service (주유소), installation (시설, 설비)
émetteur (방송국), canal (채널), chaîne (채널)

반 déplacement (이동), exercice (운동), activité (활동), changement (변화)
course (움직임, 경주), motion (운동, 움직임), bond (도약, 비약)
cabriole (뛰기, 도약), élan (도약)

예문

On fit station devant une armoire vitrée où s'étalaient des bijoux. 〈Tournier〉
(사람들은 보석들이 진열되어 있는 유리진열장 앞에 정지했다.)
Ils ont fait bien des stations dans les boutiques de souvenirs.
(그들은 여기저기 기념품 가게에 들렀다.)
La station debout est pénible pour les vieillards.
(노인들에게는 똑바로 서있는 자세는 고통스러운 일이다.)
Je ne peux plus supporter ces stations debout. 〈Proust〉
(나는 이렇게 똑바로 서있는 자세를 더 이상 견딜 수가 없다.)
Vous descendrez à la prochaine station. (다음 역에서 내리세요.)

stationnement

[sta+tion(s.n)+ment(s.n)] ⇒ 서 있는 행위, 장소
명 주차, 정차, 정지, 주차장, 숙영, 주둔

동 parc(o)mètre (주차요금 미터기), parking (주차, 주차장)

반 circulation (운행), marche (진행, 운행)

예문

Le stationnement payant, qualifié, aujourd'hui, du terme à la mode de "dissuation". 〈Sauvy〉 (오늘날 "억제"라는 유행하는 말로 지칭되는 유료주차.)
Le stationnement des manifestants est interdit.
(데모대가 서서 정지하고 있는 것은 금지되어 있다.)
Les principaux modes de stationnement sont la caserne, le camp, le bivouac et le cantonnement.
(군대가 주둔하는 중요한 방식은 병사(兵舍), 캠프, 야영(野營), 숙영(宿營) 등이다.)

assister

[as(〈ad=près)+sist+er(s.v)] ⇒ (돕기 위해) 가까이 서있다
동 참석하다, 출석하다, 목격하다, 도와주다, 구제하다, 보좌하다

동 être présent (출석하다), entendre (듣다, 참석하다), voir (목격하다)
constater (확인하다), observer (관찰하다), participer à (참석하다)

aider (돕다), accompagner (호위하다), secourir (돕다, 구제하다), soigner (돌보다)
encourager (격려하다), réconforter (용기를 돋우어 주다), seconder (보좌하다)

반 abandonner (떠나다, 돌보지 않다), délaisser (저버리다, 돌보지 않다)
négliger (소홀히 하다, 무시하다)

예문

J'ai assisté à cette réunion. (나는 그 모임에 참석했다.)
Nous allons prier le bon Dieu pour qu'il nous assiste tous. 〈Martin du Gard〉
(하나님께서 우리 모두를 도와주시도록 선한 하나님께 기도합시다.)
Il m'a assisté dans mon travail jusqu'au bout.
(그는 끝까지 내 일을 도와주었다.)
Il m'assiste de ses conseils. (그는 충고로써 나를 도와준다.)
Nous avons assisté un blessé sur notre route.
(우리는 길을 가다가 한 부상자를 도와주었다.)
Comment connaissez-vous tous ces événements auxquels vous n'avez pas assisté ? 〈Mauriac〉 (당신이 목격하지 않은 이 모든 사건들을 어떻게 알고 있습니까?)
Nous avons assisté à des incidents regrettables à la sortie du cinéma.
(우리는 영화관에서 나올 때 딱한 사건을 보았다.)
Je n'ai pas pu l'assister dans ses derniers moments. 〈Jaloux〉
(나는 그 사람의 마지막 운명 때에 그의 옆에 자리를 지킬 수가 없었다.)
Nous étions trois, au début, pour assister notre patron. 〈Duhamel〉
(처음에는 우리 세 사람이 사장님을 보좌했습니다.)

assistance

[as(〈ad)+sist+ance(s.n)] ⇒ (돕기 위해) 가까이 서 있음
명 출석자, 참석자, 청중, 출석, 참석, 원조, 협력, 구제

동 assemblée (모임, 회중), auditoire (청중), foule (군중, 청중), public (대중, 청중)
présence (참석), fréquentation (방문, 교제), aide (도움), secours (도움, 구조, 원조)
service (도움, 조력), appui (원조, 후원), intervention (개입, 중재), concours (협력)
coopération (협력, 협동), collaboration (협력, 협동), protection (보호, 후원)

반 abandon (유기, 포기), préjudice (침해, 손해), absence (불참, 부재)

예문

L'assistance à la séance est obligatoire.
(그 회의에 참석하는 것은 의무적이다.)
Sa conférence a charmé l'assistance.
(그의 강연은 참석자들을 매료시켰다.)
Une vieille tradition veut qu'en parelle occasion toute l'assistance se lève pour se donner le baiser de paix. 〈Bazin〉
(한 옛 전통은 이와 같은 경우 서로 화해하기 위하여 온 회중이 일어나기를 요구한다.)
Cette organisation donne l'assistance aux réfugiés.
(이 기관은 난민들에게 원조를 베푼다.)
Les époux se doivent mutuellement fidélité, secours, assistance. 〈Code civil〉
(부부는 서로 정절을 지키고 도와주고 협력해야 할 의무가 있다.)

circonstance

[circon(=autour)+sta+ance(s.n)] ⇒ 주위에 둘러 서 있는 것
명 사정, 상황, 정세, 사태, 국면, 경우, 기회
de circonstance 임시변통의, 알맞는, 시기적절한, 시사적인

동 accident (사고), incident (사건), occurence (경우, 우발사건), événement (사건)
climat (환경, 분위기, 기후), condition (조건, 사정), modalité (양태, 양상)
moment (순간, 시기, 기회), situation (상황), cas (경우), occasion (기회, 경우)
actualité (현실, 실제), conjonture (상황, 정세, 국면), aspect (양상, 국면, 형세)
contexte (맥락, 상황, 배경), hasard (우연, 요행), éventualité (돌발사건, 우발성)
opportun (때맞은, 적절한), à propos (때마침, 시기적절하게)
d'actualité (시사성의), de saison (제철인, 시기적절한)

반 déplacé (알맞지 않은, 부적당한), hors de saison (철지난, 시기적절하지 않은)
dépassé (시대에 뒤진), démodé (구식의), révolu (경과된, 만기가 된)

예문
Cela dépendra des circonstances.
(그것은 사정에 따라 다를 것입니다.)
Il y a des circonstances où il vaut mieux se taire.
(입을 다물고 있는 것이 더 좋은 경우가 있다.)
Je ferai comme vous dans une circonstance pareille.
(그럴 경우에는 나도 당신처럼 할 것입니다.)
En raison des circonstances, la séance n'aura pas lieu.
(사정으로 인해서 회의는 열리지 않을 것이다.)
Ce sera comme si, les lieux et les circonstances ayant cependant changé, nous recommencions au même endroit. ⟨Sollers⟩
(그런데 장소와 상황들이 변했기 때문에 그것은 마치 우리가 같은 장소에서 다시 시작하는 것 같을 거야.)
En cette période de départ en vacances, les conseils de prudence sont de circonstance.
(이러한 바캉스 출발 시기에는 진지한 충고가 시기적절하다.)

constater

[con(=avec)+stat+er(s.v)] ⇒ 함께 서서 확인하다
동 확인하다, 증명하다, 기재하다

동 reconnaître (식별, 승인하다), remarquer (확인하다), apercevoir (알아보다)
observer (관찰하다), éprouver (경험, 시험하다), sentir (느끼다), voir (보다, 경험하다)
établir (확증, 확립하다), prouver (증명, 입증하다), justifier (근거를 대다)
démontrer (증명하다, 보여주다), vérifier (확인, 입증하다), authentifier (증명하다)
découvrir (발견하다, 밝히다), certifier (증명하다), attester (증명하다)
enregistrer (기록, 확인하다), noter (적어 넣다), consigner (기입, 기록하다)

반 négliger (무시하다, 소홀히 하다, 잊다), omettre (빠뜨리다, 잊다)
passer (잊고 빠뜨리다, 생략하다), oublier (잊다)

예문

J'ai constaté plusieurs erreurs dans ce qu'il disait.
(나는 그가 말하고 있는 것 중에서 몇몇 틀린 것을 확인했다.)
On constate une légère amélioration dans son état de santé.
(그의 건강상태가 약간 호전되는 것을 확인하고 있다.)
L'architecte a constaté que les fondations de la maison n'étaient pas solides.
(그 건축가는 그 집의 기초가 튼튼하지 못하다는 것을 확인했다.)
Avez-vous constaté qu'il soit rentré chez lui?
(당신은 그가 집에 돌아 왔는지 확인하셨습니까?)
Je constate que rien n'a changé. (아무것도 변하지 않았음을 알 수 있다.)
Il faudra constater d'abord s'il l'a dit. (우선 그가 그 말을 했는지 확인해야 할 것이다.)

constatation

[con(=avec)+stat+ation(s.n)] ⇒ 함께 서서 확인함
명 확인, 검증, 증명, 확인된 사실

동 observation (관찰, 관측), remarque (주목, 주의, 지적)

예문

La constatation de sa maucaise volonté m'a chagriné.
(그의 좋지 않은 의도를 확인하고는 나의 마음이 아팠다.)
Il m'a communiqué ses constatations. (그는 자기가 확인한 것을 내게 알려주었다.)
C'est une simple constatation et non un reproche.
(이것은 단지 확인하는 것이지 비난하는 것이 아니다.)

constance

[con(=avec)+sta+ance(s.n)] ⇒ 함께 서 있음 ⇒ 확고부동
명 불변, 항구성, 항상성, 집요함, 끈질김, 인내, 확고부동

동 continuité (계속, 항상성), permanence (영속성, 확고부동), régularité (규칙성, 일정함) fermeté (확실함), patience (인내), persévérance (인내, 확고부동), stabilité (내구성) ténacité (완강, 끈기, 점착력), fidélité (성실, 변함없음), invariabilité (불변성) persistance (지속, 완강, 끈질김), obstination (완강, 끈덕짐), entêtement (완고, 고집)

반 inconstance (변심, 변덕), inconsistance (견실성이 없음), instabilité (불안정, 변덕) changement (변화, 변경), varaiabilité (불안정함, 가변성), fragilité (취약함, 불안정성) incertitude (불안정, 불확실성)

예문

Devant la constance de ses échecs, il a fini par se décourager.
(계속되는 실패를 당하고 그는 마침내 용기를 잃고 말았다.)
Vous avez de la constance de l'attendre si longtemps!
(당신은 그 사람을 그토록 오래 기다리시다니 참을성이 많으시군요.)
De nombreuses expériences ont vérifié la constance de cette loi physique.
(수많은 실험을 통하여 이 물리법칙의 항구성을 증명했다.)
Vous avez fait preuve d'une remarquable constance dans l'effort pendant ces deux années de recherches.(당신은 연구하는 그 2년 동안의 노력에 있어서 놀랄만한 인내심을 보여주었소.)

constant

[con(=avec)+sta+ant(s.a)] ⇒ 함께 서 있는 ⇒ 확고부동의
형 변함없는, 끈기 있는, 성실한, 불변의, 부단한, 항구적인, 확고한

동 ferme (확고한, 변하지 않는), fidèle (성실한, 변함없는), persévérant (끈기 있는)
durable (오래 견디는, 영속적인), permanent (항구적인, 계속적인), certain (확실한)
inébranlable (확고한), assidu (끈기 있는, 열심인), obstiné (끈덕진, 집요한)
opiniâtre (오래 계속되는, 완강한), continu (계속적인, 끊임없는, 꾸준한)
immuable (불변의, 확고한), persistant (집요한, 끈질긴), soutenu (변함없는, 꾸준한)
invariable (불변의), continuel (계속적인, 끊임없는), quotidien (매일의)
perpétuel (항구적인, 끊임없는), régulier (규칙적인, 일정한), résolu (확고한)
éternel (영원한, 불멸의), tenace (끈질긴), stable (불변의, 확고부동의)
têtu (고집불통의), entêté (완고한, 고집 센), immortel (불멸의, 영원의)

반 inconstant (잘 변하는), changeant (변하기 쉬운), instable (불안정한, 잘 변하는)
variable (불안정한, 변화하는), momentané (일시적인), passager (일시적인)
éphémère (순간적인), provisoire (일시적인), transitoire (일시적인)
fugitif (순간, 일시적인), fugace (곧 사라지는), fragile (깨지기 쉬운)
inconsistant (변하기 쉬운), incertain (불확실한, 흔들리는), vacillant (흔들리는)
hésitant (주저하는)

예문

> En ce monde, il n'y a rien de constant. (이 세상에 항구 불변한 것은 하나도 없다.)
> Son fils lui cause un souci constant. (그의 아들은 그에게 늘 걱정을 끼친다.)
> Dans cette pièce, la chaleur est constante. (이 방에서는 온도가 변함없다.)
> Que si l'eau se renouvelle ici, ce soit pour une constante fraîcheur. ⟨Gide⟩
> (만약에 물이 이곳에서 교체된다면, 그것은 변함없는 시원함을 위해서이다.)

consister

[con(=avec)+sist+er(s.v)] ⇒ 함께 서 있다 ⇒ ..로 구성되다
동 ..으로 성립되다, 이루어지다, ..에 있다, ...하는데 있다

동 être composé de (..로 구성되다), être constitué par (..로 구성되다)
se composer (구성되다), résider dans/en (..에 있다), comporter (포함하다)
comprendre (포함하다), constituer (구성하다)

예문

> Cette langue consiste en nombreux dialectes.
> (이 언어는 여러 가지의 방언으로 구성되어 있다.)
> Son appartement consiste en deux pièces et une cuisine.
> (그의 아파트는 방 두 칸과 부엌으로 되어 있다.)
> Ce cours consiste en approfondissement des connaissances de base.
> (이 강의는 기초지식의 심화를 목적으로 하고 있다.)
> Son revenu consiste en rentes. (그의 수입원은 연금으로 이루어져 있다.)
> En quoi consiste votre projet? (= Quel est votre projet?) (당신의 계획은 무엇입니까?)
> Le bonheur consiste dans la vertu. (행복은 미덕 속에 있다.)

예문

> La solution consiste dans des mesures immédiates.
> (해결책은 즉각적인 조치를 취하는데 있다.)
> Le salut consiste dans la fuite immédiate.
> (살아남는 길은 즉시 달아나는 것이다.)
> Son travail consiste à écrire des adresses sur des enveloppes.
> (그의 일은 봉투 위에 주소를 적는 것이다.)
> La libéralité consiste moins à donner beaucoup qu'à donner à propos. 〈La Bruyère〉
> (은혜란 많이 주는데 있지 않고 시기적절하게 주는데 있다.)
> Son erreur consiste à croire que tout le monde l'approuve.
> (그의 잘못은 모든 사람이 자기를 찬동한다고 생각하는데 있다.)

constituer

[con(=avec)+stitu+er(s.v)] ⇒ 함께 서 있게 하다 ⇒ 구성하다
명 구성하다, 구성요소가 되다, 이루다, 설립하다, 조직하다, 지정하다
se constituer : 구성되다, 자신이~이 되다, 자기를 위해~을 만들다

동 faire (만들다), instituer (설립, 창설하다), composer (구성, 조성하다)
former (형성, 구성, 설립, 조직하다), organiser (조직, 형성하다)
préposer (임명하다), consister (..으로 이루어지다), édifier (설립, 건설하다)
élaborer (만들어내다), fonder (창설, 설립하다), monter (설립, 설비하다)

반 destituer (면직시키다), décomposer (분해, 해체하다), abattre (헐어뜨리다)
défaire (해체, 파기하다), renverser (뒤집다, 전복하다)

예문

> Cette action constitue un délit. (이 행위는 경범죄를 구성한다.)
> Le réarmement constitue une menace pour notre sécurité.
> (재무장은 우리의 안보에 대한 위협이다.)
> Le nouveau cabinet s'est constitué. (새 내각이 수립되었다.)
> J'ai commencé à me constituer une bibliothèque.
> (나는 서재를 꾸미기 시작했다.)
> De quoi se constituent vos repas? (당신의 식사는 무엇으로 구성되어 있습니까?)

constitution

[con(=avec)+stitu+tion(s.n)] ⇒ 함께 서 있게 함 ⇒ 구성
명 구성, 형성, 성분, 구조, 설립, 설정, 설치, 체격, 체질, 헌법

동 institution (설립, 기구, 기관), composition (구성, 성분), structure (구조)
élaboration (생성), création (창립, 설립), édification (건립, 수립), fondation (설립)
établissement (수립, 설치), construction (건축, 구성), texture (조직, 구조)
formation (형성, 교육), organisation (조직, 구성, 협회), conformation (형태, 구조)
forme (형태), bulle (옥새, 교서), arrangement (배치, 정리), disposition (배치, 체질)
caractère (성격, 성질, 기질), complexion (체질, 성격), tempérament (체질, 기질)
personnalité (인격, 개성), humeur (성질, 기질), charte (헌장), régime (체제, 제도)

반 annulation (무효화, 취소), décomposition (분해, 해체)
désorganisation (파괴, 해체, 붕괴), dissolution (붕괴, 해체)

예문

L'avocat s'occupe de la constitution du dossier.
(그 변호사가 그 서류의 구성을 담당하고 있다.)
La constitution de notre société a eu lieu en mars.
(우리 협회의 설립은 3월에 있었다.)
Il a une forte onstitution.
(그는 강한 체격을 갖고 있다.)
Il n'est réchappé de cette maladie que grâce à sa solide constitution.
(그는 단지 자신의 강한 체질 덕분으로만 그 병에서부터 벗어났다.)
La constitution de l'équipe qui représentera la France dans ce match international a soulevé de nombreuses protestation.
(그 국제 경기에 프랑스를 대표할 그 팀의 체질은 수많은 항의를 초래했다.)
C'est un droit garanti par la constitution, acheté de tout le sang de la Révolution. 〈Courier〉
(그것은 헌법에 의해 보장되고, 대혁명의 모든 피 값으로 산 권리이다.)

destiner

[de(강조)+stin+er(s,v)] ⇒ 그 자리에 서 있게 하다 ⇒ 운명지우다
동 할당하다, 마련하다, 지목하다, 예정하다, 운명지우다

동 prédestiner (예정하다, 운명지우다), promettre (약속, 예상하다)
assigner (충당하다, 탓으로 돌리다), attribuer (할당하다, 탓으로 돌리다)
garder (보존하다, 남겨두다), réserver (남겨두다, 충당하다, 예정하다)
préparer (준비, 마련하다), appliquer (적용, 충당하다)
affecter (충당, 할당하다, 가장하다, 슬프게 하다)

예문

Je lui destine ma maison le jour où je prendrai ma retraite.
(내가 퇴직하는 날 나는 내 집을 그에게 줄 예정이다.)
J'ai fait des économies, je les destine à l'achat d'une voiture.
(나는 돈을 절약해 모았는데, 그것을 자동차 구입에 쓸 예정이다.)
Il destine ce terrain à la culture du blé.
(그는 이 땅에다가 밀을 경작할 예정이다.)
Ils destinèrent leur fils à la magistrature.
(그들은 그들의 아들을 법관으로 만들 생각이었다.)
Je n'ai pas été destiné à faire ce genre de travail.
(나는 이런 종류의 일을 할 사람이 아니다.)
Son talent le destine à une brillante carrière de peintre.
(그의 재능은 위대한 화가로서의 그의 행로를 예정해주고 있다.)
Cette remarque lui est destinée.
(그 지적은 바로 그녀에 대해서 한 것이다.)
Cette lettre est destinée à M. Durand.
(이 편지는 뒤랑씨에게 보내온 것이다.)

destination

[de(강조)+stin+ation(s.n)] ⇒ 그 자리에 서서 하는 행동 ⇒ 방향
명 방향, 목적지, 사용 목적, 용도, 사명

동 fin (목적, 목표), but (목표, 목적, 목적지), destinée (운명, 숙명, 생애)
emploi (사용, 용도, 일자리), usage (사용, 용도), utilisation (이용, 활용)
direction (방향, 지휘), mission (사명), vocation (천직, 사명), affectation (임명, 직무)

반 origine (시발, 시초, 기원), provenance (출발지, 원산지)

예문

Quelle est la destination de ce train?
(이 기차의 행선지는 어디입니까?)
Vous voilà arrivé à destination.
(이제 여러분들은 목적지에 도착했습니다.)
On emmena les prisonniers vers une destination inconnue.
(죄수들을 낯선 방향으로 데려갔다.)
Cet appareil n'a pas d'autre destination. (이 기구는 다른 용도는 없다.)
Sa destination première est bien de transporter des animaux. 〈Simon〉
(그의 첫 번째 사명은 동물들을 잘 운송하는 것이다.)

destin

[de(강조)+stin] ⇒ 그 자리에 서 있음 ⇒ 운명
명 운명, 숙명, 생애, 수명, 장래

동 destinée (운명, 숙명, 생애), fatalité (숙명, 운명, 필연, 불운), fatum (운명, 숙명)
Nécessité (운명의 여신), étoile (운명의 별, 운세), sort (운명), avenir (미래)
fortune (운명, 우연, 재산), existence (수명, 생활), vie (생명, 수명, 일생, 생애)

예문

Ils tiennent le destin des autres dans leurs mains. 〈Sartre〉
(다른 사람들의 운명은 그들의 손에 달려있다.)
Cet homme a eu un destin tragique. (그 사람은 비극적인 최후를 마쳤다.)
Pour les chrétiens, la notion de providence a remplacé celle de destin.
(기독교인들에게 있어서, 신의 섭리의 개념이 운명의 개념을 대체했다.)
Les hommes ont invité le destin, afin de lui attribuer les désordres de l'univers, qu'ils ont pour de gouverner. 〈R. Rolland〉
(인간들은 그들이 다스릴 의무가 있는 세계의 무질서를 운명 탓으로 돌리기 위하여 운명을 초대했다.)
On n'échappe pas à son destin!
(사람은 자기 운명을 피하지 못한다.)
Nous tissons notre destin, nous le tirons de nous comme l'araignée sa toile.
〈Mauriac〉 (우리는 우리 수명의 베를 짠다. 마치 거미가 자신에게서 줄을 꺼내어 자기 집을 짓는 것처럼 우리는 우리에게서 그 수명을 끄집어내고 있는 것이다.)
Une bohémienne lui a prédit son destin.
(한 집시 여자가 그의 장래의 운수를 점쳤다.)

établir

[é(<es 강조)+stable+ir(s.v)] ⇒ 그 자리에 튼튼히 서 있다
[동] 자리 잡다, 건설하다, 수립하다, 확립하다, 작성하다, 입증하다, 임명하다

[동] asseoir (확립하다), s'asseoir (자리 잡다), bâtir (건축하다), construire (건축하다)
édifier (설립, 구축하다), fixer (고정시키다, 설치하다), installer (설치, 가설하다)
s'installer (자리 잡다, 정착하다), fonder (창설, 설립하다), placer (앉히다, 배치하다)
poser (놓다, 설치하다), créer (창설, 설립하다), implanter (설치, 수립하다)
disposer (배열하다), monter (자리 잡다, 설립하다), instaurer (창설, 창립하다)
nouer (맺다), instituer (창립, 제정하다), mettre sur pied (조직하다)
organiser (조직하다), appuyer sur (근거를 두다), baser sur (근거를 두다)
étayer (지지하다), démontrer (증명하다), montrer (증명하다), prouver (논증하다)
dresser (작성하다), nommer (임명하다)

[반] détruire (파괴하다), démolir (파괴하다), renverser (전복하다), déplacer (이동시키다)
abolir (폐지하다), supprimer (철거, 폐지하다), partir (떠나다, 사직하다)

[예문]
La firme a établi une nouvelle succursale au centre de la ville.
(회사에서 그 도시의 중심지에 새로운 지점을 설치했다.)
Il a établi sa démonstration sur des faits solides.
(그는 확고한 사실을 근거로 논증을 했다.)
Ceux qui ont établi ce règlement n'avaient pas envisagé ce cas.
(이 규칙을 제정한 사람들은 이러한 경우를 미처 생각하지 못했다.)
L'enquête n'a jamais établi qu'il était coupable.
(수사 결과 그가 죄가 있는지는 결코 밝혀지지 않았다.)
La direction aura besoin de vous tous pour établir en quoi il peut être intéressant de développer les mécanismes.
(기구를 확장하는 것이 어떤 점에서 유리한지를 확증하기 위해, 집행부는 당신 모두를 필요로 할 것이다.)
Il va établir son neveu à la tête de son entreprise.
(그는 자기 조카를 자기 회사의 수장으로 임명할 것이다.)

établissement

[é(<es)+stable+issement(s.n)] ⇒ 그 자리에 튼튼히 서 있음
[명] 정착, 설치, 창설, 수립, 작성, 시설, 기관, 기업, 증명, 결혼

[동] création (창립, 설립), constitution (설치, 제정), érection (건설, 건립, 개설)
construction (건축), fondation (창립, 설립), instauration (설립, 창설)
institution (설립, 창설, 기관), implantation (정착, 수립, 설치), rédaction (기안, 작성)
édition (교정, 편집), agence (대리점), atelier (작업장), manufacture (공장, 제조소)
usine (공장), industrie (산업, 기업, 공장), magasin (상점),boutique (가게)
bureau (사무실), comptoir (해외지점), entreprise (기업), exploitation (개설, 영업소)
fabrique (제조소, 공장), ferme (농장), firme (회사), société (회사), fonds (영업권)

école (학교), collège (중학교), lycée (고등학교), mariage (결혼)

반 démolition (파괴, 전복), destruction (파괴, 파기)
renversement (파괴, 전복), abolition (폐지, 폐기)

예문

Depuis leur établissement à Lyon, on ne les voit plus.
(그들이 리용에 정착한 후로는 더 이상 그들을 만나지 못하고 있다.)
Le comptable se charge de l'établissement des feuilles de paie.
(경리계는 봉급표의 작성을 담당한다.)
Un lycée est un établissement scolaire. (고등학교는 일종의 교육기관이다.)
Je suis toujours d'un caractère très jovial, ce qui peut me faciliter mon établissement si j'ai envie de me marier. 〈Flaubert〉
(나는 언제나 매우 쾌활한 성격이며, 이것이 내가 결혼할 마음을 먹는다면 나의 결혼을 쉽게 이루어지게 할 수 있는 것이다.)

exister

[ex(=dehors)+ist+er(s.v)] ⇒ 밖으로 드러나게 서 있다
동 존재하다, 살아 있다, 중요하다(부정문에서)

동 être (존재, 생존하다), vivre (살다), naître (태어나다), subsister (존속하다, 살아가다)
continuer (계속하다), demeurer (머물러 있다), durer (지속되다, 수명을 유지하다)
persister (지속하다), compter (중요하다)

예문

Le monstre du Loche Ness n'existe pas. (네스 호의 괴물은 존재하지 않는다.)
Il existe au moins trois villes qui portent ce nom.
(이 이름을 가진 도시가 적어도 셋 있다.)
Il ne semble pas qu'il ait jamais existé de telles situations.
(이런 상황이 지금까지는 존재했던 것 같지 않다.)
Quand je ne vois plus les gens, ils n'existent plus. 〈Sartre〉
(사람들이 내 눈에 더 이상 보이지 않을 때는, 그들이 더 이상 존재하지 않는 것이다.)
Rien n'existe à ses yeux que le bonheur de ses enfants.
(그의 눈에는 자기 자식의 행복 이외에는 아무것도 존재하지 않는다.)
Depuis qu'il existe, cet enfant n'a connu que la misère.
(그 아이가 태어난 이래로 그는 빈곤만을 겪었다.)
Ces enfants me tiennent lieu de tout, ils sont mon unique raison d'exister. 〈Vian〉
(이 아이들은 나에게는 모든 것을 대신한다, 그들은 내가 살아 있는 유일한 이유다.)
Ça n'existe pas. (= cela n'a aucune valeur.)
(그것은 보잘 것 없다. 없는 것이나 마찬가지다.)
Plus rien n'existe pour lui lorsqu'il travaille.
(그가 일을 하고 있을 때에는 더 이상 아무 것도 그에게는 중요하지 않다.)

existence

[ex(=dehors)+ist+ence(s.n)] ⇒ 밖으로 드러나게 서 있음
명 존재, 실재, 실존, 수명, 생활, 생활방식, 사람

동 être (존재, 사람), historicité (역사성), présence (존재, 출석)
vie (생명, 일생, 수명, 생활, 생존), durée (지속, 수명), mode (방법, 방식)

반 inexistence (비존재), non-être (비존재, 무), non-existence (비존재, 비실재)
essence (본질), absence (부재), mort (사망)

예문
On ne donne guère à ce gouvernement plus de trois mois d'existence.
(사람들은 이 정부가 3개월 이상 존속하리라고는 거의 생각하지 않는다.)
L'existence de cet État est récente.
(이 나라가 생긴 것은 최근의 일이다.)
Il mène une existence misérable.
(그는 비참한 생활을 하고 있다.)
Il n'y a vraiment que le mariage pour unir deux existences.
(두 사람을 결합하게 해주는 것은 진정으로 결혼뿐이다.)
Selon Sartre l'existence précède l'essence.
(사르트르에 따르면 실존은 본질에 선행한다.)
Parce qu'il existe des maniaques inoffensifs, doit-on nier l'existence des fous dangereux? 〈Bernanos〉
(악의 없는 미치광이가 존재할지라도 위험한 미치광이의 존재를 부정해야 하는가?)

insister

[in(=dans)+sist+er(s.v)] ⇒ 마음속에 굳게 서있게 하다
동 강조하다, 역설하다, 고집하다, 간청하다, 계속하다, 버티어 나가다

동 mettre l'accent sur (강조하다), s'appesantir sur (역설하다), souligner (강조하다)
appuyer sur (강조하다), accentuer (강조하다), répéter (반복하여 말하다)
persévérer à (고집하다), prier (간청하다), s'obstiner à (고집부리다)
continuer (계속하다), s'étendre sur (상술하다), persister (지속하다)
s'arrêtrer à (집착하다), enfoncer le clou (같은 것을 몇 번이고 설명하다)
mettre les points sur les i (상세하고 명확히 설명하다)

반 glisser (미끄러지다, 가볍게 다루다), passer (지나가다, 빠뜨리다)

예문

On ne saurait trop insister sur cette question. (이 문제는 아무리 강조해도 지나치지 않다.)
Ils insistent pour qu'elle participe à la réunion. (그들은 그녀가 모임에 참석할 것을 간청했다.)
J'ai insisté pour la réponse. (나는 대답해 줄 것을 계속 요구했다.)
Insistez auprès d'elle, elle acceptera peut-être.
(그녀에게 간청해보세요. 그녀는 아마 들어줄 것입니다.)
Elle est au téléphone, elle insiste pour te parler.
(그녀가 전화했는데, 너와 꼭 좀 통화하고 싶다더군.)
J'en arrive à mon service militaire, sur lequel je n'insisterai pas. 〈Queneau〉
(내가 마침내 군 복무를 하게 되는군,이 문제에 대해서 고집하지 말아야지.)
Il avait commencé à étudier le piano, mais il n'a pas insisté.
(그는 피아노 공부를 시작했었지만 그 후 계속하지 못했다.)
Frappez fort et insistez si cela ne répond pas.
(세게 두드리세요. 그리고 응답이 없으면 계속하세요.)

persister

[per(=achèvement)+sist+er(s.v)] ⇒ 끝까지 (버티고) 서 있다
동 굽히지 않다. 고수하다, 지속하다, 오래 끌다

동 s'obstiner (고집부리다), préserver (고집하다), continuer (계속하다)
subsister (존속하다), rester (존속하다), durer (지속되다)

반 faiblir (마음이 약해지다), flancher (약해지다, 망설이다), hésiter (망설이다, 주저하다)
renoncer (포기, 단념, 중지하다), cesser (멈추다), s'évanouir (사라져버리다)

예문

Si le mauvais temps persisite, les pêcheurs n'irons pas en mer.
(날씨가 계속 나쁘면, 어부들은 바다에 나가지 못할 것이다.)
Les froids ont persisté jusqu'au début d'avril. (추위가 4월 초까지 계속되었다.)
Malgré l'avis de ses amis, il persiste dans sa résolution d'épouser la jeune fille. (친구들의 의견에도 불구하고 그는 그 처녀와 결혼하려는 결심을 굽히지 않는다.)
Il persisite à vous dire que vous vous trompez. (그는 완강하게 당신이 틀렸다고 말합니다.)
Je persiste à croire que la présence de quelques troupes françaises en Italie produisait un grand effet sur l'opinion. 〈Chateaubriand〉
(이태리에 몇몇 프랑스군의 주둔이 여론에 큰 영향을 끼쳤다고 나는 계속 믿고 있다.)
Il persiste chez lui un restant de professeur faisant sa classe. 〈Goncourt〉
(그에게는 아직 수업을 하던 선생님의 잔재가 남아 있다.)

persistance

[per(=achèvement)+sist+ance(s.n)] ⇒ 끝까지 (버티고) 서 있음
명 완강, 집요함, 끈질김, 지속, 계속

동 constance (불변, 확고부동), opiniâtreté (완고, 완강), durée (지속, 계속)
continuité (계속), permanence (영속성, 확고부동), fermeté (확실함)
persévérance (인내, 확고부동), ténacité (완강, 끈기, 점착력)
obstination (완강, 끈덕짐), entêtement (완고, 고집)

반 abandon (포기, 단념), cessation (중지, 정지), inconstance (변심, 변덕)
changement (변화, 변경), instabilité (불안정, 변덕), incertitude (불확실성)

예문

Sa persistance à croire l'invraisemblable est absurde. (사실 같지 않은 일을 믿을 정도로 그의 완강함은 사리에 어긋난다.) Persistance dans l'erreur. (잘못을 끝내 바로잡으려 하지 않는 태도) Persistance du mauvais temps. (궂은 날씨의 계속)

résister

[ré(=derrière)+sist+er(s.v)] ⇒ 반대되게 세우다
동 저항하다, 맞서다, 반대하다, 거역하다, 견디어 내다, 지탱하다, 살아남다

동 lutter (싸우다), tenir tête (대항하다), se battre (싸우다) se débattre (싸우다)
ne pas se laisser faire (하도록 내버려 두지 않다), s'opposer à (반대하다)
défendre (방어하다), tenir bon (꿋꿋하게 버티다), regimber (버티다, 반항하다)
ruer dans les brancards (반항하다), montrer les dents (위협하다)
se cabrer (발끈하다), se rebiffer (반항하다), se révolter (거역하다)
se raidir contre (저항하다), endurer (견디다), tenir le coup (저항하다, 견디어 내다)
durer (견디다), souffrir (견디다), soutenir (버티다), tenir (견디다)
supporter (견디다, 버티다), faire front à (대항하다), affronter (대치하다)
désobéir (거역하다), repousser (거부하다, 물리치다), contrarier (거역하다)

반 céder (양도하다, 저항하지 못하다), fléchir (휘다, 굴복하다), capituler (항복, 타협하다)
se rendre (항복하다), succomber (굴복하다)

예문

Le vent était tellement fort que le toit n'a pas résisté, il est tombé. (바람이 하도 세차서 지붕이 견디지 못하고 떨어져 버렸다.) Il a une santé de fer, il résiste à toutes les fatigues. (그는 강철 같은 건강을 갖고 있어서 어떤 피로에도 견디어낸다.) Dans ces conditions, comment résister à l'ennemi? (이런 상황에서 어떻게 적에 저항할 것인가?) Moi qui adore les gâteaux, je ne peux pas résister, j'en prend un. (저는 케익을 몹시 좋아해서 참을 수가 없군요, 하나 먹겠습니다.) Je résiste à croire à ces attractions mystérieuses. (나는 이 신비로운 인력(引力)을 믿기 어렵다.) Quand je vois un bébé, je ne peux pas résister à l'envie de l'embrasser. (나는 아기를 보면 입 맞추고 싶어 참을 수가 없다.) Il n'aime pas que ses enfants lui résistent. (그는 아이들이 자기의 뜻을 어기는 것을 싫어한다.)

résistance

[ré(=derrière)+sist+ance(s.n)] ⇒ 반대되게 세움
명 저항, 항쟁, 반대, 장애, 저항력, 지탱력

동 opposition (반대, 대립, 대항), refus (거부, 거절), désobéissance (불복종, 반항)
réserve (사양, 유보), fermeté (확실함), ressort (용수철), courage (용기)
entêtement (완고, 고집), opiniâtreté (완고, 완강), ténacité (완강, 끈기, 점착력)
combativité (투쟁성, 호전성), endurance (지구력, 인내력), frein (브레이크, 억제)
obstacle (장애), force (힘, 내구력), solidité (견고, 내구성), insurrection (반란, 저항)
rébellion (반역, 반항), sédition (반란, 소요), difficulté (곤란), réaction (반동, 반발)

반 faiblesse (무기력), fragilité (허약함), assentiment (동의, 찬동)
soumission (굴복), abdication (기권, 포기), attaque (공격)

예문

L'ennemi a opposé une vive résistance à nos troupes. (적은 우리 군대에 강력히 저항했다.)
Ce tissu a une bonne résistance au lavage. (이 천은 세탁에 질기다.)
Ces jeunes gens ont de la résistance. (이 젊은이들은 끈기가 있다.)
Quoi qu'il arrive, la flamme de la résistance française ne doit pas s'éteindre et ne s'éteindra pas. 〈De Gaulle〉
(무슨 일이 있어도 프랑스의 저항의 불꽃은 꺼져서는 안 되고 꺼지지도 않을 것이다.)
Le projet le mieux conçu se heurte à des résistances qui le font souvent échouer. 〈Sartre〉
(가장 잘 구상된 계획도 그를 종종 실패하게 만드는 반대에 부딪힌다.)

subsister

[sub(=sous)+sist+er(s.v)] ⇒ 바닥에 서 있다 ⇒ 살아있다
동 존속하다, 효력을 유지하다, 살아가다, 생계를 유지하다

동 demeurer (머물러 있다), se maintenir (머무르다), persister (지속하다)
survivre (살아남다), vivre (살다), rester (존속하다), se conserver (보존되다)
durer (지속되다), entretenir (부양하다)

반 changer (바꾸다), devenir (되다), disparaître (사라지다), périr (소멸하다)

예문

Les expériences spirites pas plus que les dogmes religieux n'apportent de preuve que l'âme subsiste. 〈Proust〉
(영혼의 경험이나 종교적인 교의도 영혼이 계속 존속한다는 증거를 제시하지 못한다.)
Un assez fort contigent de chômeurs subsiste pendant des années.
(상당히 많은 수의 실업자가 몇 해 동안 존속하고 있다.)
Il subsiste encore de nombreuses difficultés. (아직도 수많은 어려움이 존재한다.)
Même après sa mort, son influence subsistait.
(심지어 그가 죽은 후에도 그의 영향력이 남아 있었다.)
Il subsiste de la vente de prospectus. (그는 설명서 판매로 생계를 유지해 나간다.)
Il subsiste tant bien que mal. (그는 그럭저럭 살아간다.)
Il subsiste à l'aide de petits travaux. (그는 자잘한 일거리의 덕으로 살아간다.)
Il ne subsiste presque rien de cette ville détruite par les bombardements.
(폭격으로 파괴된 이 도시에는 거의 아무 것도 남아있지 않다.)

subsistance

[sub(=sous)+sist+ance(s.n)] ⇒ 바닥에 서 있음 ⇒ 생존, 생계
명 생활수단, 생계, 식량

동 nourriture (식량), approvisionnement (식량), alimentation (음식, 양식, 급식)

예문

On me demanda à pourvoir à la subsistance et à l'éducation d'un enfant. 〈Diderot〉
(사람들은 나에게 한 아이에 대한 교육과 생계를 마련해 줄 것을 강요했다.)
Les oiseaux ne peuvent trouver leur subsistance que dans la mer ouverte. 〈Buffon〉
(그 새들은 확 트인 바다에서만 그들의 양식을 구할 수 있다.)

substituer

[sub(=sous)+stitu+er(s.v)] ⇒ 아래에 놓아두다
동 바꾸다, 대체하다, 대용하다

동 remplacer (바꾸다, 대체하다), subroger (대신하게 하다), échanger (바꾸다)

예문

Et si vous détruisez la religion, que lui substituerez-vous? 〈Diderot〉
(그리고 만약 당신이 종교를 파괴하면, 당신은 무엇으로 그것을 대체할 것입니까?)
Je cherche un homme qui puisse se substituer à moi.
(나는 나를 대신해 줄 사람을 찾고 있다.)

substitution

[sub(=sous)+stitu+tion(s.n)] ⇒ 아래에 놓아둠
명 대용, 대체, 치환, 위임

동 donation (증여, 기증), héritage (상속, 유산), transfert (양도, 이전)
changement (변경, 교대), commutation (변경, 교환), remplacement (대체, 대리)

예문

L'ivresse n'est jamais qu'une substitution du bonheur. 〈Gide〉
(도취란 결국 행복의 대용일 뿐이다.)
La substitution d'un mot à un autre.
(한 단어를 다른 단어로 바꿔 쓰기.)

CLÉ NO 31 STR(U), STRUCT, STRUI

construire, bâtir (세우다, 짓다)의 뜻

라틴어 struere, structus (p.p) 에서 유래

structure
[struct+ure(s.n)] ⇒ 세워진 것
명 구조, 조직, 구성

동 constitution (구성, 구조, 성분), contexture (구성, 구조, 조직), composition (구성) économie (구성, 구조, 조직), superstructure (상부 구조), disposition (배치, 배열) arrangement (배치, 배열), agencement (조립, 구성), charpente (골조, 골격, 구성) forme (형태, 모양, 틀), ordre (질서, 정돈), organisation (구조, 조직, 구성) armature (철골, 골격), régime (정체, 체제), ossature (뼈대, 골격, 구조, 구성) architecture (건축술, 건축물, 구조, 구성)

예문

Il n′était pas inconcevable que la République française voulût transformer sa structure sociale. 〈De Gaulle〉
(프랑스 공화국이 사회구조를 변화시키기를 원한다는 것은 상상 못할 일도 아니었다.)
La structure du corp humain. (인체의 구조)
La structure d′un réseau routier. (도로망의 구조)
La structure d′écorce terrestre. (지각의 구조)

structural
[structure+al(s.a)] ⇒ 세워진 것의
형 구조의, 조직상의, 구조를 연구하는, 구조주의의

동 structurel (구조적인, 구조상의, 조직의)

예문

Changement structural (생성문법의 구조 변화)
État structural d′un organe (기관의 구조 상태)

construire
[con(=avec)+strui+re(s.v)] ⇒ 함께 세우다
동 건축하다, 건조하다, 제조하다, 구성하다

동 bâtir (건축, 건립하다), édifier (세우다, 설립, 건설하다), élever (세우다, 건축하다) ériger (건립, 설치하다), reconstruire (재건하다), fabriquer (제조하다) composer (구성, 창작하다), créer (설립, 설치하다), échafauder (만들어내다) élaborer (만들어내다), forger (벼리다, 만들다), imaginer (상상, 고안하다)

반 défaire (해체하다, 무너뜨리다), démolir (파괴하다), détruire (파괴하다) renverser (넘어뜨리다), déconstruire (파괴하다), abattre (쓰러뜨리다, 헐다)

예문

Il a fait construire sa maison sur la colline.
(그는 자기 집을 언덕 위에 짓게 했다.)
L'administrateur avait construit sa maison à une distance assez faible du camp des visiteurs. 〈Kessel〉
(그 관리는 방문자들의 캠프장에서 꽤 희미하게 보이는 거리에 자기 집을 지었었다.)
Cette usine construit trois cents voitures par jour.
(이 공장은 매일 300대씩의 자동차를 제작한다.)
Le pont a été construit il y a trois ans.
(그 다리는 3년 전에 건조되었다.)
Cette phrase est mal construite.
(이 문장은 잘못 구성되었다.)
Ce que la seule logique construit reste artificiel et contraint. 〈Gide〉
(그 유일한 논리적인 필연이 구성하는 것은 인위적이고 부자연스럽다.)
Il a construit une petite maison à ses parents.
(그는 부모에게 조그마한 집을 지어드렸다.)
Une maison se construit sur la colline.
(언덕 위에 집이 한 채 세워지고 있다.)

construction

[con(=avec)+struct+ion(s.n)] ⇒ 함께 세움
명 건축, 건조, 제조, 건설, 조립, 건물, 구성, 구조

동 assemblage (집합, 조립), économie (구성, 구조, 조직), édification (건축, 건립) érection (건설, 건립), fabrication (제조), architecture (건축술, 건축물, 구조, 구성) bâtiment (건물), bâtisse (건물, 구성), édifice (건물, 조직, 체계), immeuble (건물) installation (시설, 설비), maison (건물), momument (기념물), ouvrage (일, 건설) élaboration (생성, 만듦), composition (구성, 조립, 제작), formation (형성, 생성, 구성) morphologie (형태론), syntaxe (통사론, 구문론), syntagme (연사, 구) locution (표현, 성구), tour (표현법, 문체)

반 démolition (파괴), destruction (파괴), déconstruction (파괴)

예문

La nouvelle gare est en construction. (새 역사는 건축 중이다.)
La construction de cette maison a été très longue.
(이 집의 건축은 매우 오래 걸렸다.)
Il y a de nouvelles constructions dans la rue.
(거리에는 새 건물들이 있다.)
Les nouvelles constructions nous cachent la vue de la mer.
(그 새로운 건축물들 때문에 우리들은 바다의 전경을 볼 수 없다.)
L'auteur ne s'est guère préoccupé de la construction de son roman.
(그 작가는 자기 소설의 구성에 거의 몰두하지 못했다.)

détruire

[dé(=séparé)+strui+re(s,v)] ⇒ 세운 것을 분리하다 ⇒ 무너뜨리다
동 파괴하다, 괴멸시키다, 파기하다, 폐지하다, 진압하다, 뒤엎다

동 abattre (쓰러뜨리다, 헐다), raser (파괴하다, 헐다), renverser (넘어뜨리다)
ruiner (파멸시키다), miner (침식하다), saper (밑을 파서 무너뜨리다)
bombarder (폭격하다), démolir (파괴하다), anéantir (전멸시키다, 폐지하다)
annihiler (전멸시키다, 없애다), supprimer (제거, 폐지하다), brûler (태우다)
incendier (방화하다), briser (부수다, 파괴하다, 꺾다), broyer (으깨다, 분쇄하다)
casser (깨뜨리다, 파기하다), pulvériser (가루로 빻다, 분쇄하다, 전멸시키다)
défoncer (뚫다, 부수다), attaquer (공격, 침식하다), corroder (부식시키다, 침식하다)
ronger (갉아먹다, 부식, 침식하다), tuer (죽이다), massacrer (학살하다)
exterminer (몰살하다, 전멸시키다), décimer (많은 사람을 죽이다)
étouffer (질식시키다, 진압하다), juguler (억제, 진압하다), abolir (폐지, 파괴하다)
annuler (폐기, 취소하다), éliminer (제거, 삭제하다), réfuter (논박, 반박하다)
dissiper (일소하다, 흩뜨리다), enlever (제거하다), ravager (파괴하다)
dévaster (유린하다, 많은 사람을 죽이다)

반 bâtir (건축, 건립하다), construire (건축, 건조하다), édifier (세우다, 설립, 건설하다)
créer (설립, 설치하다), faire (만들다), établir (건설, 확립하다)
fonder (설립, 확립하다), conserver (보존하다)

예문

Le roi fit détruire jusqu'aux pierres et aux fondements matériels de Port-Royal. ⟨Saint-Simon⟩
(그 왕은 Port-Royal의 돌과 실제적인 기초들까지 파괴하게 했다.)
Les Russes décampèrent détruisant tout sur leur route pour retarder au moins les Suédois. ⟨Voltaire⟩ (러시아군은 적어도 스웨덴군을 지연시키기 위하여 그들이 지나가는 도로 위의 모든 것을 파괴하면서 철군했다.)
Beaucoup d'hommes avaient intérêt à détruire une organisation sociale qui n'avait pour eux aucun bienfait. ⟨Fustel de Coulanges⟩
(많은 사람들에게는 그들에게 아무 혜택도 없는 사회조직을 파괴하는 것이 이롭다.)
Le temps détruit tout. ⟨La Fontaine⟩ (시간이 모든 것을 파괴한다.)
Le besoin de détruire est encore plus puissant que l'espoir de construire. ⟨Martin du Gard⟩ (파괴하려는 욕구가 건설하려는 희망보다 훨씬 더 강력하다.)
Une épidémie a détruit la population d'un village.
(한 돌림병이 한 마을 주민들을 몰살시켰다.)
Cette mésaventure a détruit tous ses espoirs.
(이 실패로 그의 모든 희망은 무산되었다.)

destruction

[dé(=séparé)+struct+ion(s.n)] ⇒ 세운 것을 분리함 ⇒ 파괴
명 파괴, 섬멸, 파멸, 파기, 폐기, 손해, 피해

동 dégât (피해, 손해), dévastation (유린, 황폐), dommage (손해, 유감)
ravage (참해, 피해), décomposition (분해, 변질, 부패), lyse (세균 용해)
gangrène (부패의 근원), extermination (일소, 몰살, 박멸), génocide (한 종족의 말살)
holocauste (번제, 희생, 제물), massacre (학살), désinsectisation (해충구제)
dératisation (쥐의 박멸), démolition (파괴), écroulement (붕괴, 몰락)
effondrement (붕괴, 와해), dégradation (파손, 파괴)

반 construction (건축, 건립), création (창립, 설립), édification (건축, 건립, 수립)

예문

La destruction d'un immeuble par l'incendie. (화재로 인한 건물의 파괴)
La destruction des animaux nuisibles. (해로운 동물의 박멸)
La guerre, c'est la destruction de la pensée. 〈La Clézio〉
(전쟁은 사상의 폐기이다.)

industrialiser

[indu(=dans)+stri+aliser(s.v)] ⇒ 안으로 세우다 ⇒ 산업화하다
동 산업화하다, 공업화하다

동 exploiter (개발하다), développer (발전하다)

예문

Industrialiser une découverte scientifique.
(과학적인 발견을 산업화하다.)
Toutes les nations font effort pour s'industrialiser. 〈Duhamel〉
(모든 민족들이 산업화되기 위하여 노력한다.)
Ces pays neufs commencent à s'industrialiser.
(이러한 신생국가들이 공업화되기 시작한다.)

industrie

[indu(=dans)+str+ie(s.n)] ⇒ 안으로 세움 ⇒ 건설 ⇒ 산업
명 산업, 공업, 기업, 공장, 생업, 솜씨, 술책, 간계

동 habileté (재능, 솜씨), art (기술, 솜씨), ingéniosité (솜씨, 교묘), invention (발명, 술책)
savoir-faire (솜씨, 전문지식), ruse (술책, 계략), activité (활동, 일), métier (직업, 일)
travail (일, 사업), économie (경제, 절약), agriculture (농업), commerce (상업, 무역)
combinat (콤비나트), complexe (콤비나트, 공업단지), trust (기업합동)
entreprise (기업), établissement (기업, 공장), exploitation (개설, 영업)
fabrique (제조, 공장), groupe (기업 그룹), manufacture (공장, 제조소), usine (공장)

예문

> Donner des industries de base à un pays sous-développé.
> (저개발국가에 기간산업을 일으키다.)
> Il travaille dans l'industrie chimique. (그는 화학 공업 계통에서 일하고 있다.)
> Je résolus d'employer toute mon industrie pour la voir. 〈Abbé Prévost〉
> (나는 그녀를 만나기 위해서는 내 모든 솜씨를 다 발휘하기로 결심했다.)
> Être fait avec beaucoup d'industrie.
> (무척 교묘하게 만들어져 있다.)

instruire

[in(=dans)+struire] ⇒ (마음) 속에 세우다 ⇒ 교육하다
동 가르치다, 교육하다, 훈련시키다, 알리다, 예심하다

동 enseigner (가르치다, 교육하다), éduquer (교육하다, 훈련하다), édifier (교화, 선도하다)
former (양성, 단련하다), cultiver (연마하다), initier (전수하다, 초보를 가르쳐 주다)
avertir (알리다), aviser (알리다), éclairer (진상을 알리다), informer (알리다)
renseigner (알리다, 가르쳐주다), prévenir (알리다, 예고하다)
apprendre (알려주다, 가르치다), révéler (알리다, 드러내다)

예문

> Elle instruit de jeunes élèves dans une école du quartier.
> (그녀는 동네 학교에서 어린 학생들을 가르친다.)
> Il instruisait progressivement ses élèves à la lecture de l'ancien français.
> (그는 단계적으로 학생들에게 고대 불어를 가르치고 있었다.)
> Il m'a instruit de votre désir de collaborer à cet ouvrage.
> (그는 내게 당신이 이 일에 함께 참여하기를 원하고 있음을 알려주었습니다.)
> Il n'a pas été instruit des décisions. (그에게는 그 결정이 통보되지 않았다.)
> Le juge instruit le procès. (판사가 소송사건을 심리한다.)
> Elle cherche à s'instruire. (그녀는 배우려고 노력한다.)
> Il s'est instruit auprès d'un employé de l'heure du train.
> (그는 직원에게 기차시간을 문의했다.)

instruction

[in(=dans)+struct+ion(s.n)] ⇒ (마음) 속에 세움 ⇒ 교육
명 교육, 지도, 학식, 지식, 교양, 훈련, 명령, 지시, 사용법, 예심

동 enseignement (교육), apprentissage (견습, 실습, 학습), pédagogie (교육학)
édification (건축, 교화, 선도), initiation (입문지도), formation (양성, 교육)
bagage (지식, 학식, 작품), connaissances (지식), culture (교양, 소양)
lettres (문학, 학식, 교양), science (학문, 지식, 학식), consigne (명령, 지시)
directive (강령, 훈령, 명령), ordre (명령, 지시), prescription (규칙, 명령)
explication (설명, 해설), mode d'emploi (사용법), notice (간략한 설명서)
information (예심, 증거조사), interrogatoire (신문), procédure (소송 절차)

예문

Ces parents s'occupent bien de l'instruction de leurs enfants.
(이 부모들은 자식들의 교육에 대해서 열성이다.)
Cet homme a beaucoup d'instruction. (이 사람은 지식이 풍부하다.)
J'ai de l'instruction, et même j'ai entrepris autrefois des études médicales. 〈Céline〉
(나는 학식이 있습니다. 심지어 옛날에는 의학공부도 시도했습니다.)
Le directeur de l'usine a donné des instructions aux ingénieurs.
(공장장은 기사들에게 지시를 했다.)
Il voulait lui donner des instructions pour les vêtements à emporter. 〈Triolet〉
(그는 가져갈 옷 때문에 그에게 지시하고 싶었다.)
Des instructions accompagnent l'appareil de chauffage. (설명서가 난로에 딸려있다.)
Un juge d'instruction. (예심판사)

instrument

[in(=dans)+stru+ment(s,n)] ⇒ 안에 쌓아 둘 때 쓰는 것 ⇒ 도구
명 도구, 기구, 기계, 수단, 방편, 악기, 증서, 서류

동 appareil (기계, 기구, 도구), engin (기구, 도구, 기계), machine (기계)
outil (도구), ustensile (도구, 기구, 집기), chaudron (엉터리 악기)
casserole (음이 맞지 않는 악기), sabot (너절한 악기)
monnaie (화폐, 통화), moyen (수단, 방법, 재산)
agent (요인, 동작주, 대리인), bras (일손, 일꾼)

예문

Les crayons, le stylo, le papier sont nos instruments de travail.
(연필, 만년필, 종이는 우리의 학습 도구이다.)
De quel instrument jouez-vous?
(당신은 어떤 악기를 연주하세요?)
La jeune femme leva les mains et, après avoir laissé soupirer l'instrument, ferma le couvercle sur le clavier. 〈Giono〉
(그 젊은 부인은 손을 들어올렸다. 그리고 그 악기를 애절하게 연주한 후에, 건반 위의 덮개를 닫았다.)
L'emploi d'un instrument de guerre aussi stupéfiant semblait lui couper le souffle. 〈Gracq〉
(그만큼 아연실색케 하는 전쟁 도구의 사용이 그를 놀라게 하는 것 같았다.)
La justice entre les mains des puissants n'est qu'un instrument de gouvernement comme les autres. 〈Bernanos〉
(권력자들의 손 사이에 있는 정의는 다른 것과 마찬가지로 정부의 도구에 불과하다.)
La presse doit devenir le plus admirable instrument d'instruction. 〈Zola〉
(언론은 가장 감탄할만한 교육의 도구가 되어야 하다.)

CLÉ NO 32 TEN, TENT, TIN, TIEN

tenir (잡다)의 뜻

라틴어 tenere, tentus (p.p) 에서 유래

tenir [⟨tenere] ⇒ 잡다, 간직하다
동 가지다, 잡다, 간직하다, 매달다, 고정시키다, 수용되다, 얻다, 견디다, 받다, 놓아두다, 붙잡다, 차지하다, 경영하다, 실행하다, 억제하다, 간주하다
tenir à : 애착을 갖다, 열망하다, 유래하다
tenir de : 성질을 띠다, 닮다

동 avoir (가지다), embrasser (껴안다), étreindre (죄다, 껴안다), serrer (꽉 쥐다, 죄다)
attacher (고정시키다), fixer (고정시키다), contenir (포함하다, 용량이 ...이다)
loger (숙박하다), arrêter (체포하다), retenir (억제, 제지, 만류하다)
garder (붙잡아두다), maîtriser (제어하다), maintenir (고정시키다, 유지하다)
saisir (휘어잡다), s'emparer de (붙잡다), résister à (저항하다), durer (지속하다)
détenir (장악, 구류하다), posséder (소유하다), occuper (차지하다)
exercer (실행하다), diriger (경영하다), gérer (경영하다)
considérer comme (여기다), regarder comme (여기다), être dû à (기인하다)
provenir de (유래하다), résulter de (기인하다), ressembler à (닮다)

반 lâcher (놓아주다), laisser (놓아두다), quitter (떠나다, 그만두다)
abandonner (포기하다), capituler (항복하다), céder (양보하다)
fléchir (굽히다, 굴복하다), branler (동요하다), chanceler (동요하다)
manquer à (게을리 하다)

예문
Ce papier ne tient plus au mur. (이 종이는 더 이상 벽에 붙어있지 않는다.)
La température est étouffante, on ne peut pas tenir dans cette pièce.
(너무 무더워서 이 방안에서 견딜 수가 없다.)
Tous vos meubles ne pourront pas tenir dans cette pièce.
(당신의 모든 가구들은 이 방안에 들어 갈 수 없을 것입니다.)
Ma réponse tiendra en trois mots.
(내 대답은 세 마디로 요약될 것이다.)
L'amarre qui tenait le bateau s'est rompue.
(배를 고정시키고 있던 닻줄이 끊어졌다.)
Tout homme tient la vie de ses parents.
(사람은 누구나 다 자기 부모로부터 생명을 얻는다.)
Je le tiens pour un artiste [pour honnête].
(나는 그를 예술가로 [정직하다고] 간주한다.)

예문

> Je tiens à la vie.
> (나는 생에 애착을 느낀다.)
> Il tenait à bien remplir sa tâche.
> (그는 자기 임무를 잘 수행하고 싶어 했다.)
> Je tiens à ce que vous veniez.
> (나는 당신이 꼭 오시기를 바랍니다.)
> Ce succès tient à ce que vous avez travaillé régulièrement.
> (이 성공은 당신이 규칙적으로 공부한 데에 기인한다.)
> Cet enfant tient de son père.
> (이 아이는 자기 아버지를 닮았다.)
> Les enfants se tenaient par la main.
> (아이들이 서로 손을 잡고 있었다.)
> Il se tenait debout, près de la porte.
> (그는 문 가까이 서 있었다.)
> Il se tient à une branche pour ne pas tomber.
> (그는 떨어지지 않기 위해서 나뭇가지에 매달린다.)
> Je m'en tiens aux propositions que vous m'avez faites.
> (나는 당신이 나에게 하신 제안으로 만족합니다.)

tenace

[ten+ace(s.a)] ⇒ 계속 잡고 있는
형 점착력이 있는, 강인한, 끈질긴, 완고한

동 adhérent (점착성의), adhésif (점착성의), collant (들러붙는), irréductible (완강한)
invincible (이길 수 없는), durable (오래 견디는), obstiné (끈덕진, 집요한)
opiniâtre (오래 계속되는, 완강한), ferme (확고한, 변하지 않는), têtu (고집불통의)
entêté (완고한, 고집 센), crampon (귀찮게 구는, 아이젠, 꺽쇠)
persévérant (끈기 있는, 집요한), inébranlable (흔들리지 않는, 확고한)
assidu (끈기 있는, 열심인), immuable (불변의, 확고부동한), persistant (집요한, 끈질긴)
résolu (확고한), stable (불변의, 확고부동의)

반 capricieux (변덕스러운), changeant (변화하는), passager (일시적인)
fugace (덧없는, 곧 사라지는), fugitif (순간적인, 변덕스러운), versatile (변덕스러운)
volatile (덧없는, 사라지는)

예문

> La glu, la poix sont tenaces.
> (아교와 송진은 점착력이 강하다.)
> C'est un homme tenace, qui ne renonce pas à ce qu'il veut.
> (그는 끈질긴 사람이라서 자기가 바라는 것을 단념하지 않는다.)
> Grange se demandait parfois d'où lui venait maintenant cette impression tenace. 〈Gracq〉
> (Grange는 이러한 강인한 인상이 지금에 와서는 어디서부터 그에게 오고 있는지 종종 생각해 보곤 하였다.)

ténacité

[tenace+ité(s.n)] ⇒ 계속 잡고 있는 성질
명 점성, 점착력, 강인성, 완강, 완고, 집요

동 adhérence (점착, 고착, 집착), adhésion (점착), solidité (단단함, 견실)
acharnement (악착스러움), constance (불변, 확고부동), entêtement (완고, 고집)
fermeté (확실함), obstination (완강, 끈덕짐), opiniâtreté (완고, 완강)
persévérance (인내, 확고부동), persistance (완강, 끈질김), stabilité (내구성)

반 abandon (포기, 단념), changement (변화, 변경), fluctuation (유동, 변동)
fragilité (취약함, 불안정성), fugacité (순간성, 덧없음), versatilité (변덕)
inconstance (변심, 변덕), instabilité (불안정, 변덕)

예문

Il a fait preuve de ténacité pour réaliser son projet.
(그는 자기 계획을 실현시키기 위해 강인함을 보여주었다.)
Des gens qui pensent par jeu, sans ténacité, sans suite : des paresseux enfin. 〈Alain〉
(끈기도, 일관성도 없이 재미삼아 생각하는 사람들, 결국 게으른 사람들.)
Cet élève manque de ténacité. (그 학생은 끈기가 부족하다.)

contenir

[con(=avec)+tenir] ⇒ 함께 가지고 있다
동 포함하다, 내포하다, 지니다, 용량이 ..이다, 억제하다, 제지하다

동 comporter (포함, 내포하다), comprendre (포함, 내포하다)
embrasser (포함하다, 이해하다), impliquer (함축, 내포하다, 연루시키다)
inclure (포함시키다), insérer (삽입하다), receler (지니다, 내포하다)
renfermer (포함, 함축, 감금하다), compter (수에 넣다), tenir (용량이 ...이다)
mesurer (측정하다), s'étendre (차지하다), dominer (제어, 억제하다)
empêcher (방해하다, 막다), endiguer (제지하다, 막다), enfermer (감금, 내포하다)
enserrer (가두다), limiter (제한, 제어하다), maintenir (억제하다)
maîtriser (제어, 제압하다), refouler (억제하다, 참다), refréner (억제하다)
réprimer (억제, 진압하다), retenir (억제, 제지, 만류하다), tenir (억제하다)

반 exclure (제외하다), céder (양보, 양도하다), se laisser aller (체념하다)
s'exprimer (자기감정을 표현하다), éclater (감정을 폭발시키다)

예문

L'eau contient de l'oxigène et de l'hydrogène.
(물은 산소와 수소의 성분을 지니고 있다.)
Cette boîte contient du tabac. (이 상자에는 담배가 들어있다.)
Cet autocar peut contenir trente personnes. (이 관광버스에는 30명이 탈 수 있다.)
Cette bouteille contient deux litres. (이 병은 2리터가 들어간다.)
Ce dictionnaire contient plus de quarante mille articles.
(이 사전은 4만개 이상의 항목이 들어있다.)

예문

> La police avait peine à contenir les manifestations.
> (경찰은 데모대를 저지하느라 몹시 힘들었다.)
> La joie va m'inonder le coeur et j'en contiens la violence. 〈St-Exupéry〉
> (기쁨이 내 가슴에 넘쳐흐를 것이고 나는 그것으로 폭력을 억제한다.)
> Elle se contint et fixa sur moi un regard où je ne pus rien déchiffrer.〈Kessel〉
> (그녀는 자제하고 내가 아무것도 알아차릴 수 없는 시선을 나에게 고정했다.)
> J'ai eu du mal à me contenir devant la drôlerie de la situation.
> (나는 그 우스꽝스런 상황 앞에서 자제하기가 힘들었다.)

contenance

[con(=avec)+ten+ance(s.n)] ⇒ 함께 간직할 수 있음
명 용량, 용적, 면적, 태도, 몸가짐, 거동

동 superficie (표면, 면적), quantité (분량, 수량), capacité (용적, 용량)
volume (용적, 용량, 체적), tonnage (톤수, 적재량, 총중량), air (태도, 표정)
allure (태도, 거동, 속도), attitude (태도, 자세), maintien (태도, 품행, 유지)
façons (태도, 거동), mine (용모, 안색), manières (태도, 거동, 예절)
aplomb (침착성, 태연, 대담함, 수직, 평형), assurance (침착, 확신)
prestance (위엄, 당당한 풍채)

예문

> La contenance de cette bouteille est d'un litre.
> (이 병의 용량은 1리터이다.)
> La contenance du réservoir à essence permet un long parcours sans ravitaillement.
> (휘발유통의 용량이 커서 중간에 보급 받지 않고도 긴 여정이 가능하다.)
> Ce champ est d'une contenance de cent hectares.
> (이 밭의 면적은 100 헥타르이다.)
> Il ne sait quelle contenance faire.
> (그는 어떤 태도를 취해야 할지 모른다.)
> Je m'efforçais de garder une contenance aimable. 〈Bosco〉
> (나는 친절한 태도를 가지려고 노력했다.)

détenir

[dé(=de 분리)+tenir] ⇒ 분리해서 잡고 있다
동 소지하다, 보유하다, 장악하다, 억류하다, 구류하다, 유치하다

동 garder (붙잡아두다), posséder (소유하다), receler (지니다, 은닉하다), tenir (가지다)
retenir (유치하다, 붙잡다), claustrer (가두다, 유폐하다), enfermer (감금, 유폐하다)
incarcérer (투옥, 감금하다), renfermer (감금, 유폐하다)
séquestrer (유폐하다, 불법 감금하다)

반 donner (넘겨주다), laisser (양도하다), délivrer (해방하다), libérer (석방, 해방하다)

예문

> Il détient le record du 100m.
> (그는 100미터 경주의 기록을 보유하고 있다.)
> Il détenait les moyens de leur fermer la bouche. 〈Mauriac〉
> (그는 그들의 입을 닫게 할 방책을 갖고 있었다.)
> C'est lui qui détient le secret.
> (그 비밀을 쥐고 있는 것은 바로 그 사람이다.)
> Si la pauvre Olympe savait ce que j'ai sacrifié à l'argent lorsque je détenais encore un peu de jeunesse. 〈Mauriac〉
> (만약 내가 여전히 약간의 젊음을 간직하고 있을 때, 돈을 위해 무엇을 희생시켰는지를 불쌍한 Olympe가 안다면...)
> Il était détenu dans une forteresse.
> (그는 성채 안에 감금되어 있었다.)

détention

[dé(=de 분리)+ten+tion(s.n)] ⇒ 분리해서 잡고 있음
명 소유, 보유, 구류, 감금, 금고, 억류

동 captivité (갇힘, 속박), emprisonnement (구금, 감금, 유폐)
incarcération (금고, 투옥, 구류), réclusion (은둔, 칩거, 징역)

반 abandon (유기, 양도), perte (분실, 손실)
délivrance (해방, 석방), libération (석방, 해방)

예문

> Il est poursuivi pour détention d'armes prohibées.
> (그는 금지된 무기의 휴대로 기소 당했다.)
> Le prisonnier protestait vigoureusement contre cette détention illégale.
> (그 포로는 이러한 불법적인 감금에 대하여 항의했다.)
> Maison de détention (유치장)
> La détention perpétuelle (종신 금고형)

entretenir

[entre(가운데로)+tenir] ⇒ 두 팔 사이로 간직하다
동 유지하다, 보존하다, 거느리다, 말하다

동 conserver (보존, 유지하다), garder (간직, 유지하다), maintenir (유지하다)
prolonger (연장하다), alimenter (양육하다, 유지위해 재료를 제공하다)
tenir (유지, 보존하다), cultiver (경작하다, 기르다), couver (알을 품다)
élever (양육하다), nourrir (부양, 유지하다), payer (지불하다)
se charger de (담당하다, 책임지다), causer (지껄이다)
conférer avec (상의하다), converser (대화하다), deviser (한담하다)
parler (이야기하다), bavarder (수다 떨다)

반 briser (파괴하다), casser (부수다), détruire (파괴하다), interrompre (중단, 차단하다)
rompre (부수다, 단절하다), abandonner (버리다, 포기하다)

예문

Elle entretient une haine féroce contre lui.
(그 여자는 그에게 극도의 증오심을 품고 있다.)
Il a entretenu un feu en y mettant de grosses bûches.
(그는 불에 큰 장작개비를 넣어서 계속 타게 했다.)
Les petits cadeaux entretiennent l'amitié.
(사소한 선물의 교환이 우정을 유지케 한다.)
Il entretient sa femme dans une espérance trompeuse.
(그는 아내에게 헛된 기대를 품고 있게 한다.)
Je veux quelque chose qui m'entretienne dans une douce rêverie. 〈Molière〉
(나는 달콤한 몽상 속에 계속 머물게 할 뭔가를 원하고 있다.)
Ses modestes revenus lui permettent tout juste d'entretenir décemment ses enfants.
(그의 수입이 보잘것없어서 아이들을 단정히 키우는데 빠듯하다.)
La maison ne peut pas vous entretenir à ne rien faire.
(우리 회사는 일도 하지 않고 놀기만 하는 당신에게 보수를 줄 수는 없소.)
Le conférencier a entretenu l'assistance de ses voyages à l'étranger.
(그 연사는 청중에게 자기의 외국 여행 이야기를 들려주었다.)
Les convives s'entretenaient vivement des affaires sacrés et des affaires profanes. 〈France〉 (손님들은 성스러운 일에 대해서와 신을 모독하는 일에 대해서 열렬히 이야기하고 있었다.)
Jacques s'est entretenu avec Marie du mariage de leur ami.
(쟈크는 마리와 그들의 친구의 결혼에 관해 이야기를 했다.)

entretien

[entre(가운데로)+tien] ⇒ 두 팔 사이로 간직함
명 보존, 보존비, 유지, 유지비, 부양, 생계, 회담, 담화

동 après-vente (애프터서비스), maintenance (유지, 보존), charge (부담, 부양)
conservation (보존, 저장, 유지), conversation (회화), discussion (토의)
dialogue (대화), colloque (대화, 토론, 회의), conférence (회담, 강연), débat (토론)
conciliabule (비공식 회의, 밀담), interview (인터뷰), audience (회담, 회견, 청중)
entrevue (회견, 회담, 대담), aparté (사담, 밀담, 독백), tête-à-tête (대담, 면담)

예문

Cette organisation est chargée de l'entretien des routes et des ponts.
(이 기관은 도로와 교량의 유지를 담당하고 있다.)
Pour avoir moins d'entretien, ils ont fermé tout un étage. 〈Céline〉
(유지비용을 줄이기 위하여 그들은 한 층을 완전히 닫았다.)
L'entretien de ses enfants lui coûte très cher.
(그에게 있어서 아이들의 부양은 부담이 매우 크다.)
Il a demandé un entretien au directeur. (그는 사장에게 면담을 요청했다.)
Elle collait son oreille à la porte et ne perdait pas un mot de l'entretien. 〈Romains〉
(그녀는 문에 귀를 갖다 대고는 대화중의 말을 한마디도 빼지 않고 다 들었다.)
Nous avons eu un entretien fructueux sur cette affaire.
(우리는 이 문제에 대하여 유익한 대화를 가졌습니다.)

maintenir

[main(손)+tenir] ⇒ 손에 잡고 있다
동 꽉 붙들다, 고정시키다, 받치다, 유지하다, 주장하다, 억제하다

동 tenir (유지, 억제하다, 고정시키다), retenir (고정시키다, 붙들다, 억제하다)
attacher (고정시키다), fixer (고정시키다), appuyer (받치다, 괴다)
soutenir (받치다, 유지하다), garder (유지하다), entretenir (유지, 보존하다)
conserver (유지, 보존하다), continuer (계속하다), affirmer (단언하다)
certifier (보증, 증명하다), confirmer (확인, 확증하다), répéter (반복하여 말하다)
durer (계속되다, 견디다, 유지하다), rester (그대로 있다, 존속하다)
subsister (존속, 유지하다), sauvegarder (보전하다, 지키다), dominer (제어, 억제하다)
endiguer (제지하다, 막다), limiter (제한, 제어하다), maîtriser (제어, 제압하다)
refouler (억제하다, 참다), refréner (억제하다), réprimer (억제, 진압하다)

반 changer (변화하다), modifier (변경하다), annuler (취소하다)
supprimer (제거하다), retirer (취소, 철회하다), cesser (그만두다, 중단하다)

예문

La digue maintient l'eau en crue.
(둑이 불어나는 물을 지탱하고 있다.)
Il faut qu'une bande maintienne le bras cassé.
(붕대로 부러진 팔을 고정시켜야 한다.)
Le gouvernement veut maintenir stable le coût de la vie.
(정부는 생활비를 안정시키고자 한다.)
Marie nageait tout en maintenant la tête au-dessus de l'eau.
(마리는 물 밖에 머리를 내놓은 채 헤엄쳤다.)
Je maintiens que j'ai raison.
(나는 내가 옳다고 단언한다.)
Les argents maintiennent la foule à l'intérieur des barrières.
(경찰들은 군중들이 바리케이드 밖으로 나오지 못하게 하고 있다.)
Le coureur s'est maintenu en tête pendant plusieurs étapes.
(그 주자는 몇 구간 동안 선두를 지켰다.)
Cette coutume s'est maintenue pendant des siècles.
(이러한 관습이 수세기 동안 지켜져 왔다.)

maintien

[main(손)+tien] ⇒ 손에 잡고 있음
명 유지, 태도, 몸가짐

동 air (태도, 표정), allure (태도, 속도), attitude (태도), contenance (태도, 용량)
façon (태도, 방식), manière (태도, 예의, 방법), port (풍채, 용모, 휴대, 항구)
posture (자세, 입장), tenue (태도, 품행, 자세, 옷차림), confirmation (확인, 확증)
conservation (보존, 유지), continuité (계속), entretien (유지)

반 abandon (포기, 유기), changement (변경, 변화), cessation (중단)

suppression (제거, 삭제, 폐지)

예문

La police veille au maintien de l'ordre.
(경찰은 질서 유지에 주력한다.)
Il allait prendre un maintien trop élégant et des gestes trop civilisés pour l'état qu'on devait lui supposer. ⟨Vigny⟩
(사람들이 그에게 대해 추측할 신분을 위해 그는 매우 우아한 태도와 매우 교양있는 몸가짐을 할 참이었다.)
Les forces du maintien de l'ordre (경찰력)
La gravité des traits n'était plus celle d'une petite fille qui a bien retenu sa leçon de maintien. ⟨Kessel⟩
(말씨의 진중함이 예절 교육을 잘 마음에 새긴 한 소녀의 진중함은 더 이상 아니었다.)
N'avoir pas de maintien. (예의를 모르다.)
Pour se donner un[du] maintein. (체면유지를 위해서)

obtenir

[ob(강조)+tenir] ⇒ 꽉 쥐다
동 얻다, 획득하다, 허가를 받다, 만들어내다

동 acquérir (획득하다), arracher (강탈하다), avoir (가지다), conquérir (쟁취, 획득하다) décrocher (손에 넣다, 획득하다), enlever (빼앗다, 차지하다), escroquer (사취하다) extorquer (갈취하다), procurer (마련해주다, 획득하다), recevoir (받다) recueillir (거두다, 얻다), remporter (가져가다, 획득하다), soutirer (우려먹다) parvenir à (도달, 달성하다), réaliser (실현시키다), produire (생산하다)

반 manquer (놓치다), perdre (잃다)

예문

Elle a obtenu de son père la permission de sortir une fois par semaine.
(그녀는 아버지로부터 일주일에 한 번씩의 외출허가를 받았다.)
L'autorisation de départ fut obtenu du général.
(출발허가가 장군으로부터 내려졌다.)
Cette garantie formelle a été obtenue de Marie par Paul.
(폴은 마리에게서 형식적인 보수를 받았다.)
Je tâcherai de vous obtenir cet ouvrage gratuitement.
(당신에게 이 책을 무료로 얻어주도록 애써보겠습니다.)
J'ai obtenu de lui qu'il se taise sur cette affaire.
(나는 그가 이 문제에 대해 입을 다물고 있도록 해놓았다.)
Elle demanda à son mari que le lit de Xavier, le plus jeune, fût rapporté dans sa chambre. Il ne put l'obtenir.
(그녀는 남편에게 막내인 자비에의 침대를 그 아이의 방에 다시 갖다 놓도록 부탁했다. 그러나 그는 그렇게 하는 것을 허락할 수 없었다.)
On obtient des produits divers à partir du pétrole.
(석유에서 여러 가지 제품을 만들어낸다.)

retenir	[re(=derrière)+tenir] ⇒ 뒤에서 꽉 쥐다 [동] 붙들다, 만류하다, 제지하다, 억제하다, 고정시키다, 고이게 하다, 기억하다, 예약하다, 공제하다, 압류하다, 차압하다 se retenir : 붙잡다, 매달리다, 속도를 줄이다, 참다, 기억에 남다

[동] garder (붙잡아 두다), détenir (구류, 유치, 억류하다), déduire (공제, 할인, 연역하다)
prélever (공제하다), louer (예약하다, 세놓다, 세내다), réserver (예약하다)
conserver (저장하다), se souvenir (기억하다), immobiliser (고정시키다)
attacher (고정시키다), accrocher (걸다, 붙잡다), amarrer (매어 놓다, 정박시키다)
arrêter (저지, 억제, 고정, 체포하다), fixer (고정시키다), tenir (붙잡다, 억제하다)
réprimer (참다, 억제, 진압하다), empêcher (막다, 방해하다)
s'accrocher (매달리다, 달라붙다), se cramponner (매달리다), se rattraper (매달리다)
se contenir (자제하다), se contraindre (참다, 자제하다), se maîtriser (자제하다)

[반] abandonner (포기하다), céder (양도, 양보하다), lâcher (풀다, 놓아주다)
laisser (놓아두다, 양도, 포기하다), libérer (석방, 해방하다), animer (부추기다)
entraîner (마음을 사로잡다, 이끌다), exciter (흥분시키다, 화나게 하다)

[예문]

Il a beau apprendre, il ne retient pas. (그는 아무리 배워도 소용없다. 기억하지 못한다.)
Retenez bien ce que je vais vous dire. (내가 당신에게 말하려는 것을 잘 명심하세요.)
Ses amis l'ont retenu plus longtemps qu'il ne l'avait pensé.
(그의 친구들은 그가 생각했었던 것보다 더 오랫동안 그를 붙들어 놓았다.)
Retenez deux places pour moi dans le TGV de Paris.
(파리 TGV열차에 나를 위해 좌석을 둘 예약해 주세요.)
Il fallait que Marie la retînt de se mettre à genoux. 〈Mauriac〉
(마리는 그녀가 무릎을 꿇는 것을 저지해야 했다.)
Le mauvais temps nous a retenus ici toute la journée.
(날씨가 나빠 우리는 하루 종일 여기에 붙잡혀 있었다.)
Le prêteur a fait retenir les meubles de son débiteur.
(채권자가 채무자의 가구를 차압했다.)
Il est bien difficile de se retenir quand on est accusé injustement.
(부당하게 고소를 당할 때는 자제하기가 아주 힘들다.)
Je me suis retenu au parapet pour ne pas tomber.
(나는 떨어지지 않기 위해 난간을 붙잡았다.)
Sophie a failli tomber, heureusement elle s'est retenue à mon bras.
(소피는 넘어질 뻔 했는데, 다행히 내 팔에 매달렸다.)
Ce skieur avait du mal à se retenir dans la descente.
(그 스키어는 하강할 때 속도를 줄이는데 힘들었다.)
Elle ne peut se retenir d'y faire sans cesse allusion. 〈Mauriac〉
(그녀는 끊임없이 그것을 암시하지 않을 수 없다.)
Je n'ai pas pu me retenir de rire. (나는 웃음을 참을 수가 없었다.)
Son nom se retient facilement. (그의 이름은 기억하기 쉽다.)
La poésie se retient plus facilement que la prose. (시는 산문보다 더 쉽게 기억된다.)

soutenir

[sou(=sous)+tenir] ⇒ 아래에서 받치다
동 유지하다, 힘을 돋우다, 지지하다, 후원하다, 주장하다, 참다, 견디다

동 consolider (튼튼히 하다), étayer (떠받치다, 강화하다), fortifier (강하게 하다)
maintenir (받치다, 주장하다), porter (받치다), réconforter (튼튼하게 하다, 격려하다)
supporter (받치다, 후원하다), remonter (기운을 회복시키다), aider (돕다)
assister (돕다, 보좌하다), appuyer (받치다, 지지하다), encourager (격려, 장려하다)
cautionner (보증, 지지하다), commanditer (출자하다), favoriser (돕다)
financer (재정적으로 뒷받침하다), parrainer (후원하다), sponsoriser (후원하다)
subventionner (보조금을 주다), défendre (변호, 옹호, 주장하다)
affirmer (단언, 주장하다), assurer (단언, 보장하다), subir (참다, 감내하다)

반 abandonner (포기, 기권하다), contester (인정하지 않다, 항의하다)

예문

Ce mur soutient le toit. (이 벽이 지붕을 받치고 있다.)
Aidez-nous à soutenir ce tableau pour l'accrocher au mur.
(벽에 걸도록 이 그림을 받쳐주는 것을 도와주세요.)
Antoine soutenait son père de ses deux bras. 〈Martin du Gard〉
(앙뚜완은 자기 두 팔로 아버지를 부축하고 있었다.)
Soutenez-vous toujours cette opinion?
(당신은 여전히 이 의견을 지지하십니까?)
Il me lança toutes les injures qu'il savait, soutenu par les cris déchirants de toute sa famille. 〈Pagnol〉
(그는 전 가족의 고통스러운 비명소리에 힘을 얻어 그가 알고 있는 모든 욕설을 나에게 퍼부었다.)
Quiconque veut passer dans l'enseignement supérieur doit soutenir une thèse.
(고등교육을 받기를 원하는 자는 누구나 논문의 공개심사를 받아야 한다.)
Prenez un peu de nourriture, cela vous soutiendra.
(식사를 조금 하십시오, 그러면 기운이 날 것입니다.)
Je soutiens que ce n'est pas possible.
(나는 그것은 불가능하다고 주장한다.)
Il est si faible qu'il se soutient difficilement sur ses jambes.
(그는 어찌나 허약한지 간신히 두 다리로 서 있다.)
Tellement pris de vin, qu'il ne pouvait se soutenir, et qu'il tomba à terre. 〈Chamfort〉
(너무 포도주를 많이 마셔서 그는 서 있을 수 없어서 땅에 넘어졌다.)
Les nageurs se soutiennent dans l'eau par les mouvements de leurs bras et de leurs jambes.
(수영하는 사람들은 그들의 팔과 다리의 움직임으로 물에 떠 있다.)
Les membres de cette famille sont très unis, ils se soutiennent les uns les autres.
(이 가족의 식구들은 대우 단합되어서 서로서로 돕고 있다.)
L'intérêt d'un bon roman se soutient jusqu'à la fin.
(훌륭한 소설의 흥미는 끝까지 지속된다.)

soutien

[sou(=sous)+tien] ⇒ 아래에서 받침

명 지주, 기둥, 지지, 지지자, 원조, 원조자

동 appui (원조, 지지, 후원), support (지주, 지언, 지지, 후원자), aide (도움, 원조, 보조)
assistance (원조, 구제), protection (보호자, 후원자), secours (도움, 원조, 구조)
pilier (기둥, 지지자, 옹호자)

반 abandon (포기, 단념), adversaire (반대자)

예문

Il m'a apporté son soutien dans cette affaire. (그는 이 일에 있어서 나를 지원했다.)
La foi était le seul soutien de cette pauvre femme.
(신앙만이 유일하게 이 가련한 여인을 지탱해주었다.)
Elle n'a d'autre soutien que son fils.
(그녀는 자기 아들 이외에 다른 의지할 사람이 없다.)
Il est soutien de famille. (그는 가족 부양자이다.)
C'est un des soutiens du parti. (그는 그 정당의 지지자들 중의 한 명이다.)

s'abstenir

[abs(=éloigné)+tenir] ⇒ 자신을 멀리 떨어뜨려 잡고 있다

동 삼가다, 그만두다, 기권하다, 가만히 있다, 금욕하다

동 s'empêcher de (삼가다), éviter (피하다), se garder de (조심하다)
s'interdire (스스로 금하다), se refuser à (거부하다)
se priver de (포기하다, 스스로 금하다), renoncer à (포기, 단념하다)

반 intervenir (개입, 간섭하다), prendre part à (참가하다)

예문

Le cardiaque s'abstiendra de café. (심장병 환자는 커피를 끊으십시오.)
Si vous êtes malade, abstenez-vous de vin. (몸이 불편하시면 포도주를 삼가십시오.)
La plupart des journaux s'abstenaient de tout commentaire. 〈Martin du Gard〉
(대부분의 신문들은 일체의 비평을 삼갔다.)
J'invite le public à s'abstenir de toute manifestation. 〈Hirsch〉
(나는 대중들에게 모든 데모를 그만 둘 것을 권고하고 있다.)
Ils se sont abstenus de participer à la course. (그들은 경주에 참가를 포기했다.)
Dans le doute, abstiens-toi. (의심스러울 때는 가만히 있어라.)
Il est vain d'agir ou de s'abstenir. 〈France〉 (행동하거나 행동을 하지 않거나 다 부질없다.)
Cinq pour cent de la population s'est abstenue aux élections législatives.
(국민의 5%가 국회의원 선거에서 기권했다.)
Les stoïciens avaient pour maximes de s'abstenir et de supporter.
(스토아학파의 철학자들은 금욕하고 인내하는 것을 신조로 삼고 있었다.)
Si, content du sien, on eût pu s'abstenir du bien de ses voisins, on avait pour toujours la paix et la liberté. 〈La Bruyère〉
(만약 사람들이 자신의 재산으로 만족하고 이웃의 재산을 손대지 않을 수 있었다면 틀림없이 언제나 평화와 자유를 누릴 수 있었을 것이다.)

contenter

[con(=avec)+tent+er(s.v)] ⇒ 서로 다 가지게 해주다
동 만족시키다
se contenter de : 만족하다, ..으로 그치다

동 combler (충족시키다), satisfaire (만족시키다, 채워주다), plaire à (마음에 들다) apaiser (진정시키다), calmer (진정시키다), exaucer (소원을 들어주다) suffire à (충분하다, 충족시키다), assouvir (만족시키다), s'arranger de (만족하다) s'accommoder (~de 만족하다, ~à 익숙해지다), se borner à (만족하다)

반 attrister (슬프게 하다), contrarier (화나게 하다), ennuyer (귀찮게 하다) fâcher (슬프게 하다, 화나게 하다), irriter (화나게 하다), mécontenter (불만 품게 하다)

예문

Sa réponse ne me contente pas.
(그의 대답은 나를 만족시키지 못한다.)
Je suis donc content de toi et je voudrais te contenter pareillement. 〈Sand〉
(그러니까 나는 너에게 만족하고 있고, 마찬가지로 너를 만족시키고 싶어.)
Je me contente de cette réponse.
(나는 그 회답에 만족한다.)
Je ne veux pas me contenter de connaissances vagues. 〈Fustel de Coulanges〉
(나는 모호한 지식으로 만족하고 싶지 않다.)
Le garagiste s'est contenté de réviser superficiellement ma voiture.
(정비공은 내 자동차를 간단히 점검하는 데 그쳤다)
Pendant les vacances, il s'est contenté d'aller au cinéma de temps en temps.
(방학 동안에 그는 가끔 영화 보러 가는 것으로 만족했다.)

contentement

[con(=avec)+tent+ment(s.n)] ⇒ 서로 다 가짐
명 만족, 기쁨, 충족

동 satisfaction (만족, 충족, 기쁨), assouvissement (만족감), aise (편안, 안락, 기쁨, 만족) bonheur (행복), félicité (행복, 기쁨), joie (기쁨), plaisir (기쁨), ravissement (황홀) autosatisfaction (자기만족), orgueil (거만, 교만, 자존심), suffisance (자만, 자기도취) vanité (자만, 거만, 허영)

반 chagrin (깊은 슬픔), contrariété (불만, 대립, 모순), ennui (권태, 근심, 불안) mécontentement (불평, 불만)

예문

Oui ; l'intérêt de tous, avant le contentement d'un seul. 〈Gide〉
(그렇습니다, 단 한 사람의 만족보다 모든 사람의 유익이 앞섭니다.)
Il a tout fait pour le contentement de vos désirs.
(그는 당신의 욕구를 충족시키기 위해서 모든 것을 했다.)
Le signe le plus assuré du vrai contentement d'esprit est la vie retirée. 〈Rousseau〉
(이성의 진정한 기쁨의 가장 확실한 표시는 은둔생활이다.)

content

[con(=avec)+tent] ⇒ 서로 다 가지고 있는
형 만족한, 기쁜

동 satisfait (만족한, 충족된), enchanté (기쁜, 대단히 만족한), ravi (몹시 기쁜)
gai (즐거운, 쾌활한), heureux (행복한), joyeux (즐거운, 신나는)
comblé (가득한), vaniteux (허영심이 많은)

반 mécontent (불만인), ennuyé (지루해진, 근심이 되는), fâché (화난, 불만스러운)
insatisfait (불만인), triste (슬픈)

예문

Il est très content de sa voiture.
(그는 자기 자동차에 대단히 만족한다.)
Je suis très content de vous voir.
(당신을 만나서 대단히 기쁩니다.)
Je serais content que vous veniez me voir.
(당신이 저를 보러 오신다면 좋겠습니다.)
Cet enfant a un caractère difficile, il n'est jamais content.
(이 아이는 성질이 까다로워서 결코 만족하지 않는다.)
Je suis content de moi : j'ai fini mon travail à la date prévue.
(나는 내가 한 일에 대해서 만족한다. 예정된 날짜에 일을 끝냈기 때문이다.)

tenter

[〈temptare] ⇒ 인력으로 할 수 없는 일을 꾀하다
동 시도하다, 해보다, 노력하다, 유혹하다, 마음을 끌다, 부추기다

동 éprouver (시험하다, 느끼다), essayer (시험하다), allécher (유혹, 유인하다)
attirer (유인하다, 주목을 끌다), charmer (매료하다, 현혹시키다)
séduire (유혹하다, 마음을 끌다), plaire à (마음에 들다)
chercher à (애쓰다), essayer de (애쓰다), s'efforcer de (애쓰다)

예문

Viens-tu au cinéma? -- Cela ne me tente guère.
(너 영화관에 갈래? -- 별로 마음이 내키지 않아.)
(D')aller au cinéma ce soir (cela) ne me tente guère.
(오늘 저녁에 영화관에 가는 것이 별로 내 마음에 내키지 않는다.)
Je suis tenté de croire que vous avez finalement raison.
(나는 당신이 결국 옳다고 믿고 싶어진다.)
Ce qui nous est défendu n'est pas d'être tentés, mais de nous laisser vaincre aux tentations. 〈Rousseau〉
(우리에게 금지된 것은 유혹받는다는 것이 아니라 유혹에 굴복하는 것이다.)
Nous avons tenté de démontrer dans ce livre le danger que représente l'énergie nucléaire.
(저는 핵에너지가 나타내는 위험을 이 책에서 보여주려고 노력했다.)

예문

☺ contenter 와 tenter의 어원은 전혀 다르다.
tenter 는 라틴어 어원 〈temptare〉에서 왔다.
agiter (선동시키다)를 의미하는 어원 〈tentare〉와 혼동이 되어
tenter 라는 형태가 만들어졌다.

tenter 는 〈인력으로 할 수 없는 일을 꾀하다〉라는 어원적인 의미를 가진다.
인력으로 일을 성취할 수 없으므로, 신이나 악마의 도움을 받기 위해
그들의 〈마음을 끌다〉라는 의미와, 그들의 마음을 끌기 위하여
〈노력하다, 시도하다〉라는 의미가 나오게 된 것이다.
tentative (시도)와 tentation (유혹)의 2개의 명사 파생어를 가진다.

tenter de+inf (~하려고 애쓰다) 의 동의어 표현은 대단히 자주 사용된다.
essayer de+inf (~하려고 애쓰다)
tâcher de+inf (~하려고 애쓰다)
s'efforcer de+inf (~하려고 애쓰다)
chercher à+inf (~하려고 애쓰다)
travailler à+inf (~하려고 애쓰다)

continuer

[con(=avec)+tinuer(〈tenir)] ⇒ 함께 붙잡고 있다 ⇒ 계속하다
동 계속하다, 계승하다, 연장하다

동 perpétuer (영속시키다), persévérer (끈질기게 ...하다, 고집하다)
persister (지속하다, 고수하다), poursuivre (계속해 나가다, 추구, 추격하다)
reprendre (다시 시작하다, 계속하다), prolonger (연장하다)
étendre (확장, 확대하다), pousser (추진하다, 밀고나가다), durer (계속되다, 지속되다)

반 abandonner (그만두다, 물려주다), arrêter (멈추다, 중단시키다)
cesser (중단, 중지하다), discontinuer (중단하다), interrompre (중단하다)
suspendre (중지, 정지시키다)

예문

Continuez votre travail sans hésiter.
(머뭇거리지 말고 일을 계속하세요.)
Nous avons continué à marcher tout droit.
(우리는 똑바로 계속 걸었다.)
Il bavarda beaucoup, continua par chanter, acheva par pleurer.
(그는 몹시 수다를 떨고 마침내 노래를 부르더니 울어버렸다.)
Il a continué en lui demandant des nouvelles de sa santé.
(그의 건강이 어떤지를 물어보면서 그는 이야기를 계속했다.)
Le beau temps continuera.
(좋은 날씨가 계속될 것이다.)
La même politique financière se continue avec le nouveau gouvernement.
(새 정부에 의해서도 동일한 재정정책이 추구된다.)

continu

[con(=avec)+tin+u(s.a)] ⇒ 함께 붙잡고 있는 ⇒ 계속적인
형 연속된, 계속적인, 끊임없는, 꾸준한

동 constant (한결 같은, 항구적인), continuel (계속적인, 부단한), incessant (끊임없는) ininterrompu (끊임없는, 연속된), persistant (오래 지속하는), assidu (꾸준한, 끈기있는) opiniâtre (고집 센, 끈질긴), soutenu (변함없는, 꾸준한), suivi (계속되는, 한결같은) perpétuel (영속적인, 끊임없는)

반 coupé (잘린, 차단된), discontinu (중단된, 불연속의), divisé (나뉜, 분할된) entrecoupé (군데군데 잘린), intermittent (간헐적인, 단속적인), interrompu (중단된) momentané (일시적인, 순식간의), sporadique (산발적인)

예문

> Il a fourni un effort continu.
> (그는 꾸준한 노력을 했다.)
> Elle ne bougeait toujours pas, se contentait de trembler sur place d'une façon continue. 〈Simon〉
> (그녀는 여전히 움직이지 않았고, 계속적으로 그 자리에서 몸을 떠는 것으로 만족하곤 했다.)
> Le doute était pour lui une souffrance continue, une obsession. 〈Maurois〉
> (의심은 그에게 있어서는 끊임없는 고통이었고, 강박관념이었다.)

pertinent

[per(=à travers)+tin+ent(s.a)] ⇒ (요점을) 관통하여 잡고 있는 ⇒ 적절한
형 적절한, 적합한, 정당한, 관련성이 있는

동 approprié (적당한, 적응된), adéquat à (적합한, 적절한), convenable (적당한, 적절한) distinctif (구별을 나타내는), justifié (정당화된, 당연한), judicieux (판단이 정확한) juste (정당한), légitime (정당한, 합법적인)

예문

> François a fait une question pertinente.
> (프랑수와는 적절한 질문을 했다.)
> Faire une remarque pertinente (적절한 고찰을 하다)
> Avoir un esprit pertinent (올바르게 판단하는 정신을 가지고 있다.)

CLÉ NO 33

TIR, TRAT, TRACT, TRAI

tirer (잡아당기다)의 뜻

라틴어 trahere, tractus(p.p) 에서 유래

tirer [<trahere] ⇒ 잡아당기다
동 당기다, 끌다, 그리다, 끌어내다, 쏘다, 인쇄하다
tirer sur : 색을 띠다, 발사하다, 잡아당기다, 빨아들이다
se tirer : 빼소니치다, 자살하다, 곤경에서 벗어나다(de), 완수하다(de)

동 allonger (늘이다), distendre (늘이다), étendre (펼치다), étirer (잡아늘이다)
raidir (팽팽하게 하다), tendre (잡아당기다), attirer (끌어당기다), traîner (끌고 가다)
entraîner (끌고 가다, 데려 가다), éditer (출판, 발행, 발간하다), publier (출판하다)
paraître (출판되다), s'en sortir (궁지에서 벗어나다), s'enfuir (달아나 버리다)
s'esquiver (용케 달아나다), se sauver (달아나다), s'acquitter de (이행하다)
se débrouiller (요령있게 처리하다), s'arranger (일이 잘 되어가다)

반 détendre (늦추다), relâcher (늦추다), pousser (밀다), éloigner (멀리하다)
repousser (밀어내다), enfoncer (박다, 찔러 넣다), entrer (들어가다)

예문

Elle a tiré son frère par la main. (그녀는 동생의 손을 잡아끌었다.)
Il fouilla dans sa poche et en tira trois billets de mille francs. 〈Sartre〉
(그는 주머니를 뒤졌다 그래서 거기서 1000프랑 지폐 3장을 꺼냈다.)
On tire l'essence du pétrole. (사람들은 석유에서 휘발유를 추출한다.)
Je n'ai pu tirer un mot d'elle. (나는 그녀에게서 말 한 마디 얻어낼 수 없었다.)
On a tiré ce roman à dix mille exemplaires. (이 소설을 만 부 찍어냈다.)
Cette mitrailleuse tire cint cents par minute. (이 기관총은 1분에 500발이 발사된다.)
J'avais mon revolver à la main, j'aurais tiré sans savoir pourquoi. 〈Céline〉
(나는 손에 권총을 가지고 있었는데, 이유를 몰랐다면 쏘았을 것이다.)
Un anarchiste tomba : on venait de tirer sur lui d'une fenêtre. 〈Malraux〉
(한 무정부주의자가 쓰러졌다. 누군가가 창문에서 그에게 방금 총을 쏘았던 것이다.)
Ne tirez pas trop sur cette ficelle, elle va se casser.
(그 끈을 너무 잡아당기지 마세요, 끊어지겠어요.)
C'est une erreur de détail, qui ne tire pas à conséquence.
(그것은 사소한 과오라서 중대한 결과를 가져오지 않을 것이다.)
Dans toutes les villes du monde, les toits servent à l'écoulement des eaux ; les cheminées à faire tirer le feu. 〈Malraux〉 (세계의 모든 도시에서 지붕은 빗물을 배출하는데 쓰이는 반면, 굴뚝은 불에서 연기를 빨아들이게 하는데 쓰인다.)
Il s'est tiré des mains de son ennemi. (그는 적의 손아귀에서 용케 빠져나왔다.)
Il s'est tiré de cette tâche à merveille. (그는 그 일을 기막히게 해냈다.)
Avec une pareille bonne volonté, on arrive toujours à se tirer d'affaire. 〈Bazin〉
(그와 같은 열성이 있다면 언제나 일을 잘 완수하게 된다.)

attirer

[à+tirer] ⇒ 가까이 잡아당기다
동 끌어당기다, 유인하다, (시선, 주목을) 끌다, 호감을 사다, 야기하다

동 aspirer (빨아올리다), pomper (빨아올리다), amener (이끌다, 초래하다)
entraîner (이끌다, 유혹, 초래하다), inciter (권고, 교사하다), inviter (초대, 권유하다)
déterminer (결심, 야기하다), affriander (유혹, 유인하다), allécher (유혹, 유인하다)
amorcer (유인, 유혹하다), appâter (유인, 유혹하다), appeler (초대, 초래하다)
inspirer (불러일으키다), captiver (마음을 끌다, 매혹하다), charmer (현혹시키다)
enjôler (속이다), séduire (유혹, 매혹하다, 마음을 끌다), intéresser (관심을 끌다)
plaire à (마음에 들다), tenter (유혹하다, 마음을 끌다), causer (야기하다)
occasionner (야기하다), provoquer (선동, 교사, 유발하다), susciter (불러일으키다)
gagner (마음을 휘어잡다, 매수하다), éveiller (호기심을 일으키다)

반 chasser (쫓아내다), détourner (등을 돌리게 하다), éloigner (멀리하다)
rebuter (불쾌감을 일으키다), repousser (떼밀다, 혐오감을 일으키다)

예문

Le pot de confitures attirait les mouches.
(잼 단지에 파리들이 모여들었다.)
Il m'a attiré dans un coin.
(그는 나를 한 구석으로 데리고 갔다.)
Il l'attira vers lui et l'embrassa près des cheveux. 〈Vian〉
(그는 그녀를 자기 쪽으로 끌어당겨서 머리카락 가까이에서 그녀를 껴안았다.)
L'éclat des couleurs attire les regards.
(선명한 색깔은 사람의 시선을 끈다.)
Il est beau garçon, mais il ne m'attire pas.
(그 아이는 잘 생겼지만 내 마음은 별로 끌리지 않는다.)
Il avait attiré sur les femmes de l'Allemagne du Sud une particulière faveur. 〈Giraudoux〉
(그는 남부 독일 출신의 여성들에게 특별한 인기를 얻었다.)
Il est attiré par la musique classique.
(그는 고전 음악에 취미가 있다.)
Cette réussite lui a attiré beaucoup d'amis.
(이 성공으로 그는 많은 친구를 얻었다.)
Sa bienveillance lui attirait toutes les sympathies.
(그의 호의는 모든 사람의 공감을 샀다.)
Il s'est attiré la fureur de tous ses voisins.
(그는 모든 이웃사람들의 분노를 자초했다.)
Si tu continues à arriver en retard, tu vas t'attirer des ennuis.
(너는 계속 늦게 오면 난처한 일이 생길거야.)

attraction

[à+tract+ion(s.n)] ⇒ 가까이 잡아당김
명 인력, 중력, 여흥, 매력, 유혹, 오락, 구경거리

동 graviation (인력, 중력), attrait (유혹, 매력), charme (매력), séduction (유혹, 매력) attirance (매력, 유혹), fascination (유혹, 매력), distraction (오락)

반 répulsion (혐오, 증오), antipathie (반감), dégoût (반발, 거부감, 혐오) aversion (혐오, 반발), répugnance (혐오)

예문

L'attraction de la Terre s'exerce sur le satellite qui entre dans le champ de gravitation terrestre.
(지구의 인력은 지구 중력장 안으로 들어와 있는 위성에 영향력이 미친다.)
J'éprouve une attraction étrange qui me soulève dans mon lit. 〈Hébert〉
(나는 침대에서 나를 일으키는 이상한 인력을 느낀다.)
Sa personnalité exerce une grande attraction sur les foules.
(그의 인품은 군중에게 큰 매력을 끼치고 있다.)
L'attraction que Jenny avait exercée sur lui n'était-elle pas faite, en partie, de ce mystère? 〈Martin du Gard〉
(제니가 그에게 했었던 유혹이 부분적으로 이러한 비밀 때문에 이루어지지 않았을까?)
Le cirque a mis à son programme de très belles attractions.
(그 서커스단은 그 프로그램에 아주 멋있는 구경거리를 짜놓았다.)

attrait

[à+trait〈trat] ⇒ 가까이 잡아당김
명 유혹, 매력, 경향, 성향, 미색

동 agrément (흥미, 멋, 매력), charme (매력), enchantement (환희, 매혹) fascination (유혹, 매력), séduction (유혹, 매력), tentation (유혹), appas (매력, 유혹) beauté (미, 매력, 여성미), grâce (우아, 기품, 매력), attirance (매력, 유혹) attraction (매력, 유혹), goût (취미, 기호), inclination (경향, 성향, 기질) penchant (경향, 성벽), instinct (본능, 천성), tempérament (체질, 기질, 성질)

반 répulsion (혐오, 증오), dégoût (반발, 거부감, 혐오), éloignement (반감, 혐오)

예문

L'attrait de l'aventure est grand chez les jeunes.
(젊은이들에게는 모험에 대한 유혹이 크다.)
L'attrait de l'expédition l'emporta sur toute autre considération. 〈Bazin〉
(탐험의 매력이 다른 모든 염려보다 우세했다.)
Le repos dans la solitude a pour lui beaucoup d'attraits.
(고독 속에서의 휴식은 그에게는 많은 매력을 가진다.)
J'ai toujours éprouvé de l'attrait pour l'absurde. 〈Romains〉
(나는 항상 부조리에 대해 매력을 느꼈다.)
Il éprouve un vif attrait pour ces paysages.
(그는 그 경치에 대해 대단한 매력을 느끼고 있다.)

attractif

[à+tract+if(s,a)] ⇒ 가까이 잡아당기는
형 끌어당기는, 마음을 끄는

동 séduisant (마음을 사로잡는), attachant (흥미를 끄는, 매력있는), attrayant (마음을 끄는) attirant (끌어당기는, 마음을 끄는), captivant (마음을 사로잡는), charmant (매혹적인)

반 dégoûtant (몹시 불쾌한), écoeurant (불쾌한, 역겨운), répugnant (싫은, 불쾌한) repoussant (혐오감을 일으키는, 불쾌한), répulsif (혐오감을 주는, 반발하는)

예문

Cette chambre attractive, dévorante, ils la meublaient de songe en croyant la détester. 〈Cocteau〉 (마음을 끄는, 그러면서도 심신을 초췌케 하는 이 방, 그들은 그것을 싫어하는 느낌이 들면서도 그 방에 몽상으로 가구를 채우고 있었다.)
Une vertu attractive s'exhale de ces vestiges de grandeur. 〈Chateaubriand〉
(어떤 매력이 영광스러웠던 이러한 유적에서 발산되고 있다.)
Chez Wagner, la musique est le noyau du drame, le foyer rayonnant et le centre attractif. 〈R. Rolland〉
(바그너에게 있어서 음악이란 연극의 핵심이고, 빛나는 불씨이며 마음을 끄는 중심이다.)

contracter

[con+tracter〈tirer] ⇒ 함께 잡아당기다
동 수축시키다, 축약하다, 맺다, 계약하다, 습관을 붙이다, 감염되다

동 diminuer (줄이다), raccourcir (축소하다), réduire (축소하다), resserrer (수축시키다) tasser (압축하다), bander (긴장시키다), raidir (긴장시키다), tendre (긴장시키다) souscrire (예약, 서명하다), conclure (맺다, 체결하다), signer (서명, 조인하다) acquérir (취득하다), gagner (획득하다), prendre (취하다) s'accommoder à (익숙해지다), s'accoutumer à (익숙해지다) s'habituer à (익숙해지다), se faire à (익숙해지다), s'adapter à (..에 적응하다)

반 dilater (팽창, 확장시키다), gonfler (부풀리다, 팽창시키다), élargir (넓히다) décontracter (이완시키다), détendre (완화하다, 늦추다), dissoudre (용해시키다) rompre (계약을 취소하다), violer (위반하다, 약속을 어기다)

예문

Il a le visage contracté par la souffrance. (그는 고통으로 얼굴을 찡그리고 있다.)
Il a contracté une assurance contre le vol.
(그는 도난에 대비한 보험을 들었다.)
Il avait contracté trois ou quatre assurances sur le même objet. 〈Duhamel〉
(그는 똑같은 대상에 대해서 서너 가지의 보험을 들었었다.)
Il a contracté toute jeune l'habitude de fumer.
(그는 아주 젊어서부터 담배피우는 습관을 붙였다.)
Sylvie a contracté la rougeole. (실비는 홍역에 걸렸다.)
Le coeur se contracte et se dilate tour à tour [alternativement].
(심장은 번갈아가며 수축했다 확장했다 한다.)

contrat

[con+trat] ⇒ 함께 잡아당김
명 계약, 계약서, 약속, 협정

동 convention (협약, 협정, 관례), pacte (협정, 조약, 계약, 협정서), marché (거래, 계약)
traité (협정, 계약), concordat (협약), engagement (약속, 계약), entente (합의, 양해)

예문

Nous venons de signer le contrat de vente. (우리는 방금 매매계약을 맺었다.)
Vous êtes sûr que le contrat ne prévoit pas que les acquêts tomberont dans la communauté? 〈Romains〉 (부부의 공동취득 재산은 부부의 고유재산이 될 것이라는 것을 그 혼인재산 관리계약은 예측하지 못한다고 당신은 확신하십니까?)
Le gouvernement a proposé un contrat aux partis de la majorité.
(정부는 다수당의 당파들에게 협정을 제안했다.)

distraire

[dis(=différent)+traire] ⇒ 다른 방향으로 이끌다
동 방해하다, 즐겁게 해주다, 횡령하다, 분할하다, 떼어내다
se distraire : 기분전환하다, 마음을 딴 데로 돌리다(de), 방심하다

동 détacher (떼어 놓다), séparer (분리하다), prélever (공제하다)
retrancher (떼어내다, 삭제, 공제하다), soustraire (사취하다, 벗어나게 하다)
dérober (절취하다, 감추다, 멀리하다), détourner (횡령, 유용하다)
dissuader (그만두게 하다), déconcentrer (분산시키다), déranger (어지르다, 방해하다)
dissiper (흩뜨리다, 주의 산만하게 하다), entraver (방해, 견제하다), gêner (방해하다)
troubler (방해하다, 혼란시키다), contrarier (방해하다), délasser (기분을 전환시키다)
désennuyer (무료함을 풀어주다), amuser (즐겁게 하다), divertir (즐겁게 해주다)
égayer (즐겁게 하다), récréer (즐겁게 하다), réjouir (즐겁게 하다), s'amuser (즐기다)
se détendre (느슨해지다), se changer les idées (기분전환하다)

반 ennuyer (지루하게 하다)

예문

La télévision distrait les personnes seules chez elles.
(텔레비전은 집에 혼자 있는 사람들을 심심치 않게 해준다.)
Il rédige son article : n'allez pas le distraire.
(그는 기사를 쓰고 있는 중이니까 그의 정신을 산만하게 하지 마시오.)
Je me suis laissé distraire par toutes sortes de préoccupations idiotes. 〈Sarraute〉
(나는 모든 종류의 어리석은 염려들로 인하여 정신이 산만해졌다.)
La direction du musée a distrait plusieurs tableaux de la collection impressionniste.
(그 박물관의 관리는 인상주의의 소장품 중에서 몇 점의 그림을 떼어냈다.)
Ce spectacle nous a bien distrait. (그 구경으로 우리 기분이 매우 풀렸다.)
Je m'excuse de distraire votre attention. (당신의 주의를 산만하게 해서 죄송합니다.)
Si nous allions au cinéma pour nous distraire? (기분전환으로 우리 영화 보러 갈까?)
Tu travailles trop, tu devrais te distraire de temps en temps.
(너는 공부를 너무 하는구나, 가끔 놀기도 해야지.)
Il s'est distrait de son affliction par un voyage. (그는 여행으로 깊은 슬픔을 달랬다.)

distraction

[dis(=différent)+tract+ion(s,n)] ⇒ 다른 방향으로 이끄는 것
명 기분전환, 오락, 방심, 소홀, 부주의, 횡령, 유용

동 passe-temps (오락, 놀이), étourderie (경솔, 부주의), inattention (부주의)
détournement (방향전환, 횡령), prélèvement (선취, 공제), inapplication (태만)
absence (방심, 결핍, 부재), bévue (큰 실수, 잘못), erreur (잘못, 오류)
imprudence (경솔, 경망), inadvertance (부주의, 소홀), irréflexion (경솔, 경망)
oubli (태만, 망각), amusement (놀이, 오락, 즐거움), dérivatif (기분전환)
détente (긴장완화, 휴식), diversion (기분전환, 기분풀이), divertissement (기분전환)
loisir (오락, 여가, 여가활동), plaisir (오락, 유흥, 기쁨)

반 application (전념, 근면), attention (조심, 주의), concentration (집중)
prudence (신중, 조심성), discrétion (조심성), précaution (조심, 신중, 예방)
ménagement (조심, 주의, 신중), circonspection (조심성, 신중함)
réserve (조심성, 사양, 예비), retenue (신중함, 자제)

예문

La lecture et le cinéma sont mes distractions préférées.
(독서와 영화 관람은 내가 좋아하는 소일거리이다.)
Excusez-moi, j'ai versé trop de sel par distraction.
(죄송합니다. 그만 부주의로 소금을 너무 쳤습니다.)
Un moment de distraction, et j'ai raté l'autobus.
(잠깐 정신팔고 있다가, 버스를 놓쳤다.)

distrait

[dis(=différent)+tract+ion(s,n)] ⇒ 다른 방향으로 이끄는
형 멍한, 방심한, 조심성 없는

동 absent (방심한, 멍한), rêveur (꿈꾸는, 몽상하는)
vague (멍한, 막연한), étourdi (경솔한, 덤벙대는), imprudent (경솔한)
insensé (부분별한), irréléchi (경솔한)

반 appliqué (전념한, 골몰하는), attentif (주의깊은, 조심하는)
circonspect (조심성 있는, 용의주도한), discret (신중한, 조심성 있는)
prudent (신중한), réservé (조심성 있는, 신중한), retenu (조심성 있는, 신중한)

예문

Jean est très distrait en classe.
(장은 교실에서 대단히 부주의하다.)
Vous avez à porter une grosse somme, ne soyez pas distrait.
(당신은 거액의 돈을 가지고 가야하니까, 방심하지 마세요.)
La jeunes fille se mit à manger d'un air distrait, presque égaré. 〈Duhamel〉
(그 소녀는 멍한, 거의 정신 나간 태도로 먹기 시작했다.)

extraire

[ex(=dehors)+traire] ⇒ 바깥으로 이끌어내다 ⇒ 추출하다
동 추출하다, 뽑다, 캐내다, 빼내다, 발췌하다, 끌어내다, 알아내다

동 tirer (추출하다, 꺼내다), dégager (빼내다, 끌어내다), enlever (제거하다)
retirer (끌어내다), arracher (뽑다, 뽑아내다), extirper (끌어내다)
extorquer (강탈, 갈취하다), déraciner (뿌리뽑다, 근절하다), isoler (고립시키다)
séparer (떼어놓다), exprimer (즙을 짜내다), presser (짜다, 압착하다)
résumer (요약하다), abréger (요약하다)

반 ajouter (덧붙이다), enfermer (넣어두다, 감금하다)
enfouir (땅에 묻다, 감추다, 넣어두다)

예문

Le dentiste m'a extrait une dent.
(치과의사가 내 이를 하나 뽑았다.)
Dans cette mine, on extrait du charbon.
(이 광산에서는 석탄을 채굴한다.)
Il était occupé à extraire les cadavres et les blessés de dessous les décombres. 〈Gide〉
(그는 잔해 밑에서 시신들과 부상자들을 끌어내느라 바빴다.)
On extrait le sucre de différentes plantes.
(사람들은 여러 가지 식물에서 설탕을 뽑는다.)
Ces vers sont extraits d'un long poème.
(이 시구는 하나의 장문의 시에서 발췌된 것이다.)
Il brûlait de lui extraire ses secrets. 〈Barrès〉
(그는 그에게서 그의 비밀을 알아내고 싶어 못견뎌했다.)

extrait

[<movere] ⇒ 바깥으로 이끌어내어진 것
명 발췌, 요약, 엑기스, 정수, 초본, 증명서, 선집

동 essence (본질, 정수), bribe (조각, 단편), fragment (단편, 일부분, 조각)
morceau (조각, 파편, 조각, 잔해), anthologie (선집)

예문

J'ai lu quelques extraits de ce roman.
(나는 이 소설의 몇몇 간추린 구절을 읽었다.)
Les journaux ont reproduit de larges extraits du discours du président.
(신문들은 대통령 연설의 장문의 발췌문을 전재했다.)
Un extrait de naissance est une copie officielle de l'acte de naissance d'une personne. (호적초본은 한 사람의 출생증명에 대한 공적인 사본이다.)

retraite

[re(=derrière)+traite] ⇒ 뒤로 물러남
명 물러감, 후퇴, 퇴직, 연금, 수축, 피난처

동 éloignement (멀리함), décrochage (철수, 퇴각), recul (후퇴, 퇴각), repli (퇴각, 후퇴)
repos (휴식, 휴가), solitude (은둔, 은거), abri (피난처, 보호처), asile (안식처, 양로원)
refuge (은신처), repaire (숨는 곳), déroute (궤주, 패주), évasion (도망), fuite (도망)

반 avance (전진), invasion (침략, 침입), irruption (침입, 난입)
activité (활동, 현역, 현직), occupation (일, 활동, 직업, 점령)

예문

M. Dubois est à la retraite depuis un an. (뒤부와씨는 1년 전에 은퇴했다.)
À soixante-cinq ans, je prends ma retraite. (65세가 되면 나는 퇴직한다.)
Elle touche une petite retraite. (그녀는 얼마 안 되는 연금을 받는다.)
En rentrant le soir du café, on n'avait rien fait, comme des sous-officiers à la retraite. 〈Céline〉 (저녁에 카페에서 돌아와서 사람들은 퇴역한 하사관처럼 아무 것도 하지 않았었다.)
Il a trouvé à la campagne une retraite agréable et tranquille pour sa vieillesse.
(그는 시골에서 자신의 노년을 위한 쾌적하고 조용한 안식처를 찾았다.)

soustraire

[sous+traire] ⇒ 아래로 (슬며시) 빼내다
동 사취하다, 빼내다, 빼다, 벗어나게 하다

동 dérober (훔치다), ôter (제거하다, 빼앗다), voler (훔치다, 사취하다)
enlever (제거, 탈취하다), détourner (횡령, 유용하다), escroquer (사취하다)
manquer (모자라다), déduire (공제, 할인하다), défalquer (공제, 유용하다)
retrancher (떼내다, 빼다), extorquer (강탈, 갈취하다), carotter (사취하다, 속이다)
s'approprier (횡령, 착복하다), s'évader (벗어나다), se libérer (해방되다)
protéger de (보호하다, 지키다), esquiver (교묘히 피하다)
s'affranchir de (해방, 면제되다), échapper (벗어나다), éviter (피하다)

반 donner (주다), additionner (합계하다), ajouter (덧붙이다), sommer (합계하다)

예문

Vous n'avez plus qu'à soustraire X de Y. (이제는 Y에서 X를 빼기만 하면 됩니다.)
Il a réussi à soustraire de l'argent à un avare. (그는 한 구두쇠에게서 돈을 빼내는데 성공했다.)
Elle avait soustrait à son mari la modeste fortune héritée de son père. 〈M. du Gard〉
(그녀는 남편에게서 그가 아버지로부터 상속받은 하찮은 재산을 사취했었다.)
Rien ne peut vous soustraire à sa vengeance.
(당신은 그의 복수를 면할 길이 없습니다.)
Elle veut soustraire sa vie privée à la curiosité du public.
(그녀는 사생활을 대중의 호기심으로부터 벗어나기를 원한다.)
Dans un régime intègre, on ne peut pas soustraire un accusé à ses juges naturels.
(공정한 체제하에서는 피고가 그 자연법적인 재판관으로부터 벗어날 수가 없다.)
Je n'ai pas l'intention de me soustraire à mes devoirs. (나는 내 의무에서 빠져나갈 생각이 없다.)

CLÉ NO 34 VEN, VENT

venir (오다)의 뜻

라틴어 venire, ventus (p.p) 에서 유래

venir [⟨venire] ⇒ 오다
동 오다, 도래하다, 태어나다, 발생하다, 생각이 떠오르다

동 s'amener (오다), se déplacer (이동하다), arriver (도착하다), atteindre (..에 이르다) aborder (닿다, 접근하다), émaner (나오다, 유래하다), dériver de (유래하다) découler de (유래하다), provenir de (유래하다), résulter de (유래하다) se mettre à (시작하다), naître (태어나다), succéder (뒤이어 오다), sortir (나오다) apparaître (나타나다), survenir (뜻밖에 오다, 생기다), couler (흐르다) s'étendre (..에 까지 미치다), amener (데리고오다), apporter (가지고오다)

반 aller (가다), se rendre à (가다), emmener (데리고가다), emporter (가지고가다)

예문

Ceux qui viennent me voir me font honneur, ceux qui ne viennent pas me voir me font plaisir. ⟨Claudel⟩ (나를 만나러 오는 사람들은 나에게 명예가 되고, 나를 만나러 오지 않는 사람들은 나를 기쁘게 한다.)
Je vous attendrai chez moi, comme d'habitude. Vous viendrez comme vous êtes toujours venus. ⟨Mauriac⟩
(나는 여러분들을 평상시처럼 집에서 기다리겠습니다. 언제나 오셨던 것처럼 오세요.)
Ma peur venait autrefois de ce que je les croyais rares et périssables. ⟨Giraudoux⟩
(옛날에 나의 두려움은 내가 그것들이 드물고 소멸하는 것으로 생각한데서 왔다.)
D'en bas, on pouvait voir Jules qui allait et venait devant la fenêtre. ⟨Triolet⟩
(밑에서부터 사람들은 창문 앞에서 왔다 갔다 하는 Jules을 볼 수 있었다.)
À force de prier Dieu, il lui vint une fille. ⟨Flaubert⟩
(하나님께 기도한 힘으로, 그에게 딸이 하나 태어났다.)
Et puis cette putain de guerre est venue, et c'est comme si la vie avait perdu d'un seul coup toute son épaisseur. ⟨Merle⟩ (그 후에 그 빌어먹을 전쟁이 발생했다. 그것은 마치 인생이 단숨에 그 모든 두터움을 상실한 것 같았다.)
Le mouvement et le rythme me viennent en vers. (템포와 리듬이 나에게 시구로 떠오른다.)
Il me vient l'envie de tout abandonner. (나는 모든 것을 포기해 버리고 싶은 생각이 난다.)
Après bien des hésitations, j'en suis venu à la conviction que le meilleur parti était de se taire. (많이 주저한 후에 나는 최선의 해결책은 입을 다무는 것이라는 확신에 이르렀다.)
Dans ses accès de colère, il en vient à insulter ses meilleurs amis.
(화가 치민 나머지 그는 결국 가장 친한 친구들에게 욕을 퍼붓는다.)
Où voulez-vous en venir? (결국 어떻게 하자는 것입니까?)
S'il vient à pleuvoir, vous fermerez les fenêtres. (비라도 오면 창문을 닫아 주세요.)
Quand je suis arrivé, il venait de partir. (내가 도착했을 때, 그는 막 떠났었다.)
Les voisins ont enfin déménagé. D'où vient que nous sommes à présent si tranquilles.
(이웃집이 마침내 이사를 갔다. 그래서 우리는 현재 매우 조용하다.)
D'où vient que tu as tant d'argent? (네가 그렇게 돈이 많은 것은 어찌된 일이지?)

avenir

[à+venir] ⇒ 앞으로 다가옴
명 미래, 장래, 장래의 일, 후세, 자손

동 demain (내일, 미래), futur (미래), lendemain (이튿날, 미래, 장래)
horoscope (점성, 예측), devin (점쟁이, 예언자), augure (전조, 점쟁이)
chiromancien (손금장이), sibylle (무녀, 무당, 여자점쟁이), voyant (점쟁이)
vaticinateur (예언자, 점쟁이), carrière (생애, 행로), destin (운명, 장래, 전도)
destinée (운명, 숙명, 생애), sort (운명, 제비, 저주, 주문), prospérité (성공, 행운, 번영)
bientôt (곧), prochainement (머지않아, 곧), ultérieurement (장차, 나중에)
désormais (장차, 그 후, 지금은), dorénavant (이제부터, 앞으로)
prophétiser (예언, 예측하다), vaticiner (미래를 예언하다)

반 passé (과거), présent (현재)

예문

Le présent est gros de l′avenir. 〈Leibniz〉
(현재는 미래를 내포하고 있다. 현재가 미래를 초래한다.)
L′avenir le dira, nous le dira. (인간은 단지 한참 후에야 알게 될 것이다.)
(미래가 그것을 말해 줄 것이고, 그 다음에 우리가 그것을 말할 것이다.)
Non, l′avenir n′est à personne! Sire! l′avenir est à Dieu! 〈Hugo〉
(아닙니다, 미래는 누구의 것도 아닙니다, 폐하! 미래는 하나님께 속해 있습니다.)
Elle nous regarde probablement comme un homme sans un grand avenir. 〈Pagnol〉 (그녀는 아마 우리를 전도가 양양하지 않는 사람으로 여기고 있다.)
On ne parle pas de rats à table, Philippe, je vous interdits à l′avenir de prononcer ce mot. 〈Camus〉 (식사 중에는 쥐에 대해서 말하지 마세요, 필립, 이후로는 여러분들에게 그 말을 하는 것을 금지합니다.)
L′avenir nous jugera.
(후세가 우리를 판단할 것이다.)

avenue

[à+venue] ⇒ ...로 도달하는 것 ⇒ 길
명 (가로수가 있는) 한길, 큰 가로, 길, 통로, 강림

동 voie (길, 도로, 선로), allée (가로수길, 통로), boulevard (대로)
cours (큰 거리, 산책길), promenade (산책길), rue (거리), route (도로, 길, 진로)
chemin (길, 도로, 도정), avènement (출현, 도래, 강림)

예문

Un convoi funèbre se hâtait dans le crépuscule vers l′arbre qui faisait partie à la fois de l′avenue et du cimetière du Montparnasse. 〈Giraudoux〉
(한 장례행렬이 황혼녘에 큰 가로와 몽파르나스 묘지의 일부를 동시에 이루고 있는 나무쪽으로 달려가고 있었다.)
Ses visites m′ouvrirent les avenues discrètes de son amitié. 〈From〉
(그의 방문들로 인하여 나는 그의 우정에 대한 은밀한 통로들을 열어놓았다.)

advenir

[ad(=à)+venir] ⇒ 앞으로 다가오다 ⇒ 일이 생기다
동 생기다, 일어나다, 우연히 발생하다

동 arriver (일어나다, 발생하다), se passer (일어나다), se produire (일어나다)
survenir (뜻밖에 오다, 돌발하다), résulter (결과로 생기다, 유래하다)

예문

Si vous perdez la guerre, je crois qu'il n'adviendra rien de ce que nous pouvons prévoir. 〈Malraux〉
(만약에 당신이 전쟁에서 패한다면, 우리가 예측할 수 있는 일이라고는 아무것도 일어나지 않을 것이라고 저는 생각합니다.)
Quoiqu'il advînt, elle partirait. 〈Martin du Gard〉
(무슨 일이 일어났더라도 그녀는 출발할 것이다.)

aventure

[a(〈ad)+vent+ure(s.n)] ⇒ 앞에 다가올 일 ⇒ 모험
명 뜻밖의 일, 사건, 모험, 모험담, 우연, 요행, 운명, 운수, 연애사건

동 accident (사고), affaire (사건, 일, 문제, 곤경), histoire (문제, 사건, 일)
mésaventure (재난, 낭패), hasard (우연), péril (위험), risque (위험)
expédition (탐험), avenir (장래, 운명) destin (운명, 장래, 전도)
destinée (운명, 숙명, 생애), sort (운명, 제비, 저주, 주문)
intrigue (정사, 음모, 간계), passade (바람기), liaison (남녀관계)

예문

Il m'est arrivé une aventure désagréable : on m'a volé ma valise.
(내게 불쾌한 사건이 일어났다. 누군가 내 여행 가방을 훔쳐가 버렸다.)
Les jeunes gens avaient des gestes plus décidés que d'habitude et j'ai pensé qu'ils avaient vu un film d'aventures. 〈Camus〉
(그 젊은이들은 평상시보다 더 결연한 동작들을 하고 있었는데, 나는 그들이 모험 영화를 보았다고 생각했다.)
Si d'aventure vous le voyez, faites-lui toutes mes amitiés.
(우연히 당신이 그를 만난다면 그에게 제 안부를 전해주세요.)
Je cheminai quelque temps à l'aventure. 〈France〉 (나는 한동안 무턱대고 걸었다.)
Avoir une aventure sentimentale (정사를 가지다)

convenir

[con(=avec)+venir] ⇒ 함께 오다 ⇒ 어울리다
동 ..에 알맞다, 어울리다, 마음에 들다, 시인하다, 인정하다, 동의하다, 결정짓다

동 aller (어울리다), seoir à (어울리다, 적합하다), cadrer avec (일치, 부합하다)
concorder (일치, 부합하다), correspondre à (일치, 부합하다), agréer (수락, 승인하다)
approuver (동의, 인정하다), arranger (결말짓다, 만족시키다), plaire à (마음에 들다)
sourire à (마음에 들다), dire (마음에 들다), botter (잘 어울리다, 마음에 들다)

chanter à (마음에 들다), avouer (인정, 시인하다), admettre (시인, 인정, 허가하다)
concéder (인정, 허가하다), confesser (인정, 고백하다), consentir (동의, 승낙하다)
reconnaître (승인, 인정하다), décider (결정하다), arrêter (결정하다), fixer (결정하다)
régler (조절, 결정, 해결하다)

반 disconvenir (부정하다, 어울리지 않다), s'opposer à (반대하다)

예문

Cette robe m'a convenu. (이 옷이 내 마음에 들었다.) Ces fleurs conviennent à votre jardin. (이 꽃들이 당신 정원에 알맞습니다.) Vous savez vous-même ce qu'il convient de faire. (무엇을 해야 좋을지는 장신 자신이 알고 있습니다.) Il convient que vous aidiez votre frère. (당신은 동생을 도와야 합니다.) Il a convenu lui-même de son erreur. (그는 자기 잘못을 스스로 인정했다.) Le prix du terrain a été convenu. (땅값이 정해졌다.) Les délégués ont convenu de tenir une nouvelle séance la semaine prochaine. (의원들은 다음 주에 다시 회의를 열기로 합의했다.) Il a convenu avec moi que nous commencerions demain. (그는 나와 내일부터 일을 시작하기로 결정했다.) Il est convenu avec la direction que des places vous seront réservés. (당신들에게 일자리가 주어지도록 경영진과 합의되었다.)

convenance

[con(=avec)+ven+ance(s,n)] ⇒ 함께 옴 ⇒ 어울림 ⇒ 적합함
명 적절, 적합, 일치, 예의바름, 예절, 사정, 편의

동 accord (일치, 동의), adéquation (합치, 합당성), affinité (유사, 관계)
concorde (일치, 화합, 조화), concordance (일치, 화합, 부합), conformité (일치, 부합)
harmonie (조화, 일치, 화합), pertinence (적절성, 타당성), rapport (유사, 관계, 보고)
goût (센스, 맛, 기호), gré (취미, 의향, 감사), décence (예절바름, 품위)
bienséance (예절, 규범, 단정함), courtoisie (정중함, 예의, 친절)
convention (협약, 규약, 묵계), pacte (협정, 조약), usage (관례, 예의, 예법, 사용)

반 disconvenance (부적합, 불균형), impropriété (부적절)
inconvenance (무례, 버릇없음), discorde (불화, 반목, 갈등)

예문

Un style remarquable par la convenance des termes. (용어가 적절해서 뛰어난 문체) Il y a entre nous une grande convenance de goûts. (우리 사이에는 완전히 취미의 일치가 있다.) Il y a une convenance nécessaire entre les moeurs des chrétiens et la doctrine du christianisme. 〈Bossuet〉 (크리스챤의 품행과 기독교의 교의 사이에는 필연적인 일치가 있다.) Cela est contraire aux convenances. (그것은 예의범절에 어긋나는 것이다.)

예문

Les convenances voudraient que nous laissiez passer cette dame avant vous.
(이 부인이 당신 보다 먼저 지나가게 하는 것이 예의이다.)
Je défiais allègrement les convenances et l'autorité. 〈Beauvoir〉
(나는 전혀 개의치 않고 규범과 권위에 맞서 싸웠다.)
Tu choisira une heure à ta convenance.
(너의 형편대로 시간을 선택해라.)
Il a sollicité un congé pour convenances personnelles.
(그는 일신상의 이유로 휴직을 청원했다.)

convenable

[con(=avec)+ven+able(s,a)] ⇒ 함께 오는 ⇒ 일치하는 ⇒ 적절한
형 알맞은, 적당한, 적절한, 어울리는, 예의바른, 단정한, 편리한

동 adéquat (적합한, 적절한), ad hoc (적격의, 알맞은), conforme (적합한, 일치된)
congru (적절한, 정확한), expédient (적절한, 적합한), idoine (적합한, 알맞은)
pertinent (적절한, 적합한), approprié à (적응된, 적당한), propre (적절한, 적합한)
favorable (알맞은), opportun (적절한, 때맞은), propice (유리한, 좋은)
adapté (꼭 맞는, 적응된), suffisant (충분한, 넉넉한), acceptable (적당한, 받아들일만한)
passable (나쁘지 않은, 그럭저럭), raisonnable (알맞은, 온당한, 타당한)
correct (정확한, 단정한, 웬만한), décent (예의바른, 품위 있는, 적당한)
honnête (올바른, 적당한, 정직한), digne (어울리는, 잘 맞는, 품위 있는)
honorable (명예로운, 고귀한), courtois (정중한, 예의바른), poli (세련된, 예의바른)

반 déplacé (부적당한), incongru (예절에 어긋난), inconvenant (버릇없는, 무례한)
incorrect (부정확한, 버릇없는), inopportun (시기가 적절하지 않은)
intempestif (시기가 적절하지 않은), malséant (어울리지 않은, 무례한)

예문

C'est un logement convenable.
(그것은 편리한 집이다.)
Ce n'est pas un livre convenable à des enfants.
(그것은 어린이들에게는 적합한 책이 아니다.)
Ça ne devait pas lui paraître très convenable de dire son prénom à un jeune homme qu'elle connaissait si peu. 〈Merle〉
(그녀가 거의 알지도 못하는 한 청년에게 자신의 이름을 말해주는 것이 그녀에게는 매우 적절하게 보이지 않았음에 틀림없었다.)
Ne la regardez pas aussi fixement, ce n'est pas convenable.
(그 여자를 그렇게 뚫어지게 쳐다보지 마시오. 그것은 예의바르지 않습니다.)
Il boit beaucoup, mais même ivre, il reste convenable.
(그는 술을 많이 마시지만, 취해서도 여전히 예의바르다.)
Cet enfant a une conduite peu convenable.
(이 아이는 행실이 단정치 못하다.)

convention

[con(=avec)+vent+ion(s.n)] ⇒ 함께 옴 ⇒ 서로 일치함 ⇒ 협정
[명] 협약, 협정, 규약, 조항, 묵계, 관례, 관습, 풍속

[동] règle (규칙), accord (동의 협정, 조약), arrangement (협정, 타협, 정리)
compromis (타협, 화해, 중재), contrat (계약, 약속, 협정), engagement (약속, 계약)
entente (합의, 양해, 협조), marché (거래, 계약), pacte (협정, 조약)
traité (조약, 협정, 계약), article (조항, 항목), clause (약정 조항, 약관)
disposition (규정, 조항, 배치, 재량), stipulation (약정, 규약)

[예문]

Les deux partis ont signé une convention.
(쌍방이 약정서에 서명했다.)
Une convention a été signé entre les représentants et ceux des syndicats.
(약정이 사용자 대표와 노동조합 대표들 사이에 서명되었다.)
C′était une convention de notre vie commune qu′on n′ouvrît jamais de fenêtre la nuit. 〈Proust〉 (밤에는 창문을 절대 열지 않는 것이 우리 공동생활의 규칙이다.)
Une langue est un système de conventions permettant l′échange des idées et des sentiments. (언어란 사상과 감정을 교환하게 해주는 규약체계이다.)
Sur cette carte, les forêts sont, par convention, représentées en vert.
(이 지도에서 숲은 관례상 초록색으로 표시된다.)
Ces hommes vivent en dehors de toute convention, dans leur propre univers. 〈Kessel〉
(이 사람들은 모든 관습에서 벗어나 자신들의 세계에서 살고있다.)
Dans les oeuvres de ce peintre, on ne trouve qu′une nature de convention.
(이 화가의 작품 속에는 상투적인 자연 밖에는 없다.)

éventuel

[é(〈ex)+vent+uel(s.a)] ⇒ 바깥으로 나오는 ⇒ 있을 수 있는
[형] 경우에 따라서 일어날 수도 있는, 있을 수 있는, 불확실한

[동] possible (있을 수 있는), incertain (불확실한), hypothétique (가설적인)

[반] assuré (확실한, 확신하는), certain (확실한), sûr (확실한), évident (분명한, 확실한)
prévu (예상한, 예정된), réel (실제의, 확실한), nécessaire (필연적인, 불가피한)
inévitable (피할 수 없는, 필연적인)

[예문]

Il m′a parlé de son départ éventuel.
(그는 내게 혹시 떠나게 될지도 모른다고 말했다.)
Je n′avais plus peur en traversant le parc d′éventuels bandits cachés dans les taillis. 〈Mallet-Joris〉 (나는 공원을 가로질러 가면서 덤불숲에 혹시라도 숨어있을지도 모르는 깡패들을 더 이상 무서워하지 않았다.)
Tout cela est bien séduisant, mais reste éventuel.
(그것은 매우 구미를 당기게는 하지만, 어디까지나 가능성이 있는 일일 뿐이다.)
S′assurer contre des accidents éventuels.
(돌발사고에 대비하다, 보험에 가입하다.)

événement

[é(⟨ex)+ven+ment(s.n)] ⇒ 바깥으로 나온 것 ⇒ 사건
명 중요한 일, 이슈, 일어난 일, 사건, 결과, 시사, 정보

동 fin (결말, 대단원), fait (일, 사건, 사실), incident (사건), accident (사고)
calamité (재해, 재난), catastrophe (큰 재앙), désastre (재난, 재해), drame (비극)
malheur (불행), tragédie (비극), situation (상황, 정세), circonstance (사정, 정세)
conjoncture (상황, 정세), affaire (일), épisode (일화, 삽화, 우연한 일)
péripétie (돌발사건, 급변), annales (연대기, 기록), histoire (역사), nouvelle (소식)

예문

Ce discours est l'événement politique de la semaine.
(그 연설은 금주의 정치적 이슈이다.)
Par son style prodigieux, ce livre était véritable événement. ⟨Beaudelaire⟩
(그의 비범한 문체로 인하여 이 책은 진정한 이슈가 되었다.)
Le journal relate les principaux événements de la journée.
(신문은 하루의 중요한 사건들을 이야기한다.)
Puis-je vous demander à quel événement vous faites allusion? ⟨Pagnol⟩
(당신이 어떤 사건을 암시하는지 물어봐도 되겠습니까?)
Je t'en prie, Maud, si on ne parlait pas des événements? ⟨Sartre⟩
(Maud야, 제발, 시사에 대해서는 이야기하지 않으면 안 될까?)
Je ne connus la gravité des événements qu'à mon retour. ⟨Malraux⟩
(나는 단지 내가 돌아온 후에야 상황의 심각성을 알았다.)

inventer

[in(=dans)+vent+er(s.v)] ⇒ (머리) 속에 떠오르다 ⇒ 발명하다
동 발명하다, 생각해내다, 고안하다, 찾아내다, 꾸며내다

동 concevoir (구상하다), créer (창안하다), découvrir (찾아내다)
imaginer (생각해내다, 가정하다), trouver (생각해내다, 고안하다)
forger (만들어내다), supposer (가정하다, 꾸미다), fabriquer (만들어내다, 꾸며내다)

반 copier (베끼다, 복제하다), imiter (모방하다, 흉내내다)

예문

Il a inventé un nouveau procédé de fabrication. (그는 새로운 제조법을 발명했다.)
Il a inventé cette histoire pour me nuire. (그는 나를 해치려고 그 이야기를 꾸며냈다.)
Il a inventé que son train avait du retard. (그는 기차가 연착했었다고 꾸며댔다.)
Il a inventé de partir en montagne sans guide. (그는 안내자 없이 등산할 생각을 했다.)
Je ne suis qu'un ferblantier, c'est entendu, je n'ai pas inventé la poudre. ⟨Anouilh⟩
(저는 단지 양철공에 불과합니다. 물론 그렇게 똑똑하진 못합니다.)
Je vais réfléchir toute la journée, il faut que j'invente quelque chose.
⟨Vailland⟩ (저는 하루 온종일 심사숙고하겠습니다. 뭔가를 생각해내야 하거든요.)
Pour animer les histoires que j'inventais, mon partenaire m'était indispensable. ⟨Beauvoir⟩
(내가 꾸며내는 이야기들을 부추기기 위해서는 나에겐 파트너가 필수적이었다.)
Ce sont des choses qui ne s'inventent pas. (그것은 꾸며낼 수 없는 것이다. 진짜다.)

invention

[in(=dans)+vent+er(s.v)] ⇒ (머리) 속에 떠오름 ⇒ 발명
명 발명, 발명품, 창의력, 창작, 술책, 속임수

동 création (창작, 발명, 발명품), découverte (발견, 발견물), trouvaille (의외의 발견)
faculté (능력), don (재능), créativité (창조성), imagination (상상력, 독창력, 거짓)
inspiration (영감, 착상), inventivité (창의성), combinaison (책략, 술책)
expédient (미봉책, 술책), ressource (수단, 방책), truc (속임수), fable (지어낸 이야기)
mensonge (거짓), fiction (허구), combine (계략, 책략수), manoeuvre (조작, 술책)

반 imitation (모방), réalité (현실, 사실), vérité (진리, 진실, 사실)

예문

> Le téléphone est une belle invention. (전화는 멋진 발명품이다.)
> Cette histoire est tout entière de son invention.
> (그 이야기는 순전히 그가 꾸며낸 것이다.)
> Nous étions si étroitement astreintes aux préjugés et aux lieux communs
> que la plus minime invention surprenait. 〈Beauvoir〉
> (우리는 너무나 엄중하게 편견과 상투적인 말에 구속되어 있어서 가장 적은 창의력이라도 그런 것들을 간파해내곤 하였다.)

inventaire

[in(=dans)+vent+aire(s.n)] ⇒ ~ 속에 들어온 것 ⇒ 목록
명 목록, 재산목록, 상품목록, 재고조사, 면밀한 점검, 상세한 검토

동 catalogue (목록, 카탈로그), dénombrement (열거, 조사), liste (목록, 명단)
recensement (조사, 검사), relevé (명세서, 일람표), récapitulation (요약설명)

예문

> Le notaire établit l'inventaire. (공증인이 재산목록을 작성한다.)
> Le commerçant fait un inventaire en fin d'année. (그 상인은 연말에 재고조사를 한다.)
> Faire l'inventaire des dégâts causés par les derniers orages.
> (지난 소나기로 야기된 피해의 목록을 작성하다.)
> Il lui paraît très urgent tout à coup de faire un inventaire précis de la pièce. 〈Butor〉
> (그 작품에 대한 정확한 검토를 하는 것이 그에게는 갑자기 위급해 보인다.)

intervenir

[inter(=entre)+venir] ⇒ 사이에 들어오다
동 개입하다, 간섭하다, 중재하다, 참가하다, 출동하다, 작용하다, 생기다, 일어나다, 행하여지다, 수술하다

동 arriver (일어나다), se produire (일어나다), avoir lieu (일어나다), survenir (돌발하다)
prendre part à (참가하다), s'entremettre (중개, 중재, 알선하다)
s'immiscer dans (참견, 간섭하다), s'ingérer dans (참견, 간섭하다)
se mêler de (참견, 개입하다), intercéder pour (중재, 개입하다), agir (작용하다)
jouer un rôle (역할을 하다), entrer en jeu (작용하다), opérer (수술, 작용하다)

반 s´abstenir (삼가다, 그만두다)

예문

Le père est intervenu auprès du proviseur en faveur de son fils.
(아버지는 자기 아들을 위해 교장에게 손을 썼다.)
Intervenir dans les affaires intérieures d´un État.
(국가의 내정에 간섭하다.)
Je suis intervenu dans la discussion pour les mettre d´accord.
(나는 그들을 화해시키려고 말다툼에 끼어들었다.)
Les pompiers interviennent pour éteindre l´incendie.
(불을 끄려고 소방수가 출동한다.)
Personne n´avait porté plainte : la gendarmerie n´avait pas à intervenir. 〈Aymé〉
(아무도 고소하지 않았었다. 그래서 헌병대가 개입할 필요가 없었던 것이다.)
De nouveaux facteurs sont intervenus pour provoquer ce désastre.
(새로운 요인들이 작용해서 이런 재해를 일으켰다.)
Une solution est intervenue dans le conflit entre la direction et les employés.
(노사간의 분쟁 중에 한 해결책이 생겼다.)
Après un examen rapide, le chirurgien décida d´intervenir immédiatement.
(재빨리 검사를 한 후에, 그 외과의사는 즉시 수술을 하기로 결정했다.)

intervention

[inter(=entre)+vent+ion(s.n)] ⇒ 사이에 들어옴
명 개입, 간섭, 중재, 참가, 발언, 작용, 발생, 외과수술

동 entremise (중개, 중재, 알선), intercession (중재, 조정, 간섭), médiation (조정, 중재)
bons offices (외교상의 조정), service (도움, 조력), aide (도움, 원조)
appui (원조, 후원), concours (협력, 경쟁), action (작용), immixtion dans (간섭, 개입)
intrusion (난입, 침입, 간섭), interposition (주개, 중재), recours (의지, 의뢰)
opération (작용, 수술)

반 abstention (기권), neutralité (중립), non-intervention (내정 불간섭, 불개입)

예문

Le malade a bien supporté l´intervention.
(환자는 수술을 잘 견뎌냈다.)
Je compte sur votre bienveillante intervention en ma faveur.
(나는 당신이 중재해 주실 것을 기대하고 있습니다.)
Les gens ne cachent pas qu´ils ne comptent plus sur le peuple de France, mais sur l´intervention étrangère. 〈Aragon〉
(사람들은 솔직히 그들은 프랑스 국민을 더 이상 신뢰하지 않으며 외국의 개입을 신뢰한다고 말한다.)
La conquête de César avait commencé par ce que nous appellerions une invention armée. 〈Bainville〉
(시저의 정복은 우리가 무장개입을 요청할 것이라는 사실에서부터 시작되었다.)

prévenir

[pré(=avant)+venir] ⇒ 앞서 오다 ⇒ 예상하다 ⇒ 예방하다
동 알리다, 예고하다, 예방하다, 미리 알아서 만족시키다, 감정을 갖게 하다

동 précéder (앞서다), devancer (앞서다), détourner (방향을 바꾸다), éviter (피하다) influencer (영향을 미치다, 감화를 주다), annoncer (알리다), avertir (알리다, 예고하다) aviser (알리다, 통지하다), informer (알리다), instruire (알리다, 통지하다)

반 tarder (지체하다), exciter (흥분시키다), provoquer (자극하다), se taire (입 다물다)

예문

Il nous faut prévenir l'attaque des ennemis.
(우리가 적의 공격을 미리 알려야 한다.)
Elle est venue le prévenir du changement intervenu en son absence.
(그녀는 그가 없는 동안에 일어난 변화를 그에게 알리러 왔다.)
Je vous préviens que je serai absent cet après-midi.
(나는 오늘 오후에 자리를 비울 것이라는 것을 알려 드립니다.)
S'il y a un accident au cours de l'opération, qui doit-on prévenir?
(수술 중에 사고가 나면 누구에게 알려야 합니까?)
Ils étaient prévenus qu'on ne les payerait pas, s'ils lui servaient des consommations à crédit. 〈Zola〉
(그들이 그에게 외상으로 음식을 제공한다면, 그들은 돈을 지불받지 못할 것이라고 통보받았다.)
Quand il était malade, elle prévenait tous ses désirs.
(그가 아팠을 때, 그녀는 그의 모든 욕구를 미리 알고 만족시켜 주었다.)
Prévenir toujours les désirs n'est pas l'art de les contenter, mais de les éteindre. 〈Rousseau〉
(욕구를 언제나 미리 알고 챙겨주는 것은 욕구를 만족시켜주는 기술이 아니라 욕구를 소멸시키는 기술이다.)
Sa simplicité nous prévient en sa faveur.
(그의 솔직성이 우리로 호감을 갖게 한다.)
Quelqu'un l'a prévenue contre moi.
(누군가가 그녀로 하여금 나에 대해 나쁜 선입관을 품게 했다.)
On ne peut pas aller chez eux comme ça sans prévenir.
(이렇게 예고도 없이 그들의 집에 갈 수는 없다.)
Il vaut mieux prévenir que guérir.
(치료보다 예방이 더 낫다.)
Persuadé que tous les penchants naturels sont bons, il ne s'agit que d'en prévenir l'abus. 〈Rousseau〉
(모든 천부적인 성향은 선하다고 확신한다. 다만, 그것의 남용을 예방하는 것이 중요하다.)
Elle prévenait les questions sur sa santé par de pudiques mensonges. 〈Balzac〉
(그녀는 정숙하게 거짓말을 함으로써 자기 건강에 관한 질문들을 회피하곤 하였다.)

prévention

[pré(=avant)+vent+ion(s,n)] ⇒ 앞서 옴 ⇒ 예상 ⇒ 예방
명 예방, 방지조치, 선입견, 편견, 반감, 구류, 고소

동 préjugé (편견, 선입관), jugement partial (편견), parti-pris (선입관, 편견)
opinion toute faite (선입관), idée préconçue (편견, 선입관), prévision (예측)
présupposition (예상, 전제), supposition (가정, 추측), conjecture (추측)
précaution (조심), accusation (고소)

예문

Il est difficile de juger sans prévention.
(선입관 없이 판단하기란 힘들다.)
L'accusé fera six mois de prévention.
(피고는 6개월간 구류될 것이다.)
Je suis arrivé au milieu de toutes les préventions suscitées contre moi, et j'ai tout vaincu. 〈Chateaubriand〉
(나에 대해 나쁘게 불러일으켜진 모든 반감이 한창일 때에 나는 도착했고, 그리고 나는 모든 것을 극복했다.)
Prévention routière (교통사고 방지대책)
Prévention médicale (예방의료)
Abandonner ses préventions (편견을 버리다)

provenir

[pro(=en avant)+venir] ⇒ (어디)에서 앞으로 나오다 ⇒ 유래하다
동 ..에서 유래하다, 나오다, 생기다

동 venir de (..로부터 오다), dériver de (..에서 유래하다), découler de (유래하다)
résulter de (결과로 생기다, 유래하다), être issue de (출신이다, 유래하다)
descendre de (출신이다, 후손이다)

예문

Ces fruits proviennent du midi.
(이 과일들은 남부지방에서 온 것이다.)
C'est un mot qui provient du latin.
(그것은 라틴어에서 온 말이다.)
La lumière provient du premier étage.
(불빛은 2층에서 나오고 있다.)
Cette détérioration semble provenir d'un mauvais rapport qualité-prix des produits français.
(이런 품질저하는 프랑스 제품의 품질과 가격간의 관계에 결함이 있는데서 유래하는 것 같다.)
Votre étonnement provient de ce que vous n'étiez pas au courant.
(당신이 놀라는 것은 잘 알고 있지 못했다는 데서 오는 것입니다.)
Ma déconvenue provenait de ce que Jean-Pierre ne fût pas mort ou séquestré.
(내 실망은 장 피에르가 죽지 않았거나 또는 유폐되지 않았다는 데서 오는 것이었다.)

revenir	[re(=de nouveau)+venir] ⇒ 다시 오다 동 다시 오다, 되돌아오다, 재발하다, 다시 착수하다(à), 벗어나다(de), 취소하다(sur), 생각나다, ..의 소관이다(à), 마음에 들다(à), 귀착하다(à)

동 repasser (다시 들르다), rentrer (돌아오다), retourner (되돌아오다)
rappliquer (되돌아오다), regagner (되돌아오다), guérir (치유, 회복되다)
échapper à (벗어나다), réchapper de/à (벗어나다, 회복하다)
convenir à (마음에 들다), plaire à (마음에 들다), appartenir (소속되다, 속하다)
échoir (재산이 굴러들어오다), incomber (떠맡겨지다), se remettre à (다시 시작하다)
se résumer à (요약되다), aboutir à (..에 귀착하다)

예문

Nous ne reviendrons plus dans ce restaurant, il est trop cher.
(이 식당에 다시는 오지 말자, 너무 비싸다.)
Et je reviens faire la paix avec Castel-Benac.
(그리고 나서 나는 Castel-Benac와 화해하기 위해 다시 돌아오는 길입니다.)
J'espère que le beau temps reviendra pour le week-end.
(주말에 날씨가 다시 좋아질 것이라고 희망한다.)
Un tel événement ne revient pas tous les ans.
(그와 같은 사건은 해마다 일어나지는 않는다.)
On en revient toujours à la même chose : personne ne veut prendre de responsabilités.
(결국 같은 이야기가 되는데, 아무도 책임을 지지 않겠다는 것이다.)
Nous en revînmes forcément à parler de la vie en général. 〈Céline〉
(우리는 불가피하게 전반적인 인생에 대해 이야기하기에 이르렀다.)
Je n'en reviens pas qu'il ait réussi à son examen.
(나는 그가 시험에 합격했다는 사실에 몹시 놀라고 있다.)
C'est à vous qu'il revient de diriger cette affaire.
(이 일을 이끌어가야 할 사람은 바로 당신이오.)
Je ne reviendrai pas sur ma décision. (나는 내가 결정한 것을 취소하지 않을 것이다.)
Puisque nous avons promis au juge de ne pas revenir sur cette affaire, il n'en faut plus parler. 〈Diderot〉 (우리가 이 문제를 재론하지 않겠다고 재판관에게 약속했기 때문에 더 이상 그것에 관해 이야기해서는 안 된다.)
Je l'ai rencontré au moment où il s'en revenait du marché.
(그가 시장에서 돌아오고 있을 때 나는 그를 만났다.)
Prêter cent euros à ce garçon, cela revient à les lui donner.
(이 소년에게 100유로를 빌려준다는 것은 결국 그에게 그것을 그냥 주는 것이다.)
Il a un air, des manières qui ne me reviennent pas.
(그는 내 마음에 들지 않는 태도와 표정을 짓고 있다.)
Quand je sentis contre moi le bras de la jeune fille, le calme et l'assurance me revinrent. 〈Duhamel〉
(나는 나와 맞대고 있는 그 소녀의 팔을 느꼈을 때, 나는 평온과 자신을 회복했다.)
Revenons à notre conversation de l'autre jour. (전날의 이야기를 계속합시다.)
Les soins du ménage reviennent à ma femme. (집안일은 내 아내의 소관이다.)

souvenir

[sou(=sous)+venir] ⇒ 마음속에 들어오다 ⇒ 생각나다
동 생각나다, 기억나다, 회상되다, 기억하다(se), 회상하다(se)

동 se rappeler (생각나다), se remémorer (회상하다), revoir (다시 생각나다)

반 oublier (잊다, 망각하다)

예문

Je ne me souviens pas de t'avoir dit cela!
(내가 너에게 그런 말을 한 생각이 나지 않는다.)
Je ne me souviens pas de ce que j'ai fait après 10 heures.
(나는 10시 이후에 무엇을 했는지 기억나지 않는다.)
Je ne me souviens pas qui m'a raconté cette histoire.
(나는 누가 나에게 그 이야기를 해 주었는지 기억하지 못하고 있다.)
Je me souviens qu'il faisait très froid ce jour-là.
(그날 몹시 추웠던 것이 기억난다.)
Après sa mort on se souviendra longtemps de lui.
(그가 죽은 후 사람들은 오랫동안 그를 기억할 것이다.)
Ce que furent les dix jours de remontée de ce fleuve, je m'en souviendrai longtemps. 〈Céline〉
(이 강의 수위가 10일 동안 상승했다는 사실을 나는 오래도록 기억할 것이다.)
Souviens-toi de lui téléphoner. (그에게 전화하는 것을 잊지 마라.)
Il ne me souvient pas de vous avoir rencontré.
(나는 당신을 만난 기억이 없습니다.)
Il me souvient d'avoir lu cela quelque part.
(어디서엔가 그것을 읽었던 기억이 난다.)

subvenir

[sub(=sous)+venir] ⇒ 아래로 (물건이) 들어오다 ⇒ 공급하다
동 원조하다, 보조하다, 조달하다, 공급하다

동 fournir (공급, 제공하다), pourvoir (공급하다, 마련해 주다)
satisfaire (충족하다, 채워주다), subventionner (보조금을 주다)
procurer (얻어주다, 마련해 주다), suffire (충족시키다)

예문

Il est maintenant en âge de subvenir à ses besoins.
(그는 이제 자기의 필요를 스스로 조달할 나이다.)
Vous ne pouviez subvenir à ses besoins. Il lui fallait une garde.
Vos salaires sont modestes. 〈Camus〉
(당신은 그녀의 필요를 공급해 줄 수가 없었습니다. 그녀에겐 간호사가 필요했는데,
당신의 월급은 넉넉하지도 못하고요.)
Dès que le besoin d'y subvenir ne nous oblige plus, nous ne savons que faire
de notre vie. 〈Gide〉
(그것을 공급해 줄 필요가 더 이상 우리를 강요하지 못하게 되자 우리는
우리 인생동안 무엇을 해야 될지를 모르게 된다.)

survenir

[sur+venir] ⇒ (갑자기) 위로 나오다 ⇒ 돌발하다
동 뜻밖에 오다, 돌발하다

동 advenir (일어나다, 우발하다), arriver (일어나다), se manifester (나타나다) apparaître (나타나다), intervenir (중재하다, 일어나다, 행하여지다) se produire (일어나다), se présenter (일어나다, 생기다, 나타나다)

예문

Un incident est survenu.
(어떤 사건이 돌발했다.)
Un visiteur importun est survenu au moment de notre départ.
(한 귀찮은 방문객이 우리가 떠나려 할 때 나타났다.)
Je savais qu'avec la montée des premières chaleurs surviendrait quelque chose de nouveau pour moi. 〈Camus〉
(초여름의 열기가 상승할 때에 나에게 새로운 뭔가가 일어날 것을 알고 있었다.)

Ⅳ. 보충어근

1 ACER, ACID, ACR
2 ANNI, ANNU, ENNA
3 AMB, AMBI
4 ALI, ALTER
5 ANTHROP
6 ARCH, ARCHI
7 AUD, AUDIT
8 AUTO, AUT
9 BIO
10 CHROM
11 CALOR(I)
12 CHRONE
13 CYCL, CYCLO
14 CIV
15 CORP, CORPOR
16 DEM, DEMO
17 DENT
18 DORM
19 DROME
20 FUM
21 GE, GEO
22 GER, GEST
23 GERM
24 GRAT
25 GRAV, GRAVI
26 GREG
27 HAB, HABIT, HIBIT
28 JAC, JEC, JET
29 JOINDRE, JONCT
30 LAV, LOT, LUG
31 LIBER, LIVR
32 LITTER, LETTRE
33 LIT, LICIT
34 LOC, LOCO
35 LOG
36 LOQU, LOC
37 LU, LUC, LUM
38 MAN, MANI
39 MARE, MARI
40 MEDI, MEDIO
41 MON, MONO
42 MULTI
43 MONTR, MONSTR
44 MORT, MOR
45 NAT, NAIS, NAIT
46 NOV, NOUV
47 OPER, OPUS
48 PATR, PATER
49 PED
50 PEL, PULS
51 PEND, PENS
52 PART, PORTION
53 PREM, PRIM, PRIN
54 POS, PON
55 POTEN, POSS
56 PUT, PT, PUTAT
57 ROG, ROGAT
58 SANG, SAIGN
59 ÉCRI, SCRI, SCRIPT
60 SIGN, SIGNI, SIN
61 SIMIL, SIMUL
62 SPOND, SPONS
63 SPECT
64 SOM, SOMP, SUM
65 STR(U), STRUCT
66 TACT, TANG
67 TEN, TENT, TIN
68 TEND, TENS, TENT
69 TEMP, TEMPO
70 TEST
71 TIR, TRAT, TRACT
72 TRIB
73 UN, UNI
74 VAL, VALID, VALU
75 VERS, VERT
76 VOIR, VOY, VU, VIS
77 VÉR, VÉRI
78 VI, VIT, VIV
79 VOC, VOQU

CLÉ NO 1

ACER, ACID, ACR

aigu(날카로운) aigre(신), amer(쓴)의 뜻

ACER는 바늘처럼 날카롭다는 의미이고,
ACID는 맛이 시큼하다는 의미이며,
ACR는 연기처럼 질식시킬 정도로 자극한다는 뜻.

접두사	어근	어휘	의미
-	ACER	acérer	날카롭게 하다, 신랄하게 하다
		acéré	뾰족한, 날카로운, 예리한, 신랄한
		acerbe	신, 신맛나는(=acide, aigre), 쓴, 비꼬는, 신랄한
		acerbité	신맛, 쓴맛, 신랄함, 독기
	ACID	acide	맛이 신(=aigre≠doux, sucré), 산성의, 신선한, 신 것, 산
		acidité	신맛, 산도(酸度), 산성도, 신랄함
		acidifier	산성화하다, 시게 하다
		acidification	산성화
	ACR	âcre	자극이 강한, 매운, 쓰라린, 신랄한(=acerbe, âpre)
		âcreté	쏘는 듯한 맛, 매운 맛, 신랄함, 쓰라림(=amertume)
		acrimonie	매운 맛, 신랄함, 독살스러움(=aigreur≠douceur)
		acrimonieux	매운 맛이 나는, 신랄한, 독살스러운(=agressif)

acidification [acid+fi(=faire)+er(s.v)] ⇒ 신 맛이 나게하다

CLÉ NO 2

ANNI, ANNU, ENNA

année, an(해, 년)의 뜻

라틴어 annus 에서 유래
enna는 모음의 약화형이다.

접두사	어근	어휘	의미
-	ANNI ANNU ENNA	anniversaire	명 기념일, 생일 형 기념일의
		annuel	해마다의
		annuité	연금(=rente, pension)
		annales	연대기(=chronique), 연보, 역사
BI		biennal	형 2년마다의(=bisannuel) 명 2년마다 열리는 예술제, 비엔날레
CENT		centennal	형 100년에 한번의 명 100년 회고전
		centenaire	100년제

anniversaire [anni(=année)+vers(=tourner)+aire(s.n.)] ⇒ 일 년마다 돌아오는 것

CLÉ NO 3

AMB, AMBI

autour (주위에), les deux (둘다)의 뜻

라틴어 ambo, ambio 에서 유래
그리이스어 amphi도 같은 계통이다.

접두사	어근	어휘	의미
-	AMB AMBI AMPHI	ambidextre	명 양손잡이(≠droitier 오른손잡이, gaucher 왼손잡이) 명 양손잡이의
		ambigu	모호한, 불확실한, 두 가지로 해석이 되는 (=incertain, obscur, ambivalent, équivoque) (≠clair, précis, univoque)
		ambiguïté	모호함, 애매함(=obscurité, incertitude) (≠clarté, précision, exactitude, rigueur, sûreté, justesse, austérité)
		ambivalence	양면성, 반대감정의 양립
		ambivalent	양면성을 지닌(=double), 반대감정이 양립한
		ambition	야망(=prétention), 갈망, 대망(=visée, but, désir)
		ambitieux	형 야심이 있는, 야심적인, 대망을 품은 (=présomptueux, prétentieux, vaniteux, orgueilleux) (≠humble, modeste, simple) 명 야심가(=carriériste)
		ambiance	환경(=atmosphère, climat, milieu, environnement) 분위기, 활기
		ambiant	주위의(=entouré)
		ambulance	순회, 이동 야전병원, 구급차(=SAMU 응급 의료구조 서비스)
		amphithéâtre	원형경기장, 계단강의실

ambigu [ambi(=deux)+ig(=agir)] ⇒ 양쪽으로 갈팡질팡하는

ambivalent [ambi(=deux)+val(=valeur)+ent(s.a)] ⇒ 양쪽 의미를 가지는

ambition [ambi(=autour)+it(=aller)+ion(s.n.)] ⇒ 이리저리 걸어다님

> ☺ 로마제국당시 흰 가운을 걸친 입후보자들이 자신의 유능함을 알리기 위해 야심을 품고 거리를 이리저리 돌아다닌 것에서 유래한 말이다.

ambulance [ambi(=autour)+lance(=couteau)] ⇒ 수술칼을 들고 돌아다님

amphithéâtre [amphi(〈ambi=autour)+théâtre] ⇒ 빙 둘러앉아 보는 극장

CLÉ NO 4

ALI, ALTER

autre (다른) 의 뜻

라틴어 alius, alter 에서 유래

접두사	어근	어휘	의미
-	ALTER	alterner	번갈아 하다, 교대하다, 윤작하다
		alternation	교체, 교대, 왕복
		alternatif	교대의(≠continu), 양자택일의, 선택적인, 교체, 교대, 양자택일
		alternativement	교대로, 번갈아, 차례로
		alternant	번갈아 오는, 교대하는, 교체하는
		alternance	번갈음, 교대, 교체(=alternation)
		alterer	변하게 하다, 변질시키다, 악화시키다, 왜곡하다
		alteration	변질, 변화악화, 변색, 동요, 감동
		alter ego	제3의 나, 나의 분신, 심복
		altercation	말다툼, 언쟁
	ALI	alibi	알리바이, 현장부재증명, 핑계, 구실
		alias	일명, 또 다른 이름으로는(=autrement dit)
		aliénable	양도할 수 있는
IN(=non)		inaliénable	양도할 수 없는

CLÉ NO 5

ANTHROP

homme (사람)의 뜻

그리이스어 anthropos 에서 유래,
문자적으로 "위를 바라보는 존재" 라는 뜻이 있다.

접두사	어근	어휘	의미
-	ANTHROP	anthropocentrique	인간중심적인
		anthropoïde	사람과 비슷한
		anthropologie	인류학
		anthropologique	인류학의
		anthropologiste	인류학자
		anthropologue	인류학자
		anthropophagie	식인풍습
		anthropophage	식인종
PHIL(=amour)		philanthrope	박애가, 자선가
		philanthropie	박애 , 자선(=charité)
MIS(=mal)		misanthrope	염세가
		misanthropie	인간 혐오, 불신(=méfiance)

CLÉ NO 5 ARCH, ARCHI

chef (으뜸), règne (통치), ancien (옛)의 뜻

그리이스어 archos 에서 유래
ARCH-, ARCHI-는 souverain, chef (으뜸, 상위, 대단히)
ARCHIE-는 gouvernement, règne (지배, 통치, 정치, 정부)
ARCHEO-는 ancien (옛, 고대)를 뜻한다.

접두사	어근	어휘	의미
		archange	천사장
		archevêque	대주교, 대감독
		archicomble	초만원의
		archiplein	초만원의
	ARCH	architecte	건축가(=bâtisseur, constructeur≠démolisseur, destructeur 파괴자), 창시자(=créateur), 고안자(=inventeur)
-		architecture	건축술(=architectonique), 건축양식, 건축물, 구조(=forme, structure, charpente)
	ARCHI	archéologie	고고학(=paléographie 고문서학, préhistoire 선사학)
		archives	고문서, 고문서 보관소, 사료관(=bibliothèque)
		archaïque	고풍의, 시대에 뒤떨어진, 구식의(=ancien, périmé, démodé, désuet, caduc, primitif) (≠moderne (현대적인), décadent (퇴폐적인)
	ARCHIE	archaïsme	예스러운 말투, 고어취미, 고대모방 (≠modernisme, nouveauté)
AN (=non)		anarchie	무정부상태, 무질서(≠ordre), 혼돈(=désordre, confusion, bordel, chaos)
HIER (=saint)	ARCHEO	hiérarchie	계급제도, 계급(=ordre), 서열(=classement), 단계(=grade)
MON (=seul)		monarchie	군주정치, 군주제(=royauté, royaliste) (≠aristocratie 귀족정치, démocratie 민주주의, république 공화정)
		monarque	군주(=empereur 황제, potentat 전제군주, roi 왕, souverain 지배자, autocrate 전제군주)
PATRI		patriarche	족장, 가장, 노인, 대주교

patriarche [patri(=père)+arche] ⇒ 가족의 우두머리

anarchie [an(=non)+archie] ⇒ 통치자가 없는 상태

hiérarchie [hiér(=saint)+archie] ⇒ 신성한 통치단계

monarque [mon(〈mono=seul)+arche] ⇒ 단독으로 통치하는 사람

CLÉ NO 7

AUD, AUDIT

entendre (듣다), écouter (경청하다)의 뜻

라틴어 audire, auditus(p.p) 에서 유래

접두사	어근	어휘	의미
-	AUD AUDIT	audible	들을 수 있는, 가청(可聽)의
		audibilité	청취할 수 있음, 가청도
		audience	청중, 청취자, 시청자, 회담, 회견(=entretien), 지지, 찬동
		audition	듣기, 청취, 청력, 오디션, 독주회, 연주회
		auditeur	듣는 사람, 청자(≠locuteur), 청강생
		auditif	귀의, 청각의
		auditorium	강당, 홀, 방송실, 스튜디오
		audiofréquence	가청주파수(可聽周波數)
		audio-visuel	시청각의, 시청각장치
		audiogramme	청력도
		audiphone	보청기

CLÉ NO 8

AUTO, AUT

de soi-même (스스로), par soi-même (독력으로)의 뜻

헬라어 autos 에서 유래

접두사	어근	어휘	의미
-	AUTO AUT	autocrate	독재군주, 전제군주
		autocratie	독재정치, 전제정치 absolutisme (전제정치), arbitraire (독단), tyrannie (폭정), dictature (독재)
		autocratique	독재의
		autarcie	자급자족, 자립
		autographe	자필, 서명, 자필의
		automation	자동장치, 오토메이션
		automate	자동장치, 자동인형, 꼭두각시
		automatique	자동의, 기계적인(=machinal, mécanique), 필연적인(=forcé), 틀림없는(=sûr)
		automobile	자동차(=auto, voiture, véhicule), 자동의
		autobiographie	자서전
		autogamie	자가생식
		autogène	자가발생, 자생
		autogestion	자주관리
		autocollant	스티커
		autonomie	자치(=indépendance), 자치권, 자율(=liberté)
		autonome	자치권 있는, 자주적인(=indépendant, libre)

CLÉ NO 9

BIO

vie (생명, 생물, 생활)의 뜻

헬라어 bios에서 유래, 라틴어 vivere와 같은 계통이다.
접미사 –bie도 같은 의미이다. (amphibie 수륙양서의)

접두사	어근	어휘	의미
-	BIO	biochimie	생화학
		biologie	생물학, 생태학
		biologique	생물학의, 생명에 관한
		biologiste	생물학자
		biographie	전기, 전기학
		biographique	전기의, 전기적인
		biographe	전기 작가
		bioplasme	원형질, 원생질
		biotique	생명의
		biogéographie	생물지리학
		biognose	생명학

biogéographie [bio+géo(=terre)+graphie(=écrire)] ⇒ 생물체와 지리를 기술하는 학문
biognose [bio+gnose(=connaissance)] ⇒ 생명에 대한 인식

CLÉ NO 10

CHROM

couleur (색)의 뜻

헬라어 chroma 에서 유래

접두사	어근	어휘	의미
-	CHROM	chrome	크롬, 황연
		chromatisme	색수차
		chromogène	색채발생
		chromosome	염색체
		chromatiser	무지개색으로 하다
		chromophotographie	천연색사진술
HÉLIO (=soleil)		héliochromie	천연색사진
POLY (=beaucoup)		polychrome	다색의

polychrome [poly(=beaucoup 많이)+chrome(=couleur 색)] ⇒ 색이 많은
héliochromie [hélio(=soleil 태양)+chrom(=couleur 색)+ie(s.n)] ⇒ 태양 빛의 색

CLÉ NO11

CALOR(I)

chaleur (열기)의 뜻

라틴어 calor(i) 에서 유래, 그리이스어 therm 와 같다.
불어에서는 chaud, chaleur 등의 변이형들이 생겼다.

접두사	어근	어휘	의미
-	CALOR CALORI CHAU CHAL	calorie	칼로리 (열량의 단위)
		calorique	열을 내는, 열의, 칼로리의(=énergétique)
		calorifique	열을 발생하는 (=thermique 열의, calorique 열을 내는)
		calorimètre	열량계
		calorifuge	형 단열의, 내화성의 명 단열재(=isolant)
		chauffer	덥히다(=brûler, calciner, griller, échauffer), 뜨거워지다, 부추기다, 흥분하다, 현장에서 체포하다(=surprendre), 훔치다(=voler) (≠rafaîchir 서늘하게 하다, refroidir 식히다)
		chauffage	난방, 난방기구 (=brasero 화로, cheminée 벽난로, poêle 난로) (≠réfrigération 냉각, 냉동, refroidissement 냉각)
		chaud	형 더운, 뜨거운, 열렬한, 격렬한 명 더움, 뜨거움 (=bouillant 뜨거운, brûlant 불타는, tropical 열대성의, violent 격렬한, vif 격렬한, ardent 열렬한, zélé 열성적인, enthousiaste 열광한, animé 흥분한) (≠froid 추운, frais 시원한, glacé 찬, calme 침착한)
		chaudière	보일러, 가마솥
		chaudron	냄비, 작은 솥, 엉터리 악기(=casserole)
		chaleur	열, 열기, 더위, 열심, 열정, 격정 (=canicule 무더위, ardeur 혹서, 열의, enthousiasme 열광, engouement 열광, 열중, excitation 흥분, exaltation 흥분, 열광, 찬양) (≠tiédeur 미지근함, froid 추위, froideur 냉담)
		chaleureux	열렬한, 열심의, 진정어린 (=ardent (열렬한), enthousiaste (열광한, 열중한) (≠tiède (열성없는), froid (냉담한), glacé (냉담한)
NON		nonchalant	무관심한(=insouciant), 맥없는(=indolent), 나른한 (≠actif, ardent 열렬한, vif 발랄한, zélé 열성적인)
		nonchalance	무기력(=apathie, langueur, inertie, indolence), 무관심(=négligence), 무사태평(=insouciance) (≠ardeur 열의, entrain 활기, vivacité 활발, zèle 열광)

☺ chaleur ⇒ 신체의 체질이나 성향으로 부추겨진 관능적인 격정.
fougue ⇒ 구속을 싫어하는 격렬하고 돌발적인 정열.
impétuosité ⇒ 억제할 수 없는 저돌적인 격정.
véhémence ⇒ 내적인 강렬한 감정.
emportement ⇒ fougue 보다 더 전후를 고려하지 않는 흥분.
violence ⇒ emportement 와 비슷하나 더 영속적인 격렬함.

CLÉ NO 12 CHRONE

temps (시간, 때)의 뜻

라틴어 chronica, 헬라어 khrônos 에서 유래

접두사	어근	어휘	의미
-	CHRONE	chronique	연대기, 기사, 만성의
		chrono	스톱워치(=chronomètre)
		chronologie	연대학, 연보
ANA (=non)		anachromisme	시대착오
DIA (=travers)		diachronique	통시적인
SYN (=avec)		synchrone	동시의

synchrone [syn(=avec 함께)+chrone(=temps 때)] ⇒ 시간을 함께 하는

CLÉ NO 13 CYCL, CYCLO, CIRCUL, CERCL

roue (바퀴), cycle (주기), cercle (원)의 뜻

CYCL, CYCLO는 헬라어 kuklos 에서 유래
CIRCUL, CERCL은 라틴어 circulare, circulus cyclos에서 유래

접두사	어근	어휘	의미
-	CERCL	cercle	원, 범위, 주기, 순환, 모임, 서클, 타이어
		cerclé	둘러싸인
		cercler	둘러싸다
-	CIRCU(L)	circuit	둘레, 일주, 회로
		circulaire	원을 그리는, 원형의, 순환하는
		circulation	순환, 통행, 전파(=propagation), 유통
		circuler	돌다, 순환하다, 왕래하다, 전해지다
-	CYCL CYCLO	cycle	순환, 주기, 2륜 자전거
		cyclique	순환하는, 주기적인
		cycliste	자전거 선수, 자전거 타는 사람
		cyclotourisme	자전거 여행
		cyclone	사이클론, 저기압, 태풍(=ouragan, tempête), 회오리바람(=tourbillon)
BI (=deux)		bicyclette	자전거(=bécane, vélo)
HÉMI(=demi)		hémicycle	반원
MOTO		motocycle	모터사이클
EN (=dans)		encyclopédie	백과사전
		encyclopédique	광범위한

CLÉ NO14

CIV

citoyen (시민)의 뜻

라틴어 civis 에서 유래
현대불어에서는 civil (시민, 공민)의 의미로 쓰인다.

접두사	어근	어휘	의미
-	CIV	civique	시민의, 공민의
		civil	시민의, 공민의, 민간인, 민사
		civilité	정중함, 예의, 공손한 말씨
		civiliser	개화시키다, 교화하다
		civisme	공민정신, 공공심
		civilisation	개화, 교화(=progrès), 문화(=culture), 문명(≠barbarie)
		civilisateur	개화시키는, 개화자, 교화자

CLÉ NO15

CORP, CORPOR

corps (신체)의 뜻

라틴어 corpus, corpor 에서 유래

접두사	어근	어휘	의미
-	CORP CORPOR	corpulent	비만한, 뚱뚱한, 살찐(=gros≠maigre)
		corpulence	비만, 비대
		corpuscule	소체, 미립자, 원자, 전자
		corps	신체, 육체, 단체
		corporal	신체의, 육체의
		corporel	신체상의, 육체적인
		corporéité	유체성
		corporation	동업자, 동업조합
IN (=dans)		incorporer	합치다, 구체화하다, 가입시키다
		incorporation	합체, 합병
		incorporel	무형의

corpulent [corp(=corps 신체)+ulent(=plein 가득찬, s.a)] ⇒ 가득찬 신체의

CLÉ NO 16

DEM, DEMO

peuple (국민)의 뜻

헬라어 demos 에서 유래

접두사	어근	어휘	의미
-	DEM DEMO	démagogue	민중선동가
		démagogie	민중선동
		démocratie	민주주의, 민주사회
		démocrate	민주주의자
		démocratiquement	민주적으로
		démocratiser	민주화하다
		démographie	인구통계학
		démotique	민중의, 통속적인

démagogue [dem(=peuple 국민)+ago(〈agein=agiter)+gue(s.n)] ⇒ 국민을 흔드는 사람

CLÉ NO 17

DENT

dent (이, 치아)의 뜻

라틴어 dens, dent- 에서 유래

접두사	어근	어휘	의미
-	DENT	dent	치아, 이
		dentaire	이의, 치아의
		dentine	상아질
		dentiste	치과의사
		dentier	의치, 틀니
		dentifrice	치약
		dentelle	레이스
		dentilabial	순치음의
		dent-de-lion	민들레

CLÉ NO 18

DORM

dormir (잠자다)의 뜻

라틴어 dormire, dormitus(p.p) 에서 유래

접두사	어근	어휘	의미
-	DORM	dormir	잠자다, 움직이지 않다(≠remuer)
		s'endormir	잠들다, 잠들어버리다
		dorme	잠, 수면(=somme, sommeil)
		dormant	잔잔한, 움직이지 않는(=stagnant, fixe)
		dormeur	잠꾸러기, 잠자는 사람
		dormichonner	꾸벅꾸벅 졸다
		dormition	성모의 죽음

CLÉ NO 19

DROME

courir (뛰다)의 뜻

헬라어 drome 에서 유래

접두사	어근	어휘	의미
-	DROME	dromomanie	방랑벽
AÉRO (=air)		aérodrome	비행장, 공항(=aéroport)
HIPPO (=cheval)		hippodrome	말경주장
VÉLO (=bicyclette)		vélodrome	자전거 경주장
PRO (=devant)		prodrome	전조, 조짐(=présage, signe)
SYN (=avec)		syndrome	증후군

CLÉ NO 20

FUM

fumée (연기), fumer (연기 나다)의 뜻

라틴어 fumus 에서 유래
연기, 냄새, 분노, 소독 등의 의미가 파생된다.

접두사	어근	어휘	의미
-	FUM	fumée	연기
		fumer	담배피우다, 연기가 나다, 화내다
		fumé	연기를 쐰
		fumeux	연기가 자욱한
		fumeur	흡연실
		fumant	쉽게 화내는
		fumeron	애연가
		fumigation	훈증, 훈증소독법
		fumigatoire	훈증 소독약
		fumigateur	훈증 소독기

CLÉ NO 21

GE, GEO

terre (지구, 땅), sol (토양)의 뜻

그리이스어 ge 에서 유래
모든 생물과 관련하여 두루 쓰인다.

접두사	어근	어휘	의미
-	GE GEO	géographie	지리학, 지리, 지형
		géologie	지질학, 지질
		géométrie	기하학
		géocentrique	지구중심의
		géode	정동(晶洞)
		géogénie	지구 생성론
		géomètre	기하학자
		géométrique	기하학적인
		géologue	지질학자
		géodésie	측지학
		géodynamique	지질 동력학
		géomorphologie	지구형태의
		géopolitique	지정학
		géorgique	농경의

CLÉ NO 22

GER, GEST

porter (나르다), gérer (관리하다)의 뜻

라틴어 gerere, gestus(p.p) 에서 유래

접두사	어근	어휘	의미
-	GER GEST	gérer	관리하다, 경영하다(=administrer)
		gestion	관리, 경영, 운영(=administration)
		gestation	임신(=conception, grossesse), 잉태, 준비작업
		geste	손짓, 몸짓, 시늉(=signe), 거동(=action), 무훈시
BELLI (=guerre)		belligérant	교전중의, 호전적인
		belligérance	교전상태
CON (=avec)		congestionner	충혈시키다, 막다, 혼잡하게 하다 (=encombrer)
		congestion	밀집, 과잉, 충혈
DI (=loin)		digérer	소화하다, 참다(=supporter)
		digestion	소화, 이해, 인내
		digestif	소화의, 소화제, 식후의 술(≠apéritif)
EXA (=dehors)		exagérer	과장하다
		exagération	과장, 과도

belligérant [belli(=guerre 전쟁)+gér(=porter)+ant(s.a)] ⇒ 전쟁을 실어나르는

digérer [di(〈dis=loin, absent)+gérer(=porter)] ⇒ 멀리 보내다

CLÉ NO23

GERM

accoucher (낳다)의 뜻

라틴어 germen에서 파생된 것으로, 〈존재의 시초〉를 의미한다. 여기서, 〈세균, 싹〉이라는 뜻이 파생되었다.

접두사	어근	어휘	의미
-	GERM	germe	배자, 싹, 씨, 기원
		germain	밀접한 관계가 있는
		germicide	살균력이 있는
		germinal	새싹의, 초기의
		germination	발아, 발생
		germinatif	싹트는, 발아하는
		germer	싹트다, 발아하다

CLÉ NO24

GRAT

plaisant (기분좋은) 의 뜻

라틴어 gratus, gratulari, gratulatus(p.p) 에서 유래

접두사	어근	어휘	의미
-	GRAT	gratifier	기쁘게 하다, 만족시키다
		gratitude	감사, 사의(=reconnaissance)
		gratification	사례금, 팁(=pourboire), 하사금, 보너스(=prime)
		gratis	공짜로, 무료로(=pour rien)
		gratuit	공짜의, 무료의
IN (=non)		ingrat	배은망덕한(≠reconnaissant)
		ingratitude	배은망덕

CLÉ NO 25

GRAV, GRAVI

grave (무게 있는)의 뜻

라틴어 gravis 에서 유래

접두사	어근	어휘	의미
-	GRAV GRAVI	grave	무게 있는, 근엄한(=austère), 중요한(=important), 심각한(=sérieux)
		gravité	중력, 인력(=attraction, gravitation), 장중함(=austérité), 중대성
		gravifique	인력의, 중력의
		graviter	인력에 끌리다, 침강하다
		gravitation	인력, 중력(=attraction), 침강, 경향
		gravimètre	중력계
		gravide	임신한(=enceinte)
AG (〈ad)		aggraver	악화시키다, 괴롭히다

CLÉ NO 26

GREG

groupement, rassemblement (집합)의 뜻

라틴어 grex, gregis 에서 유래
어근 MOV와 같은 의미이며,
헬라어 agora 와도 어원적으로 동일하다.

접두사	어근	어휘	의미
-	GREG	grégaire	군거의
		grégarien	군거의
A (=à)		agréger	모으다
		agrégation	집단, 집합체
SÉ (=à part)		ségrégation	분리, 격리, 인종차별
		ségrégatif	격리하는, 인종차별대우의
		ségrégé	분리의, 격리의
		ségrégué	분리의, 격리의
		ségrégationniste	격리론자, 인종차별주의자
DÉ+SÉ		déségrégation	인종차별 철폐

CLÉ NO 27

HAB, HABIT, HIBIT

avoir (가지다), habiter (거주하다)의 뜻

HAB, HABIT는 라틴어 habere(=avoir)에서 유래했으며,
HABIT는 라틴어 habitare(=habiter)에서 파생됐으며,
접두사가 와서 모음이 약화되면 HIBIT의 형태가 된다.

접두사	어근	어휘	의미
-	HAB HABIT	habitude	버릇, 습관(=coutume), 기질
		habit	옷, 복장(=vêtement)
		s'habiller	옷을 입다(=se vêtir)
		habitable	거주할 수 있는
		habitat	산지, 서식지, 주소
		habitation	거주, 주택, 주소
		habituel	습관적인, 평소의
		s'habituer (à)	익숙해지다(=s'accoutumer à)
		habiter	거주하다(=demeurer)
		habitant	주민, 거주자
CO (=avec)		cohabiter	동거하다, 공존하다, 공동생활을 하다
		cohabitation	동거, 공존, 공동생활
RÉ (=nouveau)		réhabiliter	회복하다, 부흥하다
EX (=dehors)	HIB HIBIT	exhiber	진열하다(=exposer, étaler), 보여주다(=montrer), 제출하다(=produire), 과시하다
		exhibition	전시(=exposition), 과시(=étalage), 제출(=production)
		exhibitionniste	노출증 환자, 노출증의
IN (=dans)		inhiber	억제하다, 억압하다, 금하다
		inhibition	억제, 저해, 억압, 금지(=interdiction)
PRO (=avant)		prohiber	금하다, 금지하다(=défendre, interdire)
		prohibé	금지된(=défendu, interdit)
		prohibition	금지(=interdiction), 금제, 수입금지
		prohibitif	금지하는, 제한적인
		prohibitisme, prohibitionnisme	보호무역주의

exhiber [ex(=dehors)+hib(=avoir)+er(s.v)] ⇒ 밖에 가지고 있다 ⇒ 진열하다
prohiber [pro(=avant)+hib(=avoir)+er(s.v)] ⇒ 앞에 가지고 있다 ⇒ 가로 막다

CLÉ NO 28

JAC, JEC, JET, JECT

jeter (던지다)의 뜻

라틴어 jacere, jactus(p.p) 에서 유래

접두사	어근	어휘	의미
-	JAC JEC JET JECT	jeter	던지다(=lancer)
AB (=loin de)		abject	천한, 비열한(=ignoble, répugnant)
		abjection	비열(=avilissement), 비천, 경멸(=mépris, dédain, mésestime≠estime)
AD (=vers)		adjacent	이웃의, 인접한(=voisin), 부근의
		adjectif	형용사
CON (강조)		conjecturer	추측하다, 짐작하다(=présumer, prévoir)
		conjecture	억측, 추측, 짐작(=hypothèse, supposition)
É(〈ex)		éjaculer	사출하다, 사정하다, 절규하다(=s′exclamer, crier)
		éjaculation	사정, 사출
		éjecter	배출하다(=évacuer), 내쫓다
		éjection	배출(=évacuation), 방출, 분출
IN (=dans)		injecter	주입하다, 주사하다
		injection	주입, 주사
		injecteur	연료분사장치, 주입기
INTER (=entre)		interjection	감탄사, 간투사
OB (=vers)		objet	목표, 대상, 물체
		objection	반대(=opposition), 불복
		objectif	명 목표 형 객관적인(≠subjectif)
PRO (=avant)		projeter	계획하다, 분출하다, 투사하다
		projet	계획, 기획(=programme≠exécution), 초안
		projectile	방사물, 발사체, 탄환(=balle), 포탄(=obus)
		projection	사출, 발사, 분출, 투영
RE		rejeter	되던지다, 내쫓다(=chasser), 내던지다
		rejet	버리기, 폐기, 거절, 거부
SU(B) (=sous)		sujet	명 주제, 테마, 동기 형 ~하기 쉬운
		subjectif	명 주관 형 주관적인, 주어의

adjacent [ad(=proche)+jac(=jeter)+ent(s.a)] ⇒ 가까이 던져있는

injecter [in(=dans)+ject(=jeter)+er(s.v)] ⇒ 안으로 던져넣다

objet [ob(=vers)+jeter] ⇒ 앞에 던져진 것 ⇒ 목표

sujet [su(=sous)+jeter] ⇒ ... 아래에 던져진 것 ⇒ 주제

projeter [pro(=avant)+jeter] ⇒ 앞으로 던지다

CLÉ NO 29

JOINDRE, JONCT

joindre (합치다)의 뜻

라틴어 jungere, junctus(p.p) 에서 유래

접두사	어근	어휘	의미
-	JOINDRE JONCT	joindre	합치다, 잇다(=attacher), 첨가하다(=ajouter), 합류하다(=toucher), 만나다(=rencontrer)
		jonction	접합, 합류, 교차, 교차점(=point de joction)
AD (=à)		adjoindre	첨가하다, 덧붙이다(=ajouter)
		adjoint	조수(=aide), 보조의
CON (=avec)		conjoindre	결합하다, 연합하다(=unir, assicier, lier)
		conjonction	결합, 연결(=union, combinaison, association, liaison), 접속사
		conjoncture	국면(=aspect, phase, situation), 경우(=cas, occasion), 위기(=crise)
		conjonctif	결합적인, 접속적인
DIS (=séparé)		disjoindre	떼어놓다, 분리하다(=séparer)
		disjonctif	분리성의, 이접적인
EN		enjoindre	지시하다, 명령하다(=commander, ordonner)
IN		injonction	명령(=ordre, commandement), 법정명령
SUB		subjonctif	접속법(의)

CLÉ NO 30

LAV, LOT, LUG, LUT

laver (세탁하다)의 뜻

라틴어 lavare, lotus(p.p) 에서 유래

접두사	어근	어휘	의미
-	LAV LOT LUG LUT	laver	세탁하다
		lavage	세탁, 빨래
		laverie	빨래터, 세탁장
		lavabo	세면대
		lotion	화장수, 로숀
AB		ablution	목욕재계
DÉ DI (=double)		déluge	대홍수, 범람(=innondation), 호우
		diluvial	대홍수의
		diluer	묽게 하다
		dilution	희석

CLÉ NO31

LIBER, LIVR

libre (자유로운)의 뜻

라틴어 liber 에서 유래, 같은 어원으로
〈책〉을 의미하기도 하는데 혼동하지 않도록 한다.
(livre 책, libraire 책장수, librairie 서점)

접두사	어근	어휘	의미
-	LIBER LIVR	liberté	자유
		libérer	자유롭게 하다, 해방하다
		libérateur	해방자, 석방하는 사람
		libéral	자유로운, 너그러운(=général)
		libéralité	관대(=générosité, tolérance, indulgence), 공평무사
		libertin	방탕한(=débauché≠ascétique), 무신앙의(=irréligieux≠dévot), 자유사상가
		libre	자유로운, 한가한
		libéraliser	자유화하다, 완화하다
		libéralisation	자유화
		libéralisme	자유주의
		livrer	넘겨주다, 배달하다
		livraison	인도(=transfert), 배달(=distribution)
DÉ (강조)		délivrer	해방하다(=émanciper, affranchir), 구출하다(=sauver, sauvegarder)
		délivrance	구출(=sauvetage), 해방, 의견, 진술

CLÉ NO32

LITTER, LETTRE

lettre (철자)의 뜻

라틴어 littera 에서 유래

접두사	어근	어휘	의미
-	LITTER LETTRE	lettre	철자, 글자, 문자
		littérature	문학, 문예
		littéraire	문학의, 문학적인
		littéral	문자의, 글자대로의

CLÉ NO 33

LIT, LICIT

permis (허가)의 뜻

라틴어 licere 에서 유래

접두사	어근	어휘	의미
-	LIT LICIT	licence	허가(permission, autorisation), 면허, 승낙(=consentement, approbation)
		licencieux	방탕한, 외설스런, 난잡한(=obscène, grivois≠chaste)
		licite	합법적인(=légal), 정당한(=juste)
IL(〈in)		illicite	불법적인(≠illégal), 부정한, 불륜의(=adultère)
		illicitement	부정하게, 불륜으로

CLÉ NO 34

LOC, LOCO

lieu (장소)의 뜻

라틴어 locus 에서 유래

접두사	어근	어휘	의미
-	LOC LOCO	locomotive	기관차
		locomotion	운동, 이동, 교통기관(=véhicule)
		locomoteur	이동하는, 운전의
		local	지방의, 국부의
		localiser	위치시키다, 국한하다
		localisation	위치결정, 국지화
		localité	장소(=endroit, lieu), 지방, 현장

CLÉ NO 35

LOG

parole (말)의 뜻

헬라어 logos 에서 유래

접두사	어근	어휘	의미
-	LOG	logique	논리학, 논리, 논리학의, 논리적인
		logicien	논리학자
		logiciel	소프트웨어(≠matériel)
DIA (=à travers)		dialogue	대화(=conversation)
ÉPI (=supérieur)		épilogue	종장, 결말(=dénouement, terme)
MONO (=seul)		monologue	독백(=soliloque)
PRO (=en avant)		prologue	머리말(préface, avant-propos)
SYL (=avec)		syllogisme	삼단논법

CLÉ NO 36

LOQU, LOC

parler (말하다)의 뜻

라틴어 loquor, locutus 에서 유래
parole를 의미하는 log, logue 와 같은 계열의 어근이다.
lieu (장소)를 의미하는 어근 LOC 와 구별할 수 있어야 한다.

접두사	어근	어휘	의미
-	LOQU	loquace	말 많은, 수다스런(=bavard), 시끄러운
		loquacité	다변, 수다(=bavardage), 떠들썩함
		locution	어법, 표현(=expression, tournure), 숙어(=expression idiomatique)
		locuteur	화자(≠auditeur)
AL(<ad)		allocution	훈시(=sermon, harangue)
CIRCON (=autour)		circonlocution	완곡한 어법
É (=hors de)	LOC	élocution	화술
		éloquence	웅변, 능변, 웅변술, 수사법
		éloquent	웅변의, 웅변에 뛰어난, 감명적인
SOLI (=seul)		soliloque	혼잣말, 독백(=monologue)
		soliloquer	혼자 말하다, 독백하다
INTER (=entre)		Interlocuteur	대담자, 대화자

CLÉ NO 37 LU, LUC, LUM, LUN, LUS

lumière (빛)의 뜻

라틴어 lux, licis, lumen 에서 유래

접두사	어근	어휘	의미
-	LU LUC LUM LUN LUS	luire	빛나다, 반짝이다(=briller, éclairer), 비치다
		luisant	빛나는(=brillant), 번쩍이는, 투명한(=transparent, limpide), 광택, 윤(=éclat)
		lumière	빛(=clarté, rayon, lueur)
		lumineux	밝은(=clair, éclairé)
		luminosité	빛남, 찬란함, 조명도, 밝기
		luminaire	조명기구, 천체, 태양
		luminescence	발광, 냉광
		luminescent	발광성의, 빛나는
		lune	달
		lunatique	변덕스러운(=capricieux, changeant, inconstant)
		lucide	투명한(=transparent, limpide), 맑은(=pur), 명석한(=clairvoyant)
		lucidité	명석, 명철(=claircoyance, clarté)
		lustre	윤, 광택(=éclat), 샹들리에
		luxe	사치, 호사(=faste, magnificence), 호화
		luxueux	사치스러운, 호화로운(=fastueux, somptueux, splendide)
É(〈ex)		élucider	밝히다, 설명하다
IL(〈in)		illusion	착각, 환각, 공상(=fantaisie, rêverie)
		illusionner	착각을 일으키게 하다
		illumination	조명, 계시(=révélation), 계몽(=éclaircissement, instruction, édification)
		illuminer	밝게 하다, 비추다(=éclairer), 계몽하다(=instruire, éclairer, édifier)
		illustrer	삽화를 넣다, 예증하다(=éclairer, démontrer), 이름을 빛내다
		illustration	삽화, 예증(=démonstration), 해설, 저명함(=célébrité, notoriété)
		illustré	삽화가 들어있는, 저명해진
		illustre	저명한(=célèbre, fameux, connu)

CLÉ NO 38

MAN, MANI, MANU

main (손), avec la main (손으로)의 뜻

라틴어 manus에서 유래, maniaque(편집광의, 괴벽있는)의 mani는 〈광(狂), 벽(癖)〉의 뜻이다.

접두사	어근	어휘	의미
-	MAN MANI MANU	manuel	손의, 손으로 하는, 개요(=résumé, abrégé, aperçu, sommaire)
		manufacture	제조, 제작(=fabrication, production)
		manier	다루다, 조작하다(=manoeuvrer, traiter)
		manière	방법, 방식(=façon)
		maniable	다루기 쉬운, 조종하기 쉬운, 온순한
		manoeuvre	조작(=maniement), 일꾼, 잡역부
		manifester	표명하다, 발표하다(=exprimer), 시위하다, 데모하다
		manifestation	표시, 표명, 시위운동
		manipuler	취급하다, 다루다(=manoeuvrer, traiter)
		manipulation	취급, 실습, 막후공작
		manuscrit	손으로 쓴, 원고(=copie)
É(〈ex)		émanciper	해방하다(=libérer, délivrer)
		émancipation	해방(=libération)

émanciper [é(〈ex=dehors)+man(=main)+cip(〈capere=prendre)+er(s.v)]

CLÉ NO 39

MARE, MARI, MER

mare(호수, 연못), mer(바다)의 뜻

라틴어 mare 에서 유래

접두사	어근	어휘	의미
-	MARE MARI MER	mare	호수, 연못(=étang)
		marin	바다의, 해양의, 선원(=matelot), 수병
		marine	항해술(=art nautique), 해군(=armée navale), 선박(=navire, bateau)
		marinier	바다의, 항해의
		maritime	바다에 면하는, 해안에서 많이 자라는, 해상의, 해군의(=naval)
		marée	조수, 물결(=flot)
		marémoteur	조수의, 조력의
SOUS		sous-marin	잠수함

CLÉ NO 40

MEDI, MEDIO

milieu (중간, 중앙)의 뜻

라틴어 mediare, medius 에서 유래

접두사	어근	어휘	의미
-	MEDI MEDIO	médian	가운데의(=moyen), 중앙의, 평균점수
		média	매스미디어(mass-media), 대중매체(단수 médium)
		médiation	조정(=réglage), 중재(=arbitrage), 매개물
		médiateur	조정자, 중재인, 그리스도
		médiéval	중세의
		médiocre	보통의(=banal, ordinaire, commun, usuel), 보잘것없는(=insignifiant), 초라한(=misérable), 무능한(=incapable, incompétent), 평범(=banalité), 평균(=moyenne)
		médiocrité	보잘것없음, 보통, 무능(=incapacité, incompétence), 범인(凡人)
		méditerranné	육지로 둘러싸인, 내해, 지중해
		médiat	간접의(=indirect≠immédiat, direct)
IM(〈in)		immédiat	직접의(=direct), 즉시의
		immédiatement	직접적으로, 즉각(=aussitôt)
INTER		intermédiaire	중간의, 중개의, 중간, 중개물, 중개인
		intermède	중간, 중단(=entracte, interruption)

CLÉ NO 41

MON, MONO

un, seul (하나, 홀로의)의 뜻

라틴어 monos 에서 유래

접두사	어근	어휘	의미
-	MON MONO	monade	단세포생물
		monarque	군주, 주권자(=empereur, roi, souverain, autocrate)
		monarchie	군주정치, 군주제
		monogamie	일부일처제, 단혼제
		monologue	독백(=soliloque)
		monochrome	단색화, 흑백사진
		monocratie	독재체제, 일인정치
		monotone	단조로운(≠varié)
		monotonie	단조로움, 무변화(≠variété), 지루함(=ennui)
		monophonique	단성(單聲)의(≠stéréophonique)
		monopole	전매, 독점

CLÉ NO 42

MULTI

beaucoup (많이)의 뜻

라틴어 multus 에서 유래
mon, mono와 반대의미의 어근이다.

접두사	어근	어휘	의미
-	MULTI	multinational	다국적의, 다국적기업
		multiplier	증가시키다(=augmenter), 되풀이하다(=répéter), 번식시키다(=reproduire)
		multiplication	증가(=accroissement), 번식(=reproduction), 곱셈
		multiple	다수의, 다양한, 배수의, 배수
		multitude	다수, 군중(=foule, cohue), 대중(=public)

multinational [multi(=beaucoup)+nation+al(s.a)]
multiplier [multi(=beaucoup)+plier(접다)]

CLÉ NO 43

MONTR, MONSTR

montrer (보이다)의 뜻

라틴어 monstare 에서 유래
이 어근은 présage(전조)를 뜻하는 monstrum에서 파생되었다.

접두사	어근	어휘	의미
-	MONTR MONSTR	montrer	보이다, 제시하다(=présenter), 가리키다(=indiquer), 나타내다(=marquer), 표현하다(=représenter, exprimer)
		monstre	괴물, 도깨비, 거대한(=prodigieux)
		monstrueux	기괴한, 기형의(=difforme≠normal), 잔인한, 무서운(=horrible)
		monstruosité	기괴, 기형, 끔찍함
RE		remontrer	다시보이다, 훈계하다, 충고하다(=conseiller)
		remontrance	권고, 훈계(=observation, réprimande)
DÉ (강조)		démontrer	증명하다(=justifier, certifier, illustrer), 논증하다(=prouver), 나타내다, 명시하다
		démonstration	증거, 예증(=preuve, témoignage, illustration), 표시(=manifestation)
		démonstratif	증명하는, 논증하는, 지시의, 감정을 잘 드러내는(=ouvert≠fermé)

CLÉ NO 44

MORT, MOR

mourir (죽다), mort (죽음)의 뜻

라틴어 morire, mortis, mors 에서 유래
meurtre(살인자)도 같은 뜻의 어근에서 나왔다.

접두사	어근	어휘	의미
		mourir	죽다(=décéder), 죽을 지경이다, 없어지다(=périr)
		mourant	죽음이 임박한(=agonisant≠naissant), 사라져가는, 지긋지긋한(=ennuyeux)
		mort	죽음, 파멸(=ruine), 고인(=défunt), 죽은(≠vivant), 죽은 것 같은
		mortalité	죽어야할 운명, 사망자 수
		mortel	죽어야 할, 치명적인, 죽음을 가져오는(=fatal), 극도의
		mortellement	치명적으로, 극도로(=extrêmement)
-	MORT	mortifier	괴롭히다(=châtier, macérer), 모욕하다(=humilier, blesser)
		mortification	고행(=macération), 금욕, 시련, 굴욕, 모욕(=humiliation)
		morte-saison	비수기
	MOR	mort-né	사산의, 처음부터 실패한, 사산아
		morgue	영안실
		morne	침울한, 기운없는, 서글픈(=abattu, triste), 음침한(=sombre, terne)
		mordre	물다, 괴롭히다, 흥미를 갖다.
		meurtre	살인, 살인죄(=homicide)
		meurtrier	살인의, 살인용의, 위험한, 살인자, 살인범
		meurtrir	상처를 입히다, 상심케 하다, 죽이다(=assassiner)
		immortel	불사의, 불멸의, 영원의(=éternel)
IM (=non)		immoralité	불사, 불멸, 불후(=éternité)
		immortaliser	불멸하게 만들다, 영원히 전하다

CLÉ NO 45

NAT, NAIS, NAIT

naître (태어나다)의 뜻

라틴어 nascere, natus, nasci 에서 유래

접두사	어근	어휘	의미
-	NAT NAIS NAIT	naître	태어나다
		naissance	출생, 탄생(≠mort), 출산(=accouchement), 출현
		naissant	발생하고 있는, 초기의
		nature	자연, 천연, 본성, 기질, 체질(=humeur), 종류(=sorte, espèce)
		naturel	자연의, 천연의, 타고난, 당연한(=normal), 천성, 기질(=tempérament), 자연미
		naturellement	자연히, 본래, 당연히, 물론(=certes, certainement, bien sûr)
		naturaliser	귀화시키다. 풍토에 길들이다
		naturalisation	귀화, 풍토에 길들임, 순화, 정착
		nation	국민(=peuple), 국가(=pays), 민족
		national	나라의, 국민의, 국립의
		nationalité	국적, 국민성, 민족성
		nationalisme	민족주의
		natif	태생의, 출신의, 타고난, 천부의(=inné, naturel), 자연의, 천연의(=brut)
		natal	태어난
		naïf	순진한(=candide, ingénu), 소박한(=simple), 자연스러운, 고지식한
		naïveté	순진, 순박(=candeur, ingénuité≠astuce), 고지식함
RE		renaissance	부흥, 재현, 르네상스
		renaître	다시 태어나다, 재생하다
INTER		international	국제적인

CLÉ NO 46

NOV, NOUV

nouveau (새로운)의 뜻

라틴어 novus, novele, novare 에서 유래

접두사	어근	어휘	의미
-	NOV NOUV	nouveau	새로운(=neuf, moderne≠vieux), 다른 또 하나의(=autre), 미숙한(=novice)
		nouvelle	소식, 뉴스
		nouvellement	새로, 요즘, 최근에(=récemment)
		nova	신성(新星)
		novation	갱신(=renouvellement), 교체(=remplacement)
		novice	초심자(=débutant, apprenti), 서투른(=maladroit,
		inexpérimenté	순진한(=candide)
IN (=dans)		innovation	혁신, 개혁(≠routine 관례, 인습), 혁신적인 것
		innovateur	개혁하는, 개혁자
RE, RÉ		renouveler	갈다, 쇄신하다, 다시하다(=recommencer, refaire)
		renouveau	재생, 회귀, 부활(=renaissance), 봄(=printemps)
		renouvellement	경질, 일신, 쇄신, 갱신
		rénover	쇄신하다, 개혁하다, 개축하다
		rénovation	개혁, 혁신, 갱신(=renouvellement), 개축(=restauration)

CLÉ NO 47

OPER, OPUS

travail, oeuvre (일, 작업)의 뜻

라틴어 oper 에서 유래, 어근 opus도 같은 뜻이다.

접두사	어근	어휘	의미
-	OPER	opérer	수술하다, 실시하다(=exécuter), 수행하다(=réaliser), 작용하다(=agir, produire)
		opération	작용(=action), 실행(=exécution, réalisation), 수술(=chirurgicale)
		opérationnel	작업상의, 실제적인(=réel)
		opératif	작용하는
		opérateur	조작자, 기사, 실험자
		opéra	가극, 오페라, 오페라극장
		opérette	오페레타
CO (=avec)		coopérer	협력하다, 협동하다
		coopération	협력, 협동
-	OPUS	opus	저작, (음악) 작품
		opuscule	소품(小品), 소곡(小曲), 소논문

CLÉ NO48 PATR, PATER

père (아버지)의 뜻

라틴어 pater 에서 유래, 반대어로는 mater가 있다.

접두사	어근	어휘	의미
-	PATR PATER	paternel	아버지의, 아버지쪽의(≠maternel), 아버지 같은
		paternité	아버지다운 감정, 부성애(≠maternité), 아버지의 자격
		patriarche	가장, 족장
		patriarcal	가장의, 족장의, 가부장의, 부권의
		patrie	조국, 모국, 고국, 고향, 본고장
		patrimoine	세습재산, 상속재산, 유전형질(=génotype)
		patriote	애국자, 애국적인
		patriotique	애국적인
		patriotisme	애국심
		patron	주인, 사장, 수호성인
		patronage	보호, 수호, 후원(=protection, appuia), 후원회
EX		expatriation	망명, 국외추방(=exil)

CLÉ NO49 PED

pied (발), enfant (아이)의 뜻

라틴어 ped 에서 유래

접두사	어근	어휘	의미
-	PED	pédagogue	교육자(=maître, professeur)
		pédagogie	교육학
		pédiatrie	소아과학
		pédale	페달
		pédestrian	경보자
IM		impédance	저항, 임피던스
		expédient	적절한, 적합한, 궁여지책, 미봉책, 방편, 수단(=façon)
		expédier	발송하다(=poster), 파견하다(=envoyer), 쫓아 보내다(=chasser), 급히 해치우다(=bâcler≠traîner)
		expédition	발송, 송부(=envoi), 파견

pédagogue [péd(=enfant)+agogue(=chef)] ⇒ 아이들의 우두머리 ⇒ 교육자

expédier [ex(=dehors)+péd(=enfant)+er(s.v)] ⇒ 밖으로 걸어다니다

CLÉ NO 50

PEL, PULS

lancer, jeter(던지다), pousser(밀다)의 뜻

라틴어 pellere, pulsus(p.p) 에서 유래

접두사	어근	어휘	의미
AP(<ad)	PEL	appeler	부르다, 전화하다, 청하다, 임명하다(=nommer)
		appellation	이름 붙이기, 명명(=dénomination), 명칭(=nom)
		appel	부름, 호출, 소환(=convocation), 점호
É(=끊어서)		épeler	철자를 말하다, 한자한자 읽다
INTER		interpeller	부르다, 불러 세우다, 질문하다(=demander, interroger)
		interpellation	불러 세우기, 질문(=demande)
RE+AP(<ad)		rappeler	다시 부르다, 전화를 다시 걸다, 소환하다, 연상시키다
		rappel	다시 부르기, 소환, 소집(=convocation, appel), 회상, 상기(=évocation)
-	PULS	pulsation	맥박(=pouls), 박동, 파동, 진동
		pulsion	(본능, 무의식적인) 욕구(=besoin, désir, souhait), 충동(=impulsion, élan)
COM (=avec)		compulser	조사하다, 참조하다(=examiner)
		compulsation	열람, 조사(=enquête, investigation, recherches),
		compulsion	강제(=contrainte)
		compulsif	강박의(=obsédant)
EX (=dehors)		expulser	추방하다, 내쫓다(=chasser, bannir), 제명하다(=éliminer), 배출하다, 배설하다(=évacuer)
		expulsion	추방(=bannissement), 제명(=radiation, , 제외(=exclusion), 배출, 배설(=évacuation)
IM (=dans)		impulser	밀다, 추진시키다
		impulsion	추진력, 자극, 충동, 부추김(=élan)
		impulsif	충동적인(=emporté, fougueux)
PRO (=en avant)		propulser	추진시키다
		propulsion	추진, 전진
RÉ (강조)		répulsion	혐오(=répugnance), 증오, 반감(=antipathie, dégoût, aversion)
		répulsif	물리치는, 반발하는, 불쾌한(écoeurant), 메스꺼운(=repoussant, répugnant, dégoûtant)

appeler [ap(<ad=à)+per(=lancer)+er(s.v)] ⇒ 사람에게 (소리를) 던지다

compulser [com(=avec)+puls(=pousser)+er(s.v)] ⇒ 함께 추진하다 ⇒ 조사하다

CLÉ NO51

PEND, PENS

pendre (걸려있다, 매달다)의 뜻

라틴어 pendere, pensus 에서 유래

접두사	어근	어휘	의미
-	PEND PENS	pendre	걸려있다, 늘어지다, 매어달다, 교수형에 처하다
		pendaison	매달기, 교수형
		pendant	매달린 것, 부속물, 계류 중인
		pendu	매달린, 망설이는
		pendule	추, 동요하는 것
		pension	연금
AP(<ad)		appendice	부록
COM		compenser	보상하다, 보충하다, 상쇄하다
		compensation	보상, 배상(=dédommagement), 상쇄
DÉ (=sous)		dépendre	... 에 달려있다(de)
		dépendance	의존, 인과관계, 종속지
		dépendant	의존하는
		dépenser	쓰다, 소비하다(=consommer, user)
		dépense	지출, 소비(=consommation)
DIS (=séparé)		dispenser	분배하다(=distributer), 조제하다, 면제하다(=exempter, exonérer)
		dispense	면제(=exemption, exonération)
		dispendieux	비싼(=coûteux, cher ≠économique)
IN (=non)		indépendant	독립적인
		indépendance	독립
INTER		interdépendant	상호 의존하는
		interdépendance	상호의존, 상관성
PER (관통)		perpendiculaire	수직의(=vertical≠horizontal), 몹시 가파른(=raide, rapide, escarpé, abrupt)
SUS (=sous)		suspendre	매달다, 중지하다(=cesser, interrompre), 연기하다(=remettre, renvoyer, ajourner, différer)
		suspendu	중지된, 매달린
		suspension	매달기, 중지cessation, interruption), 부유

dépendre [dé(=sous)+pendre] ⇒ 아래로 매달려 있다

compenser [com(=avec)+pens(=pendre)+er(s.v)] ⇒ 서로 매달아 약한쪽을 보충하다

CLÉ NO 52

PART, PORTION

part, portion (부분), partager (나누다)의 뜻

라틴어 pars, partis, portio 에서 유래

접두사	어 근	어 휘	의 미
-	PART	part	몫, 부분
		partager	나누다, 분배하다 (=distribuer, répartir)
		partenaire	파트너
		parti	당, 당파, 해결책
		partial	불공평한, 편파적인(=inégal)
		participer	참여하다(=prendre part à)
		participation	참여, 협력(=collaboration, coopération, aide)
		particulier	독특한, 특별한 (=spécial, original, unique, inimitable)
		particulièrement	특히 (=spécialement, surtout, avant tout, notamment)
		partie	일부, 부분(=part)
		partiel	일부분의
		partisan	한편, 당원, 유격대원
		partition	분할 (=division, cloison)
	ORTION	portion	일부, 몫, 지참금(=dot)
PRO (=pour)		proportion	비율(=rapport, raison), 균형(=équilibre, balance)
		proportionnel	비례한, 균형 잡힌(=équilibré)
		proportionnalité	비례, 균형, 비례배분
DIS+PRO		disproportion	불균형
RÉ (강조)		répartir	분배하다(=distribuer, partager), 배치하다, 할당하다(=disposer, arranger)
		répartition	분할, 배분(=distribution, partage), 할당, 분포 (=disposition)

proportion [pro(=pour)+portion] ⇒ 각자의 몫을 위함 ⇒ 비율, 균형

CLÉ NO 53

PREM, PRIM, PRIN

première (첫 번째)의 뜻

라틴어 primus, prima 에서 유래

접두사	어근	어휘	의미
-	PREM PRIM PRIN	premier	첫 번째의
		premièrement	최초로(=pour commencer), 우선(=d'abord)
		primaire	최초의(=initial), 주요한(=important, remarquable, considérable, principal)
		primauté	수위, 첫째(=tête, première place)
		prime	보너스(=gratification), 덤(=surplus), 보험료
		primitif	태고의(=ancien, antique), 원시의
		primordial	원시의(=primitif), 근본적인(=essentiel, fondamental, radical)
		principal	주요한(=important, remarquable, considérable, primaire)
		principe	근원(=origine, source, racine), 원리, 원칙(=règle)
		printemps	봄
		printanier	봄의, 청춘의(=jeune)

CLÉ NO 54

POS, PON

première (첫 번째)의 뜻poser (놓다)의 뜻

라틴어 ponere, postitus(p.p) 에서 유래

접두사	어근	어휘	의미
-	POS PON	poste	지위, 자리, 우체국, 우편
		positif	결정적인, 명확한(=affirmatif)
COM(=avec)		composant	구성요소, 성분, 구성하고 있는
		composite	혼성의
DÉ(=sous)		dépôt	제출, 등록, 위탁, 예금
DIS(=séparé)		disponibilité	처분권, 사용권, 휴직
IM(=sur)		impôt	세금, 조세
OP(=contre)		opposant	반대의, 대립하는, 반대자
		opposé	대조적인, 반대하는, 반대, 역
POST(=après)		postposer	연기하다
SUP(=sous)		supposer	가정하다, 상상하다, 예상하다
		supposition	가정, 가설(=hypothèse), 추측
		supposé	허위의, 가장된, 추정된
PRÉ(=devant)		préposition	전치사

CLÉ NO55

POTEN, POSS, PUISS

puissance (힘)의 뜻

라틴어 posse, potesse, possessus 에서 유래

접두사	어근	어휘	의미
-	POTEN POSS PUISS	posséder	소유하다
		possessif	소유의
		possession	소유, 취득(=acquisition, obtention)
		possible	가능한
		possibilité	가능성
		potentiel	가능한, 잠재 세력의
		potentialité	잠재력
		puissance	힘, 권력(=pouvoir, autorité), 효능(=effet, efficacité)
		puissant	유력한, 세력 있는(=influent), 효능이 있는
IM (=non)		impossible	불가능한
		impossibilité	불가능성
		impotent	신체불수의(=infirme)
		impotence	신체불수(=infirmité)
		impuissant	무능한(=incapable, incompétent, inhabile)
		impuissance	무능력(=incapacité, inconpétence)
OMNI (=tout)		omnipotence	전능
		omnipotent	전능한

CLÉ NO56

PUT, PT, PUTAT

penser (생각하다)의 뜻

라틴어 putare, putatus(p.p) 에서 유래

접두사	어근	어휘	의미
-	PUT PT PUTAT	putatif	추정의(=supposé, présumé, présomptif), 소문에 들리는
COM (=avec)		compter	계산하다(=calculer), 생각하다
		comptable	회계의, 책임 있는, 가산의
		comptabilité	회계, 회계과
		comptant	현금의, 현금으로
		compte	계산, 회계, 계좌, 보고(=rapport), 설명(=explication)
		compteur	계산기, 미터기
DÉ (=différent)		députer	대표로 임명하다(=déléguer)
		députation	파견, 대표단
		député	사절, 대표(=envoyé, délégué, représentant), 국회의원
DIS (=séparé)		disputer	경쟁하다, 논쟁하다, 토의하다(=discuter, délibérer sur)
		dispute	논쟁, 싸움(=querelle)
		disputable	의심스러운, 논의할 여지가 있는
IM(=sur)		imputer	전가하다(=rejeter sur)
		imputation	비난, 책망(=blâme, reproche, condamnation, critique)
RÉ(다시)		réputation	명성, 평판(=renom, renommée, célébrité)
		réputé	유명한, 평판이 높은(=célèbre, renommé)

CLÉ NO 57 ROG, ROGAT

demander (질문하다)의 뜻

라틴어 rogare, rogatus(p.p) 에서 유래

접두사	어근	어휘	의미
AR(<ad)	ROG ROGAT	s'arroger	가로채다(=usurper, intercepter, prendre, arracher, voler)
		arrogant	건방진, 거만한(=hautain, impertinent≠déférent)
		arrogance	거만, 오만(=orgueil, impudence≠modestie)
AB (=loin)		abroger	폐기하다, 폐지하다(=abolir, annuler, rejeter), 무시하다
		abrogatif	폐기시키는
		abrogation	폐기(=rejet, annulation, abolition)
DÉ (=sous)		déroger	위배되다, 위반하다(=violer, enfreindre), 신분을 낮추다
		dérogation	위반, 저촉(=violation), 예외(=exception)
		dérogatoire	법률을 위반하는, 법에 저촉되는(≠conforme)
INTER		interroger	질문하다(=demander), 심문하다
		interrogation	질문(=demande), 심문
PRÉ		prérogative	특권(=privilège)
PRO (=en avant)		proroger	정회하다, 연기하다(=remettre, renvoyer, ajourner, différer, reculer, reporter)
		prorogation	정회, 연기(=renvoi, remise, ajournement, délai)

CLÉ NO 58 SANG, SAIGN

sang (피, 혈액)의 뜻

라틴어 sanguis, sanguin 에서 유래

접두사	어근	어휘	의미
-	SANG SAIGN	sang	피, 혈액
		sanguin	다혈질의, 혈액의
		sanguinaire	피비린내 나는, 잔인한(=cruel, atroce, inhumain)
		sanglant	피에 얼룩진
		sanglot	흐느낌, 오열
		sanglotant	흐느껴 우는, 오열하는
		sangsue	거머리
		sang-froid	태연자약, 냉정, 침착(=calme, flegme)
		saigner	출혈하다, 피가 나다, 고통을 느끼다
		saigné	출혈부담
		saignant	피가 흐르는, 설익은, 쓰라린

CLÉ NO 59

ÉCRI, SCRI, SCRIPT

écrire (쓰다)의 뜻

라틴어 scribere, scriptus(p.p) 에서 유래

접두사	어근	어휘	의미
-	ÉCRI SCRI SCRIPT	écrire	쓰다
		écrit	쓰여진, 숙명적인, 문서, 필기시험
		écriture	문자, 서체, 작곡, 서류, 성경
		écrivain	작가(=auteur)
CIRCON (=autour)		circonscrire	주위에 선을 긋다, 경계선을 긋다, 제한하다 (=borner, limiter)
		circonscription	지구, 구역(=quartier)
DÉ DES (=séparé)		décrire	묘사하다, 기술하다
		description	묘사, 기술, 서술
		descriptif	서술적인, 묘사의
IN (=dans)		inscrire	기입하다(=remplir, consigner)
		s'inscrire	등록하다(=enregistrer)
		inscription	기입, 기재, 등록(=enregistrement, immatriculation), 게시(=annonce, placard, écriteau)
		inscrit	명단에 오른
MANU		manuscrit	손으로 쓴, 원고
PRE (=avant)		prescrire	명령하다, 처방하다, 처방을 적다
		prescription	규정, 법규, 처방(=ordonnance, formule, recette, remède)
SOUS		souscrire	예약하다(=retenir, réserver), 신청하다(=demander, solliciter), 청약하다, 응모하다, 동의하다(=consentir, approuver)
		souscription	신청(=demande, requête), 응모, 예약(=réservation, abonnement)
TRANS		transcrire	전사하다, 베껴 쓰다
		transcription	전사, 베껴 쓰기, 등기, 등록

prescrire [pre(=avant)+scrire] ⇒ 미리 써 놓아 규정하다

CLÉ NO 60

SIGN, SIGNI, SIN

signe (신호)의 뜻

라틴어 signum 에서 유래

접두사	어근	어휘	의미
-	SIGN SIGNI SIN	signe	징조(=présage, augure, symptôme), 신호, 몸짓(=geste, mimique)
		signal	신호, 암호
		signaler	신호로 알리다, 알리다, 유명하게 하다
		signalisation	신호, 표지(=signal, indicateur)
		signer	서명하다
		signature	서명, 사인
		signifier	의미하다(=vouloir dire), 발표하다(=annoncer, publier, déclarer, présenter, exprimer, exposer)
		signifiant	기호표기, 기표, 뜻 깊은, 의미심장한
		signifié	기호내용
		signification	의미(=sens)
AS(〈ad)		assigner	충당하다(=destiner), 할당하다(=attribuer, distribuer), 지정하다, 탓으로 돌리다 (=affecter, fixer, attribuer)
		assignation	할당(=répartition, distribution), 지정(=attribution)
CON (=avec)		consigner	맡기다, 기입하다(=inscrire, remplir), 기록하다(=enregistrer, noter), 출입을 금하다
		consigne	명령, 지시(=ordre, commandement, injonction, directives, instructions), 금족령, 수하물보관소
		consignation	공탁, 위탁(=dépôt, remise, commission)
DÉ DES (강조)		désigner	지적하다(=signaler), 지정하다(=indiquer, fixer, classer), 지칭하다
		désignation	지시(=instructions, directives, prescriptions, indication), 임명, 명명
		désigné	선발된(sélectionné, choisi)
		dessiner	그리다(〈dessigner)
		dessin	데생, 제도, 설계(=cartographie)
		dessinateur	디자이너
IN (=non)		insigne	기장, 배지, 주목할 만한, 각별한
		insignifiant	하찮은, 평범한(=banal, ordinaire, commun, médiocre)
RÉ (=derrière)		résigner	물러나다, 포기하다(=renoncer, abandonner, délaisser)
		résignation	체념(=renoncement), 사직, 사퇴(=retraite)

CLÉ NO 61

SIMIL, SIMUL, SEMBL

similaire (유사한)의 뜻

라틴어 similis 에서 유래

접두사	어근	어휘	의미
		similaire	비슷한, 유사한(=analogue, semblable≠différent)
		similarité	유사성, 닮음
		simili	모조품 (=imitation)
		similé	직유
		similitude	유사성(=ressemblance)
		simuler	흉내내다, 가장하다
-	SIMIL	simulation	모의실험
		simulateur	모의실험 장치, 시뮬레이터
		simulacre	흉내, 모의연습, 외모, 환상
		simultané	동시의, 동시에 행하여지는 (=concomitant, synchrone ≠successif)
		simultanéité	동시성(=coïncidence, synchronisme≠succession)
		simultanément	동시에(=en même temps)
	SIMUL	assimiler	비교하다(=comparer, rapprocher), 동일시하다, 동화하다, 흡수하다
AS(〈ad)		assimilation	동일시, 비교(=comparaison), 동화(≠dissimilation), 소화흡수
		dissimuler	감추다, 속이다, 억제하다
DIS (=non)		dissimulation	숨김, 숨기기, 은폐
		dissimilation	이화, 다르게 함(≠assimilation)
		sembler	...처럼 보이다, ..인 것 같다(=avoir l'air, paraître)
-		semblable	닮은, 유사한, 그와 같은(=analogue, pareil)
		semblant	외관, 외견, 가장, 겉치레
		assembler	모으다(=collectionner), 소집하다, 조립하다
AS(〈ad)		assemblage	모임, 집합, 소집, 조립
	SEMBL	assemblée	모임, 회의, 집회(=rassemblement, réunion)
RE+AS		rassembler	다시 모으다, 수집하다, 재조립하다
		rassemblement	집합, 집회(=dispersion)
		ressembler	..을 닮다(à), 유사하다
RE (강조)		ressemblance	비슷함, 유사함(=similitude≠différence)
		ressemblant	..와 닮은, 유사한

dissimuler [dis(=non)+simuler] ⇒ 비슷하지도 않다 ⇒ 속이다

assembler [as(〈ad=à)+sembler] ⇒ 유사한 것끼리 모으다

CLÉ NO 62

SPECT

voir (보다)의 뜻

라틴어 spectare, spectrus(p.p) 에서 유래

접두사	어근	어휘	의미
-	SPECT SPEC SPER	spectacle	광경, 구경거리(=aspect, tableau)
		spectaculaire	장관인, 눈부신(=grandiose, magnifique, superbe)
		spectateur	구경꾼, 방관자(=assistant)
		spectre	스펙트럼
		spécialiser	특수화하다(=particulariser, individuakiser≠généraliser) 전문화하다
		spécial	특별한(=particulier≠général), 전문적인, 특이한(=extraordinaire, singulier≠ordinaire)
		spécifique	특유한(=particulier), 특정의(=caractéristique≠vague)
A(〈ad)		aspect	모양, 외관, 모습(=apparence, figure)
E(〈ex)		espérer	기대하다, 바라다(attendre, compter sur) (≠anticiper 미리 말하다, 예상하다)
		espérance	희망(=espoir≠désespérance), 기대(=attente)
		espèce	종, 종류(=genre)
DÉS		désespérer	절망하다
		désespérance	절망(=désespoir)
IN (=dans)		inspecter	조사하다, 검사하다(=contrôler, surveiller)
		inspecteur	(=surveillant, contrôleur, censeur)
IN(=non)		inespéré	뜻밖의, 예기치 않은(=inattendu, soudain, subit)
PRO (=en avant)		prospérer	번창하다, 발전하다(=se développer)
		prospère	순조로운, 번창하는(=florissant) 건강이 좋은(=en forme, resplendissant)
		prospérité	호조, 성공(=succès), 행운(=bonheur), 번영, 융성(=développement)
RE		respecter	존경하다(=admirer, estimer)
		respect	존경(=égards, estime, considération)
		respectable	존경할만한(=estimable), 상당한, 막대한(≠insignifiant)
		respectabilité	존엄성(=dignité, noblesse respectueux 경의를 표하는, 공손한(=poli, courtois, déférent≠impertinent, insolent)
SUS (=sous)		suspecter	수상히 여기다, 의심하다(=douter)
		suspect	형 수상한, 의심스러운(=douteux, louche) 명 용의자, 요주의 인물

espérer [e(〈ex=dehors)+spérer(=voir)] ⇒ 바깥을 내다보다 ⇒ 기대하다

espèce [e(〈ex=dehors)+spèce(=voir)] ⇒ 바깥으로 보이는 모습 ⇒ (생물의) 종

spécifique [spéci(=espèce)+fique(=faire)] ⇒ 특정의 종류를 만드는 ⇒ 특유한

suspecter [sus(=sous)+spect(=voir)+er(s.v)] ⇒ 아래에서 쳐다보다 ⇒ 의심하다

CLÉ NO 63

SPOND, SPONS

réponse (대답, 회답)의 뜻

라틴어 spondere, sponsus(p.p) 에서 유래
강조 접두사 re-와 함께 사용, 어근의 s가 탈락되면 ré형태가 된다.

접두사	어근	어휘	의미
RE (강조)	SPOND SPONS	répondre	대답하다, 응하다
		réponse	대답, 회답, 응답, 반응
		responsable	책임 있는, ...을 초래한
		responsabilité	책임(=devoir, garantie), 직무(=charge, fonction, office)
CO +RE (함께+강조)		correspondre	일치하다(=coïncider, concorder), 조화하다(=s'accorder, s'harmoniser), 통신하다(=communiquer)
		correspondance	서신, 편지(=lettre), 일치(=conformité, concordance, communion, accord), 갈아타기
		correspondant	대응하는, 일치하는, 통신원, 특파원
IR +RE (=non+강조)		irresponsable	책임이 없는
		irresponsabilité	책임 없음, 면책

CLÉ NO 64

SOM, SOMP, SUM

consommer (소비하다), prendre (취하다)의 뜻

라틴어 sumere, sumptus(p.p) 에서 유래
일반적으로 접두사와 함께 쓰인다.

접두사	어근	어휘	의미
AS(〈ad)	SOM SOMP SUM	assumer	인수하다, 담당하다(=endosser, supporter), 수용하다(=accepter)
		assomption	가정(=supposition, hypothèse), 수락(=acceptation, agrément, consentement), 성모승천
CON (강조)		consommer	소비하다((=dépenser, user), 완성하다(=compléter, achever, accomplir, parachever, perfectionner)
		consommation	소비(=dépense), 음료, 완성(=achèvement, accomplissement, perfectionnement)
		consomption	소비(=dépense, emploi, usage), 소멸(=disparition, extinction, effacement)
		consommateur	소비의, 소비자
PRÉ (=avant)		présumer	추정하다(=conclure, déduire, conjecturer, supposer, prévoir, deviner)
		présomption	추정, 가정, 추측(=conjecture, supposition, prévision), 자만, 거만(=orgueil, impudence≠modestie)
		présomptueux	주제넘은, 건방진(=hautain, impertinent≠déférent)
		présomtif	추정의

CLÉ NO 65

STR(U), STRUCT, STRUI

construire, bâtir (세우다, 짓다)의 뜻

라틴어 struere, structus(p.p) 에서 유래
모음 e가 첨가되면 s가 탈락되기도 한다.
해당하는 중요어근 참조

접두사	어근	어휘	의미
-		structuration	구조화
		stade	경기장
		stage	견습, 연습, 연습기간
		stagiaire	수습사원
		statue	조상, 조각상
DE(=non)		destructeur	파괴자, 파괴하는
INDU (=dans)		industrieux	부지런한, 솜씨 있는
		industriel	교육적인, 유익한
IN (=dans) (마음속에)	STR(U)	instructif	산업의, 공업의
		instruit	교육을 받은, 유식한, 학식 있는, 사정에 밝은
		institut	학회, 협회, 연구소
		institution	설립, 관습, 단체
OB (=contre)		obstruer	막다, 가로막다, 방해하다
		obstruction	의사 방해
	STRUCT	obstacle	장애
		obstiné	고집 센, 완고한
		obstination	고집, 완고
DIS (=loin)		distance	거리, 간격, 차이
		distant	떨어진 (éloigné≠proche)
EX		extase	환희, 열정
RE+CON		reconstruire	일으키다, 재건하다, 부흥하다, 새로 짓다
	STRUI	reconstruction	재건, 부흥, 재구성
		reconstituer	재구성하다, 원상복구하다, 회복시키다
		reconstitution	재구성, 복구, 회복
RÉ		résistant	잘 견디는, 단단한, 질긴
SUB		substantiel	본체의, 본질적인, 막대한
		substance	물질, 요지
		substantif	명사의, 명사
SY(〈syn)		système	체계

CLÉ NO66

TACT, TANG

toucher (접촉하다)의 뜻

라틴어 tangere, tactus(p.p) 에서 유래

접두사	어근	어휘	의미
-	TACT TANG	tact	꾀, 재간(=intelligence, habileté, ingéniosité, finesse, ruse, stratagème, subtilité, astuce), 촉각(=toucher)
		tactique	형 전술상의(=stratégique) 명 전술, 책략(=stratégie)
		tacticien	전술가, 책사(=stratège)
		tactile	촉각의, 촉각이 있는
		tangent	접하는, 아슬하게 합격한
		tangible	만져서 알 수 있는, 확실한
CON (=avec)		contact	접촉
		contacter	접촉하다
		contingent	혹 있을 수 있는, 부수적인
		contingence	우연성(=hasard, coïncidence)
		contagion	전염(병), 감염(=infection, contamination), 만연
		contagieux	전염성의(=infectieux, infectant)
IN (=non)		intacte	손대지 않은, 그대로의
		intactile	만질 수 없는(=intangible)
		intangible	만질 수 없는, 신성한(=inviolable)
		intangibilité	촉지불능, 불가침성

CLÉ NO67

TEN, TENT, TIN, TIEN

tenir (잡다)의 뜻, (해당중요어근 참조)

라틴어 tenere, tentus(p.p) 에서 유래
TIN, TIEN은 모음이 약화된 형태이다.

접두사	어근	어휘	의미
-	TEN TENT TIN TIEN	tentation	유혹
		tentative	시도
CON (=avec)		contenant	형 포함하고 있는 명 그릇
		contenu	형 포함된, 내포된, 억제된 명 내용, 알맹이
		continuel	연속적인(=successif)
		continuité	연속성(=succession, suite)
		continent	대륙
		continental	대륙의, 대륙적인
INTER+CON		intercontinental	대륙간의
SOU		soutenu	꾸준한(=constant), 고상한(=noble, élevé)
		soutenance	논문발표
LIEU		lieutenant	중위
IM+PER		impertinent	무례한, 건방진(=insolent, effronté, grossier, impoli, discourtois)

CLÉ NO 68

TEND, TENS, TENT

tendre (긴장시키다)의 뜻

라틴어 tendere, tentus, tensus 에서 유래

접두사	어근	어휘	의미
-	TEND TENS TENT	tendre	긴장시키다, 당기다, 내밀다
		tendu	팽팽한, 긴장한
		tension	긴장, 흥분상태
AT(〈ad)		attention	주의(=remarque, garde, précaution, prudence)
		attentif	주의 깊은, 친절한, 세심한
		attentivement	주의 깊게
DÉ (=non)		détendre	늦추다 완화하다(=adoucir, atténuer, alléger, soulager)
		détente	이완(=relaxation, relâchement), 긴장완화(=adoucissement, atténuation, allégement, soulagement)
IN+AT(〈ad) (=non)		inattention	부주의(=négligence)
		inattendu	뜻밖의, 불시의(=imprévu, inespéré, surprenant)
IN (강조)		intensité	강렬함, 강도, 세기(=dureté, résistance)
		intensif	집중적인(=concentré, convergent) 강렬한(=fort, vif)
		intendance	자제, 감독(=surveillance, direction, réalisation)
		intendant	감독관(=surveillant, inspecteur, censeur, réalisateur, metteur en scène)

CLÉ NO 69

TEMP, TEMPO, TEMPOR

temps (시간, 날씨)의 뜻

라틴어 tempus, tempor 에서 유래

접두사	어근	어휘	의미
-	TEMP TEMPO TEMPOR	temps	시간(=heure), 날씨(=température), 시제
		tempête	폭풍우(=ouragan, typhon) 소요(=émeute, sédition, agitation, troubles)
		température	기후(=climat, temps), 기온
		tempérament	체질, 기질(=caractère, nature, mentalité, humeur, complexion, constitution)
		temporel	일시적인(=momentané, provisoire) 세속의(=laïque, mondain, profane)
		temporaire	임시의(=provisoire), 덧없는(≠éternel)
CON		contemporain	동시대인
EX		extemporané	즉석의, 고의적이 아닌, 과실의

CLÉ NO 70

TEST

témoigner (증거가 되다)의 뜻

라틴어 testari 에서 유래
épreuve, test, examen (시험)을 의미하지 않는다.

접두사	어근	어휘	의미
-	TEST	tester	유언하다
		testament	유언서, 성약
AT(〈ad)		attester	증언하다, 증명하다(=confirmer, témoigner, prouver)
		attestation	증명, 증언(=affirmation≠démenti), 증명서(=certificat, brevet, diplôme)
CON (=avec)		contester	언쟁하다(=se disputer, se quereller), 이의를 제기하다(=discuter, mettre qc en question), 부인하다(=nier, dénier, désavouer, démentir), 항의하다(=manifester, protester contre)
		contestable	이론의 여지가 있는(=discutable)
		contestation	이의(=objection, protestation, réclamation), 논쟁, 언쟁, 분쟁(=discussion, différend)
DÉ		détester	몹시 싫어하다, 혐오하다(=se dégoûter, répugner)
PRO (=avant)		protester	항의하다, 주장하다(=manifester, protester contre, déposer une réclamation)
		protestation	항의, 이의(=réclamation, objection), 언명(=déclaration, affirmation)
		protestant	신교도

CLÉ NO 71

TIR, TRAT, TRACT, TRAI

tirer (잡아당기다)의 뜻

라틴어 trahere, tractus(p.p) 에서 유래

접두사	어근	어휘	의미
-		tir	사격, 발사
	TIR	tirage	당기기, 끌기, 인쇄
		tiroir	서랍
		tracteur	트랙터, 견인차
	TRAT	traction	끌기, 견인
CON (=avec)		contraction	수축
		contractuel	계약상의
RÉ RE (=derrière)		rétracter	취소하다, 철회하다, 움츠리다
	TRACT	rétraction	수축
		retrait	철수, 철회
SOUS	TRAI	soustraction	제거, 사취, 횡령(=déduction, escroquerie, fraude, appropriation, détournement, déprédation) 뺄셈(≠addition)

CLÉ NO 72

TRIB

payer (지불하다), conférer (수여하다)의 뜻

라틴어 tribuere, tributus(p.p) 에서 유래

접두사	어근	어휘	의미
-	TRIB	tribut	조공, 공물
		tributaire	종속하는(=dépendant), 합류하는(=affluent)
AT(〈ad)		attribuer	부여하다(=accorder), 할당하다(=assigner, distribuer, répartir) 간주하다(=prêter, supposer), 전가하다(=imputer)
		attribut	속성, 특질(=caractéristique, particularité), 특권, 권한(=privilège), 상징(=symbole), 속사
		attribution	부여, 배당(=répartition, assignation), 특권(=privilège, attribut)
CON (=avec)		contribuer	공헌하다, 기부하다(=rendre service à)
		contribution	공헌, 기여, 기부
DIS (=à part) (따로)		distribuer	분배하다, 할당하다(=assigner, attribuer, répartir)
		distribution	분배, 배포, 수여, 할당(=répartition, assignation), 배치(=agencement), 배열(=disposition, ordonnance), 분류(=classification)
		distributif	분배하는, 개별적인(≠collectif)
		distributivement	개별적으로
		distributeur	판매기, 배급자, 분배자
RÉ (강조)		rétribution	보수, 급료(=appointement, salaire)
		rétribuer	수를 주다, 돈을 주다

CLÉ NO73 UN, UNI

un (하나)의 뜻

라틴어 unus 에서 유래

접두사	어 근	어 휘	의 미
		unir	결합하다(=associer, combiner, lier), 통합하다(=unifier, intégrer), 결혼시키다(=marier)
		uni	단색의, 단조로운(=monotone), 결합된
		uniforme	일률적인, 단조로운(=monotone), 군복, 제복
		uniformité	균일, 균등, 일치(≠diversité, inégalité), 단조, 무변화(=variété)
		unifier	단일화하다, 통일하다(≠désunir, séparer, détacher)
	UNI	unique	유일한, 독특한
-		union	결합, 결혼(=mariage), 단결, 협력(≠désunion), 노동조합(=syndicat)
		unisson	동음, 동조(=consonance), 제창, 조화, 일치(=accord, harmonie)
		unité	통일성, 일체성, 일치, 단위
		univers	우주(=cosmos)
		universel	전세계적인, 국제적인, 일반적인, 보편적인, 전체의, 우주의
		université	대학교, 종합대학
	UN	unanime	만장일치의, 전원일치의
		unanimité	만장일치, 일치, 일체감
		réunir	결합하다, 맺다(=joindre, raccorder), 모으다, 집합시키다
RÉ (강조)		réunion	결합, 합병, 모으기, 수집(=assemblage, rassemblement), 모임, 집합, 집회, 회의(=assemblée, congrès)
		réuni	결합된, 연합된, 모인(=rassemblé)
		réunification	재결합, 재통일

CLÉ NO74 VAL, VALID, VALU

force (힘), valeur (가치, 가격)의 뜻

라틴어 valere, validus 에서 유래

접두사	어 근	어 휘	의 미
		valeur	가치, 가격(=prix, mérite), 능력, 재능(=talent, habileté, aptitude, don, capacité, faculté)
	VAL	valide	건강한(=gaillard, robuste, sain, portant), 유효한(=valable, efficace)
-		validité	유효성, 효력(=efficacité), 타당성
	VALID	valable	유효한(=valide, efficace)
		valoir	값이 나가다, 쓸모가 있다, 유능하다, 값어치가 있다(=mériter)
		valoriser	더 높은 가치를 주다
É(〈ex)	VALU	évaluer	감정하다, 평가하다(=apprécier, estimer)
		évaluation	견적, 평가(=appréciation, estimation)
IN (=non)		invalide	불구의, 장애자(=infirme, estropié), 상이군인
		invalider	무효로 하다, 효력을 취소하다(=annuler)

CLÉ NO75

VERS, VERT

tourner (돌다)의 뜻

라틴어 vertere, versus(p.p) 에서 유래

-	VERS	verser	전복시키다(=bouleverser, renverser), 붓다, 불입하다(=payer)
		versement	불입, 입금, 붓기
		version	번역, 해석, 설명
		vertige	현기증
BOULE (공)		bouleverser	전복시키다, 뒤엎다(=verser, renverser) 엉망을 만들다(=perturber, déranger≠ranger) 마음을 뒤흔들다(=émouvoir)
		bouleversement	전복(=renversement), 혼란, 격동(=agitation), 대경실색
		bouleversé	뒤엎인, 뒤죽박죽이 된, 깜짝 놀란
		bouleversant	아연실색할, 놀라운, 엄청난
REN (뒤로)		renverser	뒤집다(=retourner), 넘어뜨리다, 전복하다(=bouleverser), 타도하다(=abattre, détruire), 대경실색하게 하다(=stupéfier, atterrer, consterner)
		renversement	전복(=bouleversement, subversion), 파괴, 붕괴(=chute, écroulement)
		renversé	뒤집혀진, 전복된
		renversant	대경실색케 하는(=stupéfiant)
A, AD (=à)	VERT	avertir	알리다, 경고하다(=annoncer, informer)
		avertissement	통고, 경고, 충고(=avis, conseil), 징조(=présage, signe), 머리말(=préface)
		aversion	혐오(=répugnance), 반발(=répulsion≠sympathie)
		adversaire	반대자, 상대방(=ennemi, concurrent, rival)
		adverse	상대방의, 불운한, 반대의(=opposé)
CON (=avec)		conversion	회심, 전향, 전환
		conversation	회화, 담화, 회담
DI (따로)		divertir	기분을 전환시키다, 즐겁게 하다(=amuser, récréer), 다른 데로 돌리다
		divertissement	기분전환, 오락(=distraction, diversion)
		diversion	기분전환(=distraction, divertissement)
		diversité	다양성, 차이, 대립
		divers	각종의(=différend), 변하기 쉬운(=variable, changeant)
IN (=non)		invertir	전환하다, 도치시키다(=inverser)
		inversion	도치, 역전
		inverse	반대의, 전도된, 반대, 역(=contraire)
EN (=dans)		envers	안, 이면(=revers≠endroit), 반대, 역(=contraire, inverse)
RE RÉ (뒤로)		revers	안, 이면(=envers≠endroit), 역전(=renversement, retournement, revirement)
		réversible	역행할 수 있는, 가역의

CLÉ NO 76 VOIR, VOY, VU, VIS, VID

voir (보다, 만나다, 알다)의 뜻

라틴어 videre, visus(p.p) 에서 유래

접두사	어근	어휘	의미
-		voir	보다, 만나다(=rencontrer), 경험하다, 알다(=savoir)
		vue	시각, 시력, 시선(=regard), 전망, 전경(=panorama)
		vision	시력, 비전, 직감(=intuition)
	VOIR	visible	볼 수 있는, 눈에 띄는(≠invisible), 현저한, 명백한(=sensible, notable, manifeste, frappant)
		visionnaire	환영을 보는, 투시력이 있는
		visage	얼굴, 용모(=figure, air, mine, teint)
		vidéo	비디오
	VOY	visiter	방문하다(=rendre visite, aller voir)
		visite	방문
		visiteur	방문객
		visuel	시각의
	VU	visualiser	시각화하다
É(⟨ex)		évidemment	명확히(=assurément, incontestablement), 물론(=bien sûr)
		évidence	자명, 명백
		évident	명백한, 확실한(=manifeste, clair)
IN(=non)	VIS	invisible	보이지 않는(≠visible)
PRÉ (=avant)		prévoir	예측하다, 준비하다, 대비하다(=préparer), ..할 작정이다
		prévision	예측, 예상, 예견(=prédiction, conjecture, estimation)
		prévoyant	선견지명이 있는
	VID	prévu	예측한, 예상한, 대비한
PRO (=en avant)		provision	저장, 비축(=réserve), 식량(=vivres)
		provisoire	잠정적인, 일시적인(=transitoire, momentanée, éphémère, temporaire)
TÉLÉ(먼)		télévision	텔레비전

☺ prendre (잡다, 취하다), saisir (잡다)의 뜻인 CEVOIR 는 라틴어 cipere에서 온 것으로 VOIR 와는 전혀 관계없다. 이것은 중요어근 CAP, CAPT, CIP에서 다루었다.

apercevoir [a(⟨ad=proche)+per(=à travers)+cevoir(⟨cipere=prendre)]
⇒ 가까이서 감각을 통하여 포착하다
보다, 발견하다, 얼핏 보다, 우연히 만나다, 알아차리다, 느끼다
s'apercevoir de : 깨닫다, 눈에 띄다

percevoir [per(=à travers)+cevoir(=prendre)] ⇒ 감각을 통하여 포착하다
식별하다, 느끼다, 인지하다, 받다, 징수하다

concevoir [con(=tout à fait 강조)+cevoir] ⇒ 완전히 내 것으로 취하다
마음에 품다, 이해하다, 생각하다, 임신하다

décevoir [dé(=pas)+cevoir] ⇒ 취하지 못하게 하다
실망시키다, 저버리다, 속이다

recevoir [re(강조)+cevoir] ⇒ 받다
받다, 당하다, 맞아들이다, 받아들이다, 인정하다

CLÉ NO77

VÉR, VÉRI

vérité (진리, 진실)의 뜻

라틴어 verus, veritas 에서 유래

접두사	어근	어휘	의미
-	VÉR VÉRI	vérité	진실, 진리, 사실, 정직
		véritable	진실한, 진짜의(=vrai, réel≠faut), 전적인
		vérification	확인, 검사, 실증(=confirmation)
		vérifier	확인하다, 증명하다(=confirmer)
		véracité	정직, 진실, 성실
		verdict	평결, 심판, 재판

CLÉ NO78

VI, VIT, VIV

vie (생명)의 뜻

라틴어 vita, vivus 에서 유래
그리스어 어원 bio와 같은 계통이다.

접두사	어근	어휘	의미
-	VI VIT VIV	vivre	살다, 생존하다, 생활하다
		vivant	살아있는, 생기 있는(=vif), 번화한(=animé), 생존자
		vivement	활발히, 신속하게(=vite, rapidement), 격렬하게, 열렬히(=fortement, profondément)
		vivace	활발한, 강인한(=résistant, robuste)
		vivacité	민첩(=agilité), 활발, 발랄(=pétulance), 과격함(=violence)
		vif	살아있는(=vivant), 생생한, 강렬한
		vie	생명, 생애, 생활
		vigoureux	기운찬(=robuste, puissant), 단호한(=implacable, ferme)
		vigueur	기운, 원기(=ardeur, énergie, force≠mollesse), 생기, 활발(=véhémence)
		vital	생명의, 필요불가결의(=indispensable), 중대한(=fondamental, essentiel)
		vitalité	생명력, 생기, 활기
		vitamine	비타민
RE		revivre	소생하다(=ressusciter), 부활하다, 힘을 되찾다
SUR (초월)		survivre	..보다 오래 살다, 살아남다, 계속 살다(=subsister)
		survie	생존, 잔존, 내세
		survivance	과거의 유물, 존속, 불멸

CLÉ NO 79

VOC, VOQU

voix (목소리), appeler (부르다)의 뜻

라틴어 vox, vocis, vocare 에서 유래

접두사	어근	어휘	의미
-	VOC VOQU	voix	목소리
		vocal	소리의, 구두의
		vocable	말, 단어 명칭(=terme, mot, dénomination)
		vocabulaire	어휘, 단어집
		vocation	천직, 사명(=mission), 취미, 적성(=goût)
		voyel	모음
A (〈ad)		avocat	변호사, 변호인(=défenseur)
CON (=avec)		convoquer	소집하다, 호출하다
		convocation	호출장, 소집장
É(〈ex)		évoquer	불러내다, 상기하다(=rappeler), 상기시키다(=éveiller,réveiller)
		évocation	환기, 상기(=rappel)
IN (=dans)		invoquer	가호를 빌다, 기원하다(=prier), 간청하다(=implorer)
PRO (=en avant)		provoquer	도전하다(=défier), 선동하다(=inciter), 유발하다(=entraîner), 자극하다(=exciter)
		provocation	선동, 사주(=incitation, instigation, excitation, démagogie≠apaisement), 도전(=défi)
RÉ (=derrière)		révoquer	면직하다, 해임하다(=destituer), 취소하다(=annuler)
		révocation	취소, 폐지, 철회(=annulation)

V. 시사통역용어

1 정치용어

parti majoritaire 다수당 parti minoritaire 소수당 parti au pouvoir 여당 parti gouvernemental 여당 parti de l´opposition 야당 indépendant 무소속 parti politique 정당 parti travailliste 노동당 Chambre basse 하원(영국) Chambre des représentants 하원(미국)	libéralisme 자유주의 militarisme 군국주의 absolutisme 전제정치 monarchie 군국주의, 군주제 despotisme 전제주의, 독재 totalitarisme 전체주의 autocratie 전제정치, 독재제도 oligarchie 과두정치 anarchisme 무정부주의 anarchie 무정부(상태)
député, membre 하원의원 femme-député 여성의원 Sénat 상원(미국, 프랑스) Chambre Haute 상원(영국) sénateur 상원의원(미국, 프랑스) pair 상원의원(영국) Assemblée Nationale 국회(한국, 프랑스) Parlement 국회(영국) Congrès 국회(미국) Diète 국회(독일, 일본)	conservatisme 보수주의 dictature 독재(제) tyrannie 폭정, 압제정치 autonomie 자치(제) autoritarisme 전재, 독재주의 régime du chah 왕정체제 ploutocratie 금권정치 pouvoir législatif 입법권 pouvoir exécutif 행정권 pouvoir judiciaire 사법권
conseil des ministres 각의, 내각 conférence des ministres 각의, 내각 conseil de cabinet 각의, 내각 convocation d´une assemblée 의회소집 dissolution d´une assemblée 의회해산 présidentialisme 대통령중심제 systeme présidentiel 대통령중심제 fédéralisme 연방제도 systeme fédéral 연방제도 gouvernement fédéral 연방정부	droit et obligation 권리와 의무 fin d´un mandat 임기만료 présidence 대통령의 직, 대통령의 재임 기간 mandat présidentiel 대통령의 재임기간 septennat (대통령의) 7년간의 임기 bicamérisme 양원제 monocamérisme 단원제 chancelier (독일의)수상 vice-ministre 차관 préfet 지사
régime parlementaire 의회제도 parlementarisme 의회제도 centralisme 중앙집권제 contralisation des pouvoirs 중앙집권 démocratie 민주주의, 민주정치	gouverneur d´une province 지사 maire 시장 Cabinet 내각 renaniement ministériel 내각개편 constitution provisoire 임시헌법

amendement constitutionnel 헌법개정 amendement à la constitution 헌법개정 code 법전 code en vigueur 현행법전 droit en vigueur 현행법 décret 법령 ordonnance 법령 arrêté d'application 시행령 Conseil constitutionnel 헌법위원회 garanties constitutionnelles 헌법상의 보장	syndicalisme 노동조합운동 impérialisme 제국주의 pacifisme 평화주의 guerre froide 냉전 fonds politique 정치자금 criminel politique 정치법 loi martiale 계엄령 etat de siège 계엄령 stabilité politique 정치안정 état de chaos 혼동상태
inconstitutionnalité 위헌 projet de loi 법안 droits de l'homme 인권 droits fondamentaux de l'homme 기본적 인권 atteinte aux droits de l'homme 인권침해 Déclaration universelle des droits de l'homme (유엔)세계인권선언 souveraineté 주권 patriotisme 애국심 patriote 애국자	abus de pouvoir 권력남용 mauvaise conduite des fontionnaires d'Etat 국가공무원의 비위 fonctionnarisation 관료화, 공영화 dazibao 대자보 rébellon 폭도 pouvoirs dictatoriaux 독재권력 politique intérieure 내정 démagogie 선동 majorité silencieuse 일반대중
asil politique 정치망명처 réfugié politique 정치망명자 autodétermination 민족자결 politique d'autodétermination 자주정책 autogestion 자주관리 Déclaration d'indépendance 독립선언 nationalisation 국유화 neutralisation 중립화, 무효화 monarchisation 전제화 régionalisme 지방분권	manifestant 데모참가자 manifestation 데모, 시위 group de pression 압력단체 groupuscule 군소집단 extrême droite 극우 extrême gauche 극좌 autocritique 자아비판 réhabilitation 복권, 복직 entourage 측근 coalition gouvernementale 연립정부
décentralisation 지방분권(분산) régionalisme 지방분권주의 révisionnisme 수정주의, 개정주의 fascisme 파시즘 nationalisme 민족주의 chauvinisme 맹목적 애국심 socialisme 사회주의 communisme 공산주의 marxisme 마르크스주의 maoïsme 모택동주의	période de transition 과도기 milieux politiques 정계 milieux officiels 관계 otage 인질 libération des otages 인질석방 opinion public 여론 plate-forme 강령 pouvoir public 공권력 prise du pouvoir 정권획득 personnalité 요인

géopolitique 지정학 dissuation 억제력 parti communiste 공산당 parti socialiste 사회당 conférence de presse 기자회견 conférence au sommet 정상회담 ordre du jour 의사일정 projet de loi 법안 contre-projet 반대안 pays communistes 공산국가	compromis 타협 ultimatum 최후통첩 tiers-monde 제삼세계 pays tiers 제삼국 ratification 비준 journal officiel 관보 parties 당사자 autorités responsable 책임당국 puissance 강대국 super-puissance 초강대국
interlocuteur 대화자 partenaire 파트너 contestation 이의신청 démission 사직, 사임 démissionnaire 사직한 사람 président sortant 전대통령 technocrate 기술관료 virage 정책의 급전환	volet 국면 collectivité locale 지방자치단체 hexagone 프랑스 본토 apparatchik 중요인사, 세력가 porte-parole 대변인 pays satellite 위성국 naturalisation 귀화 mouvement féministe 여성운동

2 선거용어

élection 선거 compagne électorale 선거운동 élection présidentielle 대통령선거 élection législative 국회의원선거 régime des élections 선거제도 plate-forme électorale 선거강령 droit de vote 선거권 éligibilité 피선거권 droit d'éligibilité 피선거권 comité électoral 선거관리위원회	circonscription électoral 선거구 liste électorale 선거인명부 électeur 선거인 électorat 선거민, 유권자 masse électorale 선거민 collège électoral 선거인단 fraude électorale 부정선거 suffrage universel 보통선거 suffrage indirect 간접선거 scrutin 투표
candidature 입후보 candidat 후보자 élu 당선자 dépouillement des votes 개표 suffrages exprimés 유효투표수 scrutin de ballotage 결선투표 mode de scrutin 선거방법	voix 표 bulletin (de vote) 투표용지 urne 투표함 référendum 국민투표 éternel marais 무관심한 유권자 abstention 기권 parti politique 정당

3 군사용어

armée de terre 육군 armée de mer 해군 armée de l'air 공군 (forces) alliées 연합군 armée alliée 동맹군 armée permanente 상비군 service militaire 군복무 armée régulière 정규군 armée active 현역군 armée de réserve 예비군	alliance défensive 방위동맹 désarmement 군비축소, 무장해제 conférence du désarmement 군축회의 dépences militaires 군비 essais nucléaires 핵실험 arme nucléaire 핵무기 arme thermonucléaire 열핵무기 arme à fission 핵분열무기 arme à fusion 핵융합무기 arsenaux nucléaires 핵병기
bombe atomique 원자탄 bombe à hydrogène 수소폭탄 centrale nucléaire 원자력발전소 réacteur nucléaire 원자로 radioactivité 방사능 uranium enrichi 농축우라늄 déchet radioactif 방사성 폐기물 division nucléaire 핵분열 porte-avion 항공모함 escoteur 호송함	sous-marin 잠수함 avion de chasse 전투기 chasseur 전투기 avion de bombardement 전폭기 bombardier 전폭기 char d'assaut blindé 장갑차 mitrailleuse 자동소총 bombe à retardement 시한폭탄 missile sol-sol 지대지미사일 missile air-sol 공대지미사일
missile sol-air 지대공미사일 missile air-air 공대공미사일 fusée à moyenne portée 중거리미사일 missile intercontinental 대륙간미사일 engin intercontinental 대륙간탄도탄 ogive nucléaire 핵탄두 ogive atomique 핵탄두 tête atomique 핵탄두 bombe à neutrons 중성자폭탄 vecteur 핵운반유도탄	puissances nucléaires 핵보유국 base militaire 군사기지 conflit 분쟁 conflit régional 지역분쟁 force nucléaire 핵군사력 force de dissuation 억제력 force de frappe 억지력 effort de défence 방위노력 équilibre des forces 힘의 균형 état de guerre 전쟁상태
point chaud 분쟁지 position stratégique 전략적거점 non-alignement 비동맹 pays non-alignés 비동맹국 retrait 전면철수 quartier général 사령부 dernier carré de résistance 최후보루	règlement 해결 règlement des différends 분쟁해결 tension 긴장 regain des tensions 긴장재발 recrudescence des tentions 긴장격화 champ de bataille 전쟁터 trêve 휴전

armistice 휴전 accord d'armistice 휴전협정 traité d'armistice 휴전조약 négociation d'armistice 휴전교섭 Guerre de Corée 한국전쟁 zone démilitarisée 비무장지대 guerre totale 전면전쟁 guerre des étoiles 별들의 전쟁 guerre de l'espace 우주전쟁 bombardement 폭격	collégialité 집단지도체제 politique de défense 방위정책 décolonisation 식민지탈피, 독립 détroit international 국제적해협 détroit stratégique 전략적해협 dispositif U.S 미군사체제 eurostratégie 유럽전략 évacuation 철수, 철병 division 사단 général de division 사단장
régiment 연대 commandant d'un régiment 연대장 bataillon 대대 chef de bataillon 대대장 compagnie 중대 commandant de compagnie 중대장 capitaine 중대장 section 소대 chef de section 소대장 brigade 여단	brigade blindée 기갑여단 centre de revitaillement 병참기지 infanterie 보병대 artillerie 포병대 commando 특공대 otage 인질 reddition 항복 capitulation 항복 prisonnier de guerre 포로 captif 포로
échange de prisonniers 포로교환 camp de prisonniers 포로수용소 guerre d'usure 소모전 code militaire 군법 cour militaire 군법회의 tribunal militaire 군사재판 justice militaire 군사재판 déserteur 탈영자 poste aux armées 군사우편	entente mutuelle 상호이해 officier 장교 rang 사병 feuille clandestine 비밀문서 relégation 추방, 유배 répression 탄압, 진압 fusillade 총격(전) complot 음모 mobilisation générale 총동원

4 외교용어

traité d'amitié 우호조약 traitée d'annexion 합병조약 traité de protectorat 보호조약 traité non-agression 불가침조약 traité de paix 평화조약 droits diplomatiques 외교권 souveraineté 주권 diplomatie multilatérale 다각외교 mission diplomatique 외교단 note diplomatique 외교문서	corps diplomatiques 외교사절단 ambassadeur 대사 ambassade 대사관 légation 공사관 consul 영사 consul général 총영사 consulat 영사관 attaché commercial 상무관 attaché militaire 무관 attaché culturel 문정관
droit international 국제법 extra-territorialité 치외법권 protocole 의전, 외교의정서 agrément 승인, 아그레망 pays menbre 회원국 coexistance 공존 coexistance pacifique 평화공존 offensive de paix 평화공세 tutelle 신탁통치 mandat 신탁통치	territoires sous tutelle 신탁통치령 territoires sous mandat 신탁통치령 gel des relations 관계의 동결 prix Nobel 노벨상 diktat 강제조약 gouvernement légitime 합법정부 résolution des Nations Unies 유엔결의 dialogue nord-sud 남북대화 Charte des Nations Unies 유엔헌장 membre permanent 상임이사국
droit de veto 거부권 Forces des Nations Unies 유엔군 Forces de maintien de la paix 평화유지군 Croix Rouge internationale 국제적십자사 familles dispersées 이산가족	égalitarisme 평등주의 onusien 국제연합의 atlantisme 나토추진론 atlantiste 나토추진파

5 회의용어

assemblée générale 총회 assemblée générale extraordinaire 임시총회 session 회의, 회기 conférence 회의 congrès 회의 ouverture d'une session 개회 clôture d'une session 폐회 ouvrir la séance 개회를 선언하다 assemblée plénière 본회의 séance plénière 본회의	séance secrète 비공개회의 réunion à huis clos 비공개회의 séances extraordinaires 임시회기 séances ordinaire 정규회기 procès-verbal d'une séance 회의록 séminaire 세미나 symposium 심포지움 pleins pouvoirs 전권 mandat 위임 président 의장
chef de délégation 단장 représentant 대표자 délégation 대표단 délégués 위원, 대표 porte-parole 대변인 comité 위원회 commission 위원회 comité d'accréditation 자격심사위원회 comité intérimaire 임시위원회 organe d'enquête 진상조사위원회	membre 회원 membre honoraire 명예회원 invité 초대손님 observateur 옵저버 convocation 소집장 convoquer 소집하다 règlement général 일반규정 règlement intérieur 내규 discipline intérieur 내규 statut 규약, 정관
traité 조약 accord 협약 infraction 위반 protocole 의전 formalités légales 법률상의 절차 nomination 지명, 임명 débat public 공개토론 sujet à débattre 토론안 ordre du sujet 의제 exposés 발표	communiqués 공지사항 orateur 연사 tribune 연단 discours 연설 marteau 의사봉 adopté à l'unanimité 만장일치로 통과 questions/réponses 질의 응답 approbation 찬성 opposition 반대 objection 반대
vote par oui et par non 찬반투표 motion 동의 présenter une motion 동의하다 appuyer 제청하다 seconder 제청하다	résolution 의결, 결의 projet de révolution 결의안 voix délibérative 결의권 avant-projet 초안 ordre du jour définitif 확정 의제

ordre du jour provisoire 임시의제 point 의제 조항 considérant 서언, 전문 mémorandum 각서, 비망록 procès verbal 의사록 travaux 회의록 droit de veto 거부권 droit de parole 발언권 accorder la parole 발언권을 주다 donner la parole 발언권을 주다	tirer au sort 제비를 뽑다 compte rendu 보고서 rapport définitif 최종보고서 rapport préliminaire 예비보고서 tableau synoptique 개요도표 dépôt 법안의 제출 ammendement 법안의 수정 modification 수정 suppression 삭제 séance publique 공개심의
approuver 승인하다 lever la séance 휴회하다 suspendre la séance 휴회하다 ajourner une motion 무기한 연기하다 reporter une motion 무기한 연기하다 promulgation 법의 공포 conseil régional 시의회 conseil municipal 시의회 siège 본부, 의석 motion de censure 불신임결의 comité exécutif 집행부 secrétariat 사무국	majorité absolu 절대다수 faible majorité 근소한 차의 다수 majorité écrasante 압도적 다수 décision prise à la majorité 다수결 participant 참석자 déclaration 선언 déclaration incendiaire 폭탄선언 rapporteur 서기 pays hôte 주최국 langues de travail 공용어 document de travail 서류 abrégé 초록

6 경제 일반 용어

économie libre 자유경제 économie planifiée 계획경제 économie dirigée 통제경제 économie contrôlée 통제경제 économie autonome 자급자족경제 force économique 경제력 monde économique 경제계 stabilisation économique 경제안정 taux de la croissance économique 경제성장률	taux de progression annuelle moyenne 연평균성장률 ralentissement du rythme de croissance 성장률 둔화 livre blanc sur l'économie 경제백서 livre blanc financier 경제백서 expansion équilibrée 균형적확대(발전) morte saison 불황기 régression 경기후퇴 effondrement (경기의) 폭락, 침체
récession 불황, 경기침체 stagnation économique 경기침체 dépression 불황 croissance incohérente 불규칙성장 ralentissement 경기 둔화, 정체 la grande dépression 대공황 pays développé(PD) 선진국 pays industriel 선진공업국 pays industrialisé 선진공업국 pays en voie de développement(PVD) 개발도상국	pays nouvellement industrialisé(PNI) 신흥공업국 nouveau pays industrialisé 신흥공업국 pays sous-développé(PSD) 후진국 pays les moins avancés(PMA) 최빈국 pays à économie planifiée 계획경제국 pays débiteur 채무국 pays créancier 채권국 pays producteur 생산국 industrie primaire 1차산업(농업) industrie secondaire 2차산업(공업)
industrie tertiaire 3차산업(서비스업) restauration industrielle 산업재편성 produit national but(PNB) 국민총생산 produit national net(PNN) 국민순생산 revenu par habitant 일인당 국민소득 branches 업종 secteur 산업분야 branches d'activités 산업분야, 활동분야 investissement en logement 주택투자 redressement de l'économie 경제재건	investissement des administrations 공공투자, 정부투자 progression des investissement 투자확대 relance de l'économie 경제활성화 mesure de ralence économique 경제활성화 조치 mesure pour la ralence économique 경제활성화 조치 société d'abondance 풍요사회 société de pénurie 빈곤사회
agent économique 경제주체 agent 주체 ménage 가계 agent entreprise 기업 grandes exploitations 대농 exploitations moyennes 중농	économies d'échelle 규모의 경제 économies d'échelle externes 외부규모의 경제 économies d'échelle internes 내부규모의 경제 choc pétrolier 오일쇼크

taux de chômage 실업률
industrie lourde 중공업
industrie lourde et chimique 중화학공업
industrie légère 경공업
chantiers navals 조선업, 조선소
construction navale 조선
milieux de la construction navale 조선업계
complexe industriel 공업단지
terrain industriel 산업용지
grand ensemble 단지

terrain vague 공지
concentration urbaine 도시집중
urbanisation 도시화
population active 활동인구
exode rural 이농
maîtrise de la démographie 인구억제
modernisation de l'industrie 산업근대화
crise logement 주택문제
classe moyenne 중산층
développement régional 지역개발

localisation des industries 산업의 지방분산
reconversion de l'industrie 산업의 전환
politique de lutte contre la spéculation 투기억제정책
hausse spéculative des prix fonciers 토지가의 투기적 상승
spéculation immobilière 부동산투기
coup d'arrêt donné à la spéculation immobilière 부동산투기 억제책
quartier résidentiel 주택가

infrastructure sociale 사회간접자본
infrastructure économique 경제의 하층구조
surproduction 과잉생산
marché aux puces 벼룩시장
aide aux P.V.D. 개도국원조
aide économique 경제원조
aide publique 정부원조
aide à l'étranger 해외원조
distortion 불균형
dérapage (물가등의) 급변동

gel des prix 물가동결
blocage des prix 물가동결
fluctuation des prix 가격의 요동
système monétaire 통화제도
réalignement monétaire 통화조정
rajustement monétaire 통화조정
disponibilités monétaires 통화공급량
disponibilité 유동자산, 통화공급량
service public 공공부문
taux d'intérêt 이자율

intervention financière 금융상의 개입
établissement nationalisé 국영기관
monopole d'Etat 국가독점사업
collectivités publiques 지방자치단체
potentiel industriel 공업력
goulot d'étranglement 애로, 장애요인
tribut 조세
loi antimonopole 독점금지법
mécanisation 기계화
totale de prise 어획고

valeur nominal 명목가치
facture pétrolière 석유매입가격
subvention 보조금
adjudication 입찰
mesures de rétorsion 보복조치
embargo général 전면적 통상금지
surface agricole utilisable 농경가능지역
rendement des sols 토지생산성
remembrement 농지정리
faire-valoir direct 자작농

fermage 소작
taxe sur les habitants 주민세
niveau de vie 생활수준
âge professionnel 취업연령
âge de la retraite 정년
handicapé 장애자
personne âgée 노령자
âge nucléaire 핵시대
ordre économique international 국제경제질서
sondage d'opinion 여론조사

7 재정 용어

administration des finances 재정
finances publiques 재정
finances bien équilibrées 건전재정
embarras financiers 재정곤란
finances déficitaires 재정적자
redressement financier 재정의 재건
mesures financières d'austérité
긴축재정정책
politique économique d'austérité
긴축경제정책

budget restreint 긴축예산
budget d'austérité 긴축예산
loi des finances 예산, 예산법
projet de budget 예산안
budget général 일반예산
budget supplémentaire 추가예산
budget rectificatif 수정예산
budget non équilibré 적자예산
budget bien équilibré 균형예산
équilibre de la loi des finances 예산의 균형

exédent budgétaire 예산의 초과
exécution des lois des finances
예산의 실행
discussion budgétaire 예산토의
débat budgétaire 예산토의
recette 세입
dépense 세출
dépense extra-budgétaire 예산외 지출
excédent des dépenses sur les recettes
지출초과

fiscalité 세제
année financière 회계년도
compte général 일반회계
compte spécial 특별회계
recette fiscale 조세수입
dépense civil d'investissement
대민간 자본지출
compression des dépenses 지출삭감
dette de l'Etat 정부채무, 국채
dette intérieure 대내채무

dette extérieure 외채
remboursement des dettes extérieures
외채상환
endettement 차입, 부채
fraude fiscale 탈세
exonération fiscale 세금면제
dégrèvement fiscal 감세
impôts directs 직접세
impôts progressifs 누진세
impôts locaux 지방세
impôts sur revenu 소득세

perception du timbre 인세
droit du mutation 양도세
impôt sur les mutations 양도세
contribuable 납세자
perception des impôts 징세
déclaration des impôts 세금신고
revenus fonciers 부동산소득
profits immobiliers 부동산매매이익
levée des impôts 세금징수
majoration de retard 연체가산세
prix hors taxe 면세가격

8 물가 용어

pris de détail 소매물가, 소매가 prix de gros 도매물가, 도매가 indice des prix de gros 도매물가지수 prix à la consommation 소비자물가 prix à l'exportation 수출물가 indice annuel 연평균지수 indice brut 실지수 indice national des prix à la consommation 전국소비자물가지수 allure du marché 시황	prix de revient 원가 pouvoir d'achat 구매력 tarif public 공공요금 services publics 공공사업, 공공부문 hausse de(s) prix 물가상승 augmentation de(s) prix 물가상승 modération de(s) prix 물가하락 hausse des coûts de production 생산원가상승 blocage de(s) prix 물가동결 gel de(s) prix 물가동결
boom 호경기 prospérité 호경기 équilibre salaires-prix 임금과 물가의 균형 limitation volontaire des prix 물가의 자율규제 lutte contre la hausse des prix 물가상승의 억제 politique anti-hausse des prix 물가상승 억제정책 lutte contre l'inflation 인플레억제	mesure contre l'inflation 인플레대책 mesure anti-inflationniste 인플레방지조치 reprise économique 경기회복 conjoncture économique 경기 revalorisation du dollar 달러의 평가절상 prix affiché 공시가격 prix de base 기준가격 bonification du prix 가격할인 prix comptant 현금가격 prix courant 시가(市價)
prix coûtant 원가 prix fait 정가 prix fixe 정가 prix fort 최고가 prix normal 정상가	prix de facture 송장가 prix de fabrique 제조원가 prix réduit 할인가 prix d'achat 매입가 prix d'acquisition 매입가

9 생산과 소비 용어

industrie lourde 중공업
industrie lourde et chimique 중화학공업
industrie légère 경공업
industrie aéronautique 항공산업
industrie aérospatiale 항공우주산업
industrie électronique 전자산업
industrie automobile 자동차산업
industrie textiles 섬유산업
industrie de transformation 가공산업
industrie de pointe 첨단산업

industrie métallurgique 금속공업
métallurgie 금속공업
sidérurgie 제철공업
industrie de cuir 피혁공업
industrie des ordinateurs 컴퓨터산업
presse et édition 인쇄출판
construction navale 조선
bâtiment et travaux publics 건설토목사업
travaux publics 공공토목사업
travaux de génie civil 토목공사

matières premières 원료, 원재료
matières premières industrielles 공업원료
ressources minières 광물자원
ressourses pétrolières 석유자원
gaz naturel liquéfié 액화천연가스
gisement pétrolifière 유전
prospection 탐광
exploitation 개발
exploitation de pétrole 석유개발
concession pétrolière 석유채굴이권

raffinerie de pétrole 석유정제
pétrole brut 원유
combustible 연료
combustible nucléaire 핵연료
produits manufacturés 공산품
produits chimiques 화학제품
produits pétroliers 석유제품
produits alimentaire 식료품
produit de sidérurgie 철강제품
produit industriel 공업제품

produit fini 완제품
produit demi-transformé 반제품
produit semi-fini 반제품
demi-produit 반제품
biens d'équipement 설비재
machine-outil 공작기계
appareil productif 생산기구
électroménager 가정용 전기기구
équipement des ménages 가정용 비품
ordinateur 컴퓨터

ordinateur de bureau 사무용 전자계산기
filés et fils textiles 섬유
tissus 직물
vêtement et articles textiles 의류및 섬유제품
matériaux nouveaux 신소재
matériaux de construction 건축자재
métaux non ferreux 비철금속
construction automobile 자동차생산
construction électrique 전력설비
métier à tisser 직물기계

installation de raffinage 정유소건설
livraison 출하
stock 재고
projet de production 생산계획
surproduction 과잉생산
production en masse 대량생산
production animale 축산물
production d'électricité 발전

know-how 노우하우
savoir-faire 노우하우
pipe-line 파이프라인
oléoduc 파이프라인
gazoduc 가스관
minerai de fer 철강석
robotique 산업용 로보트
fabrication standard 표준품생산

maison-témoin 모델하우스 appartement-témoin 모델하우스 appartement de standing 고급아파트 prêt-à-construire 조립주택 matériel 하드웨어 logiciel 소프트웨어 programme 프로그램 clavier 키보드 écran 화면, 디스플레이 imprimante 프린트기	mémoire 기억장치 fichier 화일 bande 테이프 disque 디스크 terminal 단자 banque de données 데이타뱅크 bureautique 사무자동화 commande 주문 commande nouvelle 신규주문 réception d´une commande 수주
commande reçue 수주 commande en carnet 수주잔고 expédition 출하 avis d´expédition 출하통지 envoi des marchandises 상품발송	stock en magasin 재고품 pièces de rechange 부품 pièces détachées 부속품 produits d´entretien 부속품

10 소비 용어

libre-service 셀프서비스 service après vente(SAV) 아프터서비스 bien de consommation 소비재 biens de consommation finale 최종소비재 coût de vie 생활비 consommation des ménages 가계소비 dépense de consommation 소비지출 consomation courante 대중소비제품 prix des produits à la consommation 소비자가격	consommation superflue 불필요한 소비 supermarché 슈퍼마켓 hypermarché 대형슈퍼마켓 grand magasin 백화점 magasin à grande surface 대규모상가 habillement 의 alimentation 식 habitation 주 revenu de ménage 가계수입 revenu salarial 봉급소득
charges de famille 가계비 hygiène et santé 건강위생 transport et communication 교통 및 통신 culture et loisir 교양 및 오락 distraction 오락 biens durables 내구재 biens fongibles 대체재	achat 매입 voiture particulière 자가용 véhicule utilitaire 영업용차 emballage 포장 prêt-à-porter 기성복 essayages 가봉

11 은행 용어

banque d'émission 발권은행 institut d'émission 발권기관(은행) banque nationalisée 국유화은행 banque de dépôts 예금은행 banque d'affaire 사업은행 banques commerciales 시중은행 banques secondaires 시중은행 établissement bancaire 금융기관 institut bancaire et financière 금융기관 banque multinationale 다국적은행	écureuil 저축금고 épargne longue 장기예금 dépôt à vue 당좌예금 compte à échéance fixe 정기성예금 dépôt à terme 정기예금 compte à terme 정기예금 bon de caisse 예금증서 compte d'épargne 저축예금 compte d'épargne-logement 주택예금 prêt (장기) 대부
avance (단기) 대부, 선불 opération de crédit 대부업무 crédit à court terme 단기대부 crédit à moyen terme 중기대부 crédit à long terme 장기대부 crédit hypothécaire 저당권대부 prêt personnel 개인대부 prêt immobilier 부동산대부 découvert 무담보신용대출 avance de fonds 대부금 avance sur titre 증권담보부대출	avance sur garanties 담보대출 crédit à gage 담보대출 escompte 할인 taux d'escompte officiel 공정할인율 réescompte 재할인 billet 은행권 intérêt 이자 intérêt faible 저리 intérêt à échoir 미수이자 intérêt composé 복리 intérêt échu 미불이자
intérêt légal 법정이자 taux d'intérêt 이자율 taux des réserves obligatoires 예금준비율 montant circulé de dépôts 예금고 solvabilité 지불능력 retrait d'argent 현금인출 relevé de compte 은행잔고증명 papier-monnaie 지폐 sortie 발행 solde 잔고	circulation 유통 numéro de compte 구좌번호 taux préférentiel 우대금리 virement en banque 은행대체 effet 증권, 어음 effet public 공채 effet privé 상업어음 effet de commerce 상업어음 bon de Trésor 국고채권 obligation 채권
hausse (물가)상승 baisse (물가)하락 relèvement (가격, 금리의) 인상 abaissement (가격, 금리의) 인하 acceptation (어음의) 인수	échéance 기한 avaliste 대리지불인, 보증인 valeur nominal d'un effet 어음액면가격 cessation de paiement 지불정지 règlement 결제

compensation 청산
titulaire 가입자, 명의인
acte de fidéicommis 신탁증서
papier de banque 은행보증수표
tiré 지불인
tireur 발행인
gouverneur 총재
sous-gouverneur 부총재
censeur 감사
conseil général 이사회
membre 이사
fusion bancaire 은행합병
réseau d'agences 지점망

épargnant 예금자
déposant 예금자
carnet de chèques 개인수표책
fonction de crédit 대출업무
opération de change 외환업무
agio 프레미엄
billet de complaisance 공수표, 부도수표
bordereau de versement 불입명세서
caisse de retraite 퇴직기금
bénéficiaire 수익자, 어음수취인
billet à ordre 약속어음
billet à ordre blanc 백지수표

12 무역 용어

commerce extérieur 무역
commerce avec l'étranger 무역
dbouché extérieur 해외판로
douane 세관
douanier 세관원
droits de douane 관세
barrière douanière 관세장벽
mesure de libéralisation tarifaire 관세자유화조치
déclaration en douane 세관신고

entrepôt 보세창고
marchandise en douane 보세화물
tarif préférentiel 특혜관세
union douanière 관세동맹
licence d'exportation 수출허가서
prime d'exportation 수출장려금
formalité d'importation 수입수속
licence d'importation 수입허가서
dépôt oblogatoire à l'importation 수입보증금

A l'usine 공장인도조건
A quai 부두인도조건
Franco wagon(영:FOR, FOT) 화차인도조건
Franco le long du navire(영:FAS) 선측인도조건
Franco à bord(영:FOB) 본선인도조건
coût et fret(CF, 영:C&F) 운임포함조건
coût, assurance, fret(CAF, 영:CIF) 운임보험료포함조건
Rendu frontière 국경인도조건

Rendu droits acquittés 통관인도조건
libre-échange 자유무역
libre-échangiste 자유무역주의자
zone libre-échange 자유무역지역
protectionnisme 보호무역주의
mesure protectionniste 보호무역조치
taux de croissance des exportations 수출신장률
contrat d'exportation établi en dollar 달러화로된 수출계약

commerce intermédiaire 중계무역 port intermédiaire 중계항 port franc 자유항 libéralisation du commerce et des capitaux 무역과 자본의 자유화 mesures visant à l'encouragement des exportation 수출장려조치 mesures visant à la réduction de la croissance des importations 수입증가억제조치 libéralisation des importations 수입자유화	surcharge d'importation 수입과징금 surtaxe à l'importation 수입과징금 financement de l'exportation 수출금융 financement de l'importation 수입금융 réduction des tarifs douaniers 관세율인하 abaissement des droits de douane 관세인하 barrière non tarifaire 비관세장벽 quota 쿼타 accord commercial et de paiement 무역지불협정
produit libéré 자유화품목 produit contingenté 할당된 품목 charte-partie 용선계약서 chargeur 하주(荷主) armateur 선주 affréteur 용선주 lettre de crédit(L/C) 신용장 connaissement(B/L) 선하증권 envoi contre remboursement(COD) 현금결제 police d'assurence maritime 해상보험증권	connaissement aérien 항공화물운송장 facture commerciale 상업송장 effet de commerce 환어음 heure probable d'arrivée(ETA) 입항예정일 certificat d'origine(CO) 원산지증명서 grosse avarie(G/A) 공동해손 avarie particulière(P/A) 단독해손 perte totale 전손 perte partielle 분손 contrat d'avarie 해손증명서
réclamation 클레임 embarquement (상품) 선적 franchise 면세 compagnie de réassurance 재보험회사 troc primitif 물물교환 négociation intergouvernementale 정부간 교섭 négociations commerciales multilatérales 다자간무역협상 foire 전시회, 박람회	nations déficitaires 적자국 en grande vitesse 객차편으로 en petite vitesse 화물차편으로 en port dû 운임후불로 en port payé 운임선불로 marchandises soumises aux droits de douane 과세품 marchandises exemptées de droits 면세품 marchandise saisie 압수품 marchandise de contrebande 밀수품
article prohibé 금지품 Fonds monétaire international (FMI/IMF) 국제통화기금 formalité de la douane 세관수속 Conférence des Nations Unies sur le Commerce et le Développement (CNUCED/UNCTAD) 국제연합무역개발회의 Association Européenne de Libre-Echange (AELE/EFTA) 구주자유무역연합	Accord général sur les tarifs douaniers et le commerce(GATT) 관세 및 무역에 관한 일반협정 Organisation de Coopération et de Développement Economique (OCDE/OECD) 경제개발협력기구 Organisation mondiale du commerce (OMC/WTO) 세계무역기구 Accord de Libre-Échange(FTA)자유무역협정

13 국제경영 용어

firme multinationale 다국적기업
pays d'origine 투자국
pays d'accueil 피투자국
transfert de technologie 기술이전
assistance technologique 기술원조
accord de licence 라이센스계약
produit sous licence 라이센스하의 생산
contrat de gestion 관리계약
consortium 콘소시움
société en copropriété 합작기업

avantage comparatif 비교우위
avantage absolu 절대우위
avantage compétitif 경쟁적 우위
avantage technoloique 기술적우위
barrière à l'entrée 진입장벽
rente monopolistique 독점이익
profit monopolistique 독점이익
concurrence monopolistique 독점적 경쟁
accroissement de la concurrence
경쟁의 고조

activité à l'échelle mondiale
세계적 규모의 활동
dotation en facteurs 부존요소
technologies avanées 선진기술
investissement de portefeuille 증권투자
investissement direct à l'étranger
해외직접투자
production à petite échelle 소규모생산
production à grande échelle 대규모생산
production à forte intensité
capitalistique 자본집약적 생산

production à forte intensité de
main-d'oeuvre 노동집약적 생산
main-d'oeuvre qualifiée 질좋은 노동력
libéralisation des importants 수입자유화
libéralisation des capitaux 자본의 자유화
libéralisation des investissements
directs de capitaux étrangers
외국자본의 직접투자자유화
libéralisation des exportations de
capitaux 자본수출의 자유화
taux de change 환율

dégagements des investissements
étrangers 외국인 투자가의 매도
investissement net en actions nationales
par des étrangers 외국인의 국내주식 순투자
spéculateur financier international
국제금융투자가
milieux financiers internationaux
국제금융계
communauté bancaire internationale
국제금융계
écart technologique 기술격차
technologie intermédiaire 중위수준의 기술

réinvestissement 재투자
maison-mère 모기업, 본사
filiale 지사
production montage 조립생산
unité de montage 조립단위, 조립공장
brevet 특허
différentiation du produit 제품의 차별화
rapatriement des capitaux 자본의 본국송금
royalties 로얄티, 특허권(상표권) 사용료
savoir-faire 노우하우
réexportation 재수출
industrie naissante 유치산업

14 외환 용어

balance de paiements 국제수지 balance commerciale 무역수지 balance des paiements courants 국제수지의 경상수지 solde des paiements courants 경상수지 solde des mouvements de capitaux 자본수지 capital à court terme 단기자본 capital à long terme 장기자본 réserve de devises étrangères 외화준비, 외환보유고	réserve extérieure 외화준비 avoirs en devises 외화준비 or et devises convertibles 금 및 외화 réserve publique d'or et de devise convertible 금 및 외화의 공적준비 encaisse or 금보유고 bien et service 상품 및 용역 recette 수취, 수입, 유입 dépense 지불, 지출, 유출 prestation gratuite 무상증여 don 증여
ajustement 조정 erreur et omission 착오와 누락 prêt à long-terme et investissement 장기대부 및 투자 investissement étranger de portefeuille 외국인 증권투자 entrée de fonds 자본의 유입 afflux de dollars 달러의 과잉유입 dollar excédentaire 과잉달러	échange commercial visible (국제수지상의) 무역거래 échange commercial invisible (국제수지상의) 무역외거래 surplus visible 무역수지흑자 cours de devises étrangères 외환시세 cours officiel 공정시세 cours d'achat 매입시세 cours officiel d'achat 공정매입시세
cours fixé 고정시세 cours d'or 금시세 cours au comptant 직물시세 cours à terme 선물시세 cours du dollar 달러시세 cours libre 자유시세 taux de change nominal du won contre l'euro 원화의 대유로 환률 banque intermédiaire agréée 공인외국환은행	intermédiaire agréé 공인외환중계업자 transaction entre banques 은행간거래 couverture à terme 선물예약 Fonds Monétaire International (FMI) 국제통화기금(IMF) taux d'intervention 개입율 prix d'intervention 개입가격 plafond 변동폭의 상한 plancher 변동폭의 하한 intérêt négatif 이자지불금지
crédit à l'importation 수입금융 financement des importations 수입금융 tirage 인출 marché libre 자유시장 à terme 선물의 au comptant 직물의 accord de paiement 청산협정 devise-titre 증권외화	marché de devise-titre 증권외화시장 criée 경매, 공매 relèvement du prix de l'or 금가의 인상 ruée sur l'or 골드러쉬 contrôle des changes 외환관리 bureau de change 외환취급국 parité-or du dollar 달러의 금평가 régime d'étalon-or 금본위제도

15 컴퓨터 용어

ordinateur 컴퓨터 matériel 하드웨어 logiciel 소프트웨어 disque dur 하드디스크 disquette 플로피디스크 imprimante 프린터 écran 모니터, 화면 haute résolution 고해상도 souris 마우스 directivité 커서	puces 칩 unité centrale CPU programme 프로그램 jeu vidéo 전자오락 manche à balai 조이스틱 console 게임기 clavier 자판 touche 키 lecteur 드라이브 modem 모뎀
bouton démarrer 시작 버튼 police 글꼴 explorateur Windows 윈도우 탐색기 commande 명령 installation 설치 exécution 실행 sauvegarde 백업 fichier 파일 dossier 폴더 icône 아이콘	raccourci 단축 아이콘 entrée de données 데이터 입력 sortie 출력 enregistrement 저장 mémoire 기억장치 aléatoire 랜덤 octets 바이트 capacité 용량 optimisation 최적화 mise à jour 업데이트
cédérom CD-ROM protocole 프로토콜 courrier électronique 전자우편 Internet 인터넷 multimédia 멀티미디어	réseau 네트워크 configuration 환경설정 aide 도움말 téléchargement 다운로드 intelligence artificielle 인공지능

16 의학 용어

chirurgie 외과 dermatologie 피부과 gynécologie 산부인과 ophtalmologie 안과 oto-rhino-laryngologie 이비인후과 pédiatrie 소아과 alcoolisme 알콜중독 allergie 알레르기 anesthésie 마취 anorexie 거식증	appendicite 맹장염 blessure 상처 fracture 골절 brûlure 화상 cancer 암 coma 혼수상태 conception 임신 contraception 피임 contraceptif 피임약 pillule 피임약
crise cardiaque 심장마비 diabète 당뇨병 entorse 삠, 염좌 rhume 감기 grippe 독감, 유행성감기 influenza 유행성감기 hémorrage 출혈 intoxication 중독 infection 감염 insomnie 불면증	somnifère 수면제 poliomyélite 소아마비 rage 광견병 endoscopie 내시경검사 urine 소변 SIDA 에이즈 porteur 보균자 incubation 잠복기 transfusion sanguine 수혈 préservatif 콘돔
épidémie 전염병 analgéstique 진통제 chromosome 염색체 anticorps 항체 gène 유전자 salive 침, 타액	jumeaux 쌍둥이 vrais jumeaux 일란성 쌍둥이 faux jumeaux 이란성 쌍둥이 mutation 돌연변이 SAMU 긴급의료구조서비스

어원으로 익히는 프랑스어 VOCA

초판 1쇄 발행일 2019년 02월 13일

지은이 이욱재
펴낸이 박영희
책임편집 윤석전
디자인 박희경
표지디자인 원채현
마케팅 김유미
인쇄·제본 태광 인쇄
펴낸곳 도서출판 어문학사
서울특별시 도봉구 쌍문동 523－21 나너울 카운티 1층
대표전화: 02-998-0094 / 편집부1: 02-998-2267, 편집부2: 02-998-2269
홈페이지: www.amhbook.com
트위터: @with_amhbook
페이스북: https://www.facebook.com/amhbook
블로그: 네이버 http://blog.naver.com/amhbook
다음 http://blog.daum.net/amhbook
e－mail: am@amhbook.com
등록: 2004년 4월 6일 제7－276호

ISBN 978-89-6184-490-1 13760
정가 20,000원

이 도서의 국립중앙도서관 출판예정도서목록(CIP)은 e-CIP홈페이지(http://www.nl.go.kr/ecip)와 국가자료공동목록시스템(http://www.nl.go.kr/kolisnet)에서 이용하실 수 있습니다.
(CIP제어번호: CIP2019001860)